CSSCI 来源集刊

語言學論叢
ESSAYS ON LINGUISTICS

（第四十八辑）

北京大学中国语言学研究中心
《语言学论丛》编委会编

商務印書館
The Commercial Press

2013年·北京

《语言学论丛》编委会

主　编：陆俭明

编　委（按姓氏音序排列）：

　　　　贝罗贝　　丁邦新　　郭锡良　　何九盈　　何莫邪
　　　　江蓝生　　蒋绍愚　　鲁国尧　　梅祖麟　　平山久雄
　　　　裘锡圭　　唐作藩　　王福堂　　王洪君　　王士元
　　　　余霭芹　　郑锦全　　朱庆之　　邹嘉彦

编辑部成员（按姓氏音序排列）：

　　　　陈保亚　董秀芳　耿振生　郭　锐　李小凡　宋绍年
　　　　汪　锋（副主任）王洪君（主任）　詹卫东

本辑执行编辑：陈保亚
编　辑　助　理：张静芬　　刘　文

《语言学论丛》实行双向匿名审稿制度

目 录

试论汉语中的 h- 化音变 ………………………… 孙景涛（1）
论厦门、漳州、潮州方言鱼韵字的读音层次………… 曾南逸（23）
现代汉语语篇主题性第三人称代词回指分析………… 李　榕（49）

汉语名名组合的语义解释规律和释义模板库… 魏雪、袁毓林（72）
汉语认识情态词"应该"用以表达传信意义………… 乐　耀（106）

台湾新埔四县客家话舌叶音的产生
　　………………………… 黄菊芳、江敏华、郑锦全（140）
北方方言两字组连读变调的类型学考察………… 李子鹤（167）
广东省饶平话动词变形重叠式考察……………… 郑伟娜（189）
吴语人称代词复数标记来源的类型学考察……… 盛益民（204）
鲁中莱芜方言"XX 子"式子尾词…………………… 吕晓玲（227）

论《中原音韵》东锺庚青之"两韵并收"………… 张卫东（238）
从敦煌吐蕃藏汉对音文献看藏语浊音清化……… 李建强（258）
《诗词通韵》研究………………………………… 陈　宁（274）
即：从位移到让步………………………………… 李计伟（297）

汉语名词和动词的神经表征
　　………………… 李平、金真、谭力海著，高诗云译（314）
名词和动词在中英双语者大脑中的神经表征
　　………………… 杨静、谭力海、李平著，关思怡译（336）

论清代北京话……………………太田辰夫著，陈晓译注（352）

ABSTRACTS（提要）……………………………………（369）

CONTENTS

A Discussion on Debuccalization in Chinese ············· Sun Jingtao (1)
On the Phonetic Strata of *Yu* (鱼) Rhyme in
　　Xiamen Dialect ··································· Zeng Nanyi (23)
The Thematic Third Person Anaphora in
　　Chinese Texts ··· Li Rong (49)

On the Semantic Interpretation Rules and Paraphrasing
　　Templates of the Chinese Noun Compounds
　　·· Wei Xue, Yuan Yulin (72)
The Chinese Epistemic Modal Verb *Yinggai* (应该)
　　Can be Used as an Evidential Strategy ············· Yue Yao (106)

The Emergence of Palato-alveolar Consonants in Sixian Hakka
　　in Xinpu Township of Xinzhu County
　　······ Chu-Fang Huang, Min-Hua Chiang, Chin-Chuan Cheng (140)
A Typological Study of Disyllabic Tone Sandhi in Mandarin
　　Chinese Dialects ···································· Li Zihe (167)
A Study of the Partial Reduplicative Verb Form in Raoping
　　Dialect ·· Zheng Weina (189)
On the Source of Plural Markers in Wu Dialects from
　　a Typological Perspective ··················· Sheng Yimin (204)
Words with the Form of "XX子" in Laiwu Dialect
　　··· Lü Xiaoling (227)

A Study of "the Same Characters belonging to Two
　　Rhyme Groups" of *Dongzhong*（东锺）and
　　Gengqing（庚青）of *Zhongyuan Yinyun* （《中原音韵》）
　　·· Zhang Weidong(238)
A Study of Devoicing of Tibetan Voiced Consonants Based
　　on Dunhuang Tibetan Transcription Documents
　　·· Li Jianqiang (258)
A Phonological Study on *Shici Tongyun* （《诗词通韵》）
　　·· Chen Ning (274)
Ji(即): From Motion to Concession·················· Li Jiwei(297)

Neural Representations of Nouns and Verbs in Chinese:
　　An fMRI Study·············· Li Ping, Jin Zhen and Tan Lihai (314)
Lexical Representation of Nouns and Verbs in the Late
　　Bilingual Brain··············Yang Jing, Tan Lihai and Li Ping(336)

Beijing Dialect of Qing Dynasty······················ OTA Tatsuo (352)

ABSTRACTS ·· (369)

试论汉语中的 h- 化音变 *

孙景涛

提要 基于方言及文献材料，本文旨在揭示并说明汉语方言中普遍存在的 h- 化音变。这种音变由语义虚泛主导，尤其多见于口语词第二或末尾音节。总体来看，h- 化音变不靠语音条件，只在一定程度上钟意于送气声母。

关键词 方言 音变 h- 化 语义虚化

1 引言

由于语义虚泛或曰义欠凸显，语音或可出现趋于轻弱的多种变化，主要体现在韵律与音段上面。本文拟探讨因应语义虚泛的辅音变 h- 问题。辅音变 h- 又称除去口腔阻塞化（debuccalization），指各种辅音趋同于 h-（如果该语 / 方言没有 h-，则趋同于 x-[①]）的语音变化。变 h- 可以是常规音变，比如，在四邑粤语中，中古透母（t^h-）、定母（d-）平声和部分上声字读作 h-。（詹伯慧 2002：141）但涉及更多辅音的则由意义虚泛引发。本文重点讨论后一类音变，统称 h- 化。此前笔者曾撰文（孙景涛 2010）进行讨论，但很多问题依然悬而未决，而最根本的问题是材料不足，很多实例湮没于历史文献和方言口语而未得揭示。为了将探讨引向深入，我们遍检整部《汉语方言大词典》（许宝华、宫田一郎主编 1999），此外又实地调查多种方言，搜寻材料，征以文献，横纵比较，力求揭示 h- 化音变的方方面面。

---

* 笔者 2011 年秋学期在北京大学中国语言学研究中心任兼职研究员，其间曾以本文初稿就教于中心同仁，王洪君、李小凡、郭锐、陈保亚、李娟、叶文曦、汪锋、詹卫东等先生提出了很多很好的建议。文章投稿后又蒙匿名审稿人惠赐中肯的修改意见。在此谨致谢忱。本项研究得到香港科技大学人文社科学院研究基金的资助（项目编号：SBI09/10.HSS07）。

2　h- 化释例

由于 h- 化不是单纯的以类相从的语音变化，语义语法因素亦在其间扮演角色，所以要确保分析合理，就应围绕涉及 h- 化的语言单位（主要是双音形式）进行，从语音、语义、语法等多个方面进行综合考察。下面分析所得调查材料，先出条目，然后是发音、释义、例句等，最后是分析讨论。所用材料全部标明出处，未标出处者则基于笔者实地调查。

2.1　p- → h-/x-

填乎，辽宁大连 [t^hian^{34} xu^0]，给人好处，贴补。"他辛辛苦苦挣的钱全填乎他儿子了。"（许、宫田 1999：6384）

填乎，哈尔滨 [t^hian^{24} xu^0]，贴补；从经济上帮助：你填乎他这么些年也是白填乎，人家根本不领你的情。（李荣等 2002：4666)

填护，山东长岛 [t^hian^{55} xu^0]，用实物报答。"你把东西都填护给谁了？"（许、宫田 1999：6384）

填活，银川 [t^hian^{53} xuə^0]，偷偷给；白给：那老婆子有几个钱净填活了丫头了。（李荣等 2002：4666)

这几个双音形式的读音用法基本相同，应该同属一词。从构词成分看，前字意义相关，后字殊不可解。《朱子语类》卷十七："悠悠度日，一日不做得一日工夫，只见没长进，如何要填补前面？"清代王士禛《池北偶谈·谈艺一·梅村病中诗》："受恩欠债须填补，纵比鸿毛也不如。"二例中均有"填补"一词，与"填乎、填护、填活"相比主要是第二字声母有 p-、x- 之别，后三例第二字轻读或增添央元音（银川话"补"读 pu^{53}，"填活"之"活"读 xuə^0）则可理解为"补"字身处扬抑格后位的语音调节。从意思上来看，"填补"是补偿的意思，"填乎"等词与此一脉相承。由此看来，它们应该同出一源，由于后字意思不够凸显（这一问题后面还要讨论），因此发生 h- 化，p- 变成了 x-。

这一推断还可从平行实例中得到支持。山东苍山话有"填补"一词，意思是点补、垫补，后字有两种读音，既可以是 pu⁰，也可以是 xu⁰②，清楚地显示出由 p- 变 x- 的过程。

2.2 f- → h-/x-

方言中常有非、敷、奉母字读 h- (x-) 的现象，如闽方言以及并州片吕梁片晋方言。这是以类相从的音变，与此处讨论的 h- 化有所不同。

蚂蚁在河北顺平话中叫做 pjɛ¹¹ xu⁰（别虎），实即"蚍蜉"。"蚍"字房脂切（重纽四等），与毗、貔、琵、枇等字音韵地位相同，普通话读 pʰi³⁵ 符合发展规律。顺平话"别虎"的前字与"蚍"字声调相同（该地阳平调读 11），声母韵母相近（声母读 p- 不读 pʰ- 可能是因为该方言没有 pʰjɛ¹¹ 这个音节），因此，pjɛ¹¹（别）应该就是"蚍"的当地方音。再来讨论第二字。"蜉"字与"浮、涪、桴"皆缚谋切，普通话读 fu³⁵ 合乎发展规律。这三个字在顺平话中读 fu¹¹，可以设想"蜉"字有一阶段亦当如此。后来，因为单字义不大凸显，又处在第二音节位置上③，f- 发生 h- 化而变成了 x-，声调亦同时变成了轻声。

蝙蝠在汉代称作服翼、飞鼠、老鼠、蟙䘃、蝙蝠等，现代方言仍然名称繁多。下面列举源于"蝙蝠"的九个实例，依照"蝠"字以及相当位置上声母的不同而分为两组。材料取自许、宫田（1999）。

(1)"蝠"字以 f- 为声母

a. 蝙蝠子　江苏苏州 [piɿ⁴⁴⁻⁴¹ foʔ²⁴⁻³⁴ tsɿ⁵²⁻²¹]

b. 夜蝙蝠　山西吉县（中原官话）[ie⁵³ pʰiæ̃³³ fu⁰]

c. 檐蝙蝠　河北石家庄 [˙iɛn ˙piɛn •fu]

d. 檐蝙蝠子　山东诸城 [˙iã •piã •fu •tsɿ]

(2) 相当于"蝠"的位置上有 x- 声母
  a. 夜别蝴   河南洛阳 [iɛ³¹² piɛ⁴⁴ xu⁰]
  b. 夜蝙蝠   甘肃兰州 [iə¹¹ piə⁵³ xu²¹]
  c. 列蝙蝠   乌鲁木齐中原官话 [liɛ⁴⁴ piɛ⁵² hu⁵²]
  d. 檐巴虎儿   天津 [iɑn˗ ˖pa ˖xur]
  e. 檐蝙虎儿   辽宁大连 [˗ian ˖pian ˖xur]

"蝠"字在第 (1) 组实例中读 f-。"蝠"字方六切，读 f- 合乎规律。在第 (2) 组实例中，相当于"蝠"的位置上是 x-。比如同属胶辽官话的山东诸城话是 f- (1d)，而大连话则是 x- (2e)，x- 显然是由 f- 变来的。"蝙蝠"的语义结构模糊不清，第二音节出现了 h- 化音变。

"赶大车的"陕西合阳方言说 tɕio³¹ xu⁰，记作"脚户"（邢向东、蔡文婷 2010：175）。"X 户"可以指从事某种职业的人或家庭，但这里更有可能是"脚夫"，这是一个宋代以来相当常用的双音词。肩挑背扛本是脚夫的基本工作方式，后来虽有赶着牲口或者套上大车的，但供人雇佣从事搬运的性质并未改变，故仍然可以称作"脚夫"。"夫"字合阳话读 fu³¹（阴平），因处于第二音节位置，且因整词表意，语素义不复凸显，于是出现 f- 变 x-。

2.3 t^h- → h- /x-

表示不整洁、不利索、丢三落四，方言多有"邋遢"（北京话 la⁵⁵ t^ha⁰；河北顺平话 la⁵⁵ t^haj⁰）及类似说法儿。这些说法儿发音相近，尤其是第二音节的声母，大都是 t^h-。不过，同是这个形式，有的方言是 x- 不是 t^h-。例如，在河北望都话中，表示这个意思说 la²¹ haj⁰（参看李田光 2003：163），第二字是 x-，应是声母 t^h- 发生 h- 化的结果。

2.4 l- → h-/x-

熟活，河北望都 [ʂu¹¹ xuo⁰]，熟悉，熟识。类似形式见于多个方言，如：熟和（山东聊城、莘县）、熟化（山东聊城）、熟滑（山东淄博）。（许、宫田 1999）这些形式应该由"熟络"变来。"熟络"一词早在明代即已出现，小说《山水情传》第九回："卿云这日也觉文思熟络了，亦是一挥而就。"阮大铖《燕子笺》："若是乍会的，又不该如此熟落。"均是熟悉、熟识的意思。"熟络"与上引方言诸例意思相同，应有词源上的联系。"熟络"是口语常用词，"熟"字容易理解，"络"字语义不够凸显，因而有 h- 化发生，l-（络）变成了 x-（活、和、化、滑）。

数划，山东淄博 [ʂu⁵⁵⁻²¹³ huɑ⁰]，训斥，责备。（许、宫田 1999：6715）明清小说多见"数落"一词，如《红楼梦》第六九回："邢夫人听说，便数落了凤姐儿一阵。"④"数落"的第一字跟整个词的意思有关系，第二字则关系不明，因此有 h- 化发生，l- 变成了 x-。

"旮儿旯儿"及其类似形式（如粤语的"角落头"）几乎遍及所有汉语方言（许、宫田 1999：2140—2141，2819—2821），而且，几乎所有这些形式的第二音节都有 l- 声母（徽语是 n-）。但是，在山东平度话中，"墙旮儿旯儿"（墙角）的发音是 [tsʰiaŋ⁵³ kar⁵⁵⁻⁴⁵ xar⁰]（许、宫田 1999：6749），"旯儿"的声母是 x-。这个 x- 是 h- 化音变的结果。

"礼"的上古音是 *lidx（李方桂）、*rəjx（蒲立本），中古音是 lei（李荣）。厦门话"礼"字仍是流音声母，读作 le⁵¹，（见《汉语方音字汇》）再如，"礼数"读作 [le⁵³⁻⁵⁵ sɔ³¹]。（周长楫 1993：88）但是，双音词"回礼"（回门）读作 [he²⁴ he⁵³]（许、宫田 1999：1970），"礼"字读 he⁵³ 不读 le⁵¹，原来的声母 l- 变成了 h-。

2.5　tʂ- → h-/x-

"舞爪"本指舞动爪子，《水浒传》第五十二回："狻猊舞爪，狮子摇头。"现代北方话表示舞动、挥动，比如洛阳人会说"别拿着棍子瞎舞爪（wu³³ tʂwa³¹）了。"类似的用法亦见于山东寿光话，如，"小孩在那里舞划（u$^{55\text{-}213}$ xua^0）杆子。"（许、宫田 1999：6861）不过，其中第二音节的声母不再是 tʂ- 而是 x-，这显然是 h-化造成的。⑤

"动转"表示"（人、动物或能转动的东西）活动"，近代现代均很常见。元代关汉卿《五侯宴》第三折："我这里立不定虚气喘，无筋力手腕软，瘦身躯急难动转。"《水浒传》二十六回："喷了两口，何九叔渐渐地动转，有些苏醒。"《红楼梦》第九回："说着，要起来，那知连日饮食不进，身子岂能动转。"《明清实录》乾隆卷之八百三十二："副都统呼什图现患痰症。手足不能动转。病势甚重。"萧军《八月的乡村》三："所听到的声音，是几个伤残的士兵不能动转的呻吟。"

与"动转"相似，另有"动换"一词。"动换"首见于 15 世纪初的《普济方》卷二百九十一："涂于帛上子贴之。不得动换。疮口永瘥。"现代依然常见。如，《现代汉语词典》（第 5 版）标作 dòng·huan，例子是"车内太挤，人都没法动换了。"再如，据李田光（2003：77），河北望都话有如下实例：1）"新县委书记一上任，好多科局长就得动换动换。" 2）"这风真大，刮得那棵大树都动换了。" 3）"我叫了好几声你就是不动换。""动转"与"动换"用法相同或相类，差别仅第二音节声母存在 tʂ- 与 x- 的不同。从年代上看，"动转"早出，"动换"晚出。从意义上看，"转"与整词相关，"换"与整词即使能说出些联系也相当勉强。基于这些事实，可以推知"动换"由"动转"而来；因应意义的不够凸显，第二音节出现 tʂ- 变 x-，改用"换"字是为了较好地表示实际读音。⑥

2.6 ʂ- → h-/x-

"晌"字在中原官话、胶辽官话中多读 ʂ-，但在表示晚上的"后晌"一词中读 x-。例如，山东昌邑、潍县、安丘读 xəu^{55} xɔ̃^{0}，梁山读 xou^{31} xaŋ^0，临朐读 xou^{54} xaŋ^0。山东聊城话"后晌饭"（晚饭）

说成 xou² xaŋ² fan²。（许、宫田 1999：2082—2092）原来的 ʂ- 声母发生 h- 化，变成了 x-。

"上"字用作补语也可以出现由 ʂ- 变 x- 的 h- 化，例如，"摊上"在山东梁山话中说成 tʰan³¹ xɑŋ⁰（许、宫田 1999：6501），ʂ- 变成 x-。

2.7 s- → h-/x-

据《广韵》，"擸掇"指毁坏，今读 la⁵⁵ tsa³⁵；"搚掇"指垃圾，今读 e⁵¹ sa²¹⁴；"偈僅"指邋遢，今读 tʰa²¹⁴ sa²¹⁴。⑦ 在现代汉语中，这几个音义相类的词语多为"l- s-"双音形式，表示垃圾或者肮脏。表示垃圾，广东海康话（闽语）是 lap⁵ sap⁵（许、宫田 1999：7392）；梅县话是 lap¹¹ sɛp¹¹，建瓯话是 lu⁵⁴ su²⁴，苏州话是 lɤ²³ sɤ⁴（以上据北京大学 1995：35）。表示肮脏，建瓯话是 la⁴² sa⁴²，潮州话是 laʔ³ sap²¹，厦门话是 lap⁵ sap³²（同上：505）；福清话是 la⁴⁴ sɑʔ¹²（许、宫田 1999：3085）；闽北崇安话是 la² sai⁶（黄典诚、李如龙等 1998：232）；闽北石陂话是 lau⁴⁵ sau⁴⁵（秋谷 2008：329）。但是，同样的语音模式，同样表示肮脏，在闽北将乐话中却是 la⁵⁵ xiaʔ⁵（许、宫田 1999：3085），对应于 s- 的声母变成了 x-。"擸掇"及相类形式意义结构不甚明了，但口语常用，是以发生 h- 化。

除了读 ɬ-，闽语"使"字多读 s-，比如在下列词语中：使弄（厦门）、使势（福建漳平）、使空（贿赂）（福建福清）、使报信（喜鹊）（福建福安）（许、宫田 1999：3430—3432）。崇安话"使"字也读 s-，⑧ 但是，"差使者"（衙役）读 tɕʰae¹¹ xi²² tɕia²¹（许、宫田 1999：4470），其中"使"字读 x-，不读 s-，应该是 h- 化音变的结果。

2.8 k- → h-/x-

死皮赖花，江苏扬州（江淮官话）[sŋ⁴²⁻⁴⁴ pʻi³⁴ lɛ⁵⁵⁻⁵³ xua²¹]，死皮赖脸。这一熟语同样见于江苏东台，其中末一音节既可以是

xua²¹，也可以是 kua²¹（瓜）。（许、宫田 1999：1802）用"瓜"喻指笨伯非常普遍，用在这里意义相关，所以本来应该是"死皮赖瓜"。进一步观察，"死""赖"都不是好字儿，整个意思大体已可预测，"瓜"的意思（瓜果义连同笨伯隐含义）就不那么凸显了，因此声母发生 h- 化，k- 变成了 x-。

"屁股"在北京、河北方言中常有 [pʰi ku⁰]、[pʰi xu⁰] 两读。"股"的本义是大腿，现代口语中不能独立运用，意义虚泛，是以声母出现 h- 化。

北方话表示"蝼蛄"的双音词多以"l- k-"为其声母框架，如河北顺平说 la⁵³ ku⁵⁵。在同属冀鲁官话的河北井陉话中，这个词记作"拉虎"（许、宫田 1999：3267），声母框架变成了"l- x-"。这显然是 k- 变 x- 的结果。

2.9　kʰ- → h-/x-

摆霍，河北望都 [paj²¹ xwo⁰]，摆阔气，显摆。"他老爹多年积攒的那点家底，都让他摆霍完了。"从近代到现代，"摆阔"一直是很流行的说法，摆阔气、显摆、炫富的意思，实例极多。晚清李伯元《文明小史》："再说秦凤梧本来是个大冤桶，化钱摆阔，什么人都不如他。"在河北望都方言中，摆霍、摆阔（paj²¹⁴ kʰwo⁵¹）皆说，意思基本无别，只是"摆霍"更口语些。"霍"与"阔"的分别在于声母的 x-、kʰ- 对立，"摆霍"很可能由"摆阔"而来，"阔"的声母 kʰ- 变成了 x-。

啼乎，河北顺平 [tʰi¹¹ xu⁰]，出声痛哭。例如，"坟上有啼乎人的（坟墓前有对着逝者大声恸哭的人）。""啼乎"应该源自"啼哭"（tʰi¹¹ kʰu⁵⁵）。"哭"可以单说，而"啼乎/哭"则侧重失声大哭，且多是哭诉。"啼乎/哭"与"哭"有别。另外，"啼"是黏着语素。如此看来，"啼乎/哭"倾向于整体表义，单音成分的意义不大凸显，于是"哭"的 kʰ- 声母 h- 化为 x-（乎）。

在河北顺平方言中，被虫咬过的红枣叫作"蛆窟窿"，发音是 $tɕ^hy^{55}$ xu^{33} $luŋ^0$。"窟"的声母 k^h- 变成了 x-。

垂困，湖南耒阳 [ts^huei^{35} $xuæ^{213}$] 打盹儿。（许、宫田 1999：3424）"困"在其他场合读 k^h-（罗兰英 2005），在这个双音词中变成了 x-。

陕西合阳话"鼻子"说 p^hi^{24} $xuoŋ^{31}$，记作"鼻□"（邢向东、蔡文婷 2010：184）。未予标明的第二字很可能是"空"或"孔"。空、孔分别读 $k^huoŋ^{31}$ 和 $k^huoŋ^{52}$，与 $xuoŋ^{31}$ 相比声母有 k^h-、x- 之别；"孔"字还有声调差别，但 $xuoŋ^{31}$ 是低降，$k^huoŋ^{52}$（孔）是高降，仍有一致处。此外，确实有方言将鼻子说成"鼻空"或"鼻孔"，前者如江西客家话（许、宫田 1999：6868）、湖南城步苗人话（李蓝 2004：110），后者如西南官话、徽语、湘语、赣语（许、宫田 1999：6867）。综合这些证据，可以做出这样的假设：合阳话中"鼻□"的第二音节原来读 k^h-（空、孔），后来发生 h- 化，变成了 x-。

2.10　g- → h-/x-

扩额，厦门话 [$k^hɔk^{32}$ hiaʔ^4]，凸额。（许、宫田 1999：1831）
溜额，厦门话 [liu^{21} hiaʔ^4]，秃顶。（同上：6698）
门额，厦门话 [bŋ^{24} hiaʔ^4]，门楣。（同上：7166）

"额"的声母在中古上古汉语中均为后鼻音 *ŋ-，在厦门话中变成 g-，如，"额尾"（余额）读作 [giaʔ^4 be^{53}]。（许、宫田 1999：7166）但是，在上面列举的三个双音词中，"额"字读 [hiaʔ^4]，声母 g- 变成了 h-。

"额"在厦门话中有文白两读，分别是 [gɪk$_2$] 和 [giaʔ$_2$]。以韵母为基准，[hiaʔ^4] 属于白读，可知 g- 在白读的条件下变成了 h-。不过，白读不应是充分条件，因为"额"在"额尾"中是白读，但仍然读 g-，并无 h- 化。所以一定另有原因。从表达来看，扩额、溜额、门额如果换用普通话一般是没有"额"字参与的（"额头"

在普通话口语中多说脑门儿、脑瓜门儿）。这说明"额"字在厦门话中比较常用，组合面更宽。这样的特点使得"额"的意义更容易预测，相对而言它所负载的意思也就不那么凸显了。此外，"额"字处于两字组第二音节的位置，这是一个容易发生音变的位置，也成了引发音变的一个因素。⑨

2.11 ɕ- → h-/x-

丹阳话表示"猴子"的词是 væ^{11} xyəŋ^{11}，写作"猤狲"（许、宫田 1999：5639）。狲、孙二字在《广韵》中属同一小韵（思浑切），在方言中也多为同音字。丹阳话"孙"字有 səŋ^{33}、ɕyeŋ^{33} 两读⑩，其中 s- 与开口韵相配，ɕ- 与撮口韵相配。由于 s- 早出，颚化为 ɕ- 应该是在撮口韵的条件下完成的。"猤狲"的"狲"字读 xyəŋ^{11}，是个撮口韵，比照"孙"字两读的声韵搭配关系，可知现在 x- 的直接前身应该是 ɕ-。"猤狲"的"狲"字发生 h- 化，ɕ- 变成了 x-。

2.12 j- → h-/x-

喜欢夜晚活动的人被谑称为"夜游子"。河北望都话里有这一说法，此外还说"夜猴子"，意思完全相同。（李光田 2003：318）猴子并不以夜间活动著称，这样写应该只是为了切近发音。"游"与"猴"除了声母有 j-、x- 不同之外，其他如韵母声调完全相同。据此可以推测其中涉及 h- 化。j- 变成了 x-，于是将"游"改写为"猴"。

2.13 w- → h-/x-

"午"字《切韵》是 ŋ- 声母，《中原音韵》则是零声母，拟音是 uˇ（蒲立本）或 wɨ（薛凤生）。现代北方话"午"字多标为 u（如北京大学 2003：130）。不过，着眼于实际发音，元音 u

的前面还有一个起始音（onset），因此，以北京话为例，严式标音应为 wu^{214}（午）。

"晌午"最早见于元杂剧，今多见于北方方言，但其中"午"字多读 x-，如，ʿsaŋ^{21} xu^0（辽宁锦州）、ʿɕiaŋ^{213} xuor^0（山东牟平）、ʃaŋ^{213} xu^0 lour^0（山东荣成）（许、宫田 1999：4813—4814），ʂaŋ^{22} xuo^0（河北保定）。"晌午"高频常用，如，在河北顺平话中，午饭、午觉、午后一般要说 ʂaŋ^{11} xuo^0 fan^{51}、ʂaŋ^{11} xuo^0 tɕjaw^{51}、ʂaŋ^{11} xuo^0 waj^{55}（歪）。高频常用易使人们忽略单个儿构词成分的确切含义，从而音变之门得以敞开，先是轻声（上引诸例中的"午"字皆为轻声），声母也发生 h- 化，w- 变成了 x-。

现在讨论一下"午"字的韵母问题。如前所见，方言中发生 h-化的"午"字其韵母有 -u、-uo、-uor 三种不同的形式。-u 韵母容易理解，因为与没有发生 h- 化的"午"字相同。至于 -uo 和 -uor（儿化），则有可能与更早时代的音值有关。在高本汉、周法高、郑张尚芳等学者的中古音中，"午"的韵母一律是 -uo。

"被卧"表示被子最早见于元代。王实甫《吕蒙正风雪破窑记》："又无那暖烘烘的被卧，都是些薄湿湿的衣服。"今天北方话仍然常用，如北京话、保定话说 pej^{51} wuo^0。⑪口语则常说 pej^{51} xuo^0。对应 w- 的是 x-，显系 h- 化的结果。

3　h- 化的语义动因与语音限制

3.1　h- 化语义动因

在前面的讨论中我们曾多次指出，之所以出现 h- 化，原因在于语义虚泛不得凸显。现在综合考察，从出现的语法单位入手，对这一问题可以看得更加清楚。

首先，h- 化主要见于词汇或熟语。与句法形式相比，词汇形式因心理组块作用而倾向于整体表义,与此相应,构词单字地位下降,原本所指不再凸显,表示的意义自然就变得虚泛模糊了。[12]熟语是习用词语的固定组合,结构稳定,语义紧密。从表义过程看,熟语重在整体,而非斤斤于构成成分的相互加和。h-化出现于词汇或熟语,表明 h-化单字的意义未加彰显,缺乏独立性,它以组成成分的身份参与更大的表义单位,原有的单字义自然会变得虚泛模糊。

第二,出现 h-化的词汇形式皆为日常口语。日常口语主要用于对话双方都十分熟悉的语境,内容多涉及日常生活,常常是不假思索,脱口而出,无暇过多计较词语内部的意义结构,单字的意义就变得不那么突出了。比如日常口语中呈述补关系的"摊上"(见前 2.6),还有"考上、煞上"(孙景涛 2006),因属于常用口语,倾向于整体表义,变得很像词汇形式,这也就成了"上"字发生 h-化的一个重要原因。h-化出现于日常口语,表明与语义虚泛密切关联。

第三,出现 h-化的一般都是使用较久的老词儿,其中一个或各个构词成分常因历史原因而变得一般人无法辨识,即单字不能单独成词,原有意义难以凸显。例如,河北顺平话中"午"字很少使用,"上午"说"前半晌儿","下午"说"后半晌儿",睡午觉说成"歇晌"。偶见于"晌午","午"字不能独立使用,含义不复凸显,而 h-化随即出现,显见意义虚泛与 h-化之间的联系。再如,"股"字表示大腿是古汉语用法,今天在北方话中不再单独成词,因此用作"屁股"的构词成分一般人难以知晓,而 h-化恰好发生在这里。还有出现 h-化的蚍蜉、蝙蝠、擓摇、蝼蛄、猞猁等,都是当地方言长期使用的老词儿,说话者无需(后来则变成了"无力")分析内部意义结构。老词儿常常包含不透明的构词成分,而 h-化常见于这样的形式,可见 h-化与义不凸显的密切关联。

总起来看,词汇、口语、老词儿普遍呈现构成成分语义凸显不足的特点,而 h-化与这些形式如影随形。所以,尽管目前还无法根据意义虚泛程度来预测 h-化,但 h-化肇始于语义虚泛的假设一定是可以成立的。[13]

3.2 为何选 h-（或 x-）以因应语义虚泛？

对于这个问题，笔者（孙景涛 2010）曾从实际语言与语音实验两个角度进行探讨。我们观察到，在日常口语中，h-（或 x-）似乎天生具有表示模糊语义的作用。例如，在美国电视剧《人人都爱雷蒙德》中，有一番对话涉及"性"（英语 sex [seks]），主人公因尴尬而吞吞吐吐，最终说出的是 [heks]，s- 变成了 h-。说话者不希望词义太过凸显，这显然是有意识的。但是，体现这一意愿的 -s 变 h- 却是没有意识的，因为英语中并不存在这样一种形态变化，并不存在以 h- 表模糊义的共识。这种"无意识"的发音行为颇有深意，因为它恰好说明 h- 化与语义虚泛存在一种天然的联系。语义虚泛模糊，声母可能变 h-。

现代汉语也有类似的现象。《现代汉语词典》（第 5 版）收叹词"嗯"，发音是 ng [ŋ̍] 或 n [n̩]，这是一个自成音节的鼻音，可因声调不同而分别表示答应（去声）、疑问（阳平）、意外或不以为然（上声）。总起来看，"嗯"的意思比较含混，表示答应时尤其如此。如："他嗯了一声，就走了。"（991 页）这个"嗯"是同意还是不同意？情愿还是不情愿？除非带有特殊倾向的语气，一般情况下不得而知，也许仅仅表示"我听到了"，是否同意照办则是另一回事。一个人如果经常如此，难免不受依违不决、虚与委蛇的责备。下面看一个与此有关的词。

现代汉语有一个"哼"（xəŋ^{55}）字，常与"哈"（xa^{55}）对举，例如：a）"给个痛快话儿，别在那儿哼啊哈的！" b）"他总是哼儿哈儿的，问他也没用！"二例中的哼（儿）、哈（儿）是对于应答用词的称说描述。《红楼梦》六十一回："那小厮笑道：'……我虽在这里听哈，里头却也有两个姊妹成个体统的，什么事瞒了我们！'"其中"听哈"的"听"是等待的意思，"哈"自然就是应答之声了。另外，现代汉语口语有"打哈哈"一语，指开玩笑，或者用开玩笑的口吻应答，表意虚泛，不必当真，与前面例子中的"哈"是有关系的。至于"哼"（xəŋ⁵⁵）字，应该是称说"嗯 [ŋ̍⁵¹]"时发生音变的结果。⑭ 首先，如前所述，[ŋ̍⁵¹] 表知悉，意思有些含混，与这里的"哼"是一致的。第二，为了与该语言的音韵系统相适配，称说实际发声有可能在语音上做出调整。比如，"他咳了一声，清了清嗓子。""咳"（[kʰɤ³⁵]）与生理上的咳嗽之声相似又有区别。"嗯 [ŋ̍⁵¹]"是拟声，称说时调整为"哼"（xəŋ⁵⁵），同样是可能的。第三，"嗯 [ŋ̍⁵¹]"变"哼"（xəŋ⁵⁵）从语音上看是合理的。普通话不允许辅音自成音节，"嗯 [ŋ̍⁵¹]"是拟声，属于特例，现在用于称说转述，需要纳入常态音节，填充默认形式 ə 是非常自然的，于是有 ŋəŋ⁵⁵（或 əŋ⁵⁵）的出现⑮，再有声母 ŋ-（或零声母）的 h- 化，xəŋ⁵⁵ 就产生了。

以上论述了"嗯 [ŋ̍⁵¹]"变"哼"（xəŋ⁵⁵）的过程。我们看到，二者在意义上前后一致，形式变化亦可得到说明，可见假设是成立的。现在说到引发这一变化的动因。很显然，仍然是语义虚泛在起作用。前面引用诸多"嗯"字实例，一般情况下仅表知悉，态度暧昧，表意虚泛是其共同特点，由此引发 h- 化，这与英语 [seks] 变 [heks] 是完全一致的。由这里看到，为了因应意义虚泛，英语与普通话采取了相同的策略。当然，这种相同并非偶然，而是由 h- 的物理属性所决定的。笔者（孙景涛 2010）曾取 ka、sa、ha 为例，用 Praat 软件进行语音分析，结果发现波形图颇有差别：k、s 大幅度起伏跌宕，气噪音强烈；h- 则起伏平缓，气噪音微弱。气噪音强烈说明发音费力，气噪音微弱说明发音省力。h- 是最省力的辅音（无 h- 有 x- 的方言则 x- 最省力）。由此可见，无论是英语母语者还是汉语母语者，都会用 h-（x-）以因应虚泛的语义。用省力的辅音以因应虚泛的语义，音义互动以求平衡，何其妙哉！

3.3 h-化过程中的语音限定

h-化是由语义虚泛引发的语音现象,除了关注语义要素的主导作用,语音要素的能动作用也是不容忽视的。现在通过考察 h-化对声母的偏好以探讨语音限定问题。

基于 2005 年版国际音标,下表列出前面讨论的所有 h-化声母(列入 x、h 以供对比)。[16]

	唇 (labial)	舌冠 (coronal)	舌背 (dorsal)	喉 (laryngeal)
鼻音			ŋ	
浊阻塞音			g	
清阻塞音	p	tʰ tʂ	k kʰ	
擦音	f	ʂ s ɕ(腭化)	x	h
近音			w(唇化)j	
边近音		l		

从表中可以看到,h-化辅音包括塞音、塞擦音、擦音、送气、不送气、浊音、鼻音、响音(如 l、j、w)、唇音、舌冠音、舌背音,分布相当广泛,几乎涵盖所有主要的音变类别。这种情形令人觉得 h-化没有语音限定,任何声母辅音,只要受到语义虚泛的驱动,都有可能发生 h-化,难说有什么语音偏好。事实是否如此呢?偏重于条件音变的调查有助于回答这一问题。下面我们看到,在一般的以类相从的语音变化中,只有少数几个声母辅音可以变 h-(x-),现择其大宗举例如下。

第一,tʰ-(透母字)→ h-。如,在粤语新会话中,土、吐、天、铁、通、桶、汤、躺读 h-。(詹伯慧、张日昇 1987)在属于赣语的新余、吉水、南城等方言中,拖、套、偷、贪、塔、脱、汤读 h-。(万波 2009:120)在海南儋州中和军话中,拖、塔、天、听、滩、统、铁读 h-。(丘学强 2005:15,56)

第二,kʰ-(部分溪母字)→ h-。如,在广州话中,口、可、开、康、刻、考、客、哭、轻、乞、气、去、筐、框、空、孔、恐、今

读 h-。（袁家骅等 1983；北京大学 2003）

第三，f-（部分非母敷母字）→ h-（或 x-）。如，在温州话中，非母字方、坊、发、凤、枫、疯、封，敷母字纺、芳、丰、峰、锋、蜂，皆读 h-。（北京大学 2003）在平遥话中，非母字府、飞、福，敷母字俘、妃、蜂，皆读 x-。（侯精一 1999：311）

第四，w-（云母（喻₃）字）→ h-（或 x-）。云母字在闽语中多有变 h-（或 x-）者，如厦门话、潮州话中的晕、云（云彩）、远、园、援、域、雨，皆有 h-（或 x-）的读音。（北京大学 2003）[17]

以上举出的四组音变代表了汉语方言成批变 h-（或 x-）的主体——它们不由语义虚泛主导，而是以音类相从。比较而言，透母（t^h-）变 h- 较为整齐，要变皆变。其他源自溪母（k^h-）、非母敷母（f-）的音变则不大整齐，但数量很大，亦可视为条件音变。不同声母辐辏于 h-（或 x-），这表明它们具有相同的语音特质。由于 f-、t^h-、k^h-、w- 兼跨唇、舌冠（舌齿）、舌背（舌根）三大发音部位，所以相同特质大概与发音部位关系不大，余下的考量就只能着眼于发音方法了。我们已经看到，送气塞音 k^h-、t^h- 均有批量变 h- 的实例，而对应的不送气塞音 k-、t- 却没有批量变 h-，因此可暂时假定送气是变 h-（或 x-）的条件。进一步扩大测试范围，我们会发现这一假定仍然可以成立。作为另一个批量变 h-（或 x-）的辅音，f- 是擦音，而送气乃擦音之伴生性特征。不仅如此，目标辅音 h-、x- 也是擦音，也有送气的特点。有鉴于此，联系 k^h-、t^h-、f- 变 h-（或 x-）的事实，可知如果要在它们中间寻找共性，送气应该是首选；因为这些辅音共享送气之特征，所以才容易发生音变。

w- 变 h-（或 x-）也是基于相同的原因。w- 是滑音，与送气与否似乎不大相关。但是，由于发 w- 时有一种撮口的倾向（出口狭窄则容易形成可明显感知的气流），因此有一些送气，这应该与变 h-（或 x-）是有关系的。

以上事实表明，变 h-（或 x-）可以是纯语音现象，在没有其他因素羼入的情况下，具有送气特征的辅音最有可能出现这样的变化。

　　前面我们在讨论 h- 化音变时反复强调，h- 化由语义主导，动因在于语义虚泛，并不依赖语音条件。现在联系新发现的事实，可知这一论断应该有所修正。首先，变 h- 可以是纯语音现象，具有送气特征的辅音有可能出现这种变化，这是以类相从的条件音变，共享的语音特征是其发生演变的基础。第二，汉语方言中送气塞音 t^h-、k^h- 与不送气塞音 p-、k- 均有 h- 化实例，据此难以看清送气在 h- 化中的作用。但是，典型的擦音 f-、s、ɕ、ʂ 均能 h- 化，而送气乃是擦音的伴生性特征，由此可见送气与 h- 化的联系。综合这些事实，可知 h- 化虽受语义虚泛驱动，纯粹的语音条件同样也起一定作用。既有语义动因，又合语音条件，这样的辅音最有可能出现 h- 化。

4 余　论

　　本文重点调查分析了普遍存在于方言中的辅音 h- 化现象，发现音节（字）表义不够凸显且身处常用词语第二音节位置，其声母即有发生 h- 化的潜在可能。当然，就目前研究而言，我们还无法对 h- 化能否发生做出预测，我们还无法像对待一般条件音变那样可以在精准描写的基础上静待其变。但是，对于这种音变的语义动因、激活变化的位置、一定的语音条件，我们已经有了一些新的发现，相信这些发现对于理解一般语言学以及汉语音韵史、方言史中的某些问题起到推动作用。下面略举三事为例。

　　第一，东南方言中与 h-（x-）交替的辅音极多，t^h-、k^h-、d-、g-、ŋ-、w-、ɥ-、j-、s-、ɬ 等等，令人眼花缭乱。学者们在这方面已经进行了很多很好的探索，提出了新的假设，其中就有移借、层次、创新、溯源等多种视角。现在再加一个语义主导的视角，问题会看得更全面些。

　　第二，研究上古声母，谐声是必需利用的宝贵材料。如我们所知，其中多有与晓母（*h-）交替的现象。前辈学者为此已经提出清鼻音、形态变化等多种假设。现在我们对 h- 化有了一定的了解，那么自然会有这样的联想：在这些与 h- 交替的辅音当中，是否存在与语义主导的 h- 化有关的实例呢？

第三，h- 化在一般语言学中也是一个受到关注的问题。例如，学者们注意到，语法化常常引发语音形式的变化，表现为"质"、"量"减缩两种倾向，而涉及前者的辅音就有 h-。[18] 汉语方言中的 h- 化材料可为这一概括提供佐证，加深对这一问题的认识。再如，论及 s- 等辅音变 h-，有学者以共享区别特征 [+ 持续] 作为这一演变的基础。[19] 这是基于有限材料的表述，一定范围内是可以接受的。不过，随着研究中引入语义要素，h- 化涉及范围扩大，实例不断增多，擦音 s- 之外的其他擦音，还有塞音、塞擦音等，亦应考虑在内。我们在前面 3.3 小节已经看到，辅音 h- 化虽不以送气为条件，但联系方言中纯语音条件的变 h- 实例，可知 h- 化的确钟意于送气辅音。因此，如果要对辅音 h- 化加以限定，[+ 持续] 显然应该让位于 [+ 延缓除阻]（这是掌控送气的区别特征）[20]，因为后者可以较好地（尽管仍不准确）体现相关辅音与 h- 的共性，较好地说明 h- 化过程。

附 注

① [x]、[h] 有别，但比较接近。语（方）言中 [x]、[h] 很少对立，而且来源又基本相同，因此本文将二音合在一起讨论，统称为 h- 化音变。景涛按：修改本文过程中收到北京大学博士研究生孙顺先生寄来的实地调查材料（录音以及国际音标记录），清楚表明福建武夷山地区确有 [x]、[h] 对立。谨此致谢。

② 材料由南开大学文学院邵明园博士提供。谨致谢忱。

③ 两字组第二音节容易发生语音变化。参看孙景涛（2010）。

④ "数落"是在"说"的基础上通过裂变重叠产生出来的。参看孙景涛（2008）。

⑤ 北方话另有"舞扎"一词，也可表示挥舞。（参看许、宫田 1999：6861）因语义虚泛而丢掉 -w- 介音的现象十分常见，所以，"舞扎 (tṣa)" 很可能是"舞爪"之"爪"丢掉介音的结果。这里我们看到"爪"字的两种发展途径，一是声母 h- 化，一是丢掉合口介音，而皆是为了因应"爪"字在这一场合的义不凸显。动因相同而音变方式有异，这是一个值得进一步探讨的问题。

⑥ 与"动换"用法相同的还有"动弹"（见于多种方言）、"动翻"（冀

鲁方言）等。因为差别仅在于 -w- 介音的有无，也许有人会因此假设这些形式是"动换"的来源。这一假设无法成立。"换"有 -w- 介音而"弹、翻"没有，何以出现增加 -w- 介音这种从无标记到有标记的演变得不到合理的说明。

⑦ 攧、撞、搚、偋、僅诸字在《广韵》中分别是庐盍切、私盍切（又才盍切）、乌合切、吐盍切、私盍切。

⑧ 在武夷学院人文与教师教育学院办公室陈女士的帮助下获知此音。谨此致谢。

⑨ 少数云（喻三）、疑母字闽语读 h- 或 x-。"额"是疑母字，在广东南澳岛后宅话（闽语）中读 [hiaʔ⁴⁵]（林伦伦 2007：432）。方言间的对比令人疑心厦门话中的"额"字也许本来就是 h-。不过，这仅是猜测。厦门话"额"字读 g-，特殊情况下才读 h-，其中是有条理的。而且，由 g- 变 h- 是有标记变为无标记，自然而然，但反过来就说不通了。方言间不分层次的对比是不可取的。

⑩ 如，"儿孙"读作 e³³ ɕyeŋ³³（李荣、蔡国璐 1995：113），"外孙"读作 væ¹¹ seŋ¹¹ 或 væ¹¹ ɕyeŋ¹¹（同上 80 页）。

⑪ 北京大学中文系（1995）记作"被窝"。无论是"被卧"还是"被窝"，第二音节的声母都是 w-，不影响这里有关 w- 变 x- 的讨论。

⑫ 董秀芳（2011：45—47）对由词组而词汇转变中构词成分的状况有很好的论述，可参看。

⑬ 除了多音词汇形式中的 h- 化之外，某些单音节词也可以出现 h- 化，比如东北方言"啥"读 [xa³⁵]，冀中方言"那"读 [xaj⁵¹]。（孙景涛 2006）啥、那皆代词，意思较为虚泛，所以，这些 h- 化实例与义不凸显引发 h- 化的判断是没有抵触的。但是，着眼于本文此处的论述，由于我们一再强调多音节词汇，那么，啥、那的 h- 化似乎暗示我们此处的论述有以偏概全之嫌。事实并非如此。根据初步研究，啥、那 h- 化的第一现场应该是"干啥"、"去那儿"之类的语境——虽是句法形式，但属于口语常用的熟语，具有义不凸显的特点，多音形式第二音节出现 h- 化，与上面讨论的三十余组 h- 化实例是一致的。

⑭ 在《现代汉语词典》中，"哼"有"鼻子发出声音"与"低声唱或吟哦"两个动词义。与我们这里讨论的"哼"字不是一回事。

⑮ 在普通话中可以听到这样的话："有想法儿就说出来，别总是嗯、嗯、嗯的。"其中"嗯"的发音不再是 [ŋ̍⁵¹]，而是 ŋəŋ⁵⁵ 或者 əŋ⁵⁵。除了声母、韵腹的增加，这里还有去声变阴平的问题。这个问题可以从两个方面说明。第一，普通话阴平是标记性较弱的声调（教学汉语拼音时多读阴平是一个例证），因此，称说叹词"嗯"时音节做出调整，声调归为阴平是可以理解的。第二，根据我们的调查，叹词"嗯"在口语中可以是 [ŋ̍⁵¹]，也可以是 [ŋ̍⁵⁵]。如果基于后者，变 ŋəŋ⁵⁵ 或 əŋ⁵⁵ 并无声调差异。

⑯ 2005 年版国际音标分辅音为五大类型，除这里列出的四类之外还有舌根（radical）。不过，这里的舌根与汉语语言学界所说的大不相同。

⑰ 闽语由雅言逸出早于中古，因此，这些闽语字变 h- 之前的声母状况值得特别关注。鉴于谐声上的"喻₃归匣"以及互补分布，高本汉（Karlgren 1957）将云母拟为 *g-。李方桂（1971/1980）首先注意到常用云母字皆为合口（焉、矣例外是因为语助词的变化往往非同寻常），后来雅洪托夫（1977/1986）、蒲立本（Pulleyblank 1991a）、白一平（Baxter 1992）则径直拟为 *w-。许思莱（Schuessler 2007）赞同这一构拟，同时又特别强调东汉仍是 w-。认定变 h- 云母字的前身为 w- 是道理的，因为这同时还能从现代方言找到旁证，除了闽语，其他方言中的这类字在介音或主元音位置上多有 [+ 唇] 特征，由 w- 而来依然有迹可寻。郑张尚芳（2003）对 *w- 的构拟持赞赏态度，但考虑到变 h- 似乎无从说明，于是假定 *Gʷ- → fiw- → h-。事实上，由于 h- 的标记性较弱，变 h- 限定最少，所以可能性还是存在的，我们不必有此顾虑。郑张尚芳另有文章（2002：113—114）专门讨论闽语中这些字，指出读 h- 相当普遍，除了现代吴方言、江永土话、闽西连城文亨话，亦见于瑶人用汉语唱的瑶歌以及梵汉对音，因此认为这是汉代云母读音的痕迹。

⑱ 参看 Hopper & Traugott（2003）。

⑲ 例如，参看 Kenstowicz（1994：160）。

⑳ "延缓除阻"译自 delayed release。参看 Odden（2005/2008：145—146）。

参考文献

北京大学中国语言文学系语言学教研室 （1995） 《汉语方言词汇》（第二版），语文出版社，北京。

——（2003） 《汉语方音字汇》（第二版重排本），语文出版社，北京。

董秀芳 （2011） 《词汇化：汉语双音词的衍生和发展》（修订本），商务印书馆，北京。

侯精一 （1999） 《现代晋语的研究》，商务印书馆，北京。

黄典诚、李如龙等 （1998） 《福建省志·方言志》，方志出版社，北京。

李方桂 （1971） 上古音研究，《清华学报》新九卷第 1、2 期合刊，台北，1—61 页。又北京商务印书馆单行本，1980。

李光田 （2003） 《望都土语汇集》，中共望都县委宣传部编印，河北望都。

李　蓝 （2004） 《湖南城步青衣苗人话》，中国社会科学出版社，北京。

李　荣（主编） （2002） 《现代汉语方言大词典》，江苏教育出版社，南京。

李荣（主编）、蔡国璐（编纂）（1995） 《丹阳方言词典》，江苏教育出版社，南京。

林伦伦 （2007） 《广东南澳岛方言语音词汇研究》，中华书局，北京。

罗兰英 （2005） 耒阳方言音系，《湘南学院学报》26.1：75—82 页。

丘学强 （2005） 《军话研究》，中国社会科学出版社，北京。
秋谷裕幸 （2008） 《闽北区三县市方言研究》，中研院语言学研究所出版，台北。
孙景涛 （2006） 语法化过程中无标记语音成分的实现，《语法化与语法研究》（三），商务印书馆，北京。209—230页。
—— （2008） 《古汉语重叠构词法研究》，上海教育出版社，上海。
—— （2010） 语义虚化与除去口腔阻塞化，《中国语言学集刊》4.1: 129—142页。
万波 （2009） 《赣语声母的历史层次研究》，商务印书馆，北京。
邢向东、蔡文婷 （2010） 《合阳方言调查研究》，中华书局，北京。
许宝华、宫田一郎 （1999） 《汉语方言大词典》，中华书局，北京。
薛凤生（著）鲁国尧、侍建国（译） （1990） 《中原音韵音位系统》，北京语言学院出版社，北京。
雅洪托夫 （1977/1986） 上古汉语的起首辅音（张双棣译），载于雅洪托夫《汉语史论集》（唐作藩、胡双宝编选），北京大学出版社，北京，166—174页。
袁家骅等 （1983） 《汉语方言概要》，文字改革出版社，北京。
詹伯慧（主编） （2002） 《广东粤方言概要》，暨南大学出版社，广州。
詹伯慧、张日昇 （1987） 《珠江三角洲方言调查报告》，新世纪出版社，香港。
郑张尚芳 （2002） 汉语方言异常读音的分层及滞古层次分析，《南北是非：汉语方言的差异与变化》（何大安主编），中研院语言学研究所筹备处，台北，97—128页。
—— （2003） 《上古音系》，上海教育出版社，上海。
周长楫 （1993） 《厦门方言词典》，江苏教育出版社，南京。
Baxter, William H. （白一平） （1992） *A Handbook of Old Chinese Phonology*. Berlin and New York: Mouton, de Gruyter.
Hopper, Paul J. & Elizabeth Closs Traugott （2003） *Grammaticalization*. Cambridge: Cambridge University Press.
Karlgren, Bernhard （高本汉） （1957） *Grammata Serica recensa*. Reprinted from *Bulletin of the Museum of Far Eastern Antiquities* 29:1-332.
Kenstowicz, Michael （1994） *Phonology in Generative Grammar*, Cambridge, Massachusetts: Blackwell Publishers.
Odden, David （2005） *Introduceing Phonology*, Cambridge, UK: Cambridge University Press. 重印于外语教学与研究出版社，北京，2008年。
Pulleyblank, Edwin G（蒲立本） （1991a） The ganzhi as phonograms and their application to the calendar, *Early China* 16: 39-80.
—— （1991b） *Lexicon of Reconstructed Pronunciation in Early Middle Chinese, Late Middle Chinese, and Early Mandarin*,

Vancouver: University of British Columbia Press.
Schuessler, Axel（许思莱）（2007） *ABC Etymological Dictionary of Old Chinese*, Honolulu: University of Hawai'i Press.

（香港九龙清水湾，香港科技大学人文学部 hmjtsun@ust.hk）

论厦门、漳州、潮州方言鱼韵字的读音层次[*]

曾南逸

提要 文章在陈忠敏（2003a，2003b，2012）、朱媞媞（2011）的基础上对厦门、漳州、潮州三地鱼韵字读音层次进行更为深入的分析。研究结果表明：1，厦门方言鱼韵庄组字有三个读音层次：第一层 -ue；第二层 -ɔ；第三层 -ɔ。厦门方言鱼韵非庄组字有三个读音层次：第一层 -ue（-ɔ）；第二层 -i（古泥知见晓影组）、-u（古精章日组）；第三层 -u（古泥知见晓影组）。2，漳州方言鱼韵庄组字有两个读音层次，第一层 -e；第二层 -ɔ。漳州方言鱼韵非庄组字有三个读音层次，第一层 -e（-ɔ）；第二层 -i；第三层 -u。3，潮州方言鱼韵庄组字有两个读音层次：第一层 -ue；第二层 -o。潮州方言鱼韵非庄组字有三个读音层次：第一层 -ou；第二层 -ɯ（-ɯ、-ɿ）；第三层 -u（精知章日组）、-i（泥影组）。本文还重新梳理了各方言鱼韵字层次的对应关系。

关键词 厦门方言 漳州方言 潮州方言 泉州方言 鱼韵 读音层次

0 序言

陈忠敏（2003a，2003b，2012）论述了泉州、厦门鱼韵字的读音层次，陈忠敏（2012）同时简要述及了漳州方言鱼韵字的读音层次；朱媞媞（2011）则论述了泉州、厦门、漳州、潮州、台湾五地鱼韵字的读音层次。本文拟在陈、朱两位学者的研究基础上对厦门、

---

[*] 本项研究得到 2012 年度国家社会科学基金青年项目（项目批准号：12CYY044）资助。本文为笔者博士论文《泉厦方言音韵比较研究》第五章第一节，初稿曾在北京市语言学会 2012 年年会上宣读并获得优秀论文一等奖。本文草成时，王福堂、王洪君两位老师都曾提出宝贵意见；李小凡老师亲自为笔者修改了一些行文表述；审稿专家对本文的意见也都十分中肯。在此谨致谢忱！文中如有谬误，概由笔者负责。

漳州、潮州三地鱼韵字的读音层次做更深入的分析。笔者也注意到了吴瑞文（2009）等学者的相关研究与本文有很大的关系，但一来限于篇幅，二来限于讨论框架的些许差异，拟另文再探讨相关问题。

本文所用的材料中，厦门方言、潮州方言的字音材料取自北京大学中文系语言学教研室（2003），漳州方言的字音材料取自漳州市地方志编纂小组（1999），厦门方言的词汇材料取自厦门市地方志编纂委员会办公室（1995），个别泉州方言的词汇材料取自林连通（1993）。其余材料均由笔者亲自调查得到。

1 厦门方言鱼韵字的读音层次

1.1 陈忠敏（2012）的观点及其存在的问题

陈忠敏（2003a，2003b，2012）论及泉厦方言鱼韵字读音层次时观点基本一致，只是表述略有不同。陈忠敏（2012）分析的泉州、厦门两地鱼韵字读音层次的对应情况如表1所示：

表1[①]

	泉州	厦门
第一层次	ue（ɔ）	ue（ɔ）
第二层次	ɯ	i
第三层次	u（ɔ）	u（ɔ）

陈忠敏先生认为泉州方言鱼韵字 -ue、-ɔ、-ɯ、-u 四种读音中，-ɔ "作为文读只发生在鱼韵的庄组声母里"，与 -u 互补，都是"鱼虞相混的文读层"，-ɔ 作为白读"只见于见系声母后"，陈文因此将这两种不同性质的 -ɔ 分属 -u（-ɔ）层和 -ue（-ɔ）层，得到 -u（-ɔ）、-ɯ、-ue（-ɔ）三层。陈文同时指出 -ɯ "有双重身份"，可以做 -ue（-ɔ）的文读，同时又是 -u（-ɔ）的白读，因此这三层的早晚顺序应依次为：第一层 -ue（-ɔ）、第二层 -ɯ、第三层 -u（-ɔ）。

陈忠敏同时认为厦门方言鱼韵字 -ue、-ɔ、-i、-u 四种读音依次对应泉州方言鱼韵 -ue、-ɔ、-ɯ、-u 四种读音，其中"厦门话鱼韵读 i"，"对应泉州话的第二层 ɯ，因为他们都是鱼虞有别的读音"。经过一系列的论述，陈忠敏（2012）得到表 1 的分析结果。

笔者大体同意陈忠敏（2012）的分析，但也有一些不同看法，笔者认为：①陈忠敏的分析基本只适用于鱼韵非庄组字，鱼韵庄组字的读音层次需单独分析，不宜简单与非庄组字合一讨论；②陈忠敏对鱼韵非庄组字的分析仍有可以改进之处。本小节主要就以上两个问题与陈忠敏先生商榷[②]。

1.2 本节的分析方法

陈忠敏（2003a，2003b，2012）在分析厦门方言鱼韵读音层次时主要使用泉州方言作为参照进行比较分析。本文基本采用与陈忠敏先生相同的研究方法，不同的是，本文在分析厦门方言鱼韵的读音层次时，同时以泉州方言和同安方言作为主要的参照方言。其他地区的闽南方言材料根据讨论的需要取用。

同安区和厦门岛旧属泉州府同安县，从后晋天福四年（939 年）起至清末，厦门岛一直隶属于同安县，而同安县一直隶属于泉州府。因此，泉州方言、同安方言、厦门方言分别是古代行政区划下的府治方言、县治方言、乡村土语。游汝杰、周振鹤（1985）曾经指出，在中国古代行政区划中，"府属各县与府治的密切接触必然有助于消除各县方言的特殊之处，使各县方言自觉不自觉地向府治靠拢。"同理可知，县治方言对县内各地乡村土语也容易产生类似的影响[③]。因此，参照泉州方言和同安方言有助于深入了解厦门方言的情况。

1.3 厦门方言鱼韵庄组字的情况

厦门方言鱼韵庄组字的读音比较特别[④]，陈忠敏（2003a，

2012）已注意到鱼韵庄组字和非庄组字读音存在差异，但没有深究。本小节单独讨论鱼韵庄组字的读音层次。

北京大学中文系语言学教研室（2003）中厦门方言所有鱼韵庄组字读音穷举如下：阻 [ᶜtsɔ]、助 [tsɔ²]、初 [ᵋtsʰɔ]（文）/[ᵋtsʰue]（白）、锄 [ᵌtsɔ]（文）/[ᵌti]（白）、楚 [ᶜtsʰɔ]（文）/[ᶜtsʰo]（白）、础 [ᶜtsʰɔ]、梳 [ᵌsɔ]（文）/[ᵌsue]（白）、疏 [ᵌsɔ]（文）/[ᵌsue]（白）、所 [ᶜsɔ]⑤。其中"锄"白读 ᵌti 应为训读，本字"除"，故不予讨论。其他字音可以分为三层：-ue 层、-o 层⑥、-ɔ 层。这三层在泉州、同安、厦门三地的对应情况如表 2 所示：

表 2

泉州市区		同安		厦门		
-ue	-ɔ	-ue	-ɔ	-ue	-o	-ɔ
初梳疏	阻助初楚础疏所	初梳疏	阻助初楚础疏所	初梳疏	楚	阻助初锄楚础梳疏所

从表 2 不难看出，这三个方言的 -ue 层基本都是白读音；-o 的读法只见于厦门，而且仅有"楚"字，也是白读音；-ɔ 层在各地都是文读音。

其中 -ue 层在各地闽语中普遍都有对应的读音，Jerry Norman（1981：48）构拟了原始闽语韵母 *-uə 来解释各闽语方言点在此音类上的对应关系，而且 -ue 层本身基本都是白读音，因此我们推断 -ue 层是较早的层次。

如果仅从泉州、同安、厦门三点来看，-o 类读音似乎仅见于厦门。但据笔者调查发现，今厦门同安区西部、泉州安溪县、泉州南安市北部、泉州永春县一带"楚础"二字普遍有 -o 的白读，有此类白读的区域连续分布于泉厦市域西侧。因此，我们认为厦门方言"楚"字念 -o 的现象并非偶然。厦门方言 -o 层的性质可以从与潮州方言的比较中看出端倪，请看表 3：

表 3

厦门			潮州⑦	
-ue	-o	-ɔ	-iu	-o
初梳疏	楚	阻助初锄楚础梳疏所	初梳	阻助初锄楚础疏所

（说明：潮州材料"锄"白读 [₋tɯ] 应为训读，本字"除"，故未列入比较）

其中，表 3 中厦门方言鱼韵庄组字的 -ue 层和潮州方言的 -iu 层对应。厦门方言鱼韵庄组字的 -o 层是与果摄一等文读音合流的层次，鱼韵庄组字的 -ɔ 层是与遇摄一等合流的层次；而潮州方言鱼韵庄组字的 -o 层是与果摄一等文读音合流的层次，如表 4 所示：

表 4

厦门			潮州		
遇摄一等	鱼韵庄组	果摄一等	遇摄一等	鱼韵庄组	果摄一等
普兔粗姑	初梳助础 楚	歌罗破和	普兔粗姑	初梳助础楚	歌罗破和
-ɔ	-o	-o	-ou	-o

可见，厦门方言鱼韵庄组字的 -o 层应与潮州方言鱼韵庄组字的 -o 层对应。鱼韵庄组字与果摄一等字同韵的现象不仅见于闽南方言，粤方言也存在类似的现象（例如广州话：梳 = 梭 = ʃɔ、助 = 座 = tʃɔ²），我们推断闽南方言和粤方言在此特征上的相似性很可能是这两个方言区对唐宋时期同一通语的继承。因此，厦门、潮州方言 -o 层的形成应晚于 -ue 层（潮州为 -iu 层），这也就能很好地解释为何表 3 中潮州方言 -o 层的字音相对于 -iu 层为文读音。

表 4 显示，厦门方言鱼韵庄组字的 -ɔ 层是与遇摄一等字合流的层次，《中原音韵》以后的官话方言以及吴、湘、客、赣等方言都存鱼韵庄组字与遇摄一等字同韵的现象。而且厦门方言 -ɔ 层的字音相对于 -ue、-o 两层为文读音，因此 -ɔ 层应是近代官话影响的产物，其形成应晚于 -ue、-o 两层。

综合文白关系和汉语方言之间的对应情况，我们推断泉州市区、同安、厦门、潮州四地鱼韵庄组字的读音层次应如表 5 所示：

表 5

泉州市区	同安	厦门	潮州
-ue（第一层）	-ue（第一层）	-ue（第一层）	-iu（第一层）
-ɔ（第二层）		-o（第二层）	-o（第二层）
	-ɔ（第二层）	-ɔ（第三层）	

不难设想，同安、厦门、潮州最早都只有第一层 -ue（潮州为 -iu），后来受到唐宋通语的影响，这三个方言点都产生了与果摄一等文读音合流的第二层 -o。此后，同安、厦门受到近代官话影响产生了与遇摄一等字合流的第三层 -ɔ，第三层 -ɔ 和第二层 -o 发生竞争，如今厦门第二层 -o 已濒临消亡，只残留在"楚"字上；同安方言 -o 层字音则完全消亡，因此同安方言第二层 -ɔ 相当于厦门方言的第三层 -ɔ。泉州市区方言果摄一等文读音已经与遇摄一等字合流念 -ɔ，此合流应波及鱼韵庄组字的读音，因此泉州市区方言的第二层 -ɔ 同时相当于厦门的 -o、-ɔ 两层。

表 5 既可以解释上述四个闽南方言点鱼韵庄组字读音与其他汉语方言之间的对应关系，也能解释这四个方言点各自存在的文白异读。

1.4 厦门方言鱼韵非庄组字的情况

1.4.1 对陈忠敏先生分析结果进行调整的必要性

鱼韵非庄组字在泉州、同安、厦门三地读音的对应情况如下表 6 所示[⑧]：

表 6

	黍苎	许	鱼猪去箸	吕绪书煮鼠渠许余	徐	序	署	女
泉州	-ue	-ɔ	-ɯ	-ɯ	-ɯ	-ɯ	-u	-ɯ/-u 新
同安	-ue	-ɔ	-ɯ	-ɯ	-ɯ/-i	-ɯ	-u	-ɯ
厦门	-ue	-ɔ	-u/-i	-u	-u/-i	-u/-i	-u	-i

总的来说，泉州方言鱼韵非庄组字有 -ue、-ɔ、-ɯ、-u 四种读音；同安方言有 -ue、-ɔ、-ɯ、-u、-i 五种读音；厦门方言有 -ue、-ɔ、-u、-i

四种读音。

陈忠敏（2012）指出"ue、ɔ 两个白读呈互补分布，ue 分布于除见系以外的其他声母组，ɔ 则只见于见系声母后"。本文同意陈文关于 -ue、-ɔ 互补的判断。表 6 显示，-ue（-ɔ）层在三个方言点基本一致。鱼韵非庄组字在这三个方言点对应的参差主要出现在 -ɯ、-u、-i 三种读音上：除开 -ue（-ɔ）的读音外，泉州和同安两地鱼韵主要念 -ɯ，少数字念 -u；厦门则主要念 -u，少数字有 -i 的白读。陈忠敏（2012）通过比较之后得出表 1 的结论，认为泉州方言的 -ɯ 层对应厦门方言的 -i 层，泉州方言的 -u 层对应厦门方言的 -u 层。陈忠敏（2003a）还指出"泉州、厦门鱼韵韵母 -ɯ 和 -i……之间的关系是音变关系：-ɯ > -i"，陈忠敏（2012：25）更将此层次对应的闽语原始形式设定为"*ɯ"，可见陈忠敏（2012）依然坚持厦门的 -i 是由 *-ɯ 演变而来的。

陈忠敏（2012：10）同时指出，泉州话和厦门话鱼韵字读音层次存在一些区别："厦门话鱼韵读 u 的字相比泉州话大增，第二层 i 已经没有文白兼职身份，只作为白读身份出现，文读的角色统统由第三层 u（ɔ）包揽。换句话说，在泉州话里，鱼韵有两种文读，老文读 ɯ 尚占据主流文读的地位，新文读 u 则作为新生力量刚刚出现。厦门话则不同，老文读 i 的地位已经被新文读 u 所取代，老文读作为残留读音形式被排挤到白读层里。很明显，在这点上，泉州话比厦门话来的保守，厦门话则比较先进。"

综合陈忠敏（2012）和陈忠敏（2003a）的陈述可知，陈忠敏先生认为：早期泉州、厦门两地鱼韵都只有第一层 -ue（-ɔ）和第二层 -ɯ；后来泉州方言由于受到"标准官话的影响"（陈忠敏 2003a：56），鱼韵字产生了第三层 -u，但第三层辖字仍不多，因此第二层仍是"主流文读"；和泉州方言不同的是，厦门方言第二层 *-ɯ 发生了 *-ɯ > -i 的演变，同时，厦门方言由于受到官话的强烈影响，第三层 -u 有力地排挤了第二层 -i，从而占据了"主流文读"的地位。陈忠敏没有提到厦门方言 *-ɯ > -u 的可能性，而是把厦门方言鱼韵非庄组字念 -u 的字音都看作官话影响的结果。

若按陈忠敏先生的分析，如果是鱼韵口语常用字，只要不受到"标准官话的影响"，泉州念 -ɯ，厦门就应该念 -i，而不会念 -u——有音无字的音节更应该遵循这一规律，因为有音无字的音节肯定不会受到"标准官话"的影响。然而，材料却显示，鱼韵中一些基本只用于口语中的常用字字音（如"煮舒鼠薯"）在泉州念 -ɯ，但在厦门只念 -u，没有白读 -i；同时，一些在泉州念 -ɯ 的有音无字的音节，在厦门却念 -u。

林连通（1993：221）左下角收了一个口语词，注音"[kaˈtsuɯˀ]"（即 [˗ka tsuˀ]），词义为"用席草编织的一种草袋"。这个词在同安方言也念 [˗ka tsɯˀ]。依陈忠敏（2003a，2012）的判断，这个词如果在厦门方言有对应的说法，应该念 [˗ka tsiˀ]。然而，厦门方言这个词的读音却是"[kaˈtsu⁴]"（厦门市地方志编纂委员会办公室（1995：125））。

此外，泉州方言还有另外一个口语词念 [˗lɯ]，表示"纷乱"，本字不详。这个词在同安念 [˗dʑɯ]。若按陈忠敏（2003a，2012）的判断，这个本字不明的口语词厦门应该念 [˗li]。然而，事实上厦门该词的读音却是 [˗lu]（厦门市地方志编纂委员会办公室（1995：69））。

以上例子说明厦门方言的 -u 有可能也是早期的 *-ɯ 演变而来的。因此，陈忠敏的解释尚需进一步完善。

1.4.2 初步的分析与解释

我们将泉州、同安、厦门三地鱼韵非庄组字除开 -ue（-ɔ）层以外的读音穷举如下（泉州、同安两点为通过《方言调查字表》调查到的字音）：

表7

		泉州		同安			厦门		
		-ɯ	-u	-ɯ	-u	-i	-u	-i
t组	t-	猪除著箸		猪除著箸	著又		猪除著	猪
	tʰ-	储褚		储褚			储	
	l-	驴女汝吕旅虑滤	女新	驴女汝吕旅虑滤			驴女吕旅虑滤	汝
ts组	ts-	书诸煮薯		书诸煮薯			书诸煮薯	
	tsʰ-	蛆舒鼠处	处新	蛆舒鼠处		徐	蛆舒鼠处	徐
	s-	书徐暑庶绪叙序	书又署	书徐庶绪叙序	署暑		书徐暑署绪叙序	序
	dz-/l-	如	如又	如	如又	如		
k组	k-	居车举据锯渠巨拒距		居车举据锯渠巨拒距			居车举据锯渠巨拒距	
	kʰ-	去		去			去	去
	g-	语御禦		语御禦			语御禦鱼	
	h-	虚墟许鱼渔		虚墟许鱼渔			虚墟嘘许	鱼
	∅-	於余馀与誉预豫		於余馀与誉预豫			淤於余馀与誉预	

（说明："如"字在早期泉腔韵书《拍掌知音》、《汇音妙悟》都放在"人"母（*dz-）下，这说明早期泉州方言"如"念*dz-；《厦英大词典》亦载19世纪厦门方言有"j-"声母（即*dz-声母），该书P186的记载显示当时厦门方言"如"念jû（即[ˣdzu]）。现代泉州、厦门两地都无dz-声母，早期的dz-声母并入l-声母，但同安方言仍有dz-声母。考虑到历史和方言因素，我们将"如"字字音归到ts组声母下。）

表7中厦门的材料必须先剔除一个可疑的字音。北京大学中文系语言学教研室（2003）载"序"白读[si²]，对照厦门市地方志编纂委员会办公室（1995）可知这个[si²]用于"[si²]大（年长）"、"[si²]细（年幼）"等词汇⑨。此外，这个[si²]在闽南还广泛应用于"[si²]大侬（长辈）"一词。从语义上来说，如果认为[si²]的本字是"序"，"[si²]大（年长）"、"[si²]细（年幼）"似乎可以解释为"序大"、"序细"，但"[si²]大侬（长辈）"则很难解释为"序大侬"。从语音上看，厦门的这个语素[si²]在泉州地区各县市都念[si²]或[si²]、[ˢsi]，但是泉州多数地区鱼韵字不念-i，因此将厦门[si²]本字看做"序"

也不合语音对应规律。语义上解释牵强而且语音上也不合对应规律的字音应该在层次分析之初就加以剔除，否则就会影响分析的质量，因此我们首先将材料中厦门"序"白读 si² 剔除。⑩

剔除"序 [si²]"后，就表 7 的材料来比较同安、厦门两地字音不难发现：凡是在同安方言念 [tsɯ]、[tsʰɯ]、[sɯ]、[dzɯ] 的音节在厦门方言一律念 [tsu]、[tsʰu]、[su]、[lu]。因此，我们推断，早期厦门方言 [*tsɯ]、[*tsʰɯ]、[*sɯ]、[*dzɯ] 演变为现代厦门方言的 [tsu]、[tsʰu]、[su]、[lu]，即：厦门 *ɯ → u/{ts- 组 }＿＿#。陈忠敏（2003a）提到"泉州、厦门鱼韵韵母 -ɯ 和 -i……之间的关系是音变关系：-ɯ＞-i"，我们认为厦门方言曾经的 *-ɯ＞-i 演变仅发生在 t- 组和 k- 组声母之后，即：厦门 *ɯ → i/{t- 组，k- 组 }＿＿#。今将以上两个规律合并如下：

R.1
厦门 *ɯ → u/{ts- 组 }＿＿#
　　　→ i/{t- 组，k- 组 }＿＿#⑪

规律 R.1 有助于我们解释为何同安方言的 [₋ka tsɯ²]、[₋dzɯ] 等有音无字的词汇在厦门念成 [₋ka tsu²]、[₋lu]，也能解释为什么口语中很常用的"煮舒鼠薯"等字为什么在厦门方言只念 -u，不念 -i。此外，进一步比较同安其他念 -ɯ 的字音和厦门方言的联系则不难发现止摄开口精庄组字文读音在同安普遍念 [tsɯ]、[tsʰɯ]、[sɯ]，在厦门普遍念 [tsu]、[tsʰu]、[su]，如表 8 所示：

表 8

	此	四	司	子	使	事
同安	ʿtsʰɯ	sɯ²/si²	₋sɯ/₋si	ʿtsɯ/ʿtsi	ʿsɯ/ʿsai/sai²	sɯ²/tai²
厦门	ʿtsʰu	su²/si²	₋su/₋si	ʿtsu/ʿtsi	ʿsu/ʿsai/sai²	su²/tai²

止摄开口精庄组字文读音的情况也可以佐证规律 R.1。

规律 R.1 说明厦门方言鱼韵非庄组字今音念 -u 的现象并非如陈忠敏先生所言全是官话方言影响的结果。表 7 中厦门方言 ts- 组声母后念 -u 的音节是 *-ɯ＞-u 演变的产物，只有 t- 组和 k- 组声母

后的 -u 才是官话影响形成的。⑫

如果暂不考虑表 7 中"徐"字的白读 [₅tsʰi]，根据陈忠敏（2003a，2012）既有的分析及上文的讨论，同安、厦门两地鱼韵非庄组字读音层次应如表 9 所示：

表 9

	同安	厦门
第一层	ue（ɔ）	ue（ɔ）
第二层	ɯ	i 泥知见晓影组、u 精章日组⑬
第三层	u	u 泥知见晓影组

（说明：表 9 参照表 1 调整而成。其中厦门方言第二层的 -u 是由早期的 *-ɯ 演变而来的，第三层 -u 应如陈忠敏（2003a）所言是"标准官话"影响的结果，二者性质不同。）

1.4.3 "徐"字白读的解释

表 9 所显示的同安、厦门方言鱼韵非庄组字的读音层次是在排除"徐"字白读 [₅tsʰi] 情况下得到的，由于这个读音无法归入表 9 中的任何一个层次，我们有必要为"徐"字单列一个层次，或者单独解释"徐"字在同安、厦门为何念 -i。为此，我们比较了泉厦 12 个方言点鱼韵非庄组字的读音情况：

表 10

	苎黍	许	去鱼猪吕绪叙煮语虚	徐	署
泉州市区	-ue	-ɔ	-ɯ	₅sɯ	-u
晋江	-ue	-ɔ	-i	₅si	-u
晋江安海苏厝	-ue	-ɔ	老派 -ɯ；新派 -i	老派 ₅sɯ；新派 ₅si	-u
惠安	-ue	-ɔ	-ɯ	₅sɯ	-u
石狮	-ue	-ɔ	-i	₅si	-u
南安	-ue	-ɔ	-ɯ	₅sɯ	-u
安溪	-ue	-ɔ	-ɯ	₅sɯ	-u
永春	-ue	-ɔ	-ɯ	₅sɯ（文）/ ₅tsʰɯ（白）	-u
德化	-ue	-ɔ	-ɯ	₅sɯ（文）/ ₅tsʰɯ（白）	-u
同安	-ue	-ɔ	-ɯ	₅sɯ（文）/ ₅tsʰi（白）	-u
翔安马巷	-ue	-ɔ	-ɯ	₅sɯ	-u
厦门	-ue	-ɔ	-i 去鱼猪；-u 去鱼猪吕绪叙煮语虚	₅su（文）/ ₅tsʰi（白）	-u

（说明：前 9 个方言点在今泉州市域；后 3 个方言点在今厦门市域）

泉州市区、惠安、南安、安溪、永春、德化、翔安马巷、晋江安海苏厝老派鱼韵非庄组字主要念 -ɯ，没有念 -i 的现象；晋江、石狮、晋江安海苏厝新派鱼韵非庄组字主要念 -i，没有念 -ɯ 的现象；厦门方言鱼韵非庄组字以念 -u 为主，少数念 -i，没有念 -ɯ 的现象。从晋江安海苏厝新老派的情况来看，新派的 -i 应是由老派的 -ɯ 演变来的；对比晋江安海苏厝的新老派差异，晋江、石狮的 -i 也应是由早期的 *-ɯ 演变而来的。

总的来说，除同安、晋江安海苏厝外，各方言点鱼韵凡是以念 -ɯ 为主的，均没有念 -i 的现象；反之，鱼韵凡有念 -i 现象的，都不会有念 -ɯ 的情况发生。晋江安海苏厝鱼韵字处在 -ɯ > -i 演变的过程中，因此 -ɯ、-i 并存，体现为新老派差异。然而，同安方言鱼韵字读音没有明显的新老派差异，-ɯ 和 -i 的分野在老人和年轻人的口语中都相对稳定，所有年龄层鱼韵字一律以念 -ɯ 为主，仅有"徐"白读念 -i。因此，同安方言"徐"字念 -i 应与 -ɯ > -i 的演变无关。

此外，我们调查发现，就泉厦两市市域而言，"徐"字白读念 [₅tsʰi] 的现象只局限于厦门市域的中西部（如同安、厦门），厦门市域东部（如翔安马巷）及泉州市域都没有此现象，即使在"徐"字同样有文白异读的永春、德化，"徐"白读也只念 [₅tsʰɯ]，不念 [₅tsʰi]。从整个闽南方言来看，"徐"念 [₅tsʰi] 的现象除了分布在厦门市域中西部外，还分布在与其毗邻的漳州市域。因此，我们初步判断厦门市域中西部"徐"字念 [₅tsʰi] 的现象是受到漳州方言影响的结果。这样就可以解释同安方言所有鱼韵字为何会只有"徐"白读念 -i 了。

考虑到漳州方言对同安、厦门方言鱼韵读音的影响只是零星的，并没有成系统，因此我们不将"徐"字白读 [₅tsʰi] 单独看做鱼韵字读音的一个层次。

1.4.4 最终的解释

排除"徐"字白读后，表6、表7中的泉州市区方言和同安方言鱼韵非庄组字的读音格局就变得很一致了。因此，表9也可以加入泉州市区方言。最终，我们将陈忠敏（2012）对厦门方言鱼韵非庄组字层次的分析调整为表11：

表11

	泉州	同安	厦门
第一层	ue（ɔ）	ue（ɔ）	ue（ɔ）
第二层	ɯ	ɯ	i 泥知见晓影组、u 精章日组
第三层	u	u	u 泥知见晓影组

1.5 小结

本节在陈忠敏（2003a，2012）的基础上分析了厦门方言鱼韵的读音层次，通过和其他闽南方言的比较，得出以下结论：

Ⅰ．厦门方言鱼韵庄组字有以下三个读音层次：第一层 -ue；第二层 -o；第三层 -ɔ。其中第二层 -o 受到第三层 -ɔ 的排挤正趋于消亡。

Ⅱ．厦门方言鱼韵非庄组字也有三个读音层次：第一层 -ue(-ɔ)；第二层 -i（古泥知见晓影组）、-u（古精章日组）；第三层 -u（古泥知见晓影组）。此外，同安、厦门方言"徐"字白读念 [₋tsʰi] 应是受漳州方言影响产生的，由于只有一个字，我们不单列一层。

2 漳州方言鱼韵的读音层次

本节讨论漳州方言鱼韵的读音层次，我们仍以泉州话作为主要参照系进行分析。

2.1 漳州方言鱼韵庄组字的读音层次

我们将漳州市地方志编纂小组（1999）所载漳州方言鱼韵庄组字的读音整理如下（"锄"字白读 [₋ti]、[₋tʰi] 应系训读，本字为"除"，故不予讨论）：

表 12

-e	-ɔ
疏梳蔬初所	阻助初楚础疏梳蔬所又疏注~

表 12 的字音可以分为两个层次：-e 层、-ɔ 层。

朱媞媞（2011：107）指出"'苎、初梳疏蔬、黍'这几个字，分别属于知组、庄组、章组。这个层次，泉厦台读音为 ue，漳州读音为 e，它们辖字相同，形成一种对应关系……"。我们同意朱文关于漳州方言鱼韵 -e 对应泉州、厦门方言鱼韵 -ue 的判断。

同时，我们将漳州方言与厦门方言比较发现，漳州方言鱼韵庄组字 -ɔ 层和厦门方言鱼韵庄组字 -ɔ 层一样，也是与遇摄一等合流的层次，详见下表 13：

表 13

厦门			漳州		
遇摄一等	鱼韵庄组	果摄一等	果摄一等	鱼韵庄组	遇摄一等
普兔粗姑	初梳助楚	楚	歌罗破和	歌罗破和	阻助初楚础疏梳蔬所又疏注~	普兔粗姑
-ɔ	-ɔ		-ɔ	-ɔ	-ɔ	-ɔ

因此，漳州方言鱼韵庄组字 -ɔ 层相当于厦门方言鱼韵庄组字第三层 -ɔ。

根据上文的讨论，将表 5 加上漳州方言得到表 14：

表 14

泉州	同安	厦门	潮州	漳州
-ue（第一层）	-ue（第一层）	-ue（第一层）	-iu（第一层）	-e（第一层）
-ɔ（第二层）		-o（第二层）	-o（第二层）	
	-ɔ（第二层）	-ɔ（第三层）		-ɔ（第二层）

和同安方言一样，漳州方言早期可能也有 -o 层，但已经在与 -ɔ 层的竞争中消亡。

2.2 漳州方言鱼韵非庄组字的读音层次

我们将漳州市地方志编纂小组（1999）所载漳州方言鱼韵非庄组字的读音穷举如下：

表 15

-e	-ɔ	-i	-u
黍贮苎[14]	许	猪除躇储著箸贮纾伫驴间庐[15]汝女旅虑滤吕侣蜍薯煮渚楮蛆狙疽舒徐鼠杵处~理处办事 书胥舒蜍暑署墅黍恕絮庶序绪屿叙署~名曙如箝居裾车渠举苣倨据锯踞巨苣拒距袪去鱼渔语禦圄御驭语动词墟废~圩虚嘘鱼渔许觑淤余馀於予舆欤与淤~瘀瘀预豫誉	躇女诸薯~莨舒又墅屿鼓浪~於姓

朱媞媞（2011：110）通过分析认为漳州方言鱼韵的读音层次为：

第一层次：e（ɔ）（白读层、上古层、鱼虞有别层）

第二层次：i（ɔ）（文读层、鱼虞相混层）

第三层次：u（新文读层、鱼虞相混层）

笔者大体同意朱文的分析结果，认为漳州方言鱼韵非庄组字的读音层次应为：第一层 -e（ɔ）；第二层 -i；第三层 -u。朱媞媞（2011：110）总结的泉州、厦门、漳州、潮州、台湾五地方言的读音层次对应情况如下：

表 16（朱媞媞 2011：110）

	泉州	厦门	漳州	潮州	台湾	
白读层	ue（ɔ）	ue（ɔ）	e（ɔ）	iu（ou）	ue（ɔ）	鱼虞有别层
	i	i			i	
文读层	ɯ（ɔ）			ɯ（o）		鱼虞相混层
		u（ɔ）	i（ɔ）	i	u、i（ɔ）	
新文读层	u		u		u	

表 16 显示朱媞媞（2011）认为漳州方言鱼韵 -e（-ɔ）层应与泉州方言鱼韵 -ue（-ɔ）层对应。关于这一判断，笔者也同意。

不过，由于朱文将漳州方言鱼韵 -i 层定性为"鱼虞相混层"，而将泉州方言鱼韵 -ɯ 层定性为"鱼虞有别层"，朱文据此认为二者并不对应,"漳州话鱼韵的读音 i 的层次较晚"(朱媞媞 2011：110)。经过深入分析,我们认为此说值得商榷。

设若甲方言的子音类原本念 -A、丑音类原本念 -B；与其亲属关系较近的乙方言子音类念 -C、丑音类念 -B。同时,甲方言子音类的 -A 和乙方言子音类的 -C 对应。此时子、丑两个音类在甲、乙两个方言的对应关系应如下表 17 所示：

表 17

子音类		丑音类	
甲方言	乙方言	甲方言	乙方言
-A	-C	-B	-B

此后,由于权威方言子、丑两个音类已经合流,在权威方言的影响之下,乙方言的丑音类发生了叠置式音变,产生了 -C 的读音,此时子、丑两音类在甲、乙两个方言的对应情况应如下表 18 所示：

表 18

	子音类		丑音类	
	甲方言	乙方言	甲方言	乙方言
第一层	-A	-C	-B	-B
第二层				-C

虽然乙方言的丑音类产生了与子音类合流的"子丑相混层" -C,但是,这个过程并未改变乙方言子音类的 -C 与甲方言子音类的 -A 的对应关系。这是因为乙方言这个所谓的"子丑相混层"是丑音类发生叠置式音变产生混入子音类的层次 -C 造成的,而子音类念 -C 本身不是此次叠置式音变的产物,其性质并未发生根本的变化。

回到鱼韵字读音层次问题本身,虽然漳州方言鱼韵的 -i 确系"鱼虞相混层",泉州方言鱼韵的 -ɯ 也确系"鱼虞有别层",但二者之间是否存在对应关系,还要看漳州方言鱼韵的 -i 是否是"鱼虞相混"过程的产物。由于漳州方言鱼虞二韵非庄组字主要在 -i、-u 两个今音韵母下互混,为了了解相关情况,我们分析了该方言此二韵非庄组字念 -i、-u 字音的分布情况(黑体字为今闽南方言口语常用字音）⑯：

表 19

	鱼韵	虞韵
-i	端见系：**汝去鱼蛆**徐驴闾庐女旅虑滤吕侣狙疽胥恕絮序屿叙居裾**车**渠举莒倨据锯踞巨苣拒距祛渔语禦圄御取语动词墟废~圩虚嘘**鱼 渔**许觑淤余馀於予舆欤淤~溃瘀预豫誉 知章日组：**猪舒鼠箸蜍薯煮**除躇储著贮纻伫杼抒渚楮舒蜍杵处~理处办事~**书**暑署墅庶黍署~名曙如筎	端见系：屡楼聚趋取趣兴~娶需濡须俞瑜愉踰渝榆逾庾臾萸喻谕裕饶~瞿衢矩句~读具惧俱飓区岖驱躯驹拘禹愚嵎隅娱虞遇寓吁叹词诩栩煦酗愉于姓竽谀羽宇禹伛妪芋 知章日组：诛主枢输竖树儒孺乳豆~
-u	端见系：女屿鼓浪~於姓 知章日组：薯~莨**舒**又躇诸墅	帮系：**雾腐**豆~无芜毋诬~赖武鹉侮舞抚妩庑务**巫**诬~告婺夫肤敷麸乎桴俘**扶**芙蚨府俯腑腐甫脯拊斧釜付咐讣赴赋父附傅辅负蝮驸赙 端见系：**句躯**身~裕富~迂趋倾斜趣~味躯浑~ 知章日组：蛛橱**注**——钱**愈输**~赢**主**厨蹰拄丁朱珠硃株茱侏郏蛛**注**柱驻蛀铸註住对~**乳枢**~纽殊殳

（说明：漳州市地方志编纂小组（1999）所载漳州方言虞韵其他字音穷举如下：-ɔ 脯傅麸扶（以上帮系）厨（以上知组）刍雏数（以上庄组）雨盂芋（以上影组），-iu 珠⑰蛀树（以上章组）鬚（以上精组），-iau 数柱（以上庄组），-i 刍雏⑱（以上庄组））

从表 19 可以看出：Ⅰ，鱼韵口语常用字多数念 -i，虞韵口语常用字基本念 -u。Ⅱ，无论是端见系字还是知章日组字，鱼韵字念 -i 的字音都远多于 -u；而虞韵仅仅是端见系字才以 -i 为主，知章日组字主要念 -u，帮系字全部念 -u。

无论从口语常用字读音还是从总体情况来看，漳州方言鱼韵字 -i 层都比虞韵字 -i 层显得更"根深蒂固、枝繁叶茂"。因此我们认为：-i 层很早就是鱼韵的主体层；虞韵字早期应该不念 -i，后来在官话影响下发生叠置式音变，才产生 -i 层，以致与鱼韵字相混。在此叠置式音变发生之前，漳州方言虞韵主体层应与泉州、厦门、潮州虞韵主体层一样是 -u⑲。

为了进一步说明我们的观点，我们认为有必要对虞韵字产生 -i 层混入鱼韵的背景和过程做出更详细的论述：

历览明清官话韵书可知，明初官话虞韵端见系及知章日组字都念 *-y（明初韵书《韵略易通》这些字置于"居鱼韵"），而当时帮系字念 *-u（《韵略易通》这些字置于"呼模"韵），这一格局一直持续至明末（明末《重订司马温公等韵图经》的虞韵字情况与《韵略易通》相似）[20]。到了清初，虞韵端见系字仍然念 *-y（清初韵书《拙庵韵悟》这些字置于"居"韵）；此时知章日组字已与帮系字同韵念 *-u（《拙庵韵悟》这些字置于"姑"韵）——即知章日组字从明代到清代经历了 *-y > *-u 的演变[21]。我们将表19 中漳州方言虞韵非庄组字的读音与明清官话做对比得到下表 20：

表 20

	明清官话	漳州方言
端见系	*-y	-i 为主，-u 少数
知章日组	*-y（明）> *-u（清）	-u 为主，-i 少数
帮系	*-u	-u

根据表 20 的对应关系我们推断：漳州方言早期虞韵字主体层念 -u，可能在明清时期，官话虞韵字 *-y、*-u 参半的格局深刻影响了漳州方言。明清官话和漳州方言虞韵帮系字主体层次都念 *-u，因此这些字在漳州方言并未发生叠置现象；虞韵端见系字明清官话念 *-y 而漳州主要念 -u，在官话的影响之下，这些字在漳州方言产生了 -i 层，由于影响时间很长，所以漳州话虞韵端见系字 -i 层字数显著多于 -u 层；虞韵知章日组字明代官话念 *-y，漳州方言主要念 -u，在明代官话的影响之下，这些字在漳州方言也产生了 -i 层，但由于清代官话虞韵知章日组字已念 *-u，不再影响漳州方言使之产生 -i 的读音，因此漳州方言虞韵知章日组字的 -i 层字数并不多。

从上文的论述可知，虽然漳州方言鱼韵的 -i 是"鱼虞相混层"，但是鱼韵非庄组字的 -i 层并不是"鱼虞相混"的产物，在"鱼虞相混"之前鱼韵字早已念 -i。而且，由于泉州方言鱼韵字 -ɯ 层中口语常用字"猪舒鼠箸蜍薯煮汝去鱼蛆"在漳州方言都念 -i，加之泉州方言有音无字的口语词 [₅lɯ]（纷乱）在漳州念 [₅ʥi]㉒，我们据此断定泉州方言鱼韵 -ɯ 层与漳州方言鱼韵 -i 层是对应的层次㉓。

此外，从表 19 也不难看出，漳州方言念 -u 的字音虽然仅有 9 个，却包含"薯舒"两个口语常用字的又音，同时，"屿"的又音 [suʔ] 用于厦门的地名，这些迹象显示漳州方言 -u 层比较口语化，而且带有"厦门色彩"。与漳州方言相比，表 7 中泉州方言念 -u 的字音多用于文化词，因此，我们认为漳州方言鱼韵第三层 -u 的性质可能与泉州方言不太一样，它不是官话影响的产物，而是临近的厦门一带方言影响产生的层次。

将表 11 加入漳州方言可得到表 21：

表 21

	泉州	同安	厦门	漳州
第一层	ue（ɔ）	ue（ɔ）	ue（ɔ）	e（ɔ）
第二层	ɯ	ɯ	i 泥知见晓影组、u 精章日组	i
第三层	u	u	u 泥知见晓影组	u

（说明：虽然我们认为漳州方言第三层 -u 与泉州方言第三层 -u 性质并不相同，但为了省便，我们仍将二者列在同一行。）

2.3 小结

本节在朱媞媞（2011）的基础上分析了漳州方言鱼韵字的读音层次，我们的结论如下：

Ⅰ. 漳州方言鱼韵庄组字有以下两个读音层次：第一层 -e；第二层 -ɔ。第一层 -e 对应厦门方言的第一层 -ue，第二层 -ɔ 对应厦门方言的第三层 -ɔ。

Ⅱ. 漳州方言鱼韵非庄组字有三个读音层次：第一层 -e（-ɔ）；第二层 -i；第三层 -u。前两层分别与泉州方言的第一层 -ue（-ɔ）和第二层 -ɯ 对应，第三层为厦门方言影响产生的层次。

漳州方言的鱼韵第三层 -u 是厦门方言影响产生的，这与 1.4.3

和 1.5 提到的厦门方言"徐"字（受漳州方言影响）情况相似。厦门方言"徐"字的 -i 一读只有一字，我们不单列一层；而漳州方言的第三层 -u 字多，我们因此单列一层。这只是处理的不同，并不代表我们对这两个现象持不同的观点。

3 潮州方言鱼韵的读音层次

本节讨论仍以泉州方言鱼韵情况作参照。潮州方言鱼韵庄组字读音层次已见 1.3 节，兹不赘述。北京大学中文系语言学教研室（2003）所载潮州方言鱼韵非庄组字读音穷举如下表 22[㉔]：

表 22

	-ɯŋ /-ɯ/-ʅ	-u/-i	-ou
n-	-ɯŋ：女		
t-	-ɯ：猪除	-u：著	
tʰ-		-u：储	
l-	-ɯ：吕驴虑滤	-i：旅	
k-	-ɯ：居举据锯巨拒距		
kʰ-	-ɯ：去		许
g-	-ɯ：语御禦		
h-	-ɯ：虚墟嘘许鱼		
∅	-ɯ：淤余馀与预誉	-i：於	
ts-	-ʅ：煮书薯	-u：蛆诸	
tsʰ-	-ʅ：徐舒鼠	-u：处	
s-		-u：絮序叙绪舒黍暑	
z-		-u：如	

从表 22 不难看出：潮州方言鱼韵非庄组字读音有六种：-ɯ、-ɯŋ、-ʅ、-u、-i、-ou。其中 -ɯ 和 -ɯŋ、-ʅ 的出现条件明显互补，-ɯŋ 只出现在鼻音声母 n- 后，-ʅ 只出现在 ts 组声母后，-ɯ 出现在其他声母后。因此我们将潮州方言鱼韵非庄组字的 -ɯ、-ɯŋ、-ʅ 合并为 -ɯ（-ɯŋ、-ʅ）层。

此外，-i、-u 出现条件也明显互补，详见表 23：

表 23

中古声母	汉字	潮州韵母
泥影组	旅於	-i
精组	蛆絮序叙绪	-u
知章日组	诸著储处舒黍暑如	-u

表 23 显示潮州方言鱼韵非庄组的 -u 只来自古精知章日组，-i 只来自古泥影组，二者互补，我们将此二者合并为 -u（-i）层。

合并互补项后，我们将潮州方言鱼韵非庄组字的读音分为三层：-ou 层、-ɯ（-ɯŋ、-ŋ）层、-u（-i）层。

其中潮州方言 -ou 层只辖"许"，泉州市区方言第一层 -ue（-ɔ）辖字仅有"许黍苎"，这两个方言的"许"都只用于姓氏，而且声母都是 k^h-（"许"是古晓母字，闽南方言古晓母字以念 h- 为主，只有少数字念 k^h-）。因此我们推断潮州方言的"许 [˚k^hou]"对应泉州方言的"许 [˚k^hɔ]"，进而推断潮州方言的 -ou 层对应泉州方言的第一层 -ue（-ɔ）。

潮州方言 -ɯ（-ɯŋ、-ŋ）层与泉州市区方言第二层 -ɯ 都有口语常用字"猪去鱼煮薯舒鼠"，而且泉州市区方言有音无字的口语词 [˳lɯ]（纷乱）在潮州方言念 [˳zŋ]㉕，说明潮州方言的 -ɯ（-ɯŋ、-ŋ）层与泉州市区方言的第二层 -ɯ 应是对应的层次。对比泉州市区方言第二层 -ɯ 和潮州方言的 -ɯ（-ɯŋ、-ŋ）层，我们推断潮州方言曾经发生过如下演变㉖：

R.2
潮州 ɯ → ŋ/{ts- 组}＿＿#
→ ɯŋ/{n-}＿＿#㉗
→ ɯ/{其他声母}＿＿#

也就是说，潮州方言 -ɯ 层（-ɯŋ、-ŋ）的所有字音早期和泉州市区方言一样都念 -ɯ，后来潮州方言的 -ɯ 韵母发生分化，部分字音依声母条件分别演变为 -ŋ、-ɯŋ，其余仍念 -ɯ。

潮州方言的 -u（-i）层多数字音与虞韵字的主层 -u 相混，而且都不是口语中常用字音，应该属于陈忠敏（2003a）所提到的官话影响形成的鱼韵混入虞韵的"鱼虞相混层"。其性质与泉州市区方言第三层 -u 是相同的，只是官话对这两个方言的影响的结果略有不同。泉州市区方言所有鱼韵非庄组字的第三层的字音都念 -u，潮州方言鱼韵非庄组字的 -u（-i）层则是有条件地分化为 -u、-i 两类。为了解释潮州方言 -u（-i）层的分化细节，我们在表 23 基础上加入更多信息得到表 24：

表 24

中古声母	汉字	北京声母	北京韵母	潮州声母	潮州韵母
泥影组	旅於	t- 组、k- 组	-y	t- 组、k- 组	-i
精组	蛆絮序叙绪	tɕ- 组	-y	ts- 组	-u
知章日组	诸著储处 舒黍暑如	tʂ- 组	-u	ts- 组、t- 组	-u

根据表 24，我们推断潮州方言鱼韵第三层产生的实际细节可能是：鱼韵知章日组字在以北京话为代表的晚近官话 -u 韵母的影响之下，产生了 -u 的读音；鱼韵端见系在晚近官话 -y 韵母的影响之下产生了 -u（逢潮州方言 ts- 组声母）、-i（逢潮州方言 t-、k- 组声母）两种读音。

综上所述，潮州方言的 -ou、-ɯ（-ɯŋ、-ŋ̍）、-u（-i）三层应分别与泉州市区方言的 -ue、-ɯ、-u 三层对应。我们将潮州方言的情况加入表 21，得到表 25：

表 25

	泉州	同安	厦门	漳州	潮州
第一层	ue（ɔ）	ue（ɔ）	ue（ɔ）	e（ɔ）	ou
第二层	ɯ	ɯ	i 泥知见晓影组、u 精章日组	i	ɯ（-ɯŋ、ŋ̍）
第三层	u	u	u 泥知见晓影组	u	u 精知章日组、i 泥影组

4 本文与陈忠敏、朱媞媞观点的主要差异

本节研究建立在陈忠敏（2003a，2003b，2012）、朱媞媞（2011）的基础之上。笔者在分析方法上和上述两位学者主要有两个不同之

处：Ⅰ.笔者对鱼韵庄组字进行单独的分析，而前述两位学者都将鱼韵庄组字和非庄组字进行统一分析。Ⅱ.两位学者都将鱼虞二韵是否相混作为判定某一层次的早晚或各方言点的读音层次之间是否对应的标准，但笔者并不把"鱼虞相混"简单视为某一层次较晚的证据，而是更注重分析部分鱼虞相混现象形成的原因和过程。

其中第Ⅱ点的差异导致如下分析结果的差异：①两位学者都认为厦门方言鱼韵非庄组字的第二层为 -i，第三层为 -u；而笔者认为厦门方言鱼韵非庄组字的第二层为 -i（古泥知见晓影组）、-u（古精章日组），第三层为 -u（古泥知见晓影组）。②就漳州方言鱼韵的读音层次而言，朱媞媞（2011）认为漳州方言的第二层 -i 与泉州市区方言的第二层 -ɯ 并不是对应的层次；笔者认为漳州方言第二层 -i 与泉州市区方言第二层 -ɯ 是对应的层次。

此外，笔者的研究和朱媞媞（2011）还有些许差异：①就潮州方言鱼韵的层次而言，朱媞媞（2011）所分析的潮州方言鱼韵第一层为 -iu（-ou），本文分析的潮州方言鱼韵非庄组字的第一层为 -ou。朱文所引《广东闽方言语音研究》的潮州方言材料有"苎"字，念 -iu，《汉语方音字汇》没有"苎"字，如考虑"苎"字读音，本文潮州方言鱼韵非庄组字的第一层应该也是 -iu（-ou）。②朱媞媞（2011）没有注意到潮州方言鱼韵的 -i、-u 存在互补的现象[㉓]，所以将这些字音分析为两层，本文则认为潮州方言鱼韵的 -i、-u 互补，故将二者处理为一层。③朱媞媞（2011）分析的泉州方言鱼韵字读音层次比陈忠敏（2003a，2003b，2012）多出 -i 一层，这一层的字音只有"序"白读 [ˤsi]。由于笔者认为 [ˤsi] 的本字待考，因此仍沿袭陈忠敏（2003a，2003b，2012）的成果，所分析的泉州市区方言鱼韵字读音层次没有 -i 层。

附 注

① 此为陈忠敏（2012：10）表 4。
② 陈忠敏（2003b）、朱媞媞（2011）对厦门方言鱼韵层次的分析结果与陈忠敏（2003a，2012）基本相同，限于篇幅，不单独讨论。
③ 陈忠敏（2003a）也曾阐述府治方言、县治方言、乡村土语的特殊关系，

不过陈文更强调读书音上的影响。本文"府治方言"、"县治方言"、"乡村土语"的说法即承自陈文。

④ 陈泽平（1999）注意到了很多方言尤其是闽语普遍存在三等庄组字和非庄组字（陈文主要列举了章组字）韵母不同的现象。这些方言中，庄组字往往念"洪音"。相关研究说明将鱼韵庄组字的读音层次进行单独分析是必要的。

⑤ "所"字北京大学中文系语言学教研室（2003）所载读音为 [ʰso]。王福堂老师指出这是误刊，"所"正确读音应是 [ʰsɔ]。

⑥ -o 层只有"楚"，似可解释为例外，但在下文与潮州方言的比较中我们发现了将"楚"单独看做一层的价值，故此处不视为例外。

⑦ 潮州材料取自北京大学中文系语言学教研室（2003）。

⑧ 北京大学中文系语言学教研室（2003）载厦门、潮州"如"白读为 [nãʔ]，朱媞媞（2011：107）指出这个 [nãʔ] "一般用'若'字来表示，本字待考"。笔者同意朱文判断，故不讨论此字音。

⑨ 北京大学中文系语言学教研室（2003）厦门一点两个主要发音人之一的李熙泰在厦门市地方志编纂委员会办公室（1995）三个撰稿人中排在第一位，因此，用厦门市地方志编纂委员会办公室（1995）所载材料与北京大学中文系语言学教研室（2003）进行比对可以帮助我们了解北京大学中文系语言学教研室（2003）所载字音的实际使用情况。

⑩ 王建设、张甘荔所编《泉州方言与文化（下）》附泉州方言同音字表，该书第 131 页 [ʰsi] 这个语素用汉字"衪"表示（表明作者认为 [ʰsi] 是"衪"的白读），也说明 [ʰsi] 的本字是有争议的。

⑪ 洪惟仁（2003）曾指出台湾泉州腔央元音 [ɨ]（即本文的 -ɯ）是有标元音，容易向无标元音 -i、-u 演变。洪文的论证可以从音理上解释 -ɯ>-i、-ɯ>-u 演变的合理性。

⑫ 厦门岛北部及其毗邻的厦门市集美区一带所有泉州方言念 -ɯ 的音节（包括 t- 组和 k- 组）都念 -u，不念 -i，厦门市地方志编纂委员会办公室（1995）第 11 页及洪惟仁（2012）都提及了这一现象，洪惟仁（2012）倾向于认为这是方言自身演变的结果，而非官话影响所致。如诚然，则厦门方言的第三层 -u（泥知见晓影组）或许也并不简单是官话影响的结果，而是与邻近方言的影响有关。由于笔者尚无暇进行相关的调查，且篇幅有限，本文暂时不讨论此问题，仍按陈忠敏（2003）的处理，视为官话影响的结果。

⑬ 今厦门方言鱼韵 ts- 组声母字来自古精章日组，t-、k- 组声母字来自古泥知见晓影组。

⑭ 原书作"纻"，注曰"纻仔布（苎麻织的布）"。闽南多称"苎麻"为"苎团"，可知此处"纻"即"苎"。

⑮ "庐"又音 -o，与"卢炉"同音，不列在表中，原因参看注 ㉘。

⑯ 有些字音似应有文白异读标示，但原书未标，本文为尊重原材料，未加改易。

⑰ "珠",原作"瞯"。
⑱ 此二字疑误读为"趋"。
⑲ 本文对漳州方言鱼韵韵母 -i 的分析结果与吴瑞文(2009)对福清方言鱼韵韵母 -y 的分析结果相似,详参吴文 223—228 页。
⑳ 拟音参看林焘、耿振生(2004:346)。
㉑ 承耿振生老师告知遇摄开口三等知章日组字在《拙庵韵悟》中开始全部转入 *-u,特此致谢!此外,清代部分曲韵书如《韵学骊珠》、《中州音韵辑要》虞韵知章日组字仍与端见系字同韵,而不与帮系字同韵,可能是韵书刻意存古或是反映官话方言内部差异。
㉒ 漳州市地方志编纂小组(1999,2809)[dʑi②]音节下有"蒔乱"一词。
㉓ 陈忠敏(2012:11)也认为漳州方言鱼韵的 -i 对应泉州方言鱼韵的 -ɯ,不过陈文并未解释为何漳州方言鱼韵的 -i 层是"鱼虞相混层"。
㉔ 参看注⑦。
㉕ 承香港科技大学博士生林晴告知泉州市区 [₀lɯ](纷乱)在潮州的对应说法,特此致谢!
㉖ 朱媞媞(2011)使用的潮州方言材料与本文不同,朱文引用的《广东闽方言语音研究》-ŋ、-ɯ 两韵母字都记作 -ɯ,朱媞媞据此认为"当声母为舌尖前擦音时,tsʰɯ(tsɯ)和 tsʰ(tsɿ)发音很接近,这种分歧是记音上的分歧,而不是一种音变现象。"(朱媞媞2011:109)。笔者不同意朱文的看法,以笔者与潮州朋友交谈的印象,潮州方言 -ɯ 韵母实际音值为 [ɯ](北京大学中文系语言学教研室(2003)P37 也指出潮州方言"元音 ɯ 作单韵母时偏低"),与 -ɿ 韵母有明显区别,出于互补的考虑,可以将 [ɯ]、[ɿ] 处理为一个音位,但必须承认二者音色有别。
㉗ 林晴(2012a:24、47)也提到"女"的读音 [nuɯŋ] 应是由 [nɯ] 演变而来的。
㉘ 朱文的疏漏可能与《广东闽方言语音研究》所载"庐"的字音 -u 有关(北京大学中文系语言学教研室(2003)无"庐"字)。"庐"《广韵》"力居切",与"驴"同音。《中原音韵》、《韵略易通》等近代官话韵书中都与"驴"同音,不与"卢炉"同音,清代闽南方言韵书《汇音妙悟》亦然。但今北京话"庐"字与"卢炉"同音,不与"驴"同音;今闽南各方言点"庐"字也多与"卢炉"同音(如:泉州),或读音可"折合"为"卢炉"文读(如:潮州),或有与"卢炉"同音的又音(如:漳州)。我们认为这是因为这些方言"庐"字被误读为"卢"(又或是北京话先产生误读,然后影响其他方言),误读字音在层次分析前应先予以剔除。

参考文献

北京大学中文系语言学教研室 (2003) 《汉语方音字汇》(第二版重排本),

语文出版社，北京。

陈泽平 （1999） 从现代方言释《韵镜》假二等和内外转，《语言研究》第2期，武汉，160—168页。

陈忠敏 （2003a） 重论文白异读与语音层次，《语言研究》第3期，武汉，43—59页。

—— （2003b） 吴语及邻近方言鱼韵的读音层次——兼论"金陵切韵"鱼韵的音值，《语言学论丛》第27辑，商务印书馆，北京，11—54页。

—— （2012） 论闽语鱼韵的读音层次——兼论层次分析与层次比较的方法，《语言研究集刊》第九辑，6—26页。

洪惟仁 （2003） 台湾泉州腔央元音的崩溃与语音标记性，《中国社会语言学》第1期，北京，34—56页。

—— （2012） 遇开三在闽南语的行为表现、变体竞争与方言融合，中国音韵学研究会第十七届学术讨论会会议论文。

林连通 （1993） 《泉州市方言志》，社会科学文献出版社，北京。

林伦伦、陈小枫 （1996） 《广东闽方言语音研究》，汕头大学出版社，汕头。

林晴 （2012） 《潮州方言的鼻化韵》，北京大学硕士论文，北京。

林焘、耿振生 （2004） 《音韵学概要》，商务印书馆，北京。

王建设、张甘荔 （1994） 《泉州方言与文化》（下），鹭江出版社，厦门。

吴瑞文 （2009） 共同闽语*y韵母的构拟及相关问题，《语言暨语言学》10(2)，台北，205—237页。

厦门市地方志编纂委员会办公室 （1995） 《厦门方言志》，北京语言学院出版社，北京。

徐通锵 （1991） 《历史语言学》，商务印书馆，北京。

游汝杰、周振鹤 （1985） 方言与中国文化，《复旦学报》第3期，上海，232—237页。

漳州市地方志编纂小组 （1999） 《漳州市志·方言》，中国社会科学出版社，北京。

朱媞媞 （2011） 《广韵》中鱼韵在闽南方言里的读音层次，《福建师范大学学报》（哲学社会科学版）第6期，福州，105—111页。

Carstairs, Douglas （杜嘉德1873） *Chinese-English dictionary of the vernacular or spoken language of Amoy, with the principal variation of Chang-Chew & Chin-Chew dialects*（《厦英大词典》），London:Trubner & Co.，台北南天书局有限公司1990年重刊。

Jerry Norman （1981） *The Proto-Min Final* 台湾：中研院国际汉学会议论文集 语言文字组，35—73页。

（北京，中央财经大学文化与传媒学院　zengnanyi@126.com）

现代汉语语篇
主题性第三人称代词回指分析*

李 榕

提要 第三人称回指是语篇研究的热点问题之一。不同于以往研究的是我们考察一种特殊语料：含代词的前一句话中有两个可能的回指对象。这种语料不仅很难用前人文献提出的方法解决，也是中文信息处理和对外汉语篇章教学棘手的问题。本文使用《人民日报》的真实语料对句法位置（回指主语、宾语还是其他）、先行语的词汇形式（回指代词还是NP）、后指中心三种影响因素进行统计分析，并讨论它们之间的相互关系。结论是三种因素都会影响回指，但只有句法位置和后指中心是独立的影响因素，而先行语词汇形式不是，但对其他两种因素有补偿作用。第三人称代词回指受后指中心的影响最大，可见整体语篇的影响因素对回指的影响更大。根据语料统计，我们得到了一套预测第三人称代词回指对象的流程，对计算机处理代词有一定的参考作用。

关键词 向心理论 句法位置 先行语的词汇形式 后指中心

1 引言

第三人称代词回指现象是语言学、心理学和计算研究的热点问题之一。在过去的十几年中，心理学家和语言学家提出了很多影响第三人称代词回指的因素，如句法位置、先行语的词汇形式、语篇主题、后指中心[①]（Backward Looking Center，简称CB）、特殊动词、提及顺序、衔接关系、语义角色、语篇接续性和语体特征等。

---

* 本文得到教育部人文社科研究一般项目"类型学视野下的汉语篇章第三人称回指研究"（项目号：13YJC740045）和陕西省教育厅科研计划项目"基于向心理论的对外汉语篇章教学研究"（项目号：2013KJ0306）以及国家留学基金委联合培养项目的资助，表示感谢。另外，论文得到荷兰乌特勒支大学Ted Sanders教授、Pim Mak老师和匿名审稿人的宝贵意见，谨致谢忱。

（Li&Thompson 1979；Givón 1983，1992；陈平 1987；Barbar Fox 1987，1996；Ariel 1990；徐赳赳 1990，1993；Peter Gordon 1993；Hoover 1997；许余龙 2004；袁毓林 2005；刘伟 2005；高兵 2006；高卫东 2008；李榕 2012 等）。

  本文旨在分析现代汉语语篇主题性第三人称代词的影响因素。在前人文献提出的影响因素中，本文只考察句法位置，先行语的词汇形式和后指中心三种影响因素。为什么放弃其他几种影响因素呢？原因如下。1. 语体特征：本文的语料只来自《人民日报》的书面语叙述文，语体特征单一。2. 衔接关系：已证明对回指有影响的衔接关系都是比较特殊的平行关系或因果关系，在本文考察的语料中并未发现。3. 动词的语义特征和语义角色：此两者密切相关，但已证明对回指有影响的仅局限于少数几类，在我们的语料中没有出现。4. 首次提及：一般认为，汉语是话题型语言，话题的地位十分重要；所以首次提及和作为语篇主题很难分开考察。而语篇主题界定的方法存在很大争议。5. 语篇接续性：目前还缺乏明确的形式标准来衡量。

  本文研究两个问题：1. 句法位置，先行语的词汇形式和后指中心是否可以帮助分析现代汉语语篇第三人称代词真正的回指对象？2. 这三种因素在多大程度上可以成功预测回指？它们之间的关系如何？预测准确度如何提高？

  本文的另一个目的是检测向心理论处理汉语语篇的可行性。虽然向心理论已经有了很多跨语言的研究，如德语、希伯来语、意大利语、日语、荷兰语和土耳其语等（Di Eugenio 1990；Hoffman and Turan 1993；Kameyama 1985，1986，1988；Rambow 1993；Walker，Iida & Cote 1990，1994；Yongkyoon 1991）[②]，但是汉语语言学界对向心理论的介绍和运用还比较少。介绍性的文章有苗兴伟（2003）、许余龙（2008）、刘礼进（2005a，2005b）等；运用向心理论分析汉语语篇的研究有王德亮（2004），熊学亮、翁依琴（2005），段嫚娟（2006）和张从禾（2007）等。计算语言学方面相关的文章有许宁云（2006）、刘礼进（2005a，2005b）、王厚峰（2000，2001）等。其中除两篇博士论文使用了较大规模的语料库，其余文章都是介绍和小规模语料的统计。与这些研究相比，本文关注的一种特殊的语料，对向心理论的检测更有帮助。以下简要介绍向心理论及其规则。

2 向心理论简介

向心理论是由美国语言学家和认知科学家在20世纪末提出的语篇处理理论，旨在解决如下问题：语篇主题如何在语段序列中发生变化？人们如何理解回指成分？语言中衔接关系的细微差别在哪里？语篇是如何划分为更小单位的？其焦点在于语篇回指和语篇连贯性等问题，旨在解释自然语篇中参与者的注意中心转换，讨论注意状态、推理难度和先行语词汇形式这三者之间的关系。这一理论出现后，引起了研究者的极大兴趣，并已被广泛运用于各种语言的语篇分析、计算机处理和句法分析等研究领域。

2.1 向心理论基本观点

语言交际是一个由交际双方共同参与的互动过程（Arnold 2001）。交际双方共同建构一个语篇，即现实世界或非现实世界的心理表征。Webber（1979）和 Prince（1981，1993）认为，语篇模型由语篇实体（Entity）、属性（Attribute）以及语篇实体之间的联系所构成。语篇实体就是语篇所谈论的对象，具体的语篇中体现为各种指代成分，如名词、代词等，在语篇模型中充当"中心"（Center）角色。在语篇的任何位置上，某一个语篇实体可以与上文提到的实体发生联系，即充当后指中心；同时，这一实体又可以成为下一个语段所涉及的中心，即充当前指中心[③]（Forwardlooking center，简称 CF）。当说话人选择某一语言形式来指代语篇实体时，其选择也同时表达了他的注意状态。语篇中的语段都包含着将该语段与其他语段连接在一起的中心。一个语段中往往包含着一系列的后指中心，其中有一个与上文中的某一个后指中心相联系。在语篇推进的过程中，其中的实体按显著程度（salience）排列，显著度最高的将成为下一个语段的后指中心。语篇的中心就是以这种方式不断过渡，并以不同的过渡方式来体现语篇的不同连贯程度。

2.2 向心理论基本规则

向心理论有两条规则：规则1限制了代词的实现形式，规则2提出中心移动的基本约束。

规则1：如果任何一个CF（U_n）被U_{n+1}中的一个代词实现，CB（U_{n+1}）一定也被代词实现。U_n指语篇中的某一个句子，U_{n+1}指语篇中某一个句子的下一句话。

这个规则认为除非CB被代词化，否则语篇句中的任何成分都不能被代词化。规则1体现了代词化的优先性。CB被代词化，会让听话人觉得说话人正在继续已有的话题。注意规则1只要求CB代词化，并不排除其他的实体也可以被代词化。心理语言学的研究（Hudson-D'Zmura 1988）和跨语言的研究（Di Eugenio 1990；Kameyama 1985，1986，1988；Walker 1989；Walker, Lida & Cote 1994）也证明了在英语和日语中，代词更倾向回指后指中心。

规则2：句子间过渡方式排序为：中心继续 > 中心保留 > 中心转移[④]。

规则2和我们的语感相符合，中心接续和中心保留比中心转移（即说话人提出一个新中心）更能使句子之间平滑地过渡。规则2提供了对说话人的约束，他们应该最小化中心转移的次数。这也有利于自然语言生成系统的开发。

向心理论最有影响力的版本Brennan等人（1987）进一步区分了四种语篇过渡的方式。区别主要在于CP和CB的不同。CP指

Preferred Forward Center，也即"首选前指中心"。CB 即后指中心。

2.3 中心的实现方式

中心回指形式有很多种，除了前面讨论过的代词回指 CB 以外，还有以下三种情况。第一种情况是后指中心被非代词的形式回指。规则 1 不排除这类情况。此时使用新的名词或者短语来实现中心要比重复前面已出现过的名词性成分，甚至比用代词都好，因为它们可能包含额外信息，可能会帮助听话人注意额外的推理依据。比如例（1）中的"患疥疮的老畜生"回指 a 句中的"我的狗"，额外提供了"狗患疥疮"的新信息，帮助读者理解 a 句和 b 句之间的联系。

（1）a. My dog is getting obstreperous.

我的狗最近变得很吵闹。

b. I took him to the vet the other day.

我就带它去看兽医。

c. The mangy old beast always hates the visit.

这只患疥疮的老畜生一直怕去医院。

第二种情况是代词回指了一个实体，但不是本句前指中心 CF（Un）中的一个。这种用法极不自然。这种特殊的情况一般会出现在整个语篇的中心转移到前一个中心实体时。这时确定代词回指的不是现在的 CF 而是以前的中心实体，需要更多的推理依据。这些依据有哪些需要更多的研究，比如声调和提示词组。

第三种复杂情况符合规则 1，但 CB 并没有直接出现，而是暗含在前一句的 CF 中。

（2）a. The house appeared to have burgled.

这房子看起来好像被抢劫了。

b. The door was ajar.

门半开着。

c. The furniture was in disarray.

家具很乱。

"房子"是 a 句中的前指中心 CF，是 b 句应该回指的后指中心 CB。但是 b 句直接出现的 CB 是"门"，由于"房子"与"门"有关系，所以"房子"也可作为间接回指的 CB。c 句中"房子"也是间接回指的 CB，直接出现的 CB 是与"房子"有关的"家具"。一般读者会假设"门"在 b 句中的排序比"房子"高，即如果 c 句出现了"它"很可能指代的是"门"[5]。不过，c 句的 CB 是"房子"，这样也是很连贯的。因为这样的 c 句可以反映这个语篇的话题是房子，而 c 句和 b 句可以用同样的解释，因为它们都和房子有关系。这里"房子"和"门"的关系在心理学中成为一种启动效应（Priming）。

3　研究方法及语料

本文研究一种特殊语料：含第三人称代词"他"的前一句话中有两个单数的男性参与者。如：

（3）王刚打了张建国。他……。

这时"他"回指谁就成了模糊不清的问题。

选择这种语料的原因有：1.这种语料根据前人文献提出的方法很难分析代词的回指对象。如 Givón（1983）判断方法是先行语词汇形式和可能回指对象之间的距离（以间隔的小句计算）。而此类语料中的两个回指对象离代词的距离一样近。2.这种语料是计算机处理语篇及对外汉语教学中会遇到的棘手问题，应用前景广阔。3.这种衔接方式并不少见。《人民日报》2006—2008 年的 80 篇叙述文中，共发现了 182 句考察语料，占 2.7%[6]。4.本文考察向心理论提出的后指中心因素，可以让我们对多个可能回指对象的重要性进行排序。

语料分析的具体步骤如下：1.阅读《人民日报》2006—2008年间所有含"他"的 80 篇报道，挑选出含第三人称代词"他"前一句中有两个男性单数参与者的句子。出现这种句子的文章有 66

篇，共182句。真实语篇中的句子比较复杂，如下例：

（4）**从四川来新疆谋生的何章勇**i干完一天的活，不仅没拿到工钱，还被*老板*j扔掉铺盖给轰了出来。他i坐在雪地里伤心哭泣。

2.人工阅读全文判断代词真正的回指实体，即"实际回指实体"（AR, Actual Referent），在例句中用粗体表示，另一个竞争者为"可能回指实体"（PR, Potential Referent），在例句中用斜体表示。排除含有直接引语句的19句语料。如下例：

（5）*父亲*j（可能回指实体）说："**鲁迅**i（实际回指实体）爱老鼠，似乎有些特别。其实他i是同情弱小。"

因为其不符合我们对语料的要求：直接引语中的第三人称代词与主句的言说主语不存在回指关系。如果只看上例直接引语里的句子，"他"之前只有一个实体，不存在回指不清的问题。

排除38例同指句。比如：

（6）**李鸿海**i是一位勇于奉献的优秀*村官*j。他i在村支书岗位上二十二年如一日，带领干部群众，在一个原本贫穷的村庄里努力建设社会主义新农村。

这类例子很有意思，"李鸿海"和"村官"实际上指的都是一个人，是以两种面目出现的一个"竞争者"。像例（6）这样的句子本身虽然不符合我们的语料标准，但计算机处理时仍会产生问题。简单的解决方法是用表示同指关系的动词控制。这类动词很有限，比如说："是"、"历任"、"当选"、"成为"、"像"、"担任"等。其中"是"表示同指关系比较复杂，可能还需要其他辅助手段判定。

4 第三人称代词回指影响因素分析

我们把用第三人称代词作为回指语料分为两类：实际回指实体和可能回指实体分属于不同小句的例子，计54句；实际回指实体和可能回指实体处于同一小句的例子，计71句。本文主要考察实际回指实体和可能回指实体处于同一个小句的语料。

4.1 句法位置

句法位置即考察实体在前一个小句中充当的句法成分。语料中的两个实体不一定只做主语和宾语，有时也做定语或者其他成分。因为考察语料的特殊性，我们把句首的位置定义为主语，不考虑主语和话题的区别。实际我们的语料中也没有发现话题和主语不一致的例子。

语料中仅发现了1例两个实体句法位置相同的例子，其余的例子两个实体都分属于不同的句法位置。句法位置相同的例子为：

(7) 1939年2月上旬，他i和旅长陈赓j率部在威县以南香城固地区伏击"扫荡"之敌，全歼日军一个加强步兵中队，大振了我军的声威。1940年9月，他i调任山东纵队第三旅旅长。

这样的例子可以用4.2提到的先行语词汇形式因素控制。

对实际回指实体和可能回指实体的句法位置统计结果如下表，标粗的为统计上的显著结果。

表1 第三人称实际回指实体的句法位置分布（共70句）

句法位置	实际回指实体出现次数	百分比	可能回指实体出现次数	百分比
主语	50	71%	12	17%
宾语	8	11%	10（5）[7]	14%
介词短语	1	1%	**37**	52%
定语	4	6%	8	11%
其他[8]	7	11%	3	6%

可以看出，第三人称代词倾向回指前一个小句内做主语的实体，比例为71%，即实际回指实体一般是主语，而可能回指实体一般是在介词短语中出现。实际回指实体、可能回指实体分别为五种句法位置的24种组合分布如下表。

表2　第三人称代词回指实体句法位置分布组合统计（共70句）

实际回指实体AR—可能回指实体PR		出现次数	百分比
AR做主语	PR在介词短语中	30	42%
	PR做宾语	8	11%
	PR做定语	7	11%
	PR做其他	4	6%
AR做宾语	PR做主语	5	7%
	PR在介词短语中	3	4%
AR做其他	PR做主语	3	4%
	PR在介词短语中	3	4%
	PR做宾语	2	3%
AR做定语	PR做主语	3	4%
	PR在介词短语中	1	1%
AR在介词短语中-PR做主语		1	1%
AR做定语-PR做宾语/其他		0	0
AR做宾语-PR做定语/其他		0	0
AR做其他-PR做定语/宾语/其他		0	0

可以看出：实际回指实体常常做主语，而可能回指实体做主语的例子则很少，但其在介词短语中出现的概率最大，有30句（42%）例子都是主语为实际回指实体与介词短语做可能回指实体的组合，是所有组合中百分比最高的一类。这说明两者之间的句法重要性相差最大的例子是最容易被接受的。如下例：

（8）**戴维（AR）**i在爸爸（*PR*）j的帮助下，做了一个简易的展板，贴上从网上下载的有关图片，以说明中国地震灾情。第二天放学，他i拿着展板来到社区购物中心。

我们考察的语料中，凡是出现在"介词 + 实体 +V……"的实体都是可能回指实体，如"与……交谈"、"和……一起"、"在……的指挥下"、"在……的人眼中"、"由……介绍"、"在……的影响下"、"根据……人的请求"、"由……提议"，还有"在……的照料下"和"从……的口中得知"等。作者常用这种介词短语的方式来把不是实际回指实体的动作者转化为介词宾语，避免和读者的阅读习惯冲突。如例（9）利用了"A根据B的要求"和"B要求A"

的区别把可能回指实体的动作者"盛世才"的句法重要性降级，降低它作为实际回指实体的概率。

(9) 邓发同志（AR）i 根据*盛世才*（PR）j 的要求，向党中央 h 建议，从延安先后选派了 130 多名共产党员到新疆各地工作。他 i 派共产党员担任《新疆日报》等报社的社长和编辑，利用报纸书刊开展广泛的抗日宣传。

如果不利用将动作者降级的句法手段，使用"B 要求 A"的表达，如例（10）中的"他"肯定会被理解为回指"盛世才"而不是"邓发同志"。

(10) **盛世才**（AR）i 要求*邓发同志*（AR）j，向党中央建议，从延安先后选派了 130 多名共产党员到新疆各地工作。他 i 派共产党员担任《新疆日报》等报社的社长和编辑，利用报纸书刊开展广泛的抗日宣传。（改编语料）

看一下极少数相反的情况。实际回指实体出现在介词短语中，只有 1 例。如：

(11) *记者*（PR）j 以一位观众的视角与 **克鲁尼**（AR）i 聊起俄罗斯和中国油画的发展现状。他 i 对油画艺术有很独特的感悟。

介词短语一般用来表示背景信息，读者阅读的时候快速跳过的可能性很大。如果我们考虑其他因素以后，又发现它们并不是反例。如上例中的动词"聊"就属于对回指有特殊影响的言说类动词。这也是新闻采访语体的特点，被采访者比记者显著。

实际回指实体出现在定语中的例子也很特别，共有 3 例，都是一种类型。如下例：

(12) *李成斌老人*（PR）j 抖着手慢慢掀起 **李鸿海**（AR）i 的衣衫，他 i 身上还未拆线的伤口足足有一尺长。

"李鸿海"实际上嵌入在"李成斌的衣衫"这个结构中，并不是单独作为实体参与回指竞争的。我们看一看例（12）出现的语境。

(13) 手术 6 天后，李鸿海 i 坚持出院了。他 i 先跑到照相馆给自己照了张"遗像",以此提醒自己抓紧有限时间为乡亲们多办事。随后,他i直接来到建桥工地。一时间,大家惊呆了!李成斌老人(PR)j抖着手慢慢掀起李鸿海(AR)i的衣衫,他i身上还未拆线的伤口足足有一尺长。老人j心如刀绞……。

上文一直用"他"回指"李鸿海",读者已经建立起两者之间的联系,将"李鸿海"作为语篇的主题。而且作者在隔了几句的下文中用同形的专名"李鸿海"再次回指,也是为了加强语篇话题的连续性以避免引起用代词回指的歧义。如果把第五句话中重提语篇话题的专名"李鸿海"换成"他",就不如现在这样回指明确。

实际回指实体做主语,可能回指实体做宾语的例子,比如:

(14) **一个准备参加26日游行的泰国大学生(AR)i** 告诉记者(PR)j,他i其实并不是真想看到总理下台。

上例中代词实际回指"一个准备参加26日游行的泰国大学生",可能回指实体是"记者"。这类例子共有8例,占11%。

实际回指实体做宾语,可能回指实体做主语的例子只有4句,并且除下例外,其余三例都可以用零形回指解释。

(15) 记者(PR)j在钓鱼台国宾馆采访了**皮尔卡丹(AR)i**。他i说,他i最大的兴趣和爱好就是工作、事业和创新。

上面的统计已经证实了实际回指实体常常实现于主语,那么其实现为宾语时有没有什么特殊的语法特点?回指实体做宾语的例子我们发现了6例。通过观察,我们发现一些具有特殊语义特征的动词可以打破这种惯例,比如"找到"、"走近"、"采访"、"见"、等等。如:

(16) 记者(PR)j通过各种努力终于找到**他(AR)i**,百般劝说,他i才勉强同意接受采访。

虽然这类动词特殊的语义特征可以打破回指实体实现为主语的惯例,但是不代表只要出现这些动词,回指实体就肯定是它们的宾语。真正的控制因素还在于语篇本身。另外,这些例子都可以用零形回指解释,如果补上所缺的"百般劝说"的主语"记者",回指关系很清楚。

袁毓林（2005）中提出通过利用语篇中的话题求解以第三人称代词或空语类形式出现的经事（人物），如：

（17）**利维（AR）**i 当天下午在特拉维夫宣布，由于*内塔尼亚胡（PR）*j 未能对他i所提出的一些修改 1998 年度国家预算的要求做出答复，他i决定辞去外长职务。

这个例子跟我们的语料类似，"他"指得是"利维"，而不是"内塔尼亚胡"。袁提出规则："作经事的代词或空语类的先行语就是先行句中的人名，特别是句首具有高话题性的人名"。⑨这与本文的统计一致。

可能回指实体做宾语的句子共有 10 例，其中 5 例是比较特殊的，涉及动词的管界问题，也就是出现"他"的从句也属于主句动词的管界。一般是言说义可以后接小句的动词。比如"告诉"、"讲"、"说"等。如下例中的含代词小句其实是第一个小句"他告诉记者"的内容。

（18）**他（AR）**i 告诉记者*（PR）*j，2006 年是"俄罗斯年"，大量的活动今年将陆续在中国展开，明年将在俄罗斯举办"中国年"的活动，他i将会参加一系列的活动。

另外，如果两个实体的先行语词汇形式是一样的，都是 NP 或名字，且出现在同一句话中，那么句法位置的不同就成了重要的区分因素。语料中有 18 个这样的例子，其中实际回指实体做主语的例子有 15 句，占 84%。这证实句法位置对先行语的词汇形式有补偿作用。

总之，统计发现："他"倾向回指主语，句法层级越低，作为实际回指实体的可能性越小，比如可能回指实体大部分是在介词短语中出现。反例的解释启示我们，一是整体语篇因素作用可能大于局部语篇（句内）因素，二是动词特征和题元结构也会有影响。

4.2 先行语的词汇形式

先行语的词汇形式就是考察实体是否会以不同的词汇形式出现在含代词小句的前一句话中。我们分别统计了71句中实际回指实体和可能回指实体的先行语词汇形式，是第三人称代词（他），名字（邓发），还是名词短语（一个泰国大学生）。如果是NP+名字的形式，如"共产国际的王维舟同志"，计为NP。结果表明，可能回指实体多是类指名词，实体的单复数和性别可能是影响因素，比如类指名词因单复数或者性别不明显就不易被回指。

表3 第三人称代词先行语词汇形式分布（共71句）

	实际回指实体 AR	可能回指实体 PR
第三人称代词	35（49%）	0
名字	30（42%）	23（32%）
NP	6（9%）	48（67%）

实际回指实体一般被第三人称代词回指，但是可能回指实体却不是。语料中没有发现被第三人称代词回指可能回指实体的例子。值得注意的是在语篇中实际回指实体使用名字和第三人称代词的数量差不多。在语篇中，一个人物出现后，用第三人称代词"他"回指若干句话后，会重新用名字或者NP回指。这可能是作者考虑到读者的记忆时间和记忆容量，也与不同语言对话题持续范围大小的限制不同有关。如：

（19）这位博士（PR）j把袁隆平（AR）i称为"杂交水稻之父"，并郑重地向各国专家介绍他i的成就不仅是中国的骄傲，也是世界的骄傲。他i的成就给世界带来了福音。90年代，当袁隆平i站在美国罗德岛菲因斯特"拯救饥饿奖"的领奖台上时……

用"他"回指"袁隆平"三句话之后，重新用名字回指。徐赳赳（2003）统计了汉语的叙述文中第三人称代词的话题延续性平均值为2.52，即同指的"他"之间平均相隔2.52个小句。

可能回指实体则常常被NP回指，这个发现符合Givón和

Talmy（1992）和 Kameyama（1998）的假设：形式越轻，越容易被代词回指，形式越重，越不容易被代词回指。代词一般用来回指上文中最重要的实体，而形式重的形式则常常用来回指上文中不太重要的实体。

实际回指实体和可能回指对象的先行语词汇形式有三种可能（代词、专名和NP），共九种组合，统计如下：

表4 第三人称代词先行语词汇形式组合统计（共71句）

先行语词汇形式可能组合 实际回指实体（AR）—可能回指实体（PR）	出现数量	百分比
AR 第三人称代词—PR 名词短语	27	38%
AR 名字—PR 名词短语	17	24%
AR 名字—PR 名字	13	18%
AR 第三人称代词—PR 名字	8	11%
AR 短语—PR 名字	3	4%
AR 短语—PR 短语	3	4%
AR 名词短语/名字/第三人称代词—PR 代词	0	0

最常见的组合是实际回指实体实现[⑩]为第三人称代词和可能回指实体实现为名词短语，有27例，占38%。如：

(20) 1939年2月上旬，他（AR）i 和旅长陈赓（PR）j 率部在威县以南香城固地区伏击"扫荡"之敌，全歼日军一个加强步兵中队，大振了我军的声威。1940年9月，他i 调任山东纵队第三旅旅长，而陈赓同志j 则任太岳军区司令员。

统计上，实际回指实体的先行语词汇形式用名字或第三人称代词并没有显著差别，说明先行语词汇形式不是单一判定实际回指实体的因素。但是它对于判定非主语位置成分是否为实际回指实体十分有用。我们考察了前一句的非主语回指实体是否更容易被后一句的第三人称代词回指，结果是，实际回指实体实现为非主语成分先行语的20句语料中，有16句（80%）是被第三人称代词回指的。

总之，先行语词汇形式不能独立判定第三人称代词的回指实体，但对句法位置有补偿作用，可以提高非主语的实体被回指的概率。

4.3 后指中心

以上讨论的句法位置和先行语词汇形式都是局部的语篇因素，即句内因素。而后指中心是整体语篇因素。后指中心判定方法是：若含代词的句子为 U0，实体必须在 U3（U1 回数的第 2 个句子）被提及，而且在其竞争者都没有被提及的前提下才可以被认为是 U1 句的后指中心。如果 U3 句出现的还是代词，就继续往前数两句，直到出现名字或者 NP。向心理论认为第三人称代词倾向回指前句的后指中心（CB），即上句中的 CF 中排序最高的一个。1. 第三人称代词回指的实体就是后指中心。2. 它和 U1 的后指中心相同。3. 第三人称代词指代的实体作为主语，也是排序最高的 CF，即 CP。比如下例中的"谭政"在 U3 中被提及而"毛泽东"没有被提及，所以它是 U1 句的后指中心。

（21）U3 在家乡东山学堂读书时，谭政 i 曾担任学生自治会主席，带头参加反对帝国主义和北洋军阀的爱国学生运动。

U2 1927 年春，在共产党人陈赓 k 的引导下，他 i 毅然投笔从戎参加国民革命军。

U1 大革命失败后，面对严重的白色恐怖，**谭政（AR）**i 同志参加了湘赣边界秋收起义，跟随毛泽东**(PR)**j 同志上了井冈山。

U0 红军时期，他 i 参与了创建井冈山革命根据地的斗争。

如果实际回指实体和可能回指实体都被提及，就看前一小句中实体的句法位置：主语 > 宾语 > 其他。然后再看实体的先行语词汇形式，因为代词倾向于指代实际回指实体：先行语词汇形式优先排序是第三人称代词 > 名字 > 名词短语，比如下例 U3 中实际回指实体"普密蓬·阿杜德王子"和可能回指实体"哥哥"都出现了，但 U1 中"他"回指了"普密蓬·阿杜德王子"，则其是 U1 的后指中心。

（22）U3 普密蓬·阿杜德王子 i 和他 i 的哥哥 j 每天骑着自行车去上课。

U2 在诗纳卡琳公主殿下的照料下，这些年轻的王室成员们学会了自立、遵守纪律以及帮助生活困难的人们。

　　U1 1946 年，**普密蓬王子殿下（AR）**i 接替他去世的长兄（PR）j，继承王位。

　　U0 他 i 成为了统治泰国 200 多年的曼谷王朝的第九位国王。这类例子有 56 例，占 79%。

　　如果第三人称代词所指对象不是前一句话的后指中心，有以下两种情况：1. 可能回指实体而不是实际回指实体是后指中心，语料中有 7 例（10%）。如下例 U3 中出现的是"叶宝云老人"，它是后指中心，也是可能回指实体，实际回指实体应该是"严国忠"。

　　（23）U3 蒲市村叶家堂的叶宝云老人 j 是个出了名的"火爆脾气"。

　　U2 85 岁时，下地种麦不慎摔倒，导致半身瘫痪。

　　U1 **严国忠（AR）**i 听说此事后，二话没说，搬着行李就住到了这位老人（PR）j 家里。

　　U0 每当老人 j 发火时，他 i 都一声不响，耐心地服侍着。

　　2. 实际回指实体和可能回指实体都不是后指中心，一是可能它们都是语篇的新信息，如在篇章的首句，语料中有 7 句。二是叙述文中有时会夹杂着描写的句子或者直接引语，也会造成 U3 中不出现回指实体和可能回指实体。若直接引语处理为单独语篇后均能找到后指中心。夹杂描写的句子导致实际回指实体和可能回指实体不在 U3 中出现的例子只有下例。

　　（24）U3 鑫珠春公司是焦作煤业集团原朱村矿破产重组建立起来的。

　　U2 1998 年，煤炭行业萧条，部分职工下岗，情绪很不稳定，谢延信 i 本也在下岗之列。

　　U1 **矿领导（PR）**j 专门研究了**他（AR）**i 家的情况，认为谢延信 i 一旦下岗，这一家人会衣食无着，便照顾他留岗。

　　U0 2003 年他 i x 住了三次医院，单位照顾他办理退养手续后，又特意安排他 i 去瓦斯泵房看设备，每个月多了 400 元的收入。

例（24）中"矿领导"是可能回指实体，"谢延信"是实际回指实体。U3 句是静态的叙述背景，没有出现回指实体或者可能回指实体，无法预测后指中心。但这类例子可以从局部语篇入手，从第三人称代词优先的规则可以推测出"他（谢延信）"是下句的后指中心。

第三种可能它们出现在相同的句子里，有相同的句法位置和在含第三人称代词的一句中相同的先行语词汇形式。向心理论认为不能出现两个后指中心，如果实际回指实体和可能回指实体都不是后指中心，则向心理论也无法确定过渡类型。实际回指实体和可能回指实体排序相同。语料中也没有这类例子。统计结果如下：

表 5 第三人称代词后指中心统计（共 71 句）

后指中心的分布情况	总计	百分比
实际回指实体 = CB 连贯过渡	56	79%
可能回指实体 = CB 平滑过渡	7	10%
实际回指实体、可能回指实体排序相同	0	0
实际回指实体、可能回指实体都是新信息	8	11%

从上表我们可以看出，后指中心是很有效的控制因素。有 79% 的后指中心是实际回指实体，只有 10% 的后指中心是可能回指实体，差异显著。

5 第三人称代词回指规则小结

根据我们对现代汉语语篇主题性第三人称代词的三种影响因素分析之后发现，当实际回指对象和其竞争者出现在同一个小句时，判定优先程度如下：

（一）句法位置：第三人称代词回指的优先次序是：主语 > 宾语 > 介词短语 > 其他。

（二）先行语词汇形式：并不能像其他三种因素那样单独用来判断第三人称代词的回指对象，但对句法位置和后指中心有补偿作用。

（三）后指中心：第三人称代词倾向于回指后指中心。

根据这些因素判断第三人称代词回指正确率的排序是：后指中心（79%）＞句法位置（71%）＞先行语词汇形式（49%）。其中只有后指中心是整体语篇的影响因素，另外两种都是局部语篇的影响因素。可见整体语篇的影响因素对判断第三人称代词实际回指的正确率要高。这启示我们研究回指问题不能只从单个的句子入手研究回指问题，要从整个语篇的结构关系入手。这三个影响因素对判断代词回指实体的正确率影响如下图。横轴是语篇影响因素，1是句法位置，2是先行语词汇形式，3是后指中心。

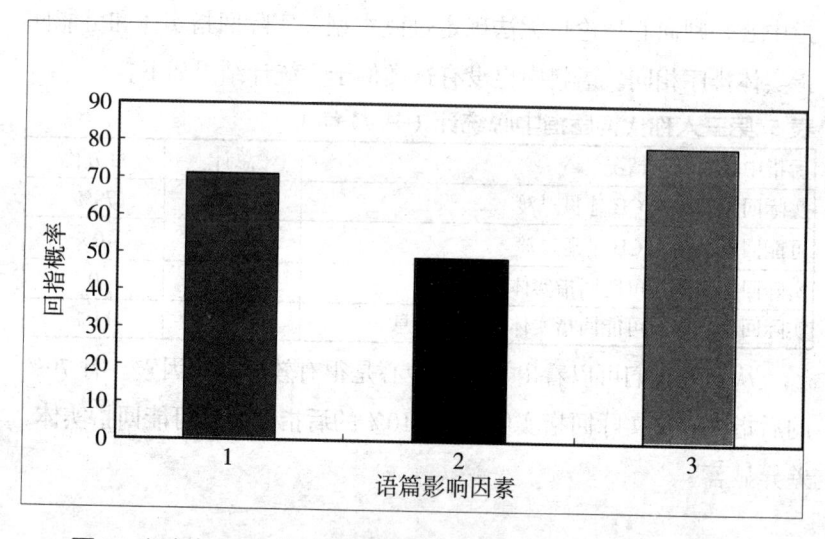

图1 判断第三人称代词实际所指影响因素的正确率对比图

本文的一些比较细致的发现总结如下：

（一）实际回指实体常常实现为主语，而可能回指实体实现为主语的例子则很少。可能回指实体在介词短语中出现的概率最大，是所有组合中百分比最高的一类。这说明实际回指实体和可能回指实体之间句法重要性相差最大的例子最容易被接受。重要的是实际回指实体与其竞争者之间的句法重要性差异，而不仅是单个实体的句法位置。

（二）如果两个实体的先行语词汇形式是一样的，都是NP或者都是名字，且出现在同一句话中，那么以主语形式出现的实体更容易被回指。这证明句法位置对先行语词汇形式有补偿作用。

（三）一些特殊的动词结构能打破优先回指主语的惯例。但是不代表只要出现这些动词，第三人称代词回指实体就肯定是宾语。真正的控制因素还在于篇章本身。

（四）先行语词汇形式不能够独立判定第三人称回指实体的因素，但可以帮助非主语第三人称代词提高被回指的概率。所以先行语词汇形式对句法位置也有补偿作用，但作用远没有句法位置重要。

第三人称代词对主语和后指中心的回指几率是正确率最高的，而后指中心的判断融合了第三人称代词倾向回指主语的规则，又加入了语段因素的影响，所以正确率最高。语篇整体因素对第三人称代词回指的影响大于局部因素的影响，但是这两者之间是相互作用的，整体语篇会影响局部语篇的特性。至此，我们回答了文章开始提出的两个问题。

（1）句法位置，先行语词汇形式和后指中心可以帮助我们成功地预测第三人称代词真正的回指对象吗？根据以上分析，三种因素都对第三人称代词回指有影响。

（2）这三种因素在多大程度上可以成功地预测第三人称代词真正的回指对象？参见图1。它们之间的关系是什么？只有句法位置和后指中心是独立的影响因素，而先行语词汇形式不是，但是对其他两种因素有补偿作用。

我们最终的研究目的是建立一套可以行之有效的处理汉语语篇第三人称代词回指的规则，从语料分析中发现规则并应用到中文语篇信息处理中去。根据我们之前的研究结果，本文提出一个判断第三人称代词回指对象的流程。

Step1：首先排除同指句（使用同指动词表）和直接引语句。

Step2：整体语篇中判断后指中心（实体是否在 U3 中被提及），一方被提及而另一方没有则被提及方为后指中心。

Step3：若两者都被提及，则先使用先行语词汇形式序列（代词＞专名＞NP），再使用句法位置序列排序（主语＞宾语＞其他）。排在前面的为后指中心。

　　Step4：若两者都未提及，则看在局部语篇中用先行语词汇形式序列和句法位置序列能否处理。如果得到的回指对象仍是第三人称代词，就继续回数，直到发现明确的回指对象。

　　总之，第三人称代词回指是一种很复杂的语言现象，很难用一条简洁的规则说明或者解释，但是正如袁毓林（2004）所说的能管住大部分典型的回指规则还是存在的。人类的认知策略是绕过复杂的形式规则，凭借这种大概的语法规则来理解语言。但如何让计算机准确地判断回指？就需要找到这种规则，分析其中各个因素的影响和关系。

附　注

① 有翻译为"后照中心"，"回指中心"等。以下统称为"后指中心"。

② 引自 Grosz, Barbara J., Joshi, Aravind K. and Weinstein, Scott (1995).Centering: framework for modeling the local coherence of discourse. Computational Linguistics21 (2), 203-225.

③ 有翻译为"前瞻中心"，"前指中心"等。

④ 具体例子参见 Henk Pander Maat & Ted Sanders, How grammatical and discourse factors may predict the forward Prominence of referents: two corpus studies. linguistics, 2009,30. 李榕（2012）。

⑤ 不过也可能指代"房子"。比如说如果 b 句的下一句是："不过从外面看起来很正常，但是里面就不一样了。"这里也可以使用代词或者不同的语法位置，我们使用主语位置做实验，因为并没有特殊的上下文需要颠倒结构。

⑥ 语料均来自《人民日报》图文数据库。进入搜索"他"，出现454801篇文章。在检索出的454801篇文章中选择含"他"的百分比从100%到84%的80篇文章，共205979字。其中含有我们考察语料的文章有66篇，14篇没有的文章主要是人物单一或者描写性的文章。这80篇叙述文恰好都是《人民日报》2006—2008年的文章。

⑦ 可能回指实体做宾语的句子共有10例，其中5例是比较特殊的，涉及动词的管界问题，也就是出现"他"的从句也属于主句动词的管界。具体例子参见例（18）。

⑧ 在此类中包括降格小句中的成分。因为我们采用的标准是以逗号划分小句，但这类句子实际属于赵元任（1968）所说的"复杂句"，应处理为主

从句，也符合主句内实体重要的发现。

⑨ 引自袁毓林《用动词的论元结构跟事件模板相匹配——一种由动词驱动的信息抽取方法》，《中文信息学报》第 19 卷第 5 期 38 页。

⑩ "实现"（realization）是向心理论的术语之一，即在考察的句子中以何种语法面貌出现。

参考文献

陈 平 （1987） 汉语零形回指的话语分析，《中国语文》第 5 期。
段嫚娟 （2006） 向心理论的参数化研究及其在汉语指代消解中的应用，上海外国语大学博士论文。
李从禾 （2007） 语篇向心理论在回指解析中的运用，《外国语言学季刊》第 1 期，15—19 页。
李 榕 （2012） 现代汉语语篇主题性第三人称回指的多学科研究，北京大学博士论文。
——（2012） 影响代词回指的因素分析，《当代语言学》第 2 期，168—177 页。
刘礼进 （2005a） 中心理论和回指解析计算法，《外语学刊》第 6 期，24—28 页。
——（2005b） 自然语言理解中的回指解析研究概述《外语教学与研究》第 6 期，439—445 页。
苗兴伟 （2003） 语篇向心理论述评，《当代语言学》第 2 期，149—157 页。
王德亮 （2004） 汉语零形回指解析——基于向心理论的研究，《现代外语》第 4 期，350—357 页。
王厚峰 （2004） 汉语中篇章中的指代消解浅论，《语言文字应用》第 4 期，113—119 页。
王厚峰、何婷婷 （2001） 汉语中人称代词的消解研究，《计算机学报》第 5 期，136—143 页。
熊学亮、翁依琴 （2005） 回指的优选解析，《外语教学与研究》第 6 期，432—438 页。
徐赳赳 （1990） 叙述文中"他"的话语分析，《中国语文》第 5 期，325—332 页。
许宁云 （2005） 关于向心理论中代词规则的探讨，《外语与翻译》第 3 期，14—19 页。
——（2006） 汉语篇章零回指的解析与生成：一项基于语料的向心研究，复旦大学博士论文。
许余龙 （2004） 《语篇回指的功能语用探索》，上海外语教育出版社。
——（2008） 向心理论的参数化研究，《当代语言学》第 3 期，225—

236页。

袁毓林 （2004） 《汉语语法研究的认知视野》，商务印书馆，北京。

—— （2005） 用动词的论元结构跟事件模板相匹配———一种由动词驱动的信息抽取方法，《中文信息学报》第5期，37—43页。

Ariel, Mira （1990） *Accessing Noun Phrase Antecedents.* London: Routledge.

Arnold, Jennifer E. （2001） The effect of thematic roles on pronoun use and frequency of reference continuation. *Discourse Processes,* 31 (2), 137-162.

Brennan, Susan E. （1995） Centering attention in discourse. *Language and Cognitive Processes* 10 (2), 137-167.

Brennan, Susan E. Marilyn W. Friedman & Charles J. Pollard （1987） A centering approach to pronouns. In *Proceedings of the 25th Annual Meeting of the Association for Computational Linguistics,* Stanford, CA, 155-162.

Di Eugenio, Barbara （1990） *Centering theory and the Italian pronominal system.* In COLING.13th International Conferenced on Computational Linguistics, Helsinki.

Fox, B. （1987） *Discourse Structure and Anaphora.* Cambridge: Cambridge University Press.

—— （1996） (Ed.) S*tudies in Anaphora.* Amsterdam; Philadelphia: J. Benjamins Pub.

Givón, T. （1983） (Ed) *Topic Continuity in Discourse: A Quantitative Cross-Language Study.* Amsterdam; Philadelphia: J. Benjamin's Pub.

—— （1985） The pragmatic of referentiality. In D. Schiffrin (Ed.), *Meaning, Form, and Use in Context.* Washington: Georgetown University Press.

Givón, T. & Talmy （1992） The grammar of referential coherence as mental processing instructions. *Linguistics* 30 (1), 5-55.

Gordon. Peter C., Grosz, Barbara. J.& Gilliom, Laura A. （1993） Pronouns, names and the centering of attention in discourse. *Cognitive Science* 17, 311-347.

Gordon, Peter C. & Scearce, K. A. （1995） Pronominalization and discourse coherence, discourse structure and pronoun interpretation. *Memory & Cognition,* 23, 313-323.

Grice, P. （1975） Logic and conversation. In P. Cole & J. Morgan (Eds.), *Syntax and Semantics* 3: Speech Acts. London: Academic Press, 41-58.

Grosz, B. J. & Weinstein, S. （1983） Providing a unified account of definite noun phrases in discourse. In *Proceedings of the 21st Annual Meeting of the Association for Computational Linguistics,* 44-50.

Grosz, B. J. Joshi, A. & Weinstein, S. （1995） Centering: A Framework for

Modeling the Local Coherence of Discourse. Computational *Linguistics*, 21(2), 203-226.

Henk Pander Maat & Ted Sanders （2009） How grammatical and discourse factors may predict the forward prominence of referents: two corpus studies. *linguistics,* 30.

Hudson-D'Zmura, Susan & Michael K. Tanenhaus （1998） Assigning antecedents to ambiguous pronouns: the role of the center of attention as the default assignment. In: *Centering Theory in Discourse,* Marilyn A. Walker, Aravind K. Joshi & Ellen F. Prince (eds.), 199-228. Oxford: Clarendon Press.

Hoffman, Beryl and Umit Turan （1993） Zero and overt pronouns in Turkish. In *Workshop on Centering Thety in Naturally-Occurring Discourse,* Institute for Research in Cognitive Science.

Kameyama （1998） Intrasentential centering: a case study. In Marilyn Walker and Aravind K. Joshi, and Ellen Prince (Eds.), *Centering Theory in Discourse.* Oxford: Clarendon Press, 89-112.

—— （1999） Stressed and unstressed pronouns: complementary preferences. In Peter Bosch and Rob van der Sandt (Eds.), *Focus: Linguistic, Cognitive, and Computational Perspectives.* Cambridge: Cambridge University Press, 306-321.

Li, C. N., & Thompson, S. A. （1979） Third-person Pronoun and Zero-anaphora in Chinese Discourse. In T. Givón (Ed.) *Syntax and Semantics* 12: *Discourse and Syntax.* New York: Academic Press.

Walker, M. A. （1989） Evaluating discourse processing algorithms. *Proceedings of the 27th Annual Meeting of the ACL* (ACL'97), 251-61. Vancouver, Canada.

—— （1996） Limited attention and discourse structure. *Computational Linguistics,* 22 (2): 255-264.

Webber, Bonnie Lynn （1979） *A Formal Approach to Discourse Anaphora.* PH.D.thesis , Harvard University . Garland Press.

You,Y. L （1996） interpreting Chinese zero anaphors: determining scope of topic continuity and re-examing the recovery rules. *Studies in the linguistic sciences,* 26.

（710061 西安，西安外国语大学汉学院　lirong1210@126.com）

汉语名名组合的语义解释规律和释义模板库[*]

魏 雪 袁毓林

提要 本文主要探索现代汉语（特别是网络搜索词）中定中式名名组合的语义解释规律，并且据此建立一个名名组合的释义模板集合（简称释义模板库）。我们发现名名组合的语义解释规律和建构名名组合的释义模板库的步骤是：首先，用《现代汉语语义词典》中名词的语义类别，来建立名名组合的语义类组合模式；然后，在"生成词库论"中物性角色思想的指导下，用名名组合中某个名词的施成角色或功能角色作为释义动词，来揭示这两个名词之间的语义关系；最后，构建名名组合的释义模板，并且汇集成一个汉语名名组合的释义模板库。正是在这个数据库的基础上，我们初步实现了一个汉语名名组合的自动释义程序。

关键词 名名组合 语义解释 释义模板 语义类 物性角色（施成角色/功能角色）

1 发现语义解释规律和建构释义模板库的步骤

许多研究名名组合的语义解释的文献指出，获取定中式名名组合中隐含的谓词是理解名名组合意义的关键。比如，"木头桌子"（其语义是"木头**做**的桌子"）、"爱情故事"（其语义是"**讲述/关于**爱情的故事"）[①]、"钢材仓库"（有歧义，可以表示"**存放**钢材的仓库"和"用钢材**制造**的仓库"）[②] 等，那个隐含的谓词可以作

---

[*] 本课题的研究得到教育部人文社会科学重点研究基地重大研究项目《面向语义搜索的汉语词汇本体知识研究》（批准号：10JJD740008）和国家社科基金重大招标项目《汉语国际教育背景下的汉语意合特征研究与大型知识库和语料库建设》（批准号：12&ZD175）的资助，谨此致以诚挚的谢意。

为反映名名组合中两个名词之间的语义关系的释义动词(paraphrase verb)。我们曾经以名词加名词构成的定中组合为主要研究对象，探索一种名名组合的自动释义的方法，并且通过编程实现了一个名名组合的自动释义的计算机系统。在方法研究和系统开发的过程中，我们认识到：名名组合的自动释义系统的良好运作，依赖于一个高质量的释义模板库；而高质量的释义模板库的建立，又取决于能否准确地获取定中式名名组合所隐含的谓词。

我们发现名名组合的语义解释规律和建构名名组合的释义模板库的步骤是：（1）大量收集现代汉语（特别是网络搜索词）中定中式名名组合[③]，分析其中名词之间的语义关系及其隐含的谓词；（2）用北京大学计算语言学研究所开发的《现代汉语语义词典》中名词的语义类别，来建立名名组合的语义类组合模式，以期把数量众多的名名组合实例归并为数量有限的类型；并且，用名名组合中两个名词的语义类别来约束和预测整个名名组合中可能的隐含性谓词（即释义动词）；（3）在 Pustejovsky（1995）的"生成词库论"中物性角色（qualia role）思想的指导下，发现名名组合所隐含的谓词往往是其中某个名词的施事角色（agentive role，描写名词所指的对象是怎样形成或产生的，如创造、因果关系等）或功能角色（telic role，描写名词所指的对象的用途和功能），可以把它作为释义动词，来揭示这两个名词之间的语义关系[④]；（4）以释义动词为核心来构建名名组合的释义模板，并且汇集成一个汉语名名组合的释义模板库[⑤]。正是在这个数据库的基础上，我们初步实现了一个汉语名名组合的自动释义程序[⑥]。

下面我们介绍对语料的处理方法以及总结得出的名名组合的语义解释规律。

2 名名组合语料的处理方法和步骤

针对我们搜集到的 850 个名名组合，我们总的处理方法和步骤如下：

（1）利用切词软件，将所有的名名组合都拆分成 n1+n2。

（2）查找所有的 n1 和 n2 在《现代汉语语义词典》中的语义类。由于《现代汉语语义词典》收词有限，因而在遇到未登录词时，由人工来判定该词的语义类。

（3）针对每一个名名组合，由人工补充出相应的释义模板，并标明模板里动词的相关角色——到底是 n1 还是 n2 的物性角色，这个物性角色到底是施成角色还是功能角色。如果是 n1 的物性角色，那么记作 v1；如果是 n2 的物性角色，那么记作 v2。

（4）所有的名名组合都对应一个 n1 和 n2 的语义类组合模式以及含有谓词（即释义动词）的释义模板，我们对这些名名组合的语义类组合模式和释义模板进行归并，得到一个名名搭配数据库。

3 通过语义类模式发现名名组合的释义规律

首先，我们对 850 个名名组合中名词的语义类进行了考察，通过分析和归纳，得到了名名组合的 359 种语义类组合模式（简称：语义类模式）。然后，对这些语义类模式的语义解释进行分析，着重发现其中隐含的释义动词、确定其位置（在 n1 或 n2 前，如：[骑]摩托[的]妈妈、农民工[获得的]月薪）、指明它是 n1 还是 n2 的物性角色，最终抽象出相应的释义模板。当然，这些模板属于不完全归纳。因为，名名组合的构成和形式繁多，我们总结的释义模板无法保证涵盖所有的情况。因此，我们在最后的程序中设置了由人工添加释义模板的操作，这样可以对名名组合的释义模板库进行人为补充。

上文已经指出，名名组合 n1+n2 所隐含的释义动词往往是 n1 或 n2 的某种物性角色（施成或功能）。现在，反过来看，n1 和 n2 则往往是这个释义动词的论元（时间、处所、施事、受事、材料、结果，等等）。为了考察和叙述的方便，我们按照名名组合所隐含的论元结构及其论旨角色关系，把名名组合的语义解释规律分成下列七大类，分别进行描述。

3.1 跟时间相关的语义类模式及其释义规律

当名名组合 n1+n2 中包含时间类名词时，这种名名组合主要表示：跟 n1 或 n2 所指的事物相关的事件发生（存在）于 n1 或 n2 所指的时间。具体的语义解释，可以根据时间类名词在 n1+n2 中的相对位置，分成两种情况来讨论：（1）时间类名词在前（即 n1 是时间类名词）和时间类名词在后（即 n2 是时间类名词）。

3.1.1 n1 是时间类名词

当 n1 是时间类名词时，名名组合 n1+n2 表示：n2 所指的事物发生（存在）于 n1 所指的时间。具体的语义解释，又可以根据 n2 的所指（时间、事物或过程），分为下面两种情况：

（1）时间类名词 + 时间类名词

这一语义类模式的语义解释是：n2 所指的时间存在于（落实到）n1 所指的时间，n1 所指的时间成为 n2 所指的时间的参照点或者具体化。

时间类名词分为相对时间类名词和绝对时间类名词；当 n1 的语义类是"相对时间"，n2 的语义类是"相对时间"时，释义模板是"n1+的+n2"，n1 是 n2 的一个参照点。如"去年春节"等，相应的释义短语是"去年的春节"等。当 n1 的语义类是"相对时间"，n2 的语义类是"时间"时，有 2 个释义模板：（1）"n1+的+n2"；（2）"n1+v2+的+n2"，v2 是 n2 的功能角色，如"经历"等。如"立春时间"、"人生历程"等，相应的释义短语是"立春的时间"、"人生经历的历程"等[⑦]。

（2）时间类名词 + 事物类/过程类名词

这一语义类模式的语义解释是：n2 所指的事物或过程存在（产

生、发生）于 n1 所指的时间。当 n2 是事物类名词时，n1 表示 n2 存在的时间或者 n2 出现/产生的时间；当 n2 是过程类名词时，n1 表示 n2 出现/发生的时间。具体如下：

当语义类模式是"绝对时间 + 用具"、"绝对时间 + 创作物"时，释义模板是"产生自/制作于 +n1+ 的 +n2"，n1 表示 n2 出现的时间。对应的例子分别是"清代家具"、"清代对联"等，相应的释义短语分别是"产生/制作于清代的家具"、"产生/制作于清代的对联"等。

当语义类模式是"相对时间 + 抽象事物"、"相对时间 + 可听现象"时，释义模板是"n1+ 出现 + 的 +n2"，n1 表示 n2 出现的时间。对应的例子分别是"午夜幽灵"、"午夜枪声"等，相应的释义短语分别是"午夜出现的幽灵"、"午夜出现的枪声"等。

当语义类模式是"相对时间 + 信息"时，释义模板是"n1+v2+ 的 +n2"，v2 是 n2 的功能角色，如"播放、报道"；n1 表示 n2 出现的时间。如"晚间新闻"等，相应的释义短语是"晚间播放/报道的新闻"等。

当语义类模式是"相对时间 + 人性"时，释义模板是"在 +n1+(时期 +) 具有 + 的 +n2"，其中，人性是人的性质，这种组合表示人在一定时期内具有的性质。如"青春活力"等，相应的释义短语是"在青春（时期）具有的活力"等。

当语义类模式是"时间 + 食物"时，有 2 个释义模板，分别是：（1）"n1+ (时候 +)v2+ 的 +n2"；（2）"为了 + 庆祝 +n1+v2+ 的 +n2"。在这 2 个释义模板中，v2 都是 n2 的施成角色（如"制作"）或功能角色（如"吃、享用"）；n1 表示 n2 出现的时间。如"生日蛋糕"等，相应的释义短语是"（1）生日（时候）制作/吃/享用的蛋糕、（2）为了庆祝生日制作/吃/享用的蛋糕"等。

当语义类模式是"绝对时间 + 事件"时，释义模板是"（在 +）n1+ 发生 + 的 +n2"，其中，n1 表示 n2 发生的时间。如"甲午战争"等，相应的释义短语是"（在）甲午（年）发生的战争"等。

当语义类模式是"相对时间+事件"时,释义模板是"在+n1+v2+的+n2",其中,v2是n2的功能角色,如"举行、举办、进行、发生"等。如"冬季运动"等,相应的释义短语是"在冬季举行/进行的运动"等。

3.1.2 n2是时间类名词

当n2是时间类名词时,名名组合n1+n2表示:n1所指的事物发生(存在)于n2所指的时间。具体的语义解释,又可以根据n1的所指(食物、事件、可视现象、物性),分为下面四种情况:

当语义类模式是"食物+时间"时,释义模板是"v1+n1+的+n2",其中,v1是n1的施成角色(如"制作")或者功能角色(如"吃");n2表示"吃/做"n1的时间。如"晚饭时间"等,相应的释义短语是"吃/做晚饭的时间"等。

当语义类模式是"事件+时间"时,有2个释义模板:(1)"v1+n1+的+n2",其中,v1是n1的施成角色,如"发生";n2表示n1出现/产生的时间;(2)"出现+n1+的+n2"。如"灾害季节"等,相应的释义短语是"(1)发生灾害的季节、(2)出现灾害的季节"等。

当语义类模式是"可视现象+时间"时,释义模板是"n1+出现+的+n2",n2表示n1出现的时间。如"梅雨季节"等,相应的释义短语是"梅雨出现的季节"等。

当语义类模式是"物性+时间"时,释义模板是"n1+v2+的+n2",其中,v2是n2的功能角色,如"经历";n1转指拥有物性n1的实体。如"生命历程"等,相应的释义短语是"生命经历的历程"等。

3.2 跟处所相关的语义类模式及其释义规律

当名词表示跟处所相关的意义时,我们称之为"处所类名词"。为了语义解释规律的抽象性和普适性,我们把表示机构、范围、地表物、建筑物等语义类的名词也看作广义的处所类名词。在《现代汉语语义词典》的分类体系中，"处所类"名词跟"方位类"名词一起隶属于"空间类"名词，我们用"空间"来代表这两类名词的语义类[⑧]。

当 n1+n2 中包含处所类名词时，这种名名组合主要表示：跟 n1 或 n2 所指的事物相关的事件发生（存在）n1 或 n2 所指的处所。具体的语义解释，可以根据处所类名词在 n1+n2 组合中的相对位置，分两种情况来讨论：（1）处所类名词在前（即 n1 是处所类名词）和处所类名词在后（即 n2 是处所类名词）。

3.2.1　n1 是处所类名词

当 n1 是处所类名词时，名名组合 n1+n2 表示：n2 所指的事物位于 n1 所指的处所。具体的语义解释，又可以根据 n2 的所指（过程、事物、空间），分为下面三种情况：

（1）空间类名词 + 过程类名词

这一语义类模式的语义解释是：n2 所指的事件发生在 n1 所指的处所。

比如，当语义类模式是"处所 + 事件"、"空间 + 事件"、"地表物 + 事件"时，有 2 个释义模板：如果 n2 表示的是灾难性事件，释义模板是"在 +n1+ 发生 + 的 +n2"，其中，动词"发生"是 n2 的施成角色，对应的例子分别是"河南矿难"、"校园事件"、"草原火灾"等，相应的释义短语分别是"在河南发生的矿难"、"在校园发生的事件"、"在草原发生的火灾"等；如果 n2 表示的是非灾难性事件，释义模板是"在 +n1+ 召开/举行 + 的 +n2"，其中，动词"召开/举行"是 n2 的施成角色，对应的例子分别是"雅典奥运会"、"校园马拉松"、"草原马拉松"等，相应的释义短语分别是"在雅典召开/举行的奥运会"、"在校园举行的马拉松"、"在草原（上）举行的马拉松"等。

当语义类模式是"天体 + 可视现象"、"空间 + 可视现象"、"处所 + 可视现象"、"处所 + 生理"时，释义模板是"在 +n1+

出现 + 的 + n2"。对应的例子分别是"狮子座流星雨"、"北方暴雨"、"森林大火"、"江苏霍乱"等,相应的释义短语分别是"在狮子座出现的流星雨"、"在北方出现的暴雨"、"在森林出现的大火"、"在江苏出现的霍乱"等。

(2)空间类名词 + 事物类名词

这一语义类模式的语义解释是:n2 所指的事物存在于 n1 所指的处所。

事物类名词分为具体事物类名词和抽象事物类名词两类,它们的差别对 n1 + n2 组合的语义解释有一定的影响。下面分别讨论。

当 n2 是具体事物类名词时,"空间类名词 + 具体事物类名词"这种语义类模式主要表示两种意义:a. n2 所指的事物存在于 n1 所指的处所,b. n2 所指的事物来源于 n1 所指的处所。但也有一些特殊情况,下面分别讨论。

当语义类模式是"处所 + 地表物"、"处所 + 机构"、"处所 + 建筑物"时,释义模板是"位于 + n1 + 的 + n2",n1 表示 n2 存在的处所。对应的例子分别是"印尼火山"、"农村市场"、"文化馆图书室"等,相应的释义短语分别是"位于印尼的火山"、"位于农村的市场"、"位于文化馆的图书室"等。

当语义类模式是"处所 + 创作物"时,有 2 个释义模板:(1)"在 + n1 + v2 的 + n2",v2 是 n2 的施成角色[9],如"生产、拍摄、制作"等;(2)"产自 + n1 + 的 + n2"。n1 表示 n2 的产地。如"中国电影"等,相应的释义短语是"(1)在中国生产/拍摄/制作的电影、(2)产自中国的电影"等。

当语义类模式是"处所 + 化妆品"、"处所 + 排泄物"、"处所 + 食物"、"处所 + 用具"时,释义模板是"产自 + n1 + 的 + n2",n1 表示 n2 的产地。对应的例子分别是"法国香水"、"南海珍珠"、"信阳毛尖"、"景德镇瓷器"等,相应的释义短语分别是"产自法国的香水"、"产自南海的珍珠"、"产自信阳的毛尖"、"产自景德镇的瓷器"等。

当语义类模式是"天体＋建筑物"时，有2个释义模板：（1）"存在于＋n1＋的＋n2"；（2）"在＋n1＋建造＋的＋n2"。n1表示n2存在的处所，当n2是建筑物时，是"建造"使n2的存在变为了现实。如"月球基地"等，相应的释义短语是"（1）存在于月球的基地、（2）在月球建造的基地"等。

当语义类模式是"处所＋职业"、"空间＋职业"时，有3个释义模板，分别是：（1）"来自＋n1＋的＋n2"；（2）"在＋n1＋v2＋的＋n2"，v2是n2的功能角色，如"教书"等；（3）"在＋n1＋工作＋的＋n2"。n1既可以表示n2的来源地，也可以表示n2工作的处所。对应的例子分别是"上海工人"、"中学教师"等，相应的释义短语分别是"（1）来自上海的工人、（2）在上海上班的工人、（3）在上海工作的工人"、"（1）来自中学的教师、（2）在中学教书的教师、（3）在中学工作的教师"等。

当语义类模式是"机构＋职业"时，有2个释义模板：（1）"在＋n1＋v2＋的＋n2"，v2是n2的功能角色，如"任职"、"表演"等；（2）"服务于＋n1＋的＋n2"。如"马戏团演员"等，相应的释义短语是"（1）在马戏团表演的演员、（2）服务于马戏团的演员"等。

当n2是抽象事物类名词时，"空间类名词＋抽象事物类名词"这种语义类模式基本上也表示：n2所指的事物存在于n1所指的处所。但是，往往需要更加精细化的表达（释义动词或短语）来具体指明n2所指的事物怎样具体地存在于n1所指的处所。下面具体讨论。

当n1的语义类是"处所"，n2的语义类是"抽象事物"时，释义模板是"通过＋n1＋v2＋的＋n2"，其中v2是n2的功能角色，且通常是述宾结构，如"提供服务"等。如"窗口行业[⑩]"等，相应的释义短语是"通过窗口提供服务的行业"等。

值得注意的是，当n2为量化属性类名词时，如果n2是跟"价格"有关的量化属性（如"价格"、"差价"等）时，比较特殊。此时

n2 自身蕴含了一个"买/卖/销售商品"的事件，n2 表示商品的量化属性。因此，当 n2 是跟"价格"相关的量化属性时，如果 n1 是"处所"类名词，那么 n1＋n2 这个名名组合既可以表示 n1 的属性，又可以表示 n1 是从事某项活动的场所、n2 是活动中某项事物的属性，这时的释义模板有 2 个：（1）"买/卖/销售＋n1＋的＋n2"；（2）"在＋n1＋买/卖/销售＋商品＋的＋n2"，例如"商场价格"；如果 n1 不是"处所"类名词，那么释义模板为"买/卖/销售＋n1＋的＋n2"，例如"水果价格"。

（3）空间类名词＋空间类名词

这一语义类模式的语义解释大致是：n2 所指的空间存在于 n1 所指的空间。

空间类名词下有处所类和方位类两种名词，相应的语义类模式有如下四种：

当语义类模式是"处所＋方位"时，释义模板是"n1＋的＋n2"[11]。比如"城市北边"[12]等，相应的释义短语是"城市的北边"等。

当语义类模式是"处所＋处所"、"方位＋方位"、"方位＋处所"时，有 2 个释义模板：（1）"位于＋n1＋的＋n2"；（2）"n1＋的＋n2"。对应的例子分别是"浙江无人岛"[13]、"北边安全角"、"西部地区"等，相应的释义短语分别是"（1）位于浙江的无人岛、（2）浙江的无人岛"、"（1）位于北边的安全角、（2）北边的安全角"、"（1）位于西部的地区、（2）西部的地区"等。

3.2.2　n2 是处所类名词

当 n2 是处所类名词时，n2 表示从事某项活动或做某件事的处所，而 n1 表示跟该活动或该事件相关的参与者。这种名名组合表示：n1 所指的事物在 n2 所指的处所从事某项活动或做某件事。"从事某项活动或做某件事"的具体意义，要根据 n2 的物性角色来确定。

比如，当语义类模式是"职业＋建筑物"、"人＋空间"时，释义模板是"n1＋v2＋的＋n2"，v2 是 n2 的功能角色，如"居住"、"坐"等。对应的例子分别是"白领公寓"、"孕妇坐席"等，相应的释义短语分别是"白领居住的公寓"、"孕妇(专)坐的坐席"等。

当语义类模式是"身份+处所"、"人工物+处所"时,有2个释义模板:(1)"n1+v2+的+n2";(2)"v2+n1+的+n2"。v2是n2的功能角色,如"吃饭"、"买、卖、介绍"、"运行"等;处所是发生某种特定活动或事件的场所,n1是事件的参与者,既可以是事件中的施事,也可以是事件中的受事;当它为施事时,用第一个释义模板;当它为受事时,用第二个释义模板。对应的例子分别是"学生食堂"、"人才市场"、"卫星轨道"、"旧货市场"⑭等,相应的释义短语分别是"学生吃饭的食堂"、"介绍人才的市场"、"卫星运行的轨道"、"买/卖旧货的市场"等。

当语义类模式是"个人+机构"时,有2个释义模板:(1)"由+n1+v2+的+n2";(2)"给+n1+v2+的+n2"。第一个模板中v2是n2的施成角色,如"举办"、"开设"等;第二个模板中v2是n2的功能角色,如"裁定"、"买书"等。如"少年法庭"、"儿童书店"等,相应的释义短语是"(1)由少年开设的法庭、(2)给少年裁定的法庭"、"(1)由儿童开设的书店、(2)给儿童买书的书店"等。

当语义类模式是"职业+机构"时,释义模板是"供+n1+v2+的+n2",其中,v2是n2的功能角色,如"读书"、"上学"。如"民工学校"等,相应的释义短语是"供民工读书/上学的学校"等。

当语义类模式是"人+处所"、"材料+处所"、"领域+处所"时,释义模板是"v2+n1+的+n2",其中,v2是n2的功能角色,如"买、卖、交易"、"生产"、"加工"等。对应的例子分别是"劳动力市场"、"黄金市场"、"金融市场"等,相应的释义短语分别是"买/卖劳动力的市场"、"买/卖黄金的市场"、"交易金融的市场"等。

3.3 跟施事与受事相关的语义类模式及其释义规律

相当多的名名组合 n1+n2，其中的 n1 和 n2 分别是其所隐含的释义动词 v 的广义的施事和受事；也就是说，n1+v+n2 是一个述谓结构（predication），表示：n1 所指的事物制作或使用 n2 所指的事物。至于 n1+n2 的语义解释，则根据 n1 和 n2 充当施事还是受事，分成两种情况：（1）n1 充当施事、n2 充当受事，n1+n2 表示：n1 所指的事物所制作或使用的 n2 所指的事物，如"教委 [发布的] 文件、刘翔 [使用的] 新技术"；（2）n1 充当受事、n2 充当施事，n1+n2 表示：制作或使用 n1 所指的事物的 n2 所指的事物，如"[生产] 药品 [的] 公司、[坐] 板凳 [的] 队员（＝替补队员）"。从陈述形式 n1+v+n2 名词化为指称形式 n1+n2 这种转换的角度看，（1）这种 n1[施事]+n2[受事] 形式是提取 n2[受事] 作中心语，让 n1[施事] 作限制性定语；（2）这种 n1[受事]+n2[施事] 形式是提取 n2[施事] 作中心语，让 n1[受事] 作限制性定语。下面分别讨论。

3.3.1 n1+n2 是广义的施事＋受事

在 n1[施事]+n2[受事] 这类组合中，n1 大都是指人名词，如"个人"、"机构"、"团体"、"职业"、"身份"等语义类，n1 和 n2 之间具有制作和使用两种及物性关系。具体情况如下：

当语义类模式是"机构＋创作物"时，释义模板是"n1＋发布＋的＋n2"，其中，"发布"是 n2 的施成角色。如"教委文件"等，相应的释义短语是"教委发布的文件"等。

当语义类模式是"机构＋抽象事物"时，有 3 个释义模板：（1）"n1＋v2＋的＋n2"，其中，v2 是 n2 的施成角色，如"创造"、"设计"等；（2）"n1＋拥有＋的＋n2"；（3）"供＋n1＋使用＋的＋n2"。如"央视新台标"等，相应的释义短语是"（1）央视设计的新台标、（2）央视拥有的新台标、（3）供央视使用的新台标"等。

当语义类模式是"人名 + 抽象事物"时，释义模板是"n1+设立 + 的 +n2"，其中，n2 多为"……奖"一类名词。如"诺贝尔文学奖"等，相应的释义短语是"诺贝尔设立的文学奖"等。

当语义类模式是"人名 + 过程"、"人名 + 衣物"时，释义模板是"n1+v2+ 的 +n2"，其中，v2 是 n2 的功能角色，如"使用"、"穿"等。对应的例子分别是"刘翔新技术"、"王菲浴袍装"等，相应的释义短语分别是"刘翔使用的新技术"、"王菲穿的浴袍装"等。

当语义类模式是"身份 + 机构"、"身份 + 人工物"、"职业 + 创作物"时，释义模板是"n1+v2+ 的 +n2"，其中，v2 是 n2 的施成角色，如"创办"、"缴纳"、"写"等。对应的例子分别是"私人电视台"、"高收入者个税"、"公务员遗书"等，相应的释义短语分别是"私人创办的电视台"、"高收入者缴纳的个税"、"公务员写的遗书"等。

当语义类模式是"人名 + 事件"[15]、"人名 + 创作物"、"身份 + 创作物"时，有 2 个释义模板：（1）"n1+v2+ 的 +n2"，其中，v2 是 n2 的施成角色，如"发明、表演"、"发表"、"写"等；（2）"关于 +n1+ 的 +n2"。对应的例子分别是"刘谦新魔术"、"鲁尼声明"、"狂人日记"等，相应的释义短语分别是"（1）刘谦发明/表演的新魔术、（2）关于刘谦的新魔术"、"（1）鲁尼发表的声明、（2）关于鲁尼的声明"、"（1）狂人写的日记、（2）关于狂人的日记"等。

当语义类模式是"身份 + 用具"时，有 2 个释义模板：（1）"n1+v2+ 的 +n2"，其中，v2 是 n2 的施成角色（如"制作"等）或功能角色（如"乘坐"等）；（2）"供 +n1+v2+ 的 +n2"，其中，v2 是 n2 的功能角色（如"乘坐"等）。如"总统专机"等，相应的释义短语是"（1）总统制作/乘坐的专机、（2）供总统乘坐的专机"等。

3.3.2　n1+n2 是广义的受事 + 施事

n1[受事]+n2[施事] 这种组合，可以根据 n2[施事] 是有生物名词还是无生物名词，分为两类：（1）当 n2 是有生物名词时，通常是指人名词，n2 的语义类一般是"身份"、"职业"、"团体"、"机构"等，并且 n2 和 n1 之间具有使用（功能角色）和制作（施成角色）两种关系；（2）当 n2 是无生物时，通常是器具类名词，n2 和 n1 之间通常是使用关系（功能角色）。

比如，当语义类模式是"药 + 动物"时，有 2 个释义模板：（1）"喂了 + n1 + 的 + n2"；（2）"吃了 + n1 + 的 + n2"，其中，动物包括兽、鸟、鱼、昆虫、爬行动物等语义类。如"瘦肉精羊"等，相应的释义短语是"（1）喂了瘦肉精的羊、（2）吃了瘦肉精的羊"等。

当语义类模式是"创作物 + 个人"、"创作物 + 身份"、"创作物 + 职业"时，释义模板是"v1 + n1 + 的 + n2"，其中，v1 是 n1 的施成角色，如"说"、"拍摄"、"表演"等。对应的例子分别是"狂言小子"、"电影艺术家"、"京剧演员"等，相应的释义短语分别是"说狂言的小子"、"拍摄电影的艺术家"、"表演京剧的演员"等。

当语义类模式是"食物 + 身份"、"交通工具 + 关系"时，释义模板是"v1 + n1 + 的 + n2"，其中，v1 是 n1 的施成角色（如"制作"等）或功能角色（如"吃"、"骑"等）。对应的例子分别是"维生素小姐"、"摩托妈妈"等，相应的释义短语分别是"制作/吃维生素的小姐"、"制作/修/骑/坐摩托的妈妈"等。

当语义类模式是"食物 + 机构"、"用具 + 机构"、"领域 + 机构"、"领域 + 关系"、"群体 + 身份"时，释义模板是"v2 + n1 + 的 + n2"，v2 是 n2 的功能角色，如"生产"、"教授"、"管理"、"领导"等。对应的例子分别是"粮食企业"、"电脑学校"、"农业部门"、"语文老师"、"工人领袖"等，相应的释义短语分别是"生产粮食的企业"、"教授电脑的学校"、"管理农业的部门"、"教授语文的老师"、"领导工人的领袖"等。

当语义类模式是"用具 + 个人"时，有歧义：有的表示受事 +

施事的含义,这时释义模板是"v1+n1+的+n2",其中 v1 是 n1 的施成角色(如"生产、制作"等)或者功能角色(如"下"等),如"围棋高手"等,相应的释义短语是"生产/制作/下围棋的高手";有的表示手段+结果的含义,此时释义模板是"在+n1+v2+的+n2",v2 是 n2 的施成角色(如"孕育"等),如"试管婴儿"等,相应的释义短语是"在试管孕育的婴儿"等。

当语义类模式是"人群+职业"、"职业+身份"时,有 2 个释义模板:(1)"v2+n1+的+n2",其中,v2 是 n2 的功能角色,如"保护"、"管理"等;(2)"身份+是+n1+的+n2"。对应的例子分别是"人民警察"、"巡警队长"等,相应的释义短语分别是"(1)保护人民的警察、(2)身份是人民的警察"、"(1)管理巡警的队长、(2)身份是巡警的队长"等。

当语义类模式是"材料+电器"时,释义模板是"v1+n1+的+n2",其中,v1 是 n1 的功能角色,如"烧"等。如"燃气热水器"等,相应的释义短语是"烧燃气的热水器"等。

当语义类模式是"植物+用具"时,有歧义:一种是材料+成品关系,这时的释义短语是"(用+)n1+v1+的+n2",其中,v1 是 n1 的施成角色(如"制作"等),如"红木家具"等,相应的释义短语是"红木制作的家具"等;另一种是对象+工具的关系,此时的释义模板是"v2+n1+的+n2",其中,v2 是 n2 的功能角色(如"夹"等),如"核桃夹子"等,相应的释义短语是"夹核桃的夹子"等。

3.4 跟材料与结果相关的语义类模式及其释义规律

为数不少的名名组合 n1+n2,其中的 n1 和 n2 分别是其所隐含的释义动词 v 的广义的材料和结果。至于 n1+n2 的语义解释,则根据 n1 和 n2 充当材料还是结果,分成两种情况:(1)n1 充当材料、n2 充当结果,n1+n2 表示:用 n1 所指的事物所制作或生产的

n2 所指的事物，如"[用]奶油[制作的]蛋糕、[用]水泥[浇筑的]地面"；（2）n1 充当成品、n2 充当材料，n1+n2 表示：制作或生产 n1 所指的事物所用的 n2 所指的事物，如"[生产]药品[用的]原料、[制作]飞机[用的]钢材"。从陈述形式 n1+v+n2 名词化为指称形式 n1+n2 这种转换的角度看，（1）这种 n1[材料]+n2[结果]形式是提取 n2[结果]做中心语，让 n1[材料]做限制性定语；（2）这种 n1[结果]+n2[材料]形式是提取 n2[材料]作中心语，让 n1[结果]作限制性定语。下面分别讨论。

3.4.1　n1+n2 是广义的材料+结果

在这种名名组合中，n1 表示制作成品 n2 的材料。n1 既可以表示主要材料，如"玻璃橱窗"；也可以表示次要材料，如"拉链外套"；有时无法判定 n1 是主要材料还是次要材料，如"奶油蛋糕"等。这种组合的释义模板主要是"用+n1+v2+的+n2（v2 是 n2 的施成角色，如"制作、打造"等）"、"用+n1+制作+的+n2"、"包含+n1+的+n2"，它们能充分体现出材料跟成品之间的构成关系。当然，个别组合可能有多种语义解释。具体情况如下：

当语义类模式是"抽象事物+材料"、"用具+衣物"、"自然物+用具"时，释义模板是"包含+n1+的+n2"。对应的例子分别是"营养盐"、"拉链外套"、"钻石戒指"等，相应的释义短语分别是"包含营养的盐"、"包含拉链的外套"、"包含钻石的戒指"等。

当语义类模式是"食物+食物"、"文具+食物"时，有 3 个释义模板，分别是：（1）"用+n1+v2+的+n2"，其中，v2 是 n2 的施成角色，如"烘烤"、"调作"等；（2）"用+n1+制作+的+n2"，这是一种通用性的释义模板；（3）"包含+n1+的+n2"。对应的例子分别是"奶油蛋糕"、"墨汁粉条"等，相应的释义短语分别是"（1）用奶油烘烤的蛋糕、（2）用奶油制作的蛋糕、（3）包含奶油的蛋糕"、"（1）用墨汁调制的粉条、（2）用墨汁制作的粉条、（3）包含墨汁的粉条"等。

当语义类模式是"材料＋用具"、"植物＋用具"时，有2个释义模板：（1）"用＋n1＋v2＋的＋n2"，其中，v2是n2的施成角色，如"打造"等；（2）"用＋n1＋制作＋的＋n2"。对应的例子分别是"玻璃器皿"、"柳木拐杖"等，相应的释义短语分别是"（1）用玻璃打造的器皿、（2）用玻璃制作的器皿"、"（1）用柳木打造的拐杖、（2）用柳木制作的拐杖"等。这两种语义类模式有歧义，因为用具有一定的作用对象，所以充当n1的材料、植物类名词除了可以表示制作n2的材料（如"玻璃器皿"、"柳木拐杖"）外，还可以表示n2作用的对象，如"原油管道"、"胡桃夹子"等。

3.4.2 n1+n2 是广义的结果＋材料

这种名名组合数量不多，表示制作出成品所需要的材料。当语义类模式是"建筑物＋材料"、"食物＋药物"时，释义模板是"v1＋n1＋用＋的＋n2"，其中，v1是n1的施成角色，如"修建"、"制作"等。对应的例子分别是"建筑钢材"、"食品添加剂"等，相应的释义短语分别是"修建建筑用的钢材"、"制作食品用的添加剂"等。

3.5 跟领属关系相关的语义类模式及其释义规律

相当多的名名组合 n1＋n2 表示领属关系，比如"公务员工资、产权主体"；其中的 n1 和 n2 分别是属主（possessor）和属物（possessed）。也可以假设 n1 和 n2 分别是隐含的释义动词 v 的广义的属主和属物；也就是说，n1＋v＋n2 是一个述谓结构，表示：n1 所指的事物拥有 n2 所指的事物。至于 n1＋n2 的语义解释，则根据 n1 和 n2 充当属主还是属物，分成两种情况：（1）n1 充当属主、n2 充当属物，n1＋n2 表示：n1 所指的事物所制作或拥有的 n2 所指的事物，如"企业[创造的]效益、群体[拥有的]优势"；（2）n1 充当属物、n2 充当属主，n1＋n2 表示：包含或拥有 n1 所指的事物的 n2 所指的事物，如"[包含]花园[的]洋房、[具有]可行性[的]报告"。从陈述形式 n1+v+n2 名词化为指称形式 n1+n2 这种转换的角度看，（1）这种 n1[属主]+n2[属物]形式是提取 n2[属物]做中心语，让 n1[属主]做限制性定语；（2）这种 n1[属物]+n2[属主]形式是提取 n2[属主]作中心语，让 n1[属物]作限制性定语。下面分别讨论。

3.5.1 n1+n2 是广义的属主 + 属物

根据这种名名组合的 n1 和 n2 之间具体的领属关系，可以分为 5 个小类：（1）整体 + 部件；（2）受益者 + 受益物；（3）主体 + 特征/属性；（4）大机构 + 小机构；（5）领有者 + 领有物。

（1）整体 + 部件

这种名名组合的语义解释是：n2 所指的事物构成 n1 所指的事物的一个部分。

比如，当语义类模式是"人 + 人群"⑯、"抽象事物 + 构件"时，释义模板是"构成 +n1+ 的 +n2"。对应的例子分别是"机组人员"、"营养成分"等，相应的释义短语分别是"构成机组的人员"、"构成营养的成分"等。

当语义类模式是"事件 + 事件"时，释义模板是"n1+ 的 + n2"，其中，n2 是 n1 的子事件。如"欧冠半决赛"等，相应的释义短语是"欧冠的半决赛"等。

（2）受益者 + 受益物

这种名名组合的 n2 通常是"效益、工资、月薪、收入"等含有"获得"义的名词，整个名名组合的语义解释是：n1 所指的事物所获得的 n2 所指的事物。

当语义类模式是"机构 + 抽象事物"、"人物 + 人工物"、"身份 + 人工物"、"职业 + 抽象事物"时，释义模板是"n1+v2+ 的 +n2"，其中，v2 是 n2 的施成角色，如"创造"、"获得"等。对应的例子分别是"企业效益"、"居民收入"、"农民工月薪"、"公务员工资"等，相应的释义短语分别是"企业创造的效益"、"居民获得的收入"、"农民工获得的月薪"、"公务员获得的工资"等。因为这些具有"获得"义的名词很多被放在"抽象事物"类之下，而"抽象事物"这类又包含很多没有"获得"义的名词，因此上述"机构＋抽象事物"、"职业＋抽象事物"语义类模式有歧义。

（3）主体＋特征/属性

这种名名组合的 n2 通常是有价名词，表示事性、物性、人性、模糊属性、量化属性等。当 n2 为人性类名词时，n1 通常是指人名词；当 n2 为物性类名词时，n1 通常是事物类名词；当 n2 是事性、模糊属性、量化属性类名词时，n1 既可以是指人名词、也可以是指物名词。整个名名组合的语义解释是：n1 所指的事物所拥有的 n2 所指的事物。

当语义类模式是"抽象事物＋事性"、"意识＋量化属性"、"量化属性＋物性"时，释义模板是"n1+v2+ 的 +n2"，其中，v2 是 n2 的施成角色，如"达到"。也可以直接用释义模板"n1+达到＋的＋n2"。对应的例子分别是"技术水平"、"理论深度"、"煤价新高"等，相应的释义短语分别是"技术达到的水平"、"理论达到的深度"、"煤价达到的新高"等。

当语义类模式是"食物＋量化属性"、"用具＋量化属性"、"自然物＋量化属性"时，释义模板是"v2+n1+ 的 +n2"，其中，v2 是 n2 的施成角色，如"买、卖"等。对应的例子分别是"食品价格"、"设备价格"、"石油价格"等，相应的释义短语分别是"买/卖食品的价格"、"买/卖设备的价格"、"买/卖石油的价格"等。

（4）大机构＋小机构

目前我们只搜集到一种语义类模式："机构＋机构"，相应的释义模板是"隶属于＋n1+ 的 +n2"，其中 n1 表示大机构、n2 表示小机构，例如"北大中文系"等。

（5）领有者＋领有物

无法归入以上各类的"属主＋属物"类名名组合，我们都放在该类中。这种名名组合的语义解释大致是：n1 所指的事物所拥有的 n2 所指的事物。

当语义类模式是"人名 + 关系"、"人名 + 情感"时，释义模板是"n1+ 所有 + 的 +n2"。对应的例子分别是"汪峰女儿"、"梁咏琪恋情"等，相应的释义短语分别是"汪峰所有的女儿"、"梁咏琪所有的恋情"等。

当语义类模式是"自然物 + 自然物"时，释义模板是"n1+v2+ 的 +n2"，其中，v2 是 n2 的施成角色，如"发出"等；v2 造成了领属关系。如"夕阳余晖"等，相应的释义短语是"夕阳发出的余晖"等。

3.5.2　n1+n2 是广义的属物 + 属主

根据这种名名组合的 n1 和 n2 之间具体的领属关系，可以分为 3 个小类：（1）部件 + 整体；（2）领有物 + 领有者；（3）属性/特征 + 主体。

（1）部件 + 整体

这种名名组合的语义解释是：由 n1 所指的事物所构成的 n2 所指的事物。其中，n1 是 n2 的部分或部件，两者之间的领属关系源于它们之间的组成关系。

当语义类模式是"用具 + 人工物"、"职业 + 人群"、"职业 + 团体"时，释义模板是"由 +n1+ 构成 + 的 +n2"。对应的例子分别是"电脑网络"、"工人阶级"、"义工组织"等，相应的释义短语分别是"由电脑构成的网络"、"由工人构成的阶级"、"由义工构成的组织"等。

当语义类模式是"人工物 + 人工物"时，释义模板是"由 + n1+ 构成 + 的 +n2"。如"电子产品"等，相应的释义短语是"由电子构成的产品"等。这种语义类模式有歧义，还可以表示"通过 + n1+ 获得 + 的 +n2"（如"税费收入"等，相应的释义短语是"通过税费获得的收入"等）和"作为 +n1+ 的 +n2"（如"样板工程"等，相应的释义短语是"作为样板的工程"等）。

（2）领有物 + 领有者

这种名名组合的 n1 都是由抽象事物类名词来充当的，整个名名组合的语义解释是：n1 所指的事物所拥有或承担的 n2 所指的事物。

当语义类模式是"抽象事物 + 抽象事物"时，释义模板是"拥有 +n1+ 的 +n2"。如"产权主体"等，相应的释义短语是"拥有产权的主体"等。

当语义类模式是"抽象事物 + 职业"时，释义模板是"v1+n1+ 的 +n2"，其中，v1 是 n1 的功能角色，如"承担"等。如"责任编辑"等，相应的释义短语是"承担责任的编辑"等。

（3）属性/特征 + 主体

这种名名组合的 n1 以属性类名词为主，表示 n2 的某种特征或者属性；整个名名组合的语义解释是：具有 n1 所指的事物的 n2 所指的事物。

当语义类模式是"颜色 + 事件"、"抽象事物 + 抽象事物"、"模糊属性 + 生理"、"颜色 + 用具"、"抽象事物 + 机构"、"身份 + 领域"时，释义模板是"是 +n1+ 的 +n2"。对应的例子分别是"灰色腐败"、"红色政权"、"阴性艾滋病"、"绿色书包"[17]、"重点学校"、"支柱产业"等，相应的释义短语分别是"是灰色的腐败"、"是红色的政权"（这里的"红色"并非指颜色，而是发生了转喻[18]，可以说是一个专有名词了）、"是阴性的艾滋病"、"是绿色的书包"、"是重点的学校"、"是支柱的产业"等。

当语义类模式是"法规 + 机构"、"属性 + 时间"时，释义模板是"(性质 +) 是 +n1+ 的 +n2"。对应的例子分别是"股份制企业"、"低谷时期"等，相应的释义短语分别是"（性质）是股份制的企业"、"（性质）是低谷的时期"等。

当语义类模式是"领域 + 事件"、"物性 + 抽象事物"、"物性 + 人工物"时，释义模板是"是 +n1+(性 +) 的 +n2"。对应的例子分别是"历史机遇"、"基础项目"、"基础设施"等，相应的释义短语分别是"是历史（性）的机遇"、"是基础（性）的项目"、"是基础（性）的设施"等。

当语义类模式是"模糊属性 + 抽象事物"、"模糊属性 + 机构"、"人性 + 身份"、"物性 + 创作物"时,释义模板是"具有 + n1 + 的 + n2"。对应的例子分别是"优势项目"、"优势企业"、"高个子男孩"、"可行性报告"等,相应的释义短语分别是"具有优势的项目"、"具有优势的企业"、"具有高个子的男孩"、"具有可行性的报告"等。

3.6 跟内容关系相关的语义类模式及其释义规律

相当多的名名组合 n1 + n2 表示内容关系,比如"战争故事、禽流感疫情";其中的 n2 是内容义名词[19],表示一种属性范围,n1 表示这种属性范围的具体内容或方面,两者之间相当于是一种"容物 + 容器"的概念关系。据此,可以说 n1 的语义角色是容物(content),n2 的语义角色是容器(container);整个名名组合表示:关于或涉及 n1 所指的事物的 n2 所指的事物。并且,n2 一般是有价名词,隐含了一个降级述谓结构[20]。比如,"故事"的意思是:描写某人/某事的情节,其中的降级谓词"描写"正好也是名词"故事"的功能角色。因此,可以利用这种充当 n2 的功能角色的降级谓词作为释义动词,形成比较精细的释义模板:"v2 + n1 + 的 + n2"(v2 是 n2 的功能角色)。这样,"战争故事"的释义就是:描写战争的故事。当然,我们也不能放过利用 n1 和 n2 的其他物性角色作为释义动词。另外,当 n1 和 n2 的物性角色无法确定或无法获得时,可以用另外两个一般性的释义模板:"内容是 + n1 + 的 + n2"和"关于 + n1 + 的 + n2/跟 + n1 + 相关 + 的 + n2"。

在我们搜集的实例中,居于 n2 位置的内容义名词,在《现代汉语语义词典》里对应的语义类分别是:抽象事物(如"常识")、领域(如"领域")、创作物(如"电影")、意识(如"手段")、模糊属性(如"规律")、事件(如"疫情")、物性(如"手法")、信息(如"数据")、法规(如"通则")。但是,跟 n2 相配的名词 n1 的语义类则极为散漫和广泛。

下面，根据有无释义动词、释义动词是 n1 还是 n2 的物性角色，分别讨论。

3.6.1 以 n1 的施成角色作为释义动词

下面的 n1+n2 实例，至少有一种语义解释可以利用 n1 的施成角色作为释义动词。

当语义类模式是"职业 + 抽象事物"时，释义模板是"v1+n1+的+n2"，其中，v1 是 n1 的施成角色，如"当、做"等。如"教师资格"等，相应的释义短语是"当/做教师的资格"等。其实，"当、做"等释义动词也可以看作是 n2"资格"的功能角色；因为"资格"的意思是：从事某种活动所应具备的条件、身份等，其中隐含了"当、做"等谓词。

3.6.2 以 n1 的功能角色作为释义动词

下面的 n1+n2 实例，至少有一种语义解释可以利用 n1 的功能角色作为释义动词。

当语义类模式是"食物 + 事件"时，有 3 个释义模板：（1）"v1+n1+的+n2"，其中，v1 是 n1 的功能角色，如"吃"等；（2）"n1+引起+的+n2"；（3）"关于+n1+的+n2"。这三个释义模板对名名组合解释的程度不同，它们对语义充盈（Semantic Enrichment）的贡献由多到少：模板（1）通过补充 n1 的功能角色，能够让我们了解到事件的具体内容；模板（2）只能让我们知道事件是由 n1 引起的，但具体是如何引起的则无法确切地知道；模板（3）只能让我们知道事件跟 n1 相关，但具体是如何相关的则无法得知。如"兴奋剂事件"等，相应的释义短语是"（1）吃兴奋剂的事件、（2）兴奋剂引起的事件、（3）关于兴奋剂的事件"等。

3.6.3 以 n2 的施成角色作为释义动词

下面的 n1+n2 实例，至少有一种语义解释可以利用 n2 的施成角色作为释义动词。

当语义类模式是"意识 + 抽象事物"时，有 2 个释义模板:（1）"关于+n1+的+n2";(2)"n1方面+出现+的+n2"。如"心理障碍"等,相应的释义短语是"(1)关于心理的障碍、(2)心理方面出现的障碍"等。

当语义类模式是"身份+抽象事物"时,有2个释义模板:(1)"关于+n1+的+n2";(2)"具有+n1+这种性质+的+n2"。如"骨干项目"等,相应的释义短语是"(1)关于骨干的项目、(2)具有骨干这种性质的项目"等。

3.6.4 以n2的功能角色作为释义动词

下面的n1+n2实例,至少有一种语义解释可以利用n2的功能角色作为释义动词。

当语义类模式是"信息+创作物"时,有2个释义模板:(1)"v2+n1+的+n2",其中,v2是n2的功能角色,如"报道"等;(2)"内容+是+n1+的+n2"。如"新闻报纸"等,相应的释义短语是"(1)报道新闻的报纸、(2)内容是新闻的报纸"等。

当语义类模式是"领域+物性"、"领域+意识"、"事件+抽象事物"时,释义模板是"在+n1+方面+使用+的+n2"。对应的例子分别是"艺术手法"、"经济手段"、"军事技术"等,相应的释义短语分别是"在艺术方面使用的手法"、"在经济方面使用的手段"、"在军事方面使用的技术"等。

当语义类模式是"事件+法规"时,释义模板是"n1+(中+)使用+的+n2"。如"劳动纪律"等,相应的释义短语是"劳动(中)使用的纪律"等。

当语义类模式是"量化属性+抽象事物"时,有2个释义模板:(1)"关于+n1+的+n2";(2)"n1+分布+的+n2"。如"年龄层次"等,相应的释义短语是"(1)关于年龄的层次、(2)年龄分布的层次"等。

3.6.5 不能以n1和n2的物性角色作为释义动词

下面的n1+n2实例,没有一种语义解释可以利用n1和n2的物性角色作为释义动词,只能用一般性的释义模板。

当语义类模式是"领域 + 信息"时，有 2 个释义模板：（1）"关于 +n1+ 的 +n2"；（2）"n1+ 方面 + 的 +n2"。如"经济数据"等，相应的释义短语是"（1）关于经济的数据、（2）经济方面的数据"等。

当语义类模式是"领域 + 领域"时，有 2 个释义模板，分别是：（1）"关于 +n1+ 的 +n2"；（2）"跟 +n1+ 相关 + 的 +n2"。其中，n2 表示的领域一定比 n1 更抽象、更泛化。如"金融领域"等，相应的释义短语是"（1）关于金融的领域、（2）跟金融相关的领域"等。

当语义类模式是"信息 + 事件"、"颜色 + 创作物"[21]时，有 2 个释义模板：（1）"内容 + 是 +n1+ 的 +n2"；（2）"关于 +n1+ 的 +n2"。对应的例子分别是"新闻事件"、"黄色小说"等，相应的释义短语分别是"（1）内容是新闻的事件、（2）关于新闻的事件"、"（1）内容是黄色的小说、（2）关于黄色的小说"等。

当语义类模式是"处所 + 创作物"时，有 2 个释义模板：（1）"关于 +n1+ 的 +n2"；（2）"以 +n1+ 为题材/内容 + 的 +n2"。其中，n1 既可以表示内容，也可以表示 n2 的产地；当为后者时，释义模板是"在 +n1+ v2+ 的 +n2"（v2 是 n2 的施成角色，如"拍摄"等）。如"中国电影"等，相应的释义短语是"（1）关于中国的电影、（2）以中国为题材/内容的电影"等。

3.7 其他类型的语义类模式及其释义规律

我们把无法归入以上六类进行语义解释的名名组合都放到这一类中。下面，根据这些名名组合所表达的意义，粗略地分为八个小类进行讨论。

3.7.1 跟领域相关的语义类模式及其释义模板

这种名名组合的 n1 或 n2 是领域类名词，当 n1 是领域类名词、n2 是指人名词或事件名词时，n1 往往表示 n2 所从事的社会活动领域。下面具体讨论：

当语义类模式是"领域＋关系"时，释义模板是"v1/v2＋n1＋的＋n2"，其中，v1是n1的功能角色，如"跳"等；v2是n2的功能角色，如"教"等，n1表示n2从事的领域。如"体操奶奶"、"语文老师"等，相应的释义短语是"跳体操的奶奶"、"教语文的老师"等。

当语义类模式是"领域＋人群"、"领域＋身份"、"领域＋团体"、"领域＋抽象事物"时，有2个释义模板：（1）"v2＋n1＋的＋n2"，其中，v2是n2的功能角色，如"管理"、"研究"等；（2）"从事＋n1＋的＋n2"。n1表示n2从事的领域。对应的例子分别是"财会人员"、"语法专家"、"贸易公司"、"化工行业"等，相应的释义短语分别是"（1）管理财会的人员、（2）从事财会的人员"、"（1）研究语法的专家、（2）从事语法的专家"、"（1）经营贸易的公司、（2）从事贸易的公司"、"（1）经营化工的行业、（2）从事化工的行业"等。

当语义类模式是"领域＋创作物"时，有2个释义模板：（1）"关于＋n1＋的＋n2"；（2）"v2＋n1＋的＋n2"，其中，v2是n2的功能角色，如"报道"等。如"房地产新闻"等，相应的释义短语是"（1）关于房地产的新闻、（2）报道房地产的新闻"等。

当语义类模式是"人工物＋领域"时，释义模板是"生产＋n1＋的＋n2"。如"医药工业"等，相应的释义短语是"生产医药的工业"等。

有些名名组合，其n1虽然不是领域类名词，但如果n2是指人名词，那么n1仍然表示n2从事的领域；如果n2是指物名词，那么n1表示使用n2的领域。我们把这些语义类模式也放在这里讨论。具体情况如下所示：

当语义类模式是"抽象事物＋人群"、"抽象事物＋团体"、"创作物＋机构"、"事件＋人群"、"事件＋团体"时，释义模板是"从事＋n1＋的＋n2"。对应的例子分别是"技术人员"、"学术组织"、"书法协会"、"交易人员"、"投资公司"等，相应的释义短语分别是"从事技术的人员"、"从事学术的组织"、"从事书法的协会"、"从事交易的人员"、"从事投资的公司"等。

3.7.2　跟事件相关的语义类模式及其释义模板

这种名名组合的 n1 或 n2 是事件类名词，一般表示发生了跟 n1（或 n2）相关的某种事件。下面具体讨论：

当语义类模式是"人群＋事件"时，释义模板是"n1＋v2＋的＋n2"，其中，v2 是 n2 的施成角色，如"进行/举办"等。如"小组预赛"等，相应的释义短语是"小组进行/举办的预赛"等。

当语义类模式是"身份＋事件"时，有 2 个释义模板：（1）"n1＋v2＋的＋n2"，其中，v2 是 n2 的施成角色，如"发动"等；（2）"n1＋举行/组织＋的＋n2"。如"学生运动"等，相应的释义短语是"(1)学生发动的运动、(2)学生举行/组织的运动"等。

当语义类模式是"团体＋事件"时，释义模板是"n1（之中）＋v2＋的＋n2"，其中，v2 是 n2 的施成角色，如"发生"等。如"家庭暴力"等，相应的释义短语是"家庭（之中）发生的暴力"等。

当语义类模式是"用具＋事件"时，有歧义，对应 2 个释义模板：（1）"（通过＋）n1＋进行＋的＋n2"，表示 n1 是进行 n2 的工具，如"银弹外交"等，相应的释义短语是"（通过）银弹进行的外交"等。（2）"n1＋发生＋n2"，表示 n1 发生了事件 n2，并且 n2 通常都是非自主性事件，如"海缆故障"等，相应的释义短语是"海缆发生的故障"等。

当语义类模式是"抽象事物＋事件"[22]、"事件＋创作物"[23]、"事件＋人"[24]时，释义模板是"n1＋出现＋的＋n2"、"对于＋n1＋的＋n2"、"出现在＋n1＋的＋n2"。对应的例子分别是"能源危机"、"春晚民调"、"春晚笑脸哥"等，相应的释义短语分别是"能源[方面]出现的危机"、"对于春晚的民调"、"出现在春晚的笑脸哥"等。

3.7.3　跟器具相关的语义类模式及其释义模板

器具类名词下包括用具、交通工具、武器、家具、乐器、电器、文具以及运动器械等语义类的名词。当 n1 是器具类名词时，通常表示 n1 是获得 n2 的工具/手段；当 n2 是器具类名词时，通常表示 n1 是 n2 的作用对象。具体的情况讨论如下：

当语义类模式是"用具 + 创作物"时，释义模板是"用 + n1 + v2 + 的 + n2"，其中，v2 是 n2 的施成角色，如"书写"等。如"硬笔书法"等，相应的释义短语是"用硬笔书写的书法"等。

此外，其他事物类名词充当 n1 时，也能表示获得 n2 的工具/手段。具体情况如下：

当语义类模式是"创作物 + 人工物"、"食物 + 人工物"、"自然物 + 人工物"、"人工物 + 人工物"、"事件 + 人工物"时，释义模板是"通过 + n1 + 创造/获得 + 的 + n2"。n2 是"收入"、"利益"等表示收益的名词。对应的例子分别是"广告收入"、"蔬菜收入"、"石油收入"、"税费收入"、"劳动收入"等，相应的释义短语分别是"通过广告创造/获得的收入"、"通过蔬菜创造/获得的收入"、"通过石油创造/获得的收入"、"通过税费创造/获得的收入"、"通过劳动创造/获得的收入"等。

当语义类模式是"抽象事物 + 用具"时，释义模板是"v1 + n1 + 的 + n2"，其中，v1 是 n1 的施成角色，如"发出"等。如"高音喇叭"等，相应的释义短语是"发出高音的喇叭"等。

当语义类模式是"自然物 + 交通工具"时，有 2 个释义模板：（1）"v2 + n1 + 的 + n2"，其中，v2 是 n2 的功能角色，如"运送"等；（2）"使用 + n1 + 的 + n2"。这个语义模式有歧义，n1 既可以是 n2 运送的对象，也可以是 n2 获得动力所使用的物质。如"天然气汽车"等，相应的释义短语是"（1）运送天然气的汽车、（2）使用天然气的汽车"等。

此外，其他事物类名词充当 n2 时，也能表示 n1 是 n2 的作用对象，具体情况如下：

当语义类模式是"个人 + 人工物"、"个人 + 食物"、"个人 + 用具"时，释义模板是"给 + n1 + v2 + 的 + n2"，其中，v2

是 n2 的功能角色，如"补助"、"吃"、"玩"等，n1 表示 n2 供给的对象。对应的例子分别是"儿童补贴"、"儿童食品"、"儿童玩具"等，相应的释义短语分别是"给儿童补助的补贴"、"给儿童吃的食品"、"给儿童玩的玩具"等。

当语义类模式是"建筑物＋人工物"、"生理＋药物"、"气象＋人工物"时，释义模板是"v2+n1+的+n2"，其中，v2 是 n2 的功能角色，如"补助"、"预防"、"探测"等。对应的例子分别是"住房补贴"、"麻疹疫苗"、"气象卫星"等，相应的释义短语分别是"补助住房的补贴"、"预防麻疹的疫苗"、"探测气象的卫星"等。

3.7.4 跟人相关的语义类模式及其释义模板

当 n1、n2 同时是指人名词时，n1 和 n2 既可能构成同位关系，也可能构成修饰关系。比如，"局长爸爸"既可能是职务为局长的爸爸，也可能是局长的爸爸。具体情况如下：

当语义类模式是"个人＋职业"时，有 2 个释义模板：（1）"n1+担任+的+n2"；（2）"扮演+n1+的+n2"。如"儿童演员"等，相应的释义短语是"（1）儿童担任的演员、（2）扮演儿童的演员"等。

当语义类模式是"身份＋人"、"职业＋关系"时，有 2 个释义模板：（1）"当+n1+的+n2"；（2）"n1+的+n2"。n2 是有价亲属名词；n1 跟 n2 既可以构成同位关系（n1 表示 n2 的身份、职业），也可以构成领属关系（n1 满足 n2 的配价要求）。对应的例子分别是"明星父母"、"保姆奶奶"等，相应的释义短语分别是"（1）当/身为明星的父母、（2）明星的父母"、"（1）当/身为保姆的奶奶、（2）保姆的奶奶"等。

3.7.5 跟主体状态相关的语义类模式及其释义模板

有些名名组合表示某种事物的某种状态，具体情况如下：

当语义类模式是"领域＋事件"、"事件＋事件"时，释义模板是"n1+陷入/面临+的+n2"，其中，n2 通常都是非自主性事件；n2 表示 n1 的状态。对应的例子分别是"经济困境"、"财务困境"等，相应的释义短语分别是"经济陷入/面临的困境"、"财务陷入/面临的困境"等。

当语义类模式是"生理 + 关系"时，释义模板是"v1＋n1＋的＋n2"，其中，v1 是 n1 的施成角色，如"罹患"。n1 表示 n2 所处的状态。如"癌症妈妈"等，相应的释义短语是"罹患癌症的妈妈"等。

3.7.6 跟事物名称相关的语义类模式及其释义模板

有些名名组合表示某种事物的名称，其释义规律比较简单：当 n2 表示商品、n1 表示商品的品牌时，释义模板为"n1＋牌＋的＋n2"，如"红豆衬衫"等；当 n2 指商品以外的事物、n1 表示该事物的名称时，释义模板为"叫＋n1＋的＋n2"，如"东风核导弹"等；当 n1 指商品以外的事物、n2 表示名称时，释义模板为"叫＋n2＋的＋n1"，如"台风鲇鱼"等。具体情况如下：

当语义类模式是"名＋电器"、"名＋交通工具"、"名＋衣物"、"人名＋用具"时，释义模板是"n1＋牌＋的＋n2"。对应的例子分别是"海棠洗衣机"、"福特汽车"、"红豆衬衫"、"李宁运动鞋"等，相应的释义短语分别是"海棠牌的洗衣机"、"福特牌的汽车"、"红豆牌的衬衫"、"李宁牌的运动鞋"等。

当语义类模式是"名＋用具"时，有 2 个释义模板：（1）"叫＋n1＋的＋n2"；（2）"n1＋牌＋的＋n2"。如"东风核导弹"等，相应的释义短语是"（1）叫东风的核导弹、（2）东风牌的核导弹"等。

当语义类模式是"气象＋鱼"、"身份＋人名"时，释义模板是"叫＋n2＋的＋n1"。对应的例子分别是"台风鲇鱼"、"极品女小月月"等，相应的释义短语分别是"叫鲇鱼的台风"、"叫小月月的极品女"等。

3.7.7 跟原因结果相关的语义类模式及其释义模板

有的名名组合，n1 表示原因、n2 表示结果。这种组合一般都有歧义。具体情况如下：

当语义类模式是"抽象事物 + 抽象事物"时，释义模板是"n1+ 带来 + 的 +n2"。如"职业压力"等，相应的释义短语是"职业带来的压力"等。

当语义类模式是"颜色 + 事件"时，释义模板是"n1+ 引起 + 的 +n2"，其中，n1 发生了转喻。如"白色污染"等，相应的释义短语是"白色 [物质] 引起的污染"等。

3.7.8 跟事物用途相关的语义类模式及其释义模板

有的名名组合，表示 n1 是 n2 的用途。具体情况如下：

当语义类模式是"人工物 + 人工物"、"职业 + 计算机软件"时，释义模板是"当 +n1+ 的 +n2"。对应的例子分别是"样板工程"、"间谍软件"等，相应的释义短语分别是"当样板的工程"、"当间谍的软件"等。

当语义类模式是"事件 + 人工物"时，释义模板是"n1+ 使用 + 的 +n2"。如"交易成本"等，相应的释义短语是"交易使用的成本"等。

当语义类模式是"抽象事物 + 物性"时，释义模板是"用于 +n1+ 的 +n2"。如"国防力量"等，相应的释义短语是"用于国防的力量"等。

4 结语

我们总共得到 325 个名名组合的语义类组合模式和 206 个释义模板。经过用新语料随机抽查试验，我们发现：这些语义类组合模式和相应的释义模板对名名组合具有很高的覆盖率。

这些语义类组合模式和相应的释义模板可以分为两类：（1）每个语义类组合模式都对应一个单一的释义模板，这种释义模板单一的语义类组合模式有 212 个，可以用 62 个释义模板对它们进行语义解释。（2）每个语义类组合模式都对应两个或者两个以上的释义模板，这种释义模板多样的语义类组合模式可以分为两类：（2.1）可以用两个释义模板对它们进行语义解释，这种语义类组合模式有87个，涉及98个释义模板。其中，又分为两种情况：（a）歧义：两个释义模板反映了某种语义类组合的不同实例（甚至同一个实例）有不同的语义解释；（b）同义：两个释义模板从不同的方面或者用不同的精细化程度，刻画了某种语义类组合的实例的语义解释。（2.2）可以用三个或三个以上的释义模板对它们进行语义解释，这种语义类组合模式有26个，涉及46个释义模板。其中，也分为两种情况：（a）歧义：三个释义模板反映了某种语义类组合的不同实例（甚至同一个实例）有不同的语义解释；（b）同义或部分同义：三个释义模板或其中的两个释义模板从不同的方面或者用不同的精细化程度，刻画了某种语义类组合的实例的相同的语义解释。

通过以上分析，我们发现了名名组合的一系列的语义解释规律，得到了一个名名组合的释义模板库。利用这个数据库，我们又展开了名名组合的自动释义研究。我们主要通过利用其他语言资源（如《知网》）来探索自动发现每个名词的施成角色和功能角色的方法，从而初步实现了一个名名组合的语义解释的自动释义程序。经过测试，这个自动释义系统的准确率达94.23%。[25]

附 注

① 关于汉语名名组合中隐含谓词的思想，详见袁毓林（1995）。

② 详见周韧（1997：10）。

③ 我们从2010年9月—2011年4月的百度新闻热搜词和前人研究文献以及一些小说、散文中搜集了一批由两个名词构成的定中式名名组合，总共得到850个组合。

④ 宋作艳（2010）指出，名名组合（n1+n2）中隐含的谓词也可以通过n1、n2的功能角色或施成角色来获得，但是具体的情况还需要进一步考察和归纳。

⑤ 详细的方法讨论，见魏雪、袁毓林（2013）。

⑥ 详见魏雪（2012）。

⑦ "立春时间"是对时间的泛称，"人生历程"中n2暗含了"经历"这种释义动词。

⑧ 在描述跟处所相关的语义类组合时，我们使用的"空间类"名词不

限于处所类、方位类、空间类名词，还包括机构、范围、地表物、建筑物等语义类名词。因此"空间类"名词只是一个广义的代称。

⑨ 如果在释义模板中出现了符号"v1"或"v2"，则"v1"表示 n1 的相关角色，"v2"表示 n2 的相关角色。我们将在说明里进一步说明这些符号所代表的含义，即它们代表哪个名词的哪个角色，以下皆同。

⑩ 现在指"服务业"。

⑪ 在我们总结的模板中，有些名名组合无法补充出具体的释义动词；这时我们则采用简单的模板"n1+ 的 +n2"，下文皆同。

⑫ "城市北边"可以解释为"城市的北边"，这个释义短语有歧义：既可以是城市内部的北边（北部地区），也可以指城市外部的北边（北部邻居）。

⑬ 这种组合通常都表示：[位于] 大地点 [的]+ 小地点。

⑭ 比如，"学生食堂"、"人才市场"的语义类模式是"身份 + 处所"。在"学生食堂"中，n1"学生"是释义动词"吃饭"的施事；在"人才市场"中，n1"人才"是释义动词"介绍"的受事。"卫星轨道"、"旧货市场"的语义类模式是"人工物 + 处所"。在"卫星轨道"中，n1"卫星"是释义动词"运行"的施事；在"旧货市场"中，n1"旧货"是释义动词"买卖"的受事。后面的释义短语分别与相应的释义模板对应。

⑮ 事件类名词 n2 有具体、抽象之分，当它指具体事件时，用第一个模板，如"刘谦新魔术"，可以解释为"刘谦表演 / 发明的新魔术"；当它指抽象事件时（如"事件"），用第二个模板。如"杨淑君事件"可以解释为"关于杨淑君的事件"。

⑯ n1 一定是表示复数含义的"人"类名词。

⑰ 颜色词都有引申义，如"绿色"指"环保"。"绿色书包"有两种意思：a. 书包的颜色是绿色的；b. 制作书包的材料是环保材料，因此这种书包比较环保。

⑱ 转喻，又称借代。人们在理解发生转喻的例子时，需要结合特定的背景知识、民俗文化来理解。

⑲ 关于内容义名词，详见古川裕（1989）。

⑳ 详见袁毓林（1995）及其所引的参考文献。

㉑ 颜色词 n1 含有特殊含义，不仅仅指颜色，是转喻用法。

㉒ n2 通常都是非自主性事件。

㉓ n2 是事件中出现的事物。

㉔ n2 是事件中出现的人物。

㉕ 详见魏雪、袁毓林（2013b）。

参考文献

董振东、董强《知网》，网站 http://www.keenage.com。
宋作艳 （2009）《现代汉语中的事件强迫现象研究——基于生成词库理论》，

北京大学中文系博士论文.
—— （2010） 类词缀与事件强迫,《世界汉语教学》第4期,446—458页.
谭景春 （2010） 名名偏正结构的语义关系及其在词典释义中的作用,《中国语文》第4期,342—355页.
王惠、詹卫东、俞士汶 （2003） 《现代汉语语义词典规格说明书》,Journal of Chinese Language and Computing 13(2): 159-176.
—— （2003） 现代汉语语义词典（SKCC）的新进展,孙茂松、陈群秀主编《语言计算与基于内容的文本处理》,清华大学出版社.
—— （2006） "现代汉语语义词典"的结构及应用,《语言文字应用》第1期,134—141页.
王萌 （2010） 《面向概率型词汇知识库建设的名词语言知识获取》,北京大学计算语言学研究所博士论文.
王萌、黄居仁、俞士汶、李斌 （2010） 基于动词的汉语复合名词短语释义研究,《中文信息学报》第24卷第6期,第3—9页.
魏雪 （2012） 《面向语义搜索的汉语名名组合的自动释义研究》,北京大学中文系硕士论文.
魏雪、袁毓林 （2013） 用语义类和物性角色建构名名组合的释义模板,《世界汉语教学》第2期.
—— （2014） 基于规则的汉语名名组合的自动释义研究,《中文信息学报》第2期.
袁毓林 （1995） 谓词隐含及其句法后果——"的"字结构的称代规则和"的"的语法、语义功能,《中国语文》第4期,241—255页.
—— （2008a） 面向信息检索系统的语义资源规划,《语言科学》第1期,1—11页.
—— （2008b） 基于认知的汉语计算语言学研究,北京大学出版社.
张秀松、张爱玲 （2009） 生成词库论简介,《当代语言学》第3期,267—271页.
周韧 （1997） 信息量原则与汉语句法组合的韵律模式,《中国语文》第3期,208—222页.
Pustejovsky, James （1995） *The Generative Lexicon*, Cambridge, Massachusetts: The MIT Press.
Rumshishy, Anna & James Pustejosky （2011） Generative Lexicon Theory: Theoretical and Empirical Foundations, 2011年北大语言学暑期班演讲PPT.

（魏雪：610041 成都,中国移动通信集团四川有限公司 ellen-wx@163.com;
袁毓林：100871 北京,北京大学中文系 yuanyl@pku.edu.cn）

汉语认识情态词"应该"用以表达传信意义*

乐 耀

提要 文章认为认识情态词"应该"可以用来表达汉语传信范畴的意义。因为两者在语义句法上有高度相似性。从语义角度看,传信范畴和认识情态都涉及"证据"。前者强调说话人对所言信息的证据做交代;后者是在对某类证据评价的基础上强调说话人对所言信息的信度。从句法角度看,具有推测意义的认识情态词"应该"的否定域和强调域与传信范畴具有一致性。另外,认识情态词"应该"是配合体貌和人称等相关语言范畴用以表达传信意义的。与认识情态词"应该"共现的"了"是依附于动词或动词短语的。它为"应该"表达传信功能贡献了必要的命题意义,即对完成或实现的事件行为进行推测。关涉说话人的第一人称信息能够使用非亲历类传信语,这与事件的"非意愿性"相关。

关键词 认识情态 传信范畴 应该 否定 强调 人称 体貌

1 引言

1.1 现象观察

在现代汉语中,有些语义范畴的表达是需要依靠和其他语言范畴的互动来实现的。比如,汉语一些词语的传信功能是在和情态、

---

* 本研究得到第 51 批中国博士后科学基金一等(资助编号:2012M510064)资助和教育部人文社科重点研究基地重大项目"现代汉语语篇的结构和范畴研究"(项目批号:2009JJD740001)的资助。王洪君、袁毓林、方梅、张伯江、董秀芳和徐晶凝诸位老师与匿名审稿专家对本文提出了宝贵的意见和建议。在文章的写作过程中,部分内容与李湘博士有过讨论,很受启发,在此一并表示谢忱。文中的错误概由笔者负责。

人称、体貌范畴的配合使用中得以表达的。请对比下列纵横 12 个例句：

	A	B	C
（1）	我去超市了。	你去超市了。	他去超市了。
（2）	我应该去超市了。	你应该去超市了。	他应该去超市了。
（3）	我应该去超市。	你应该去超市。	他应该去超市。
（4）	我应该是去超市了。	你应该是去超市了。	他应该是去超市了。

按照表 1 中对例句的解读，我们对上面各例句的合理性做了如下归纳（表中"？"表示有条件的成立）：

表1 例句解读分析

例句解读		A组	B组	C组
（1）对事件的断言		A(1)：√	B(1)：？	C(1)：√
（2）	a：对事件可能性的推测（认识情态）	A(2)：？	B(2)：√	C(2)：√
	b：对义务执行某事件的表达（道义情态）	A(2)：√	B(2)：√	C(2)：√
（3）对义务执行某事件进行交代（道义情态）		A(3)：√	B(3)：√	C(3)：√
（4）对所言事件信息来源及信度的表达		A(4)：？	B(4)：√	C(4)：√

从横向观察上面各例句可以看到，例（1）的三个句子的差别在于人称的不同。若说话人是对"去超市"这个事件做断言的陈述，那么 B(1)"你去超市了"要想独立成为陈述句似乎很难，除非是"你去超市了？"问句可以成立，或者是有后续成分。但是若将其中的第二人称代词换成第一人称和第三人称，变成 A(1) 和 C(1) 就没有问题。例(2)的例句都有两种解读。第一种是关于认识情态上的，表示说话人对事件可能性的推测，B(2) 和 C(2) 都没问题，但是当说话人是第一人称来表达该意义时，得有额外的含义。因为说话人对自己过去亲历的事件按理是不需要通过推测来判断的。除非对要遗忘的事件进行回忆，比如："A：上上周今天的这个时候你在干吗？B：我应该去超市了。"其次，第二种解读是道义情态上

的,是在道义上对义务地执行"去超市"这一事件行为的必然性或可行性的关注。比如,我们三个人约定每天轮流去超市买菜,说话人可以说"你应该去超市了,昨天和前天是我跟他去买的菜"。例(3)的例句都应解读为道义情态意义,即说话人的所言能够对听话人的行为("去超市"的行为)直接起作用。比如说话人可以说"我/你/他应该去超市,怎么能让老人家自个儿去呢"。例(4)的例句可以表达传信意义,即说话人对所言事件是通过主观推测获取的;并且由其来源可以知道该信息所表达的情态的信度是中等的。对这一意义的解读,第二人称B(4)和第三人称C(4)两例都没问题。而第一人称A(4)句关涉自己亲历的事件信息却用的是主观推测中等信度的传信方式,可见这需要有额外的含义,这与A(2)的第一种解读相似。

上面是从横向观察对比这些例句,下面再换个角度从纵向观察。之前观察到,B(1)若做断言的陈述是不成立的,但若在其中添加或减少一些情态(如:"应该、应该是")、语气或体貌(句末"了")成分,像B组纵向的(2)至(4)例那样,亦可成立。将例(3)和例(2)的第一种解读a纵向相比,在语言形式上前者比后者少了位于句末的体貌成分"了"。在语义上,前者是对即将实施的事件行为的必然性或可行性的关注;后者是对已经发生事件信息或然性的主观推测,这与例(4)相当,这两者的差别既体现在情态上,又体现在体貌和传信功能上。另外值得注意的是,例(2)在意义上的两种解读都对应着一种语言形式,那么其句末"了"在这两种解读中是否相同?在语言形式上,纵看例(4)和例(2),只有"是"这一字之差。但是,例(4)表达传信意义,而例(2)的b类解读没有传信意义。

1.2 问题提出

在上节中尽可能全面地观察分析了纵横12例句子在语法形式

和意义上的异同。与汉语传信意义的表达有密切关系的问题有如下几个：

（一）汉语的认识情态和传信范畴所表达的意义有关联，能否说汉语的认识情态范畴也同时承担着传信功能？比如，上例中的情态助词"应该"是否具有传信功能？另外，不同类型情态范畴和传信范畴的关联是怎样的？

（二）传信范畴的核心意义是表明所言信息的来源。理论上说，关涉到说话人自身亲历的事件应该是一手信息，则应该使用亲历型的传信方式。但有时会使用非一手信息的传信方式的原因又是什么？

（三）当说话人所言信息是关于他者（第二或第三人称）时，例B（1）中的第二人称句则不能说，除非添加表达传信意义的成分；而例C（1）中第三人称句没有问题。这是为什么？

（四）事件信息本身的体貌意义对传信范畴的表达也是有影响的。比如例（2）的第一种解读a和例（4）与例（3）的主要差异在于体貌成分"了"的有无，而相应地也对应于传信功能的有无。可见，汉语传信范畴和体貌范畴之间的关联也需要合理解释。

人类语言的传信范畴、时体范畴和情态范畴等是相互独立、自成系统同时又具有映射性联系的特点（参看张伯江1997）。本文将根据上述所观察到的语言现象和问题，分别讨论汉语传信范畴与情态、体貌和人称范畴的互动关联。从而进一步认清汉语传信范畴的本质并展示该范畴是如何与其他相关语言范畴配合使用来实现传信功能的表达的。

2 汉语可以借助认识情态来表达传信意义

传信范畴和情态范畴是有瓜葛的（参看 Aikhenvald 2004；乐耀 2011a，2011b）。从以往的研究（Palm 1986/2001；Willett 1988；Bybee, Perkins, and Pagliuca 1994 等）来看，他们都未真正厘清这

两个范畴之间存在联系的具体表现和内在原因。下文将从传信范畴和认识情态的语义、句法角度来讨论汉语这两个范畴之间的关联互动。

2.1 传信范畴与认识情态含义的异同

传信范畴其核心意义主要指说话人对所言信息的获取方式和来源的交代。除此外，它包括暗含在信息获取方式和来源中的对信息可信度的表达。比如言者所言信息的获取方式和来源可以是亲见的、推断的或是转引的。一般看来，这三类信息获取方式和来源暗含了信息可靠性的依次降低。而认识情态强调的是说话人的认识，它主要是指言者对所述命题的承诺（commitment），这一"承诺"表现在说话人对命题所承载信息的可能性或必然性的态度上。

由传信范畴和认识情态的含义可以看出，这两个范畴的相似点在于它们都关注"证据"，传信范畴强调说话人要"言之有据"；而认识情态体现的说话人对所言信息可能性高低或必然性强弱的判断也是基于证据的。另外，不同的证据暗含了信度的高低，因此，这两个范畴也都表达"可靠性"这层意思。虽然，这两个范畴都涉及"证据"，但它们在处理"证据"的方式上不尽相同，这体现了传信范畴和认识情态的差异。前者只是将所言信息的证据（方式和来源）相对客观的展现出来，即有某类证据能让我说出这样的话来，能回答"何出此言"这类问题；而认识情态是要表明说话人对所言信息可能性或必然性的态度，态度的评价是说话人根据某些证据在主观上给予信息的。例如：

（5）小张 Ø 在家，因为他家的灯亮着。　　信　证
（6）小张一定在家，因为他家的灯亮着。　　度　据
（7）小张应该在家，因为他家的灯亮着。　　递　相
（8）小张可能在家，因为他家的灯亮着。　　减　同

上面例（5）—（8）都表达相同的命题，即前一分句"小张在

家",并且言者都有着相同的证据,即后一分句"他家的灯亮着"。但是,在相同证据下,言者对所言命题的态度各不相同。例(5)的前分句中没有使用情态词(或者说使用了零形式情态词),可它反映了言者对命题最肯定的态度。而例(6)—(8)的前分句分别使用了"一定"、"应该"和"可能",它们依次反映了说话人对命题所承载信息的可能性呈递减趋势。这正如 Halliday(1994)在谈到语言情态问题时说到的,即使是高值的情态词也不如极性形式(不加任何情态词)那么确定(determinate),因为只有当你不确定时才会想着使用情态词来表达对命题的主观态度。

为什么言者在面对相同的证据时,会对命题的信度做高低强弱不同的判断?可见,认识情态所表现的言者基于证据所赋予所言信息的承诺度(the degree of commitment)或信任尺度(the confidence measure)是具有主观性的。

总之,从语义的角度看,传信范畴和认识情态都涉及"证据"和"信度"两个要素。前者强调证据相对客观地交代,不同证据所反映的信度可以看作是传信范畴的外延;后者强调言者的态度(如,信度),而态度的评价是基于某类证据的。正是由于这两个范畴在意义上的关联,而没有语法化形态标记的汉语传信范畴可以借用认识情态来表达传信意义。因此,认识情态是汉语传信表达的策略之一。

2.2 用于表达传信意义的情态范畴类型的鉴别

在各种不同类型的情态范畴[①]中,认识情态之所以能够成为汉语传信表达的一种策略,除了它在意义上和传信范畴有关联之外,还在于它们在句法表现上具有相似性,而它本身又与其他类型的情态范畴具有相异性。这一小节将以本文引言例句中含有的情态词"应该"为例,分别用否定和强调这两种语法鉴别手段来分析讨论情态词"应该"的多义性和它作为认识情态词的时候与传信范畴在句法上的相似性。

2.2.1 鉴别手段之一：否定

否定这一语法鉴别手段的作用主要表现在两个方面：一是能够帮助分辨"应该"属于哪一类情态范畴，是认识情态还是道义情态；二是通过考察否定词在句子中的辖域来发现认识情态和传信范畴的相似之处。

（一）否定可以消解情态词"应该"的多义性

情态词"应该"既可以表达认识情态，又可以表达道义情态。前者是说话人从主观上推断事件有较大的可能性，其核心意义是"盖然（probability）"；后者是说话人发出义务，要求听话人使句子表达的事件成为事实，其核心意义是"义务（obligation）"。（参看彭利贞 2007；徐晶凝 2008）情态词"应该"的多义性对应于上例（2）的 a 和 b 两种解读，再次呈现如下例（9）：

（9）a 对事件可能性的推测　　（认识情态：可能性）

　　 b 对义务执行某事件的表达（道义情态：义务性）

（A）否定可以使多义情态词"应该"单义化

当否定算子和具有多义性的情态词搭配使用时，可以把其中的某个意义过滤掉，而使得多义情态词单义化。（参看汤廷池 1976；彭利贞 2007）根据例（9）我们可以对分属不同类型的情态词"应该"的否定做如下例（10）中的 a 和 b 两种解读：

（10）a 对事件可能性的否定推测　（认识情态：可能性）

　　　 b 对执行某事件的否定　　　（道义情态：义务性）

上述这两种解读分别对应下例（11）中的两个例子：

（11）a 外面下大暴雨了，他<u>应该不</u>去超市了。（认识情态：可能性）

　　　 b 他<u>不应该</u>去超市了，按约定今天轮到你了。（道义情态：义务性）

在此可以通过添加否定词"不"来滤除上例中"应该"的情态歧义。如果在情态词"应该"之后加上否定词"不"，如例（11a），那么此时的"应该"只能表达认识情态意义,即说话人从主观上推断"他不去超市"事件有中等强度的可能性;如果在情态词"应该"之前加上否定词"不",如例(11b),那么此时的"应该"只能表达道义情态意义,即说话人发出要求让"他"不执行"去超市"这一行为。

可见,通过否定词在不同的句法位置上与情态词"应该"的搭配使用,可以帮助厘清该情态词的多义性。当否定词位于"应该"之后,此时的"应该"应该解读为对否定性命题所描述的事件做较大可能性的主观推断,这里的否定是命题的否定;当否定词位于"应该"之前,此时的"应该"应该解读为道义情态,它和否定词一起表示对执行命题所述行为义务性的否定。通过否定手段对情态词"应该"的多义解读分别概括如下:

(12)应该(认识:可能性)+[否定+命题]:否定命题;对否定命题所述事件可能性的推断

(13)否定+[应该(道义:义务性)+命题]:否定情态;对执行命题所述行为的否定

(B)否定对多义情态词"应该"消歧的局限

上文已经讨论了,当否定词用于情态词"应该"之前,此时的"应该"应为道义情态。但是,下面例(14)可以有例(14a)和(14b)两种语境下的解读:

(14)他**不应该**去超市。

 a 他<u>不应该</u>去超市,今天轮到你去了。

 b 天都已经黑了,外面又下雨,这会儿他**不应该**去超市,应该在家才是。

按照上面(13)总结的规则,例(14)应该理解为(14a)语境中"应该"呈现的道义情态。但是,我们发现它还可以理解为(14b)语境中"应该"呈现的认识情态,它表达说话人基于某些证据,从主观上对"他去超市"这一事件的可能性做否定推断。

再来比较下面两例与上面例(14)的差异:

（15）你不应该去超市。

（16）他不应该去超市了。（他不应该去超市了，这次该你去了！）

例（15）较之例（14），只是人称的不同。但是，使用第二人称的例（15）中的"应该"只能解读为道义情态；例（16）和例（14）相比，前者多了体貌标记"了"，也只能理解为道义情态。可见，虽然例（14）的否定用在情态词"应该"之前，但并不能保证其中的"应该"只能唯一解读为道义情态，因为还需要像例（15）和（16）中诸如人称、体貌标记"了"等要素来保证对情态词意义解读的唯一性。因此，否定对多义情态词"应该"消歧具有局限性，上面规则（13）是有例外的。下文会谈到"了"和人称与作为传信策略的认识情态词"应该"的关联，在此不赘述。

（二）认识情态词"应该"的否定域和传信范畴的否定域是一致的

（A）情态词"应该"的否定域考察

上文分析了作为认识情态的"应该"和作为道义情态的"应该"它们在否定形式上表现出来的差异。认识情态词"应该"如下D组例子，先否定[②]命题（17D）成为（18D），然后再对（18D）中否定命题所述事件的可能性进行推断成为（19D）；而道义情态词"应该"如下例E组中，先表达对执行命题（17E）所述事件的义务成为（18E），然后再对执行命题所述事件的义务进行否定成为（19E）。如下面各例所示[③]：

     D   E

（17）他去超市了。   P 他去超市了。   P

（18）他没/不去超市了。 N+(P) 他应该去超市了。 M+(P)

（19）他应该没/不去超市了。M+(N+(P))他不应该去超市了。N+(M+(P))

一个使用中的句子或小句由两部分内容组成，即表达基本的客观语义信息的命题和在命题之外表达说话人观点和态度等的主观语义信息的情态成分。那么，由上述分析和D、E两组例子可以看出：

汉语认识情态词"应该"用以表达传信意义　115

含有认识情态词"应该"的句子的否定是对命题的否定，否定域位于情态之内，是内部否定，即："应该认识情态" + 否定词 + 命题，此时的"应该"具有表推断的传信意义；而含有道义情态词"应该"的句子的否定是对情态本身的否定，否定域位于情态之外，是外部否定，即：否定词 + "应该道义情态" + 命题，此时的"应该"没有传信意义。可见，表达认识情态的"应该"，其否定域是在它情态域之内的。换言之，"应该"的认识情态域在其否定域之外。

（B）传信范畴的否定域考察

这里要考察的传信语都是专职传信语，而非传信策略。专职传信语的核心功能是用于指明其后信息的获取方式或来源。比如下面这三组传信语：

（20）传说；据说；据闻；据悉；据传；耳传；谣传；听闻；耳传；耳闻；风闻……

（21）据××说；据××报道……

（22）说什么；说是；人说……

第（20）—（22）例都是引述传闻类的传信语。其中，第（20）例从词汇形式本身看不出信源，只表明信息的获取方式；第（21）例都是插入语，其中包含有信源；第（22）例都是固化结构，只有"人说"从语表上可以看出信源[④]，其他两个有时可以在入句后找到信源。虽然它们存在一些差异，但有一个共同点是这些传信语都不能被否定。如：

（23）*不 / 没 [传说；据说；据闻；据悉；据传；耳传；谣传……]

（24）*不 / 没据××说；*不 / 没据××报道；*据×× 不 / 没说；*据 XX 不 / 没报道……

（25）a *外面有人议论，不 / 没说什么中国的政策是不是又要改变……

b *许多人一次买了五六本，不 / 没说是要带回去给没来的亲朋好友。

c *我说我陪你进去一块儿也听听，不 / 没人说门口儿要两块钱，那我不进去了。

如果要否定，只能对传信语后面引介的信息进行否定，如下面各例：

（26）据说许多城堡<u>不</u>设北门就意味着<u>不</u>为北方来的威胁设门铺路。（CCL）

（27）据《现代快报》报道很多保健用品店<u>没有</u>办理任何许可经营的证件。（CCL）

（28）说是一天<u>没</u>吃饭叫了人家"大爷"，人家才给了一口饭汤喝。（CCL）

通过上述对带有传信语句子的否定形式的考察，我们发现传信语能引介否定性的信息，即：传信语 + 否定性信息；而不能对传信语自身进行否定，即：*传信语的否定 + 所言信息。因此，带有传信语句子的否定是在传信语的辖域之内，换言之，传信域在否定域之外。这和具有推测意义的认识情态词"应该"的否定域是一致的，见下图1⑤。

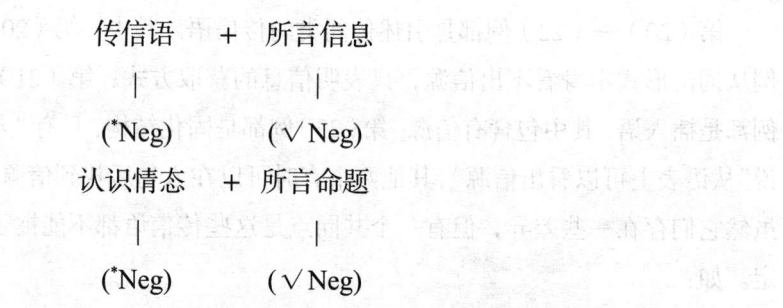

```
传信语    +    所言信息
  |               |
(*Neg)          (√Neg)

认识情态  +    所言命题
  |               |
(*Neg)          (√Neg)
```

图1　认识情态词的否定域和传信范畴的否定域的概括图

2.2.2　鉴别手段之二：强调

在句中某个适当的位置添加焦点标记"是"，可以起到强调某部分信息的作用。"是"和情态词搭配使用可以帮助分辨"应该"、是属于认识情态还是道义情态。另外，通过考察焦点标记"是"在句子中的强调辖域来发现认识情态和传信范畴的相似之处。

需要说明的是，这里和"应该"搭配使用的"是"可以理解为一个"词内成分"依附于之前的"应该"融合为"应该是"一个单位，这一个单位的两个成分之间没有语音停延,"是"在语音也弱化了是轻读的。(参看董秀芳2004)还可以将"是"理解为焦点标记,此时它与其前成分之间可以有语音停延,需要重读表示强调。在此,我们将用后一种具有强调作用的焦点标记"是"来考察"应该"作为认识情态词和道义情态词在句法上的差别,以及认识情态词"应该"和传信语在句法上的一致性。

(一)强调可以消解情态词"应该"的多义性

从上文引言中,可以看到例(4)和例(2)只有"是"这一字之差。但是,有"是"字的例(4)中的"应该"只有认识情态这唯一的解读。而没有"是"字的例(2)中的"应该"既可以表达认识情态又可以表达道义情态。例如:

(29)他应该去超市了

　　a 购物袋不在家,他应该去超市了。(认识情态)

　　b 他应该去超市了,昨天是我去的,今天该轮到他了。(道义情态)

但是,当在例(29)中的"应该"前或后分别加上具有强调功能的焦点标记"是",则可以帮助消除例(29)的多义解读。如例(30):

(30)a 他应该是去超市了,车和购物袋都不在家。(认识情态)

　　b 他是应该去超市了,若再让我们两位老人去就太不像话了。(道义情态)

例(30a)中将有强调功能的"是"用于情态词"应该"之后,此时的"应该"只表达认识情态;而例(30b)中将具有强调功能的"是"用于"应该"之前,那么"应该"只表达道义情态。因此,"应该是"是对命题所述事件进行肯定推断的强调,强调的是命题;而"是应该"对执行命题所述行为的义务性的强调,强调的是道义情态。分别概括如下:

(31)应该(认识:可能性)+[强调+命题]:强调命题;对命

题所述事件的肯定推断进行强调

（32）强调+[应该（道义：义务性）+命题]：强调情态；对执行命题所述行为的义务性的强调

（二）认识情态词"应该"的强调域和传信范畴的强调域是一致的。

（A）情态词"应该"的强调域考察

上文已经分析了认识情态词"应该"和道义情态词"应该"在强调手段上表现的句法差异。前者如下面F组的例子，先对命题（33F）"他去超市"这件事情的可能性进行推测，通过添加认识情态词"应该"生成为例（34F），再对命题所述事件的肯定推断进行强调，通过在"应该"后加"是"来实现为例（35F）。而对道义情态"应该"的强调如下面G组例子所示，先通过添加道义情态词"应该"生成例（34G）来表达对执行例（33G）中命题所述行为的义务性，再通过用"是"与"应该"的前项搭配使用（如例（35G））来实现对执行命题所述行为的义务性的强调。如下列各例⑥所示：

	F		G	
（33）	他去超市了。	P	他去超市了。	P
（34）	他应该去超市了。	M+(P)	他应该去超市了。	M+(P)
（35）	他应该是去超市了。	M/E+(C+(P))	他是应该去超市了。	C+(M+(P))

由上述分析和F、G两组例子可以看出：对含有认识情态词"应该"句子的强调其实是对命题的强调，强调域位于情态之内，是内部强调，即："应该认识情态"+强调词+命题，此时的"应该"具有表推断的传信意义；而含有道义情态词"应该"的句子的强调是对道义情态本身的强调，强调域位于情态之外，是外部强调，即：强调词+"应该道义情态"+命题，此时的"应该"没有传信意义。可见，表达认识情态的"应该"其强调域是在它情态域之内的。换言之，"应该"的认识情态域在强调域之外。

（B）传信范畴的强调域考察

像上文考察传信范畴的否定域一样，我们来考察上文例（20）—（22）三组用于指明信息获取方式是引述传闻的传信语的强调域。这三组传信语在信息的表达中，它们自身不能通过添加"是"被强调。例如下面各例：

（36）*是据说，有些大仙人掌的寿命可达数百年。

（37）*是据国家电台报道，救援人员31日发现了11名幸存者。

（38）*我问一问过路的人，说这是打仗的地方儿吗？是人说打得最激烈的在前边儿。

下面例（39）和（40）中的"据说"和"据……报道"可以用"是"来强调，但是它们并不是传信语，并没有指明（39）和（40）这两条信息的来源。而是用于指明这两条信息中所关涉的"事件"和"新闻"的来源。例如：

（39）这件事情是据说而非他亲历的。

（40）这则新闻是据央视新闻报道的，而不是杜撰的。

如果要强调，只能对传信语后面引介的信息进行强调，如下面各例：

（41）据说，有些大仙人掌的寿命是可达数百年。

（42）a 据国家电台报道，是救援人员31日发现了11名幸存者。

b 据国家电台报道，救援人员是31日发现了11名幸存者。

（43）我问一问过路的人，说这是打仗的地方儿吗？人说打得最激烈的是在前边儿。

通过上述对带有传信语的句子的强调形式的考察，我们发现传信语能引介被强调的信息，即：传信语 + 强调的信息；而不能对传信语自身进行强调[7]，即：*传信语的强调 + 所言信息。因此，带有传信语句子的强调是在传信语的辖域之内，换言之，传信域在

强调域之外。这和具有推测意义的认识情态词"应该"的强调域是一致的,见图 2[⑧]:

```
     传信语      +      所言信息
       |                  |
     (*Emph)           (√Emph)
     认识情态    +      所言命题
       |                  |
     (*Emph)           (√Emph)
```

图 2　认识情态词的强调域和传信范畴的强调域的概括图

2.2.3　小结

（一）认识情态词"应该"与传信范畴在句法语义上的相似点

从语义的角度看,传信范畴和认识情态都涉及"证据"。前者强调说话人对所言信息的证据做交代;后者是在对某类证据评价的基础上强调说话人对所言信息的态度（如,信度）。可见,这两个范畴在意义上具有相似的关联。

从句法的角度看,具有推测意义的认识情态词"应该"所在句子的否定和强调域都在认识情态的辖域之内,换言之,认识情态域在否定和强调域之外。而带有传信语句子的否定和强调域也都是在传信语的辖域之内,换言之,传信域也都是在否定和强调域之外。可见,认识情态词"应该"的否定和强调域与传信范畴的否定和强调域是一致的。如下表 2 所示：

表 2　认识情态和传信范畴在句法表现上的相似之处比较

比较项目	内部否定	外部否定	内部强调	外部强调
道义情态	−	+	−	+
认识情态（推测）	+	−	+	−
传信范畴	+	−	+	−

正是由于这两个范畴在上述句法语义方面的相似点,我们认为

没有语法化形态标记的汉语传信范畴可以借用认识情态来表达传信意义。因此，认识情态是汉语传信表达的策略之一。

（二）情态词有演变为传信语的潜力

不同类型情态范畴意义的发展存在类型学上的共性：它们沿着动力＞道义＞认识的路径发展，这条路径在历时和发生学上都得到了验证（参看 Goossens 1985；Shepherd 1993；Bybee & Pagliuca 1985 等）。这条关于情态范畴语义演变链条的每一截都有可能演变为传信范畴的成员[⑨]。这可以在荷兰语、丹麦语、德语中找到。例如：

(44) 荷兰语：（认识情态＞传信范畴）

Het *moet* geen geode film zijn.

It must.3SG. PRES not.a good movie be.INF

'It is said not to be a good movie'（Haan 1997: 151）

(45) 丹麦语：（道义情态＞传信范畴）

Peter *skal* være en dårlig forsker.

'Peter is said to be a poor researcher.'（Palmer 1986: 72）

(46) 德语：（道义情态＞传信范畴）

Er *soll* steinreich sein.

'He is said to be extremely rich.'（Palmer 1986: 72）

上述三种语言的"传闻听说"类传信语 *moet*、*skal* 和 *soll*（"据说"（be said to be）），它们原来都是情态动词，分别对应英语的 *must*、*shall*[⑩]和 *shall*。例（44）荷兰语的 *moet* 和否定词搭配使用原本表示一种对命题所言事件否定推断的认识情态意义，如 Het ***moet geen*** geode film zijn.（'It ***must not be*** a good movie. 这肯定不是一部好电影'）。后来 *moet* 的认识情态意义的解读已经被"传闻听说"类传信意义的解读所取代。而例（45）和（46）中，丹麦语和德语的"传闻听说"类传信语都是由道义情态词 *skal* 和 *soll* 演变而来。

另外，根据 Frachtenberg（1922：388）的研究，美国俄勒冈州的北美 Coos 语中表推测的传信语 cku 是由两个表示认识情态的词语 cə（表超预期的：slight surprise）和 ku（表怀疑的：dubitative）合成的：cə+ku → cku（认识情态 > 传信范畴）。Schlichter（1986：50）还报道了 Wintu 语中表示引用的传信语 -ke(le)- 来自 *kEl（"可能"（maybe）），这也是由认识情态到传信范畴的演变。而 Akha 语非亲见的感官传信标记（nonvisual sensorial suffix）-nja 是由动力情态词 nja（能够（able to））发展而来（参看 Thurgood 1986：218）。

从上述其他语言的例证可以看出，传信范畴的来源之一是情态范畴。在这些语言中，某种类型的情态词已经语法化为传信语了，之前的情态意义已不复存在。这样看来，不同类型情态范畴意义的演变链可以进一步跨范畴继续发展为传信范畴的某类成员：情态范畴[动力 > 道义 > 认识] > 传信范畴。上文讨论了汉语认识情态词"应该"具有传信功能，虽然它目前还属于情态范畴，鉴于它在句法语义上和专职的传信语具有一致性，我们猜测它有潜力和可能演变为传信语。正因如此，在它完全语法化为传信范畴的成员之前还只能将它称为传信策略。

3 体貌标记"了"在传信表达中的作用

上文引语中已经指出了例（2）—（4）的最主要差别在于：例（3）末尾没有体貌标记"了"并且只能理解为道义情态；而例（2）和（4）句末都有体貌标记"了"，都可解读为具有推测类传信意义的认识情态，并且具有推测类传信意义的认识情态是例（4）的唯一解读。可见，体貌标记"了"和推测类传信范畴是有关联的。因此，这一节首先回顾和梳理体貌范畴和传信范畴关联的已有研究。再在此基础上分析讨论体貌标记"了"在认识情态词"应该"表达推测类传信功能中的作用。

3.1 体貌范畴和传信范畴关联研究的回顾

从已有研究看,学界讨论最多的是完成体⑪和推测类传信范畴的关联⑫。根据 Comrie(1976)的研究,完成体表达的意义是过去发生的整个事件现在无法展现,只是和现在某一状态有关联。而表推测的传信义是现在无法呈现过去发生的事件,但可从其遗留的不那么直接的行为结果(some less direct result of the action)推知。其实在 Comrie(1976)之前,Serebrennikov(1960)和 Lytkin and Timušev(1961)都对这两个范畴之间的相似关联给予了解释⑬。像土耳其语、保加利亚语、爱沙尼亚语(参看 Comrie 1976)和格鲁吉亚语(参看 Comrie 1976;Harris and Campbell 1981)中完成体范畴和推测类传信范畴之间都有密切关联。

另外,和完成体意义相近的结果体(resultative)或者属于完成体小类的经历体(experiential perfect)也都与推测类传信范畴有关。在有些语言中,像 Agul 语(Maisak and Merdanova 2002)和 Newari 语(Genetti 1986)⑭,它们的结果体或者结果义完成体(resultative perfect)⑮所表达的传信意义是说话人根据事件发生后的结果状态进行推测而获取的信息。Chappell(2001)认为根据语义特点应该将汉语的经历体标记("过")重新归为传信标记。其传信意义是表达说话人对之前发生事件肯定性的推测。这种肯定性来自说话人的直接观察和认识,也可以是从可观察的结果状态推知的。

关于完成体和结果体的差异,以及它们和传信范畴之间的演变关系,在 Bybee,Perkins and Pagliuca(1994)中有过讨论。他们认为结果体注重强调过去行为产生的状态(the state resulting from the past action);而完成体(anterior)⑯强调过去行为与现实的相关性(current relevance)。因此,作者认为很多语言表示推测意义的传信范畴是由表结果体的范畴发展而来,这与他们认为的完成体由结果体演变而来的发展模式一致，两个发展过程都强调"事件结果"的意义内涵。

有些语言的完成体和第一人称搭配使用，这时的完成体标记则与表示亲历的传信范畴相关。比如Chappell（2001）考察多种汉语方言，发现第一人称句中的经历类完成体标记是只能表示基于亲身经历而直接获取信息的传信标记。另外，Agul语完成体表示过去的行为和现在有关联，其结果意义已经消失；若完成体与第一人称合用，其传信意义在于表达说话人所言的事件是他亲见的。

这一小节着重回顾了完成体和推测类传信范畴关联的已有研究。在此需要说明的是，汉语的体貌标记"了"和推测类传信功能之间的关联点与上面这些语言不同。上述外语中完成体和推测类传信范畴的关联点在于，它们之间有前后演变的源流关系，也就是说这些语言中的完成体标记已经演变为传信标记了；而汉语的体貌标记"了"目前还没有确凿的证据显示它可以演变为传信标记。下文主要是考察汉语体貌标记"了"对认识情态词"应该"在表达推测类传信功能时的促成作用，这才是它们的关联点之所在。

3.2 从"了"和"应该"的搭配看体貌标记对传信表达的作用

在此把上文引言中的例句（2C）、（3C）和（4C）重新排列如下面例（47）—（49）：

（47）他应该去超市。（-认识情态：推测；+道义情态：义务）

（48）他应该去超市了。（±认识情态：推测；±道义情态：义务）

（49）他应该是去超市了。（+认识情态：推测；-道义情态：义务）

通过观察可以看到，上面三个句子随着"了"和"是……了"的顺次使用，其表达推测的认识情态意义经过了从无（例（47））到有（例（48）），再到只有（例（49））的变化；同样可以说，这三个句子表达的道义情态意义依次经过了从只有到有，再到无的变化。这里有一个关键的问题：例（48）既可以表示推测的认识情态意义又可以表达道义情态意义，那么分别用于表达这两个意义的"了"有何异同？只有解答好了这个问题，才能更深入地揭示"了"对认识情态词"应该"在表达推测类传信功能时的促成作用。

下文在讨论"了"的语义特点时不使用学界的已有术语"了₁"和"了₂"，而使用"了推测"和"了义务"[17]来区分用于认识情态词"应该"句里和道义情态词"应该"句里的不同"了"。这么处理原因有二：一是学界对"了₁"和"了₂"的区分和界定是有争议的；二是本文的目的不是为了将和情态词"应该"搭配使用的"了"进行"了₁"或"了₂"的归类，而是为了解释为什么"了"的使用能使"应该"具有的推测类传信意义浮现，或者说能使它具有的道义情态意义消逝？

学界关于"了"的体貌意义的已有研究成果很多，但各家的观点和所用的术语不尽相同。刘勋宁（1985，1988，1990）先后论证了"了₂"的体貌意义是与"了₁"相同的"实现体"，强调事态的出现。Li, Thompson & Thompson（1982）认为"了₂"的基本功能是已然体，特点是具有"当前相关性"，即表示一个事态跟某个参照时在当前具有特定的联系。王伟（2006）提出"了₂"是"命题"层级上的虚词，它是"事态-语气"标记，而"了₁"的语法意义是"完整体"（参看王洪君等（2009）的介绍）。我们暂时不对本节讨论的"了"进行术语上的命名，而从具体的体貌意义出发来看它和情态词"应该"搭配使用时所表现的异同。

本节将在吕叔湘（1982）对"了"的界定基础上来讨论其意义。吕先生认为"了"表示"肯定事态出现了变化或即将出现变化"。这里要讨论的与不同类型情态共现的"了"，作为体貌标记其基本意义是表示事态的变化，这里的"事态"可以是整个事件，也可以是事件的情态；而"变化"可以是事件和情态的发生与否或者是从无到有的变化。

上文例（48）"他应该去超市了"的"道义情态"和"认识情态"两种解读中的"了"其基本意义不变，都是表示事态的变化，但是具体的句法语义特点有差异。就"了义务"而言，彭利贞（2007：291）在讨论道义情态词"应该"与"了₂"的同现时认为若把"情态"也看成是"一种新情况"的话，那么"和表达道义情态词'应该'同现的'了₂'则表示'义务'的出现，或者是'义务'从无到有的变化"。我们赞同这一观点，但作者没有讨论认识情态词"应该"和"了"共现时"了推测"的语法意义。虽然 Alleton（1994）和忻爱莉（2000）都谈到了"应该"和完成貌（completive aspect）"了"结合时，会有认识情态意义的解读，但并未深入分析认识情态意义解读和道义情态意义解读中的两个"了"的差异。请看下面例（50）和（51）：

（50）他应该去超市。　　　　　（＋道义情态：义务）

（51）他应该去超市了。　　（±认识情态：推测）

就道义情态而言，例（51）中的道义情态的解读是在例（50）的基础上添加了"了义务"形成的，表示"义务"从无到有的变化和实现。这个"了义务"是依附于整个句子的，即：[NP＋应该＋VP]＋了（＝S(50)＋了）。和例（50）相比，同是表达"义务"的道义情态，带有"了义务"的例（51）在语气上要缓和的多，它含有言者主观建议、提醒的口吻。试比较：

（52）时间不早了，<u>他应该去超市了</u>，否则就要关门了。
（53）时间不早了，<u>他应该去超市</u>，否则就要关门了。

可见，例（53）更多的是带有命令的口吻，在语气上比例（52）要强硬些。另外，只看例（50）和（51）我们还能体会到，前者是说话人对"他"需要执行命题所述行为的义务性的一种宣告；而带有"了义务"的后者则表明说话人要求"他"即将执行命题所述的行为，使他的义务得以实现，这就更加凸显了"了义务"的语义特点。

下面着重讨论和表示推测意义的认识情态词"应该"共现的

"了推测"的语法意义。"了推测"与"了义务"的不同在于：它是要对已经或将要完成和实现的事件进行推测，因此，它所在的事件命题需要有"事件行为的完成和实现"这一命题意义，而"了推测"能为命题提供该意义。例如：

（54）他应该去北京了。

（55）明天的这个时候，他应该去北京了。

上面例（54）中没有任何时间成分，是以默认的当下说话时为参照点的。说话人说出该句时，是对"他去北京"这个事件的完成和实现的可能性进行肯定地推测。而例（55）中有表将来的时间成分"明天的这个时候"，说话人说出该句时，是对"他去北京"这个事件的将要完成和实现的可能性进行肯定的推测。这两句中无论是事件的已经完成还是将要完成，这一意义都是靠"了推测"贡献的，去掉"了"上面两句则都变为道义情态了。可见，"了"和道义情态词"应该"的共现不是强制的；而要表达对事件行为实现或完成与否的推测这一意义时，"了"和认识情态词"应该"的共现却是强制的。

在语法意义上"了义务"和"了推测"表现出来的不同，在形式上也会有差异。上文讨论了"了义务"是依附于整个句子的。与之不同的是，这里的"了推测"是依附于句子的动词或动词短语的。由于认识情态词"应该"是对已经或将要实现或完成事件行为的推测，而"事件行为的实现或完成"这一语义在语法形式上是靠谓语和体貌标记"了"的搭配使用来承载的：既可以是"V + 了 + NP"，又可以是"VP + 了"。分别如下面两例：

（56）他应该去了超市。（+ 认识情态：推测；− 道义情态：义务）

（57）他应该去超市了。（± 认识情态：推测）

例（56）只能表示推测意义的认识情态，其中的"了推测"是依附于动词的：[NP + 应该 + V + 了 + NP]。而当例（57）也表示认识情态时，其中的"了推测"是依附于动词短语的：NP + 应该 + [VP +

了]。可见，"了推测"是通过和动词或动词短语的结合使用来贡献"事件行为的实现或完成"这一语法意义的，进而帮助认识情态词"应该"来表达推测类的传信意义。

另外，"了义务"和"了推测"所依附的句法层次的不同还可以从理论上进行证明。上文谈到道义情态解读时，认为例（51）是在例（50）的基础上添加了"了义务"生成的。当说到例（51）是在例（50）的基础上生成的，其前提条件是例（50）在句法语义上要合法。就表道义情态这层意义来说，例（50）无论在句法还是语义上都没问题，因此可以说例（50）是在一个合理的句子例（50）的基础上通过添加"了"而形成。但是，当说到认识情态解读时，我们不能说此时的例（51）也是在例（50）的基础上添加了"了"生成的，因为例（50）根本没有认识情态的解读，在语义上不合法，因此上例（50）就不是个合理的句子，也就更不能说认识情态解读中的"了"是添加在这个不合法的句子之上的。因此，"了推测"不是依附于句子层次的。

最后需要简要说明的是例（49）中的"是"使得原本有歧义的例（48）消歧了，只剩下表达推测类传信策略的认识情态义解读。这主要是由于"是"作为判断词具有对命题事件进行肯定判断的功能，是对命题所述事件可能性的肯定推断。因此，它具有对情态词"应该"两解的消歧作用[18]。

3.3 小结

这一小节主要是通过对比来讨论"了"分别与表道义和认识类情态词"应该"搭配使用时呈现的句法语义差异。从而揭示体貌标记"了"在认识情态词"应该"表达推测类传信功能中的作用。

（58）NP+应该+VP+了 $\begin{cases} \text{A：[NP+应该+VP]+了}_{义务}（道义情态）\\ \text{B：NP+应该+[VP+了}_{推测}\text{]}\\ \text{（[NP+应该+V+了}_{推测}\text{+NP]）（认识情态）} \end{cases}$

从例（58）的归纳可以看到，不同情态意义的"应该"与"了"的共现，在"了"的依附层次上表现出了语法差异："了义务"是依附于整个句子的，如（58A）；而"了推测"是依附于动词或动词短语的，如（58B）。这与曹广顺（1995）发现"了₁"指向谓语，而"了₂"则指向句子的整个命题具有一致性。

就体貌标记"了"在认识情态词"应该"表达推测类传信功能中的作用而言，"了推测"和动词（短语）的配合使用为"应该"表达推测类的传信功能贡献了必要的命题意义，因为这里的"推测"是指对事件行为完成和实现的可能性的推测。

4 人称对传信语使用的限制

说话人所言信息所关涉的人称对传信语的选用是有限制的，这在上一章已经讨论过。这一节在人称和信息知晓的互动关联基础上，主要讨论第一人称句中非亲历类传信语的使用在句法语义上的表现。

4.1 人称和信息知晓

乐耀（2011b）讨论了人称和信息知晓的关系：从原则上来说，当信息是关涉说话人自己的或者是与自己有密切关系的时候，作为信息传递者的话主就是信息的权威知晓者；当话主所传递的信息是关于对方受话的时候，作为信息接收者的受话就是权威的信息知晓者；当话主所传递的信息是交际双方共享的时候，那么话主和受话都是信息的权威知晓者。在此，比照上文引言中例（1）、（2），重新编号为下面两例：

（59）我去超市了。　？你去超市了。　他去超市了。

（60）？我应该去超市了。你应该去超市了。他应该去超市了。

这两组例句中，例（59）中的三例都没有使用情态词"应该"

作为表示推测类传信策略。但是第二人称句就会有问题,它很难用于说话人对"你去超市"这个事件做断言陈述。只有加了表推测的"应该"(或者其他传信语)才能成立,如例(60)的第二句,因为说话人对"对方是否去了超市"不是信息的权威知晓者。再来看第三人称句,按理说,第三人称他者的相关信息对于说话人来说也不是权威知晓的,可例(59)和(60)中加没加表推测的"应该"都可以成立。没有使用该类传信策略,说明"他"有可能是与说话人有密切关系的人,这样说话人可以知晓"他"的相关信息,比如"他"是说话人的父母;但是,当"他"是一个对于说话人来说完全陌生的人,此时例(59)的第三句也很难合理。

最后,根据人称和信息知晓的关系:当所言信息关涉的是第一人称说话人自己时,也就是说当说话人表述的是自己亲历的事件信息时,他可以不用任何传信语。因为说话人作为事件的亲历者,对所言信息的证据和来源是"自证(self-evidence)"的,也就是不证自明的。但是例(60)的第一句在某些条件下是可以使用推测类传信策略"应该"的。关于对此的解释,下文将专门从事件的非意愿性角度来讨论。

4.2 第一人称句中非亲历类传信语的使用与非意愿性事件信息的关联

当说话人谈到关涉自己经历的事件时,而使用非一手信息传信语,这似乎违背常理。在这种情况下,非一手传信语的使用往往蕴含着该事件涉及的是说话人非意愿的行为(参看 Aikhenvald 2004)。较早讨论动作行为"意愿性(volitionality)"的是 Hopper & Thompson(1980)。他们在讨论及物性理论时,谈到意愿性是衡量及物性高低的十项重要参数[19]之一。

所谓意愿性是说行为的施事者是否有意识地对受事实行动作,如果某一行为的实施是缺乏意图和控制力的,那么该事件行为是非意愿性的。根据 Curnow（2003）的研究，使用传信语表达所言事件信息的非意愿性与两个要素相关：一是第一人称语境；二是所言事件发生在说话时间之前（events which took place before the moment of speech）。这主要是因为意愿性的判断取决于事件行为实施者能否认识到自己付诸的行为是否有意。一般而言，只有当说话人自身是行为的实施者时，他才能判断自己的动作行为是否有意识，因为他者的意图自己是无法体会的。另外，也只有当事件已经在说话时之前发生了，说话人才能判断该事件发生之初是否有意。试想，若是一个尚未发生或将要发生的动作行为，说话人事先是很容易使该事件具有意愿性的。基于上述对"意愿性"的认识，我们来分析下面的例句：

（61）我应该去超市了。（我忘记我去没去超市了。）

（62）昨天晚上我应该是喝醉了。/ 听说昨晚上我喝醉了。

（63）我可能/好像记错了电话号码了。/ 后来才听说原来是我记错电话号码了。

（64）我应该是感冒/发烧了。

上面各句从两方面来表现事件的"非意愿性"，一是将自己有意识经历过的事件遗忘了，这种对信息的遗忘状态是非意愿性的，如例（61）；二是自己经历的事件信息本身含有非自主动词（volitional verbs）[20]来表达事件行为的非意愿性，如例（62）—（64）中的"喝醉"、"记错"、"感冒"和"发烧"。

先来看例（61），按理说"去超市"是一个自己经历的可控的意愿性的动作行为，但是由于说话人可能对发生已久的事件遗忘了，只能凭着有限的记忆去回忆该事件是否发生过。可见，说话对该事件的遗忘不是有意的，是不自主的，所以具有非意愿性。后三例所表述的信息本身就是非意愿性事件，"喝醉"、"记错"、"感冒"和"发烧"这些都是说话人经历过但不可控的非意愿性动作。DeLancey（1990）认为，原型的意愿性的动作行为是由一个事件链（a chain of events）构成：一个行为实施的意图导致某一行为的实施，之后产生行为结果。在非意愿性事件的链条中，意图都是无意识的，它可以导致事件链后面环节的无意识。最典型的非意愿性事件是"遗忘"，没有人为了遗忘而遗忘，也不可能经历整个遗忘的过程，最终遗忘的结果也有待他人的提醒自己才能知晓。

而有些非意愿性事件链条中，虽然其意图是无意识的，但是与意图相关的行为或结果可以是有意识的。以上面（62）—（64）为例，总结为下表[21]：

表 3　非意愿性事件链分析图

动词	事件链		
	意图 →	行为 →	结果
喝醉	−	+	±
记错	−	+	−
感冒	−	+	+
发烧	−	+	+

例（62）中"喝醉"，说话人一般不会是奔着"喝醉"这一意图而喝酒的，喝酒这一行为他经历了，但是"喝醉"这一结果可以是自己根据醒酒后的身体反应而推测的，也可以是他人告诉的，所以可以使用"应该"和"听说"两类传信方式来说明信息来源；例（63）中的"记错"，说话人一般也不会故意记错电话号码，虽然记录电话这一行为经历了，但是"记录错误"这一结果不是自己意识到的，只可能基于某些征兆推测或他人告知，因此可以使用和例（62）相似的传信方式；最后例（64）"感冒／发烧"这类生病类行为也都是无意识、不可控的，但是病人可以清楚知道自己正在生病，而且会随着自己病症的增加进行结论性的诊断。这其实反映了自己所亲历的事件从无意识的发生到有意识的推断知晓的过程，这是一种"延迟的意识（deferred realization）"（参看 Aikhenvald 2004）。可见，在表达关涉第一人称说话人自身经历的事件信息时使用非亲历型传信方式，这多与该事件的非意愿性有密切关联。

4.3 小结

这一节在人称和信息知晓的互动关联基础之上,通过对所言事件的"非意愿性"的分析,揭示了第一人称和非亲历类传信语的使用在句法语义上的表现:一是将自己有意识经历过的事件遗忘了,这个对信息的遗忘状态是非意愿性的,因此可以在第一人称句中使用非亲历类传信方式;二是自己经历的事件信息在句法上含有非自主动词来表达事件行为的非意愿性,在此情况下也可以使用非亲历类传信语。

5 结论

首先,本研究认为认识情态词"应该"可以用来表达汉语传信范畴的意义。

1)从语义的角度看,传信范畴和认识情态都涉及"证据"。前者强调说话人对所言信息的证据做交代;后者是在对某类证据评价的基础上强调说话人对所言信息的信度。可见,这两个范畴在意义上具有相似的关联。

2)从句法的角度看,具有推测意义的认识情态词"应该"所在句子的否定和强调域都在认识情态的辖域之内。而带有传信语句子的否定和强调域也都是在传信语的辖域之内。可见,认识情态词"应该"的否定和强调域与传信范畴的否定和强调域是一致的。

其次,还发现认识情态词"应该"是配合体貌和人称等相关语言范畴来表达传信意义的。

3)不同情态意义的"应该"与"了"共现时,"了"所依附的句法层次有差异:"了义务"是依附于整个句子的;而"了推测"是依附于动词或动词短语的。

4)就体貌标记"了"在认识情态词"应该"表达推测类传信

功能中的作用而言，"了_{推测}"和动词（短语）的配合使用为"应该"表达传信功能贡献了必要的命题意义，即对完成或实现的事件行为进行推测。

5）关涉说话人的第一人称信息能够使用非亲历类传信语，这与事件的"非意愿性"相关。主要表现在：一是将自己有意识经历过的事件遗忘了，这个对信息的遗忘状态是非意愿性的；二是自己经历的事件信息在句法上含有非自主动词来表达事件行为的非意愿性。在这两种情况下可以使用非亲历类传信语。

最后，或许会有这样的疑问：是不是所有的表推测的认识情态词都可以看作是传信表达的策略？这些词语是否和"应该"一样具有与专职传信语一致的句法语义特点？对于第一个疑问，我们不敢给予肯定答复，因为本章只着力考察了认识情态范畴中的一个具有代表性的成员"应该"，至于其他成员还有待进一步考察。而第二个疑问，我们认为并不是说一定要在句法语义上和专职传信语表现出高度一致性（像认识情态词"应该"一样）才能算是传信策略。在此，需要强调的是：任何一个语言范畴都不是离散的，而是一个有典型与非典型之分的连续统。就传信范畴而言，专职的传信语是该范畴连续统的典型一端，而借用其他范畴的传信策略是连续统的非典型一端。像汉语的认识情态词"应该"虽然也只是一种传信策略，但是鉴于它与专职传信语句法语义上的一致性，可将它放在连续统靠向典型范畴的位置上。

附 注

① 关于情态范畴的类型，不同的学者有不同的分类体系。详细介绍可参看彭利贞（2007）和徐晶凝（2008）。

② 关于否定词"不"和"没"的差异，许多学者都有很好的研究。详细请参看：吕叔湘（1942）；石毓智（1992/2001）；郭锐（1997）；沈家煊（1999）；戴耀晶（2000）；聂仁发（2001）；宋永圭（2001）；彭利贞（2007）等。本文在考察情态范畴和传信范畴的否定时对这两个否定词不做区分。

③ 此处例（17）—（19）和下例（32）—（34）中大写字母 P、N、M 和 E 分别为命题（Proposition）、否定词（Negative）、情态词（Modal）和传

信语（Evidential）的简称。

④ 传信语"人说"的信源所指是有差别的，这里的"人"可以是上文确指的某个人，也可以是不确指的。

⑤ 图1中Neg是"否定（Negation）"的简写形式；（*Neg）和（√Neg）分别表示不能否定和可以否定。

⑥ 该例中大写字母C是表肯定的判断系词（Copula）的简称。

⑦ 这里，不考虑重音的强调手段。比如将"据说，有些仙人掌的寿命可达数百年"中的传信语"据说"重读用以强调后面信息的获取方式。

⑧ 图2中"Emph"是"强调（Emphasis）"的简写；（*Emph）和（√Emph）分别表示不能强调和可以强调。

⑨ 这里可能会有如下相关问题："既然这条关于情态范畴语义演变链条的每一截都可能变为传信范畴的成员，为什么汉语的道义范畴和传信表达的句法会有显著差异？按照意义的理解，认识情态应该是最容易发展成传信范畴的，为什么有些语言动力或道义范畴能越过认识范畴这一步发展成传信范畴？而却不发生在汉语中？"首先，从搜集的语言材料来看，由动力或道义情态发展为传信情态相对要少见些：由动力情态演变为传信范畴（非亲见的感官）有阿卡语一例；由道义情态演变为传信范畴（"传闻听说"类）有丹麦语和德语两例。而认识情态发展为传信范畴是更常见普遍的。另外，关于动力情态发展到传信范畴，笔者根据该情态的语义特点做了如下猜测，但未经证明：动力情态强调的是小句参与者的能力，一般来说，该情态应该是谓语第一论元或对事件起控制作用的参与者（通常是施事）具有的属性。但是，当小句所述事件中拥有能力的并不是主语而是一个没有显现的控制性参与者时，其中的动力情态词就有可能演变成非亲见的传信范畴。至于道义情态演变为传信范畴的机制和动因还有待于考察更多的相关语言。这些都是值得笔者再另文深入研究的课题。

⑩ 情态助词shall用于第三人称时，表示道义情态，是说话人表达某人执行命题所述行为的义务。例如：He shall stay in bed.（他必须躺在床上。）

⑪ 根据Comrie（1976），"完成体（Perfect）"和"完整体（Perfective）"是两个不同类型的体范畴，但是从笔者查阅的已有研究来看，有些学者将这两个术语混淆使用。从他们的论述看，有些使用"完整体（Perfective）"术语的地方其实应该是"完成体（Perfect）"。

⑫ 本小节关于体貌范畴和传信范畴关联研究的回顾，只梳理介绍完成体和推测类传信范畴关联的已有研究。因为，这与下文要讨论的汉语的体貌标记"了"和推测类传信范畴的关联互动很有关系。除此外，从学界已有的研究看，据Dahl（1985）的研究，他发现有7种语言（Beja（贝扎语，东北非苏丹民族的语言）、Quechua（盖楚瓦语，一种南非印第安部落语言）、Kurdish（库尔德语）、Bulgarian（保加利亚语）、Japanese（日语）、Greenl. Eskimo（爱斯基摩语）和Turkish（土耳其语））的完成体承载着表达引证类（quotative）传信范畴的功能。另外，Huang（1988）发现东亚美尼亚语的起始体和表一手

信息的传信范畴有关联。本小节不对这些研究做详细介绍，可参阅相关文献。

⑬ 参见 Comrie（1976）第 110 页注释①。

⑭ 参见 Aikhenvald（2004）第 115 页的介绍。

⑮ Newari 语有两个完成体标记，tŏl 原义是"keep（保持）"，它作为完成体标记是表明对事件结果的持续，隐含有表示结果状态的意思，是结果义完成体标记；而 dhun(-k)- 原义是"finish（完成）"，它作为完成体标记其本身不含有表示结果状态的意思，是非结果义完成体（non-resultative perfect）标记。

⑯ 根据 Bybee, Perkins and Pagliuca（1994），这里的 anterior 就是 perfect（完成体），表示过去的行为对现在有延续的相关性（an action in the past which continues to be relevant for the present）。

⑰ 要注意的是，这里所说的"了推测"和"了义务"是依据"了"所出现的"应该"句的句子意义来区分的，而不是说"了"本身带有"推测"和"义务"这两种意义。

⑱ 这里所说的"是"具有对情态词"应该"多义的消歧作用和上文 2.2.2 所论述的具有强调功能的焦点标记"是"具有的对情态词"应该"多义的消歧作用不矛盾。因为这与"是"从判断词演变为焦点标记的语法化过程具有相关性，可参看董秀芳（2004）的相关论述。

⑲ Hopper & Thompson（1980）在讨论及物性理论时，提出的衡量及物性高低的十项重要参数分别是：参与者（participants）、动作性（kinesis）、体貌（aspect）、瞬时性（punctuality）、意愿性（volitionality）、肯定性（affirmation）、情态（mode）、施动性（agency）、宾语受动性（affectedness of O）和宾语个体性（individuation of O）。（说明：其中"情态"这一参数在张伯江（2009）中翻译为"语态"，原英语文献为 mode，主要指现实的（realis）和非现实的（irrealis），因此，我们认为选择"情态"这一术语更恰当。）

⑳ "（非）自主动词（(non-)volitional）"这一动词分类的详细讨论请参见马庆株（1989）。马庆株先生的"（非）自主"就是我们这里讨论的"（非）意愿"，这从英语术语的一致性上可以看出来。

㉑ 在考察该图表中的动词"事件链"时，其中对"行为"和"结果"环节的意愿性或自主性的判断可能会因人而异，但是对"意图"环节的判断应该没问题。因为，对一个事件行为的"意图"知晓与否最能反映该事件是意愿的还是非意愿的。

参考文献

曹广顺　（1995）　《近代汉语助词》，语文出版社，北京。
戴耀晶　（2000）　试论现代汉语的否定范畴，《语言教学与研究》第 3 期，北京，45—49 页。
董秀芳　（2004）　"是"的进一步语法化：由虚词到词内成分，《当代语言学》第1期，北京，35—44页。

郭　锐　（1997）　过程与非过程——汉语谓词性成分的两种外在事件类型，《中国语文》第3期，北京，162—175页。

刘勋宁　（1985）　现代汉语句尾"了"的来源，《方言》第1期，北京，128—133页。

——　（1988）　现代汉语词尾"了"的语法意义，《中国语文》第5期，北京。

——　（1990）　现代汉语句尾"了"的语法意义及其与词尾"了"的联系，《世界汉语教学》第2期，北京，80—87页。

吕叔湘　（1942）　《中国文法要略》，商务印书馆，北京。

——（主编）（1982）　《现代汉语八百词》（修订本），商务印书馆，北京。

马庆株　（1989）　自主动词和非自主动词，《中国语言学报》第3期，商务印书馆，北京。

聂仁发　（2001）　否定词"不"与"没有"的语义特征及其时间意义，《汉语学习》第1期，延吉，21—27页。

彭利贞　（2007）　《现代汉语情态研究》，中国社会科学出版社，北京。

沈家煊　（1999）　《不对称和标记论》，江西教育出版社，南昌。

宋永圭　（2007）　《现代汉语情态动词否定研究》，中国社会科学出版社，北京。

石毓智　（1992）　《肯定和否定的对称与不对称》，台湾学生书局，台北。又于2002年出版于北京，北京语言文化大学出版社。

汤廷池　（1976）　助动词"会"的两种用法，《语文周刊》第1427期，载汤廷池（1979：1—6）。

——　（1979）　《国语语法研究论集》，台湾学生书局，台北。

王洪君、李榕、乐耀　（2009）　"了$_2$"与话主显身的主观近距交互式语体，《语言学论丛》第40辑，北京，312—333页。

王　伟　（2006）　现代汉语"了"的句法语义定位，中国社会科学院研究生院博士论文。

忻爱莉　（2000）　华语情态动词的语意与句法成分之互动，世界华文教育协进会编：《第六届世界华语文教学研讨会论文论文集》（第一册：语文分析组），世界华文出版社，台北。

徐晶凝　（2008）　《现代汉语话语情态研究》，昆仑出版社，北京。

乐　耀　（2011a）　国内传信范畴研究综述，《汉语学习》第1期，延吉，62—72页。

——　（2011b）　从人称和"了$_2$"的搭配看汉语传信范畴在话语中的表现，《中国语文》第2期，北京，121—132页。

张伯江　（1997）　认识观的语法表现，《国外语言学》（《当代语言学》）第2期，北京，15—19页。

——　（2009）　"功能语法研究"课程PPT讲义，2009年全国语言学暑期高级讲习班，北京，北京语言大学。

Aikhenvald, Alexandra Y. （2004） *Evidentiality*. Oxford: Oxford University Press.

Alleton, Vivane （1994） Some remarks about the epistemic values of auxiliary verbs YINGGAI and Yao in Mandarin Chinese. In Chen M. Y. & Tzeng J. L. (eds.). *In honor of William S-Y. Wang: Interdisciplinary studies on language and language change*. Taipei: Pyramid Press.

Bybee, Joan L. and William Pagliuca （1985） Cross-linguistic comparison and the development of grammatical meaning. In J. Fisiak (ed.), *Historical Semantics: Historical Word-Formation,* 59-83. Berlin/New York: Mouton de Gruyter.

Bybee, Joan L., Revere D Perkins and William Pagliuca （1994） *The Evolution of Grammar: Tense, Aspect and Modality in the Languages of the World*. Chicago: University of Chicago Press.

Chappell, Hilary （2001） A Typology of Evidential Markers in Sinitic Languages. In Chappell, Hilary. (ed.) *Sinitic grammar: synchronic and diachronic perspectives*. Oxford: Oxford University Press.

Comrie, Bernard （1976） *Aspect*. Cambridge: Cambridge University Press.（北京大学出版社 2005 年影印本）

Curnow, Timothy Jowan （2002） Types of interaction between evidentials and first-person subjects. *Anthropological Linguistics* 44 (2): 178-196.

De Haan, F. （1997） *The Interaction of Modality and Negation: A Typological Study*. New York: Garland.

De Lancey, Scott （1990） Ergativity and the cognitive model of event structure in Lhasa Tibetan. *Cognitive Linguistics* 1(3): 289-321.

Frachtenberg, J. （1922） Coos. In Franz Boas,(ed.) *Handbook of American Indian Languages* 2: 297-429.

Goossens, Louis （1985） Modality and the modals. In M. Bolkestein, C. De Groot and L. Mackenzie (eds.). *Predicates and Terms in Functional Grammar,* 203-217. Amsterdam and Philadelphia: John Benjamins Publishing Company.

Halliday, Michael A. K. （1994） *An introduction to functional grammar*. London: Arnold.

Hopper, Paul J. and Sandra A. Thompson （1980） Transitivity in Grammar and Discourse. *Language* 56(2): 251-299.

Li, Charles N., Sandra A. Thompson & R. M. Thompson （1982） The discourse motivation for the perfect aspect: The Mandarin Chinese particle LE. In P. Hopper (ed.), *Tense and aspect: Between semantics and pragmatics*. Amsterdam: John Benjamins.19-44.

Palmer, Frank R. (1986/2001) *Mood and Modality*. Cambridge: Cambridge University Press.

Schlichter, Alice (1986) The Origin and Deictic Nature of Wintu Evidentials. In Chafe and Nichols (eds.). *Evidentiality: The Linguistic Coding of Epistemology,* 46-59. Norwood, NJ: Ablex Publishing Corporation.

Shepherd, Susan C. (1993) The acquisition of modality in Antiguan Creole. In N. Dittmar and A. Reich (eds.). *Modality in Language Acquisition,* 171-184. Berlin/New York: Mouton de Gruyter.

Thurgood, Graham (1986) The Nature and Origins of the Akha Evidentials System. In Chafe and Nichols (eds.). *Evidentiality: The Linguistic Coding of Epistemology,* 214-222. Norwood, NJ: Ablex Publishing Corporation.

Willett, T. (1988) A cross-linguistic survey of the grammaticalization of evidentiality, *Studies in Language* 12(1): 51-97.

(100732 北京，中国社会科学院语言研究所

yueyao82@gmail.com）

台湾新埔四县客家话舌叶音的产生[*]

黄菊芳　江敏华　郑锦全

提要 台湾现存的客家话以四县腔及海陆腔的使用人口居多。根据我们的调查，在以海陆腔为优势腔的台湾新竹新埔，四县客家话在声母部分出现一套舌叶音 [tʃ, tʃʰ, ʃ, ʒ]。本文认为，新埔四县客家话产生舌叶音，是因为在海陆客家话处于绝对优势的环境下，由方言接触引发的变异。
关键词　客家话　舌叶音　方言接触　语音变异　语言地理资讯系统

0　前言

本研究关注音变的原因，并且将地理范围锁定在台湾新竹县新埔镇，对象设定在长期居住该地的中老年人口，观察其音变现象，主要焦点是弱势语言的变异情形。客语不同地域变体在台湾的接触演变，近年来受到关注，研究者的兴趣集中于对"四海话"现象的讨论，"四海话"意指客语四县腔与海陆腔接触下的各种变体。相关的研究论文颇多，这当然与这个现象普遍存在有关。最早将这个现象提出讨论并命名为"四海话"的是罗肇锦（1998），然而作者原意其实将重点放在"漳州话的失落"这个立论角度，不料"四海话"却成为往后研究者所喜用的词汇。以下我们简单回顾这几年来

---

[*] 本研究为中研院数位典藏国家型科技计划"语言典藏"分项计划子计划"闽客语典藏"及台湾交通大学客家学院整合型计划"台湾客家族群的聚落、历史与社会变迁：以凤山、头前、中港及后龙四溪流域为范围之跨学科研究"的语言研究群"四溪流域客语的调适与传承"的子计划——"四溪流域三乡镇语言分布微观调查"的部分研究成果，子计划主持人分别为江敏华副研究员及郑锦全院士。感谢"国科会"的经费补助。本文初稿曾于 2010 年由美国哈佛大学主办的国际中国语言学学会第 18 届年会暨北美洲汉语语言学第 22 次会议（IACL-18 & NACCL-22 Conference）上口头发表，获得许多宝贵意见，谨此向提供意见的学者们致谢。最后还要特别感谢本刊两位匿名审稿人提供的详细且具体的修改建议。

主要关注台湾不同客语地域变体的文章。

邓盛有（2000）采集桃园（平镇、杨梅）、新竹（关西、峨眉）、苗栗（头份、南庄）多个乡镇点的发音材料，归纳出十七种"四海话"，并且经由与多个原乡客语代表点的比较，试图证明这是一个新的语言。以论文中归纳的资料观察，我们发现变异方向与当地的强势客语有密切的正相关。也就是说，如果当地是以四县客语为强势语，那么以海陆客语为底层语言的人所发展出来的变体会朝向四县客语发展，最后与当地的四县客语趋同，如果当地是以海陆客语为强势语，那么以四县客语为底层语言的人所发展出来的变体会朝向海陆客语发展。

黄怡慧（2004）分析台湾南部的四海客家话，文中除了描写南部四县腔和海陆腔的接触情形，还进一步从声学的角度探讨语言变异的现象及原因，由于南部以四县客语为强势语言，因此作者探讨的重点放在讨论原来在海陆腔是念 [tʃ, tʃʰ, ʃ] 声母的字，在受到南部四县话的影响后，念成 [ts, tsʰ, s]，这样的情形下所产生的 [ts, tsʰ, s] 与四县腔的 [ts, tsʰ, s] 有无差异呢？作者根据声谱图，认为在发音上是有差异的，从这份南部的接触资料可知，海陆腔以四县腔客语为强势语的接触发展也是与四县腔客语趋同。

张素玲（2005）研究新竹关西客家话的混同关系就不使用"四海话"，显然作者留意到新竹县关西镇有不同的客语次方言存在，使得接触的关系显得复杂，其论文指出关西四县客家话有舌叶音声母，同于海陆腔，但是在韵母的表现上，[-i] 或有或无，部分异于海陆腔。而三个调查点（东平里、南山里、东兴里）除东平里外，舌叶音接洪细的表现没有规则可言，因此作者认为南山里与东兴里的舌叶音是受海陆腔影响但未完全相同。

钟荣富（2006）归纳四海客家话形成的规律与方向，语料以花东、桃园与苗栗的四海客家为例，并以优选理论的架构解释语音改变的机制及原因。其"四海客家话"意指四县腔和海陆腔接触而产生的一种新的客家腔调。并且有五种类型：a) 声韵为四县，调为海陆。b) 声韵为海陆，调为四县。c) 声母为四县，韵母及声调为海陆。d) 声、调为四县，韵为海陆。e) 声母为海陆，韵及调为四县。这个研究显示接触下的四海客家形式极为丰富，当然这也显示四海客家其实意指四县、海陆接触下的各种可能腔调。

何纯惠（2008）探讨花莲玉里的四海客家话，主要放在语音的演变探讨，花莲玉里的四海客家话，声母与韵母兼具四县客语及海陆客语的音韵特色，但在声调系统方面仍同于西部四县客语，全文将重点放在历史音韵的讨论。以论文所提供的资料，我们知道花莲玉里呈现出以四县客语为底层语言的语音现象。

这些研究告诉我们，台湾四县客语和海陆客语接触后的变异现象处于进行中，因此探讨目前未曾研究过的新埔四县客语也就显得极有意义。就地理分布而言，新埔四县客语被海陆客语包围，海陆客语处于绝对强势的地位，我们将以新埔四县客语为例，深入分析同一语言的弱势变体如何维持其本身的发音特色以及产生怎样的变异。本文不采用"四海话"一词，强调这是一个处于接触中的现象。关于现象的描述及探讨背后形成的规律，一直备受重视，甚至进一步希望预测未来的演变。本文将探讨的重点放在新埔四县客语与苗栗四县客语齿音的比较，透过访谈录音，整理新埔四县客语舌叶音出现的环境，并且分析新埔四县客语舌叶音与新埔海陆客语的异同，说明新埔四县客语在海陆腔客语为优势的环境下，舌叶音与韵母的结合所呈现出的特色。

本文以家户语言调查为基础，并设计所有舌叶音可能出现的字词资料，区分声韵调，详细讨论舌叶音在新埔四县客语出现的环境。本文首先介绍新竹县新埔镇的语言分布，并运用地理资讯系统绘制新埔镇的语言分布图。其次描写新埔四县客语的音韵并讨论其特色。再来分析新埔四县客语舌叶音的产生环境及其与韵母的搭配情形，分别就 [tʃ, tʃʰ, ʃ] 及 [ʒ] 加以讨论，最后是结语。

1 新埔镇语言分布

新埔镇位于新竹县东北部，其邻接乡镇东边是关西镇，南临芎林乡，西是竹北乡，北接湖口乡，东北角接壤桃园县杨梅镇与龙潭乡。除了竹北乡以闽南话为优势语言之外，其他临界乡镇都以客家居民为多。新埔镇东西长约16公里，南北宽约10公里，是丘陵地带，早期平埔族在此狩猎，两百多年前广东惠州府陆丰县、嘉应州镇平县、潮州饶平县的汉人来到这里开垦，后来逐渐形成集市。全镇行政区域目前划分为十九个里：四座、五埔、新北、巨埔、鹿鸣、清水、照门、内立、宝石、新民、新生、旱坑、新埔、北平、南平、文山、下寮、田新、上寮，面积72.19平方公里。[①]图1是新埔镇的行政区域图。

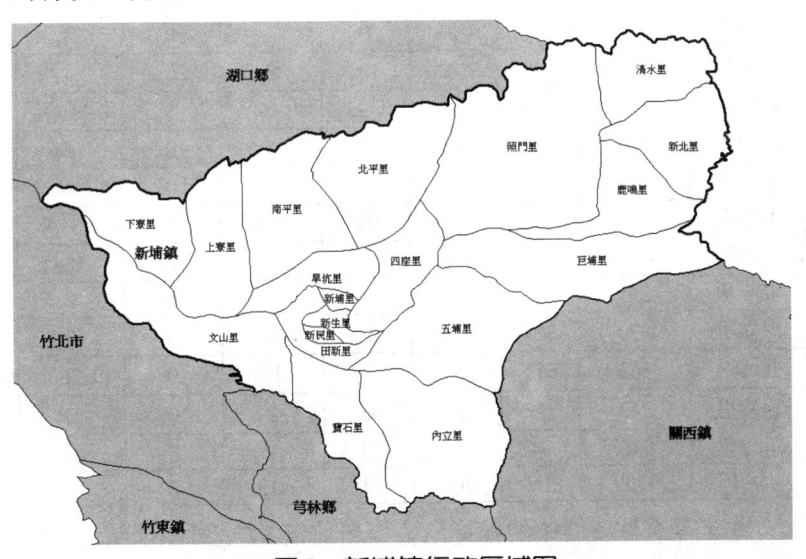

图1 新埔镇行政区域图

我们对新埔镇的了解可以透过由林柏燕（1997）执笔，新埔镇公所出版的《新埔镇志》获得清楚的认识，然本书并未撰写语言志，对于此地的语言描写尽付阙如。本文参考中研院语言学研究所及交通大学四溪计划合作团队所建置的新埔镇语言分布资料，详细描写新埔镇的语言分布。该计划2008年在新埔镇执行，完成9509户的语言别确认。所完成的家户语言共计有海陆客语8167户，四县客语469户，饶平客语191户，闽南语413户，南岛语8户，其他（包括未能访问调查的户口）261户。新埔镇分里的语言使用家户统计见表1。

表1 新埔镇居民家庭语言统计表

村里名	调查户数	客语			闽南语	南岛语	其他语言
		海陆	四县	饶平			
旱坑里	613	588	14	0	6	0	5
南平里	322	264	38	19	1	0	0
北平里	228	226	0	0	2	0	0
田新里	863	832	15	0	7	0	9
新生里	242	240	2	0	0	0	0
照门里	482	454	26	1	1	0	0
清水里	174	158	8	0	2	0	6
新埔里	380	373	2	0	1	0	4
新民里	451	442	2	0	3	0	4
四座里	1028	928	47	0	35	3	15
巨埔里	371	323	42	0	5	0	1
上寮里	524	335	21	87	77	0	4
下寮里	696	470	14	72	106	3	31
文山里	1334	996	35	3	144	2	154
宝石里	291	233	46	9	1	0	2
内立里	390	377	10	0	3	0	0
五埔里	662	611	8	0	17	0	26
鹿鸣里	242	223	18	0	1	0	0
新北里	216	94	121	0	1	0	0
小计	9509	8167	469	191	413	8	261

海陆客语是新埔镇的强势语言，新埔镇19个里除了新北里以外，海陆客语的使用家庭都高居各里之冠。我们根据该调查所建立的资料库[②]，运用地理资讯系统将新埔镇全镇的语言分布绘制如图2。正三角形标示海陆客语使用家庭，倒三角形标示四县客语使用家庭，圆形标示闽南语，十字标示其他，菱形标示饶平客语，正方形标示南岛语，透过地理资讯系统的建置，可以清楚显示新埔镇各

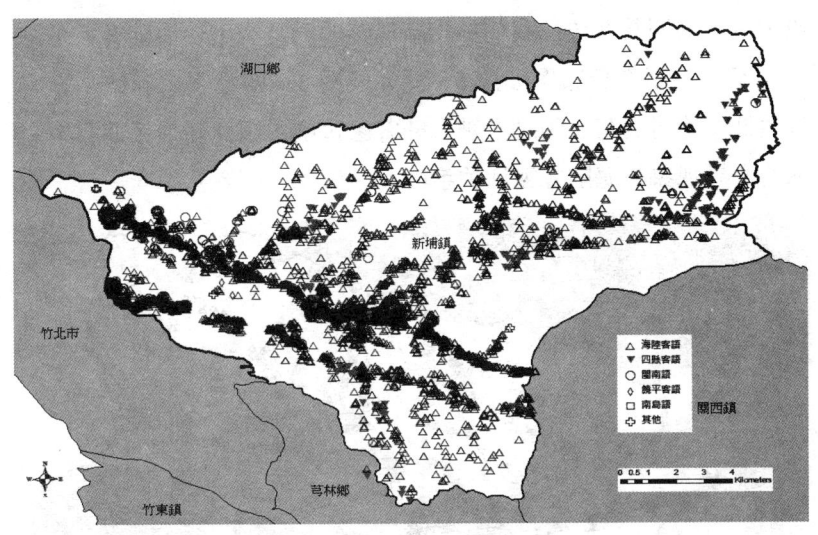

里语言分布的调查结果。（黄菊芳等 2009）

图 2　新埔镇语言分布图

根据家户调查所建立的分布资料，旱坑里、南平里、田新里、照门里、四座里、新北里、上寮里、下寮里、文山里、宝石里、内立里、鹿鸣里、巨埔里的四县客家都有十户以上，加上宗亲联系紧

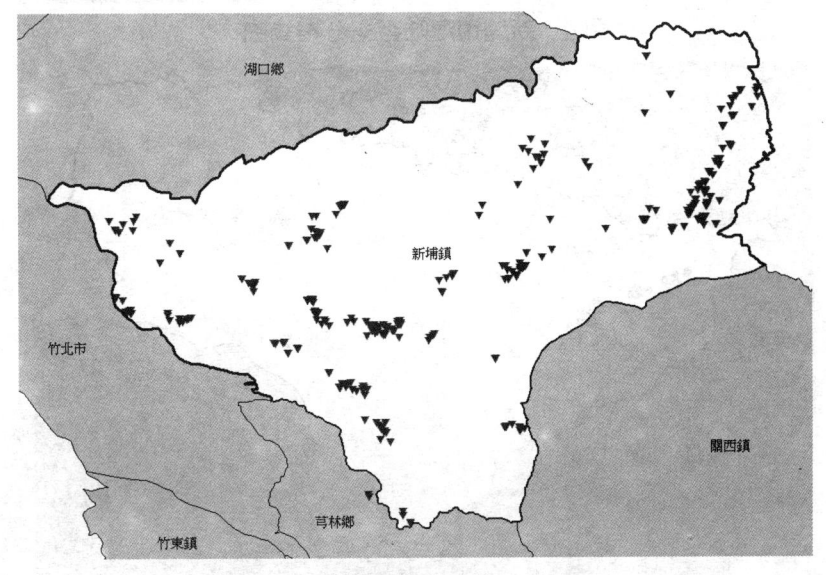

图 3　新埔镇四县客语分布简图

密,这些四县客家居民得以维持约三百年前祖先从镇平(现在的蕉岭)带来的四县客语。我们抽出新埔镇的四县客家、海陆客家及饶平客家家户制作分布图如图3、图4及图5,四县客家和饶平客家显然处于绝对弱势,地理上被海陆客家包围,因此新埔镇四县客家话的变异现象与海陆客家话关系极大。

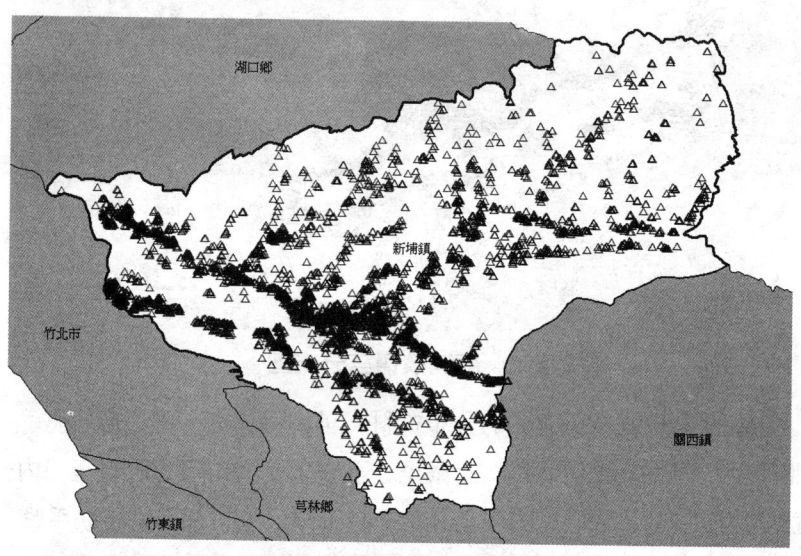

图4 新埔镇海陆客语分布简图

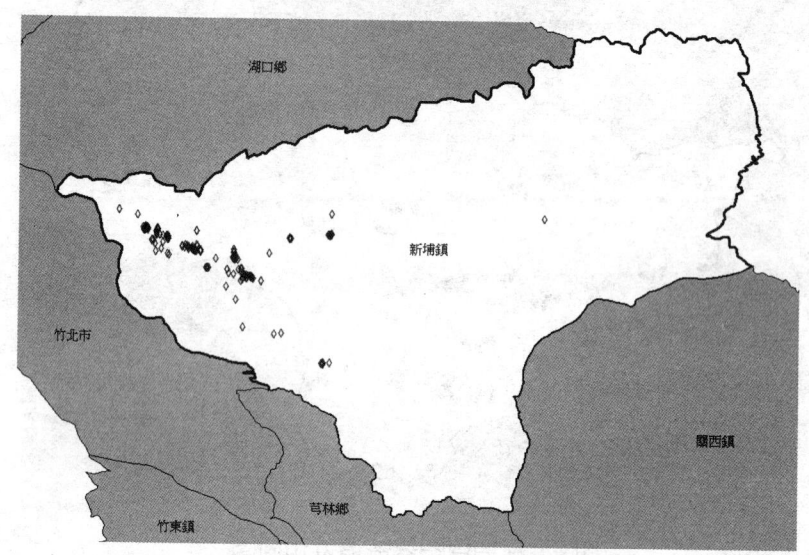

图5 新埔镇饶平客语分布简图

2 新埔四县客语的音韵描写及特色

本节简要描写新埔四县客语的声韵调系统，并与苗栗四县客语③及新埔海陆客语、新埔饶平客语比较④，阐明新埔四县客语的特色。

2.1 新埔四县客语音韵描写

首先我们将新埔四县客语的音韵描写如表2、表3、表4，作为下文探讨的依据。

2.1.1 新埔四县客语声母描写

表2 新埔四县客语声母表

发音部位	发音方法	塞音 不送气	塞音 送气	塞擦音 不送气	塞擦音 送气	鼻音	擦音	边音
唇	双唇	p	pʰ			m		
唇	唇齿						f v	
舌	舌尖前			ts	tsʰ		s	
舌	舌尖	t	tʰ			n		l
舌	舌叶			tʃ	tʃʰ		ʃ ʒ	
舌根		k	kʰ			ŋ		
喉		∅					h	

说明：含零声母共计21个声母。[ts, tsʰ, s, ŋ]声母后接[i]时部分会腭化念成舌面前音[tɕ, tɕʰ, ɕ, ɲ]，尤其是[ɲ]，声母表里暂不列入，但标音时将做区分，以便讨论。

2.1.2 新埔四县客语韵母描写

表3 新埔四县客语韵母表

阴声韵					阳声韵			入声韵		
ɿ	a	o	i	u	am	ɿn	aŋ	ɿp	ɿt	ak
ʅ	ia	io	ai	au	em	an	oŋ	ap	at	ok
e	ua		oi	eu	im	on	uŋ	ep	ot	uk

（续表）

			ui	iu	iam	en	iaŋ	ip	et	iak
			iai	iau	iem	in	ioŋ	iap	ut	iok
			ioi	ieu		un	iuŋ		it	iuk
			uai			ion	uaŋ		iet	
						ien			uat	
						iun			uet	
						uan				

说明：1）阴声韵 21 个，阳声韵 22 个，入声韵 20 个。
　　　2）此外还有自成音节的鼻音 2 个：m ŋ。
　　　3）共有 65 个韵母。

2.1.3 新埔四县客语声调描写

表 4　新埔四县客语声调表

调类	阴平	阳平	上声	去声	阴入	阳入
调值	24	11	31	55	32	55
例字	包鲜	桃橱	饱火	线冻	百节	白木

说明：声调共计 6 个。

2.2　新埔四县客语的特色

新埔四县客语的特色可以从其与苗栗四县客语及新埔海陆客语、新埔饶平客语的比较得到突显，以下分别从声韵调三个方面讨论。

声母方面，新埔四县客语与新埔海陆客语及新埔饶平客语的声母数量相同，较苗栗四县客语多出 [tʃ, tʃʰ, ʃ, ʒ] 四个声母。较细微的差异在于新埔四县客语 [ts, tsʰ, s] 后接 [i] 的腭化不明显，仍为舌尖前塞擦音及擦音，与新埔饶平客语、苗栗四县客语及新埔海陆客语相异。苗栗四县客语与新埔海陆客语的 [ts, tsʰ, s] 与 [tɕ, tɕʰ, ɕ] 呈现互补分布，而苗栗四县客语与新埔海陆客语的差异在于新埔海陆客语多了 [tʃ, tʃʰ, ʃ] 这套声母后接 [i]。新埔四县客语、新埔海陆客语、新埔饶平客语及苗栗四县客语舌尖、舌面和舌叶音的分布情形整理如表5。

表5　新埔客语及苗栗四县客语 [ts, tsʰ, s] [tɕ, tɕʰ, ɕ] [tʃ, tʃʰ, ʃ] 分布表

	新埔四县	新埔海陆	新埔饶平	苗栗四县	备注
ts, tsʰ, s	＋	＋	＋	＋	
tɕ, tɕʰ, ɕ	（－）	＋	＋	＋	与 ts, tsʰ, s 互补
tʃ, tʃʰ, ʃ	＋	＋	＋	－	

韵母方面，新埔四县客语与新埔海陆客语及新埔饶平客语的韵母趋同，与苗栗四县客语有较大的差异，主要差异归纳如表6。

表6　新埔四县客语与苗栗四县客语韵母相异表

新埔四县韵母	苗栗四县韵母	例字	说明
ai	e	解、街	
au、iau	eu、ieu	少、庙、妙、叫	
iu	u	周、酬、收、手	
ui	i	胃、杯、味	都出现在唇音之后

表6所列的差异和海陆客语与四县客语韵母的差异相同⑤。

在声调的部分，新埔四县客语与苗栗四县客语完全相同（除了极少部分的例外，将在下文讨论），表7将各腔调的调值并列，以便比较。

表7　新埔四县、新埔海陆、新埔饶平及苗栗四县调值表

| 调类 | 阴平 | 阳平 | 上声 | 去声 | | 阴入 | 阳入 |
				阴去	阳去		
新埔四县	24	11	31	55		32	55
新埔海陆	53	55	24	11	33	55	32
新埔饶平	11	55	31		33	32	55
苗栗四县	24	11	31	55		32	55
例字	包鲜	桃橱	饱火	线冻	大换	百节	白木

简言之，新埔四县客语在声母和韵母的表现与新埔海陆客语及新埔饶平客语相似，而声调的使用则与苗栗四县相同，呈现有趣的现象。新埔四县客语多出的 [ʒ] 声母一律与 [i] 介音配合，非常规律，

若与新埔海陆客语发舌叶浊擦音 [ʒ] 声母的字词比较，会发现一些有意思的现象。而新埔四县客语与 [tʃ, tʃʰ, ʃ] 相配的韵母则呈现多种样貌，值得探讨。我们先讨论 [tʃ, tʃʰ, ʃ] 再讨论 [ʒ]。

3 新埔四县客语与苗栗四县客语齿音字音韵比较

如果将苗栗四县客语视为四县客语的早期形式，经由以上对新埔四县客语的音韵描写，我们发现处在以海陆客语为强势腔的语言环境下，新埔四县客语的声调与苗栗四县客语完全相同，在声母及韵母的部分则明显受到海陆客语影响，最明显的是多出一套舌叶音，且腭化现象不明显，仍为舌尖前塞擦音及擦音。本节拟就舌叶音及腭化的部分进一步分析，究竟新埔四县客语在舌叶音的字词发音与苗栗四县客语差异在哪里，又与新埔海陆客语有哪些异同。本节依据新埔四县客语发音人所有可以念出的齿音字归纳，区分声、韵、调，并以苗栗四县客语作为比较参照，新埔四县客语与苗栗四县客语在齿音部分的发音差异可以分七类讨论：1) 声、韵、调全同；2) 声、韵异，调同；3) 声母异，韵、调同；4) 声、调同，韵异；5) 声、韵同，调异；6) 声、韵、调皆异；7) 韵母同，声、调异。论述过程中并进一步与新埔海陆客语比较，分析新埔四县客语处在接触的环境下，其语音的变与不变。

3.1 声、韵、调全同

以调查的例字观察，相配的韵母有：[ɿ, a, e, u, o, ai, ui, oi, au, eu, em, an, en, un, on, aŋ, uŋ, oŋ, ap, at, et, ut, ak, uk, ok, iu, im, ien, ioŋ]，共计 29 个。例字整理如表 8。

表8　新埔四县与苗栗四县客语齿音同音字例表

	ts	tsʰ	s
ɿ	资	辞慈饲自次	字思私师斯示视寺仕事士
a	者	茶差察查	射社沙
e		齐	洗细婿
u	祖猪诸朱株组	粗初抽处	
o	早左棘做	坐草错造座	所嫂锁
ai	再债	在差彩采在蔡猜	
ui	醉	催摧罪	虽随
oi		材菜	
au		抄操吵炒	
eu	焦走奏		搜愁烧
em			森
an	战	残泉灿	扇产山删散善
en	争增赠	层	生甥省升
un	尊遵	村寸	孙巡纯
on		冇	算酸
aŋ	正		省生
uŋ	宗粽	窗聪充	送松宋
oŋ	葬	藏仓撞唱	桑霜
ap	□（意指很壮）	插	
at		杂	
et		测策	塞色
ut		出	
ak	摘	册拆尺	
uk		族	
ok	作桌		
	tɕ	tɕʰ	ɕ
iu		秋	
im			心
ien		钱	先
ioŋ	奖		

原则上同音字都没有 [i] 介音，但有例外，如：奖 [tɕioŋ] 秋 [tɕʰiu] 钱 [tɕʰien] 心 [ɕim] 先 [ɕien]。这五个字之中，以"钱"最稳定，"奖

秋心先"不稳定，不一定会腭化为舌面音 [tɕ, tɕʰ, ɕ]。其余有 [i] 介音的韵母，其声母都与苗栗四县客语不同，有大部分结合 [tʃ, tʃʰ, ʃ]。

苗栗四县客语与新埔四县客语声韵调全同的齿音字，其与新埔海陆客语的相关程度如何？这些字的声调不讨论，声母及韵母与新埔海陆客语全同的例字整理如表9。

表9　新埔四县、苗栗四县、新埔海陆客语齿音声韵相同字例表

	ts	tsʰ	s
ɿ	资	辞慈饲自次	字思私师斯仕事士
a	者	茶差察查	射社沙
e		齐	洗细婿
u	组	粗初	
o	早左做	坐草错造座	所嫂锁
ai	再债	在差彩采在蔡猜	
ui	醉	催摧	虽随
oi		材菜	
au		抄操吵炒	
eu	走奏		搜愁
em			森
an		残泉灿	产山删散
en	争增赠		生省
un	尊遵	村	纯
on			算酸
aŋ	正		省生
uŋ	宗	窗聪	送松宋
oŋ	葬	藏仓撞	桑霜
ap	□（意指很壮）	插	
at		杂	
et		测策	色
ut		出	
ak		册拆	
uk		族	
ok	作桌		

新埔海陆声母读舌叶音，韵母与新埔四县相同的字如表10所列。

表10 新埔四县与新埔海陆舌尖舌叶对应字例表

声母 韵母	新埔四县：新埔海陆 ts：tʃ	新埔四县：新埔海陆 tsʰ：tʃʰ	新埔四县：新埔海陆 s：ʃ
a			射社沙
u	祖猪诸朱	处	
ui		罪	
an	战		扇善
un		寸	孙巡
uŋ	粽	充	
oŋ		唱	
ut		出	
ak	摘	尺	

我们从新埔四县客语声母读 [ts, tsʰ, s] 与苗栗四县相同，但与新埔海陆声母读 [tʃ, tʃʰ, ʃ] 不同这个地方可以看出 [ts, tsʰ, s] 与 [a, u, ui, an, un, uŋ, oŋ, ut, ak] 这些韵母的结合较紧密，但由于处于海陆客语强势的环境下，未来极有可能与海陆客语趋同，也读舌叶音。

此外，新埔海陆声母与韵母都与新埔四县不同的字有：

	新埔四县	新埔海陆
抽	tsʰu	tʃʰiu
示	sɿ	ʃi
视	sɿ	ʃi
烧	seu	ʃau
升	sen	ʃin
焦	tseu	tɕiau

新埔海陆声母与新埔四县不同，韵母相同的字有：

	新埔四县	新埔海陆
闩	tsʰon	son
塞	set	tsʰet

新埔四县客语读音与苗栗四县全同的这些字，与海陆客语的发音比较后，我们发现其中有绝大部分是与海陆客语的声韵相同，只是调不同。其次是新埔海陆声母读舌叶音而韵母与新埔四县相同的

字，这些字都是舌叶与舌尖的不同，可看出新埔四县受新埔海陆影响下的变化趋势。以目前的语料观察，"抽示视烧升焦"与"闩塞"这些字还保持原来四县的发音方式。

3.2 声、韵异，调同

这一类字的特色是大部分都有介音 [i]，而且韵尾相同居多，可见介音 [i] 的有无居关键。字例见表 11。

表11 新埔四县与苗栗四县客语齿音声母韵母不同声调相同字例表

声母 韵母		苗栗 四县	新埔 四县	苗栗 四县	新埔 四县	苗栗 四县	新埔 四县
苗栗 四县	新埔 四县	ts: tʃ		tsʰ: tʃʰ		s: ʃ	
ɿ: i		纸指址志制智致痣治		齿持		施屎始试是士时市	
ɿ: ʅ		纸		迟		屎	
ɿ: u				醋		梳数	
ɿ: e						势	
ɿn: in		珍证症正真贞征蒸镇振整政		陈称		成身绅臣诚神晨承	
ɿn: ɿn						晨	
ɿm: im		针枕		深		审慎甚	
ɿt: it		质织职		侄直值			
ɿt: ɿt						实式失食	
ɿp: ip		汁□（馊水）					
ɿp: ɿp						湿十	
u: iu		昼州洲周		臭筹		手输仇守首受寿授	
eu: au		朝招照		超		少	

这张表没有列入发音方式不对应的字，这些字列如表 12：

表12 新埔四县与苗栗四县齿音声韵不同声调相同发音方式不对应的字

	苗栗四县		新埔四县		新埔海陆	
	声韵	调	声韵	调	声韵	调
柿	tsʰɿ	55	kʰi	55	kʰi	11
赵	tsʰeu	55	tʃau	55	tʃau	33
尘	tsʰɿn	11	ʃin	11	ʃin	55
程	tsʰaŋ	11	ʃin	11	ʃin	55
岁	se	55	ʃoi	55	ʃoi	33
肇	seu	55	tʃau	55	tʃau	33
占	tɕiam	55	tʃan	55	tʃan	33

"柿赵尘程岁肇占"这七个发音方式不对应的字，新埔四县的声韵与新埔海陆相同，声调与苗栗四县相同。

不论发音方式如何，这一类的字是新埔四县的声母及韵母和苗栗四县不同，而声调相同。如果新埔四县的声韵与苗栗四县都不同，只有声调相同，我们或许可以比较肯定地说这一类字的音韵是因为接触而产生了变化。以新埔镇的语言分布情形观察，这一类字应该大部分是受海陆客语影响而产生音韵上的变化。根据我们收集的共时语料显示，新埔四县这一类字的声韵与新埔海陆完全相同的占了调查语料的九成，而这些字大部分都有介音 [i]，没有介音的则以 [au] 居多，其次为 [oi][an][e][u]。除了这些声韵全受海陆客语影响的字之外，还有一些是不完全受海陆客语影响，但处于变化中的现象，如新埔四县客语的"纸"读两音 [tʃɿ] 和 [tʃi]，"屎"读 [ʃɿ] 和 [ʃi]，"晨"读 [ʃin] 和 [ʃɿn]。不过新埔海陆客语也出现两读的现象，如"市"读 [ʃɿ] 和 [ʃi]，"实、失"读 [ʃɿt] 和 [ʃit]，"手"读 [ʃiu] 和 [ʃu]，因此这个现象也可以说是受海陆客语的影响。⑥除了两读之外，新埔四县的"迟"读 [tʃʰɿ]，"实、式、失、食"读 [ʃɿt]，"湿、十"读 [ʃɿp]，这些字新埔海陆都读 [i] 介音，如果不细辨，其实不易区分。

3.3 声母异，韵、调同

我们归纳整理声母的对应关系如表13及表14。新埔四县客语声母与苗栗四县客语不同，韵母及声调相同，这一类的字例最多，这与记音时区分 [ts, tsʰ, s] 与 [tɕ, tɕʰ, ɕ] 有关。

表13　苗栗四县与新埔四县客语 [ts, tsʰ, s] 与 [tʃ, tʃʰ, ʃ] 对应字例表

声母 韵母	苗栗四县：新埔四县 ts：tʃ	苗栗四县：新埔四县 tsʰ：tʃʰ	苗栗四县：新埔四县 s：ʃ
a	遮蔗	车	蛇舍
u	猪煮珠祖阻主蛀注	初箸住柱储鼠处助除楚	树疏薯蜍素诉手
ui		队吹	垂水瑞碎
oi	嘴	财菜	睡赛
eu		潮朝	
an	展		
un	准	伸春	唇损顺
on	砖专转钻	川穿传赚串	船
aŋ		郑	声城
uŋ	中钟终总肿众	重丛虫铳	
oŋ	张装章樟彰掌帐	场闯昌丈沧床长壮厂创肠	商伤上赏
at		彻	设舌
ut		出	
ak		赤	石
uk	竹烛祝		叔熟

表14　新埔四县与苗栗四县客语 [ts, tsʰ, s] 与 [tɕ, tɕʰ, ɕ] 对应字例表

声母 韵母	苗栗四县：新埔四县 tɕ：ts	苗栗四县：新埔四县 tɕʰ：tsʰ	苗栗四县：新埔四县 ɕ：s
i		妻徐脐趣	西需丝死四
ia	借	□（□姆：亲家母）	邪写
iu	皱酒	泅袖	羞修休
in	精进	侵清秦情尽	新辛薪信性

（续表）

im	浸	寻	
iam	尖	签签暂渐	
ien	煎剪	千前浅	线仙宣选
ion		全	
iaŋ	井	清青请	醒姓
iuŋ		松从	
ioŋ	将浆蒋酱	抢像	祥想相箱镶详象匠
ip			集习辑
it	绩责积	七漆	席息析惜
uk			淑
iap	接		
iak		席	
iet	节	切绝	雪
iuk		刺	俗

新埔四县客语声母与苗栗四县客语不同的字例，其声母的对应关系如表15。

表15 新埔四县客语与苗栗四县客语齿音声母相异对应表

苗栗四县：新埔四县	部分例字
ts : tʃ	蔗猪嘴展专准张中竹
tsʰ : tʃʰ	车初队财潮川伸郑重
s : ʃ	蛇树水睡船唇声商设
tɕ : ts	借酒浸精尖煎井将接
tɕʰ : tsʰ	妻秋侵寻签全千请松
ɕ : s	西邪修新心线醒祥习

苗栗四县客语读 [ts, tsʰ, s] 而新埔四县客语读 [tʃ, tʃʰ, ʃ] 的字，新埔海陆客语也都读 [tʃ, tʃʰ, ʃ]，在所记录的语料里只有一个例外：菜 [tsʰoi]。"菜"新埔海陆的声韵与苗栗四县相同，都读 [tsʰoi]，而新埔四县有两读。在"川菜"这个词汇里读舌叶音 [tʃʰoi]，在"炒菜""酱菜"里读 [tsʰoi]，研判"菜"在新埔四县分别读舌尖和舌叶音与词汇中的前一个词素发音相关，"川"新埔四县及新埔海陆都读舌叶音，所以在发音时受到干扰而出现读舌叶音的现象，"炒"

和"酱"不论新埔四县、新埔海陆还是苗栗四县都不读舌叶音，因此"菜"维持原来的舌尖音。从"菜"的例子可见新埔四县客语发音人受新埔海陆舌叶音影响而产生两读的现象。这些新埔四县客语读舌叶音的字，其韵母都与海陆客语相同，比较特殊的例子还有"潮朝"，这两个字苗栗四县读 [tsʰeu]，新埔四县读 [tʃʰeu]，新埔海陆读 [tʃʰau]，新埔四县的韵母与苗栗四县相同，声母与新埔海陆相同，这个例子说明新埔四县客语是受新埔海陆客语舌叶音干扰而产生变化，这些例子很可能是发音人个人的发音现象，但可以提供我们思考语音演变的趋势。

苗栗四县客语读 [tɕ, tɕʰ, ɕ] 而新埔四县客语读 [ts, tsʰ, s] 的字，新埔海陆客语也都读 [tɕ, tɕʰ, ɕ]。新埔四县客语声母与苗栗四县客语声母不同，韵母及声调相同的字例，除了上表的对应关系外，有一些发音方式不对应的字可参考表16 的整理。

表16　新埔四县客语与苗栗四县客语声母相异例外表

苗栗四县客语	新埔四县客语	例字
ts	tsʰ	侧 [et]
tsʰ	s	瘦 [eu]
s	tsʰ	存 [un]
tɕ	tʃ	足 [iuk]
tɕʰ	ts / s	贱溅 [ien] / 谢 [ia]
ɕ	ʃ	宿 [iuk]

这些字里，新埔四县客语声母与新埔海陆客语相同的有瘦 [eu]、足 [iuk]、宿 [iuk]，新埔四县客语声母与新埔海陆客语不同的有侧 [et]、贱溅 [ien]、谢 [ia]、存 [un]，而侧 [et]、贱溅 [ien]、谢 [ia] 的声母是新埔海陆客语与苗栗四县客语相同。其中存 [un] 都不同：苗栗四县 [s]、新埔四县 [tsʰ]、新埔海陆 [tʃʰ]。这些都显示新埔四县客语有自身的音韵特色。

3.4 声、调同，韵异

新埔四县客语与苗栗四县客语韵母不同，而声母及声调相同的字例见表 17。

表 17 新埔四县与苗栗四县客语齿音声母及声调相同韵母对应字例表

韵母 苗栗四县 : 新埔四县	声母	新埔海陆 声母	新埔海陆 韵母	tsʰ	新埔海陆 声母	新埔海陆 韵母	s	新埔海陆 声母	新埔海陆 韵母
ŋ : e	ts						世	ʃ	e
u : iu				丑	tʃʰ	iu	收	ɕ	iu
eu : iau	醮	tɕ	iau				消销宵霄萧逍小笑	ɕ	iau
ŋn : en							身	ʃ	in
en : iaŋ							星（星星）⑦	ɕ	iaŋ
an : on	赞	ts	an						
on : an				餐	tsʰ	an			
uk : ok							速	s	uk

说明：表 17 将新埔海陆的声韵附列于后以便比较。

根据表 17，我们进一步与新埔海陆比较。声调不论，这些新埔四县与苗栗四县声母相同而韵母不同的字里面，"餐"与新埔海陆声韵相同，声调不同。而"醮丑世收消销宵霄萧逍小笑星"的韵母与新埔海陆相同，也就是说，这一组字的发音是结合四县的声母与海陆的韵母而形成，其声母与声调都是四县而韵母是海陆。比较特别的是"赞"和"速"是苗栗四县和新埔海陆声韵相同，而与新埔四县相异，有新埔四县客语自身的音韵特色。表中也有都发不同音的字，如："身"，也显示新埔四县客语自身的音韵特色。此外，表 17 苗栗四县念 [eu] 韵的字，新埔四县一律念 [iau]，与新埔海陆相同，只是在声母方面，新埔海陆一律腭化读舌面音 [ɕ]，而新埔四县则保持舌尖音 [s]，可见新埔四县客语虽然受新埔海陆的强烈影响，依旧保持其音韵上的特色。

我们将新埔四县客语与苗栗四县客语声母及声调相同而韵母不同的 [u：iu] 和 [eu：iau] 这两组抽出与前面声韵异调同的字例比较，会发现一些现象。首先是 [u：iu]，同样是苗栗四县读 [u] 而新埔四县读 [iu]，却有两组现象，一种是声母保持与苗栗四县相同的舌尖音："丑"和"收"；另一种是声母也变成与新埔海陆相同的舌叶音。另一组是 [eu：iau]，新埔四县读 [iau] 韵与新埔海陆相同的字，声母却与苗栗四县相同读舌尖音，没有腭化为舌面音。这些显示新埔四县客语在海陆客语的优势环境下产生了声母和韵母的改变。

3.5 声、韵同，调异

这一类只有两例如表 18 所示。

表18 新埔四县与苗栗四县客语齿音声母及韵母相同声调不同字例表

苗栗四县声调调值	新埔四县声调调值	例字
55	31	最（最少）
32	55	卒（卒子）

声调不同的例子只有两个字，可知声调的稳定度非常高，声调成为一般区分客语腔调的最根本依据。

3.6 声、韵、调皆异

这一类的字，发音人在看字卡发音时都不很确定，因此暂时不讨论。例字见表 19。

表19　新埔四县与苗栗四县客语齿音声韵调皆异字例表

苗栗四县声韵调	新埔四县声韵调	例字
tsʰŋ55	tʃʰŋ31	痔
tsʰt55	tʃit32	植
sŋ55	ʃit55	誓
seu11	ʃau5	韶
sŋt32	ʃit55	失、室
	ʃe55	释（解释 kai31 ʃe55）
sut55	ʃu55	术

3.7　韵母同，声、调异

新埔四县与苗栗四县客语齿音韵母同、声母及声调不同的字例整理如表20。

表20　新埔四县与苗栗四县客语齿音韵母相同声母及声调不同字例表

韵母	苗栗四县		新埔四县		例字
	声母	声调调值	声母	声调调值	
oi	s	55	ʃ	31	税
u	s	24	ʃ	11	书
in	tɕʰ	55	ts	31	静
ia	tɕʰ	11	tsʰ	55	斜⑧
iu	ɕ	55	s	31	秀

仔细观察这几个音，会发现"税""静""秀"这些字应该读去声，高平调，却在"税金"、"静养"、"秀才"这些词汇读上声，变成中降调，出现上、去调交替的现象，这个现象可能如严修鸿（2010）观察粤东客家话原阴上、阴去调交替现象所论，与客家核心区阳去调趋于消失时所引起的降调之间的挤压有关。⑨不过由于只出现在这三个字，而所调查的这三个词汇并非客语的常用词，因此本文倾向于认为是受国语的影响而形成的发音习惯。"书"的发音与新埔饶平客语声韵调全同，值得进一步讨论；至于"斜"的发音原本应该是读低平的阳平，但不论是单字"斜"还是词汇"斜

对面"都读高平的阳去调，本文认为该字的声母依不腭化的原则维持新埔四县的特色，而声调很可能是受到强势的新埔海陆客语及相对弱势的新埔饶平客语的声调影响而读高平调。

4 新埔四县客语舌叶浊擦音 [ʒ]

苗栗四县客语读零声母而新埔海陆客语全读 [ʒ] 声母的字，新埔四县客语有一部分读零声母，另一部分读 [ʒ] 声母，韵母的配合及字例如表 21。

表 21 新埔四县客语分别读零声母及 [ʒ] 声母相配韵母表

声母 韵母	∅	ʒ
i	已易意预裕	医移姨雨忆
ia	夜	野椰爷
iuŋ	用勇拥	容榕蓉荣融
ioŋ	莺	央养痒羊洋阳杨样
ien	艳演冤鸳然缘筵延院远	圆 [园] 铅员燕
it	一	翼
iu	有友忧优油柔幼	
iau	妖邀	
ieu	腰摇谣舀	
im	阴音姻	
in	任因英樱仁营蝇应印	
iun	运云永韵闰	
iaŋ	赢影	
iap	叶页	
iuk	辱	
iok	约药	
iam		盐檐
ian		[园]⑩烟丸县怨宴
iet		越

根据表 21 我们可以归纳出新埔四县客语异于苗栗四县客语及

新埔海陆客语的发音现象如 1) 和 2) 所述。

1) 新埔四县客语与苗栗四县客语皆读零声母的相配韵母有：

[i, ia, iuŋ, ioŋ, ien, it]

[iu, iau, ieu, im ,in, iun, iaŋ, iap, iok, iuk]

2) 新埔四县客语读 [ʒ] 声母的相配韵母有：

[i, ia, iuŋ, ioŋ, ien, it]

[iam, ian, iet]

现象 1) 与苗栗四县客语相同，都读零声母。现象 2) 与新埔海陆趋同，读 [ʒ] 声母。现象 1) 与现象 2) 所列的第一行韵母 [i, ia, iuŋ, ioŋ, ien, it] 在新埔四县客语可以与零声母及 [ʒ] 声母结合。语料中有两个很特别的字例："院"与"县"，是新埔四县客语不同于苗栗四县客语，也不同于新埔海陆客语的发音习惯，这两个字的发音异同可参考表 22。

表 22　新埔四县、苗栗四县及新埔海陆"院""县"发音比较表

发音 字例	客语					
	新埔四县		苗栗四县		新埔海陆	
	声母	韵母	声母	韵母	声母	韵母
院（院长）	∅	ien	∅	ien	ʒ	ian
县（县长）	ʒ	ian	∅	ien	ʒ	ian

新埔四县客语的"院"，其声、韵、调与苗栗四县相同，而"县"的声、韵与新埔海陆相同，调则与苗栗四县相同。新埔四县客语以 [∅] 声母及 [ʒ] 声母区分"院"与"县"，不同于苗栗四县客语及新埔海陆客语的同音不区分，是很特别的现象。

我们简单归纳新埔四县客语舌叶浊擦音 [ʒ] 的出现环境：新埔四县客语 [i, ia, iuŋ, ioŋ, ien, it] 六个韵母可以两读，[iau, ieu, iu, im ,in, iun, iaŋ, iap, iok, iuk] 只能读零声母，与苗栗四县客语相同。[ian, iam, iet] 则与 [ʒ] 声母相配出现。可见，新埔四县客语舌叶浊擦音 [ʒ] 的产生首先发生在韵母 [ian, iam, iet] 之前，其次出现在 [i, ia, iuŋ, ioŋ, ien, it] 之前；[iau, ieu, iu, im ,in, iun, iaŋ, iap, iok, iuk] 则保持与

苗栗四县客语相同，都读零声母。在一些字例的表现上，新埔四县客语呈现与苗栗四县及新埔海陆不同的发展，如"院"与"县"。

5 结语

本文主要处理新埔四县客语舌叶音出现的环境，以苗栗四县客语为主要的讨论参照，区分声、韵、调，分析新埔四县客语舌叶音与苗栗四县客语的异同，并与新埔海陆客语比较，观察新埔四县客语舌叶音的出现是否有一定的条件。

以目前的资料观察，新埔四县客语 [tʃ, tʃʰ, ʃ] 的出现环境与介音 [i] 关系极大，只要有 [i] 出现的环境大部分读 [tʃ, tʃʰ, ʃ]，如果不读 [tʃ, tʃʰ, ʃ]，新埔四县客语的特色就是保持 [ts, tsʰ, s]，不同于苗栗四县及新埔海陆完全腭化为 [tɕ, tɕʰ, ɕ]。在没有介音 [i] 的情况下，[tʃ, tʃʰ, ʃ] 的出现不稳定，但与 [a, u, ui, an, un, uŋ, oŋ, ut, ak] 这些韵母结合时较不易出现 [tʃ, tʃʰ, ʃ]。此外，新埔四县客语舌叶浊擦音 [ʒ] 的产生首先发生在韵母 [ian, iam, iet] 之前，其次出现在 [i, ia, iuŋ, ioŋ, it] 之前；[iau, ieu, iu, im, in, iun, iaŋ, iap, iok, iuk] 则保持与苗栗四县客语相同，都读零声母。

假设我们视苗栗四县客语为早期形式，那么以新埔四县客语处于新埔海陆客语的强势语言环境下这个客观事实观察，新埔四县客语舌叶音的产生可判断是受新埔海陆客语的影响而产生，并非自身音变的结果。新埔舌叶音如果就腭化作用推论，另有一个可能是由舌尖音在 [i] 介音前腭化而成。不过根据目前的调查资料显示，台湾的四县腔客家话其舌尖音在 [i] 介音前都完全腭化为舌面音并与舌尖音呈现互补分布，而海陆腔客家话在部分调查点也出现同样的现象。本文经由仔细分析新埔弱势四县客语舌叶音的声韵调与一般台湾通行的四县腔及海陆腔之间的异同，根据这些田野调查的材料，以及详细的地理分布地图，推论新埔弱势的四县腔其舌叶音的产生主要是受强势方言海陆腔的影响而产生。其中新埔四县客语的"院"

与"县"不同音，异于苗栗四县客语及新埔海陆客语的同音不区分，这个现象显示新埔四县客语在受海陆客语影响的情况下，又因自身的音韵系统有所调整，然而，声调的稳定度非常高，声调成为一般区分客语腔调的最根本依据，这是人对语言的重要感知。

附 注

① 资料摘要于新埔镇公所全球资讯网，网址：http://www.sp.gov.tw/ch/01sp/sp_01_list.asp，20110725。

② 详细资料请参考黄菊芳、郑锦全、陈秀琪（2009）《新埔镇语言分布与三山国王庙》一文。

③ 苗栗四县客家话在本文如无特别说明，主要参考苗栗中原周刊社编《客话辞典》及笔者对苗栗四县的调查成果。

④ 本研究为控制变项，所寻找的发音对象要求为中老年龄层，并且世居新埔而家中仍以该客家话为主要沟通语言。目前选取的研究对象皆居住在上寮里，属于同一语言社区的发音人，可以观察三种客家话的接触情形。

⑤ 台湾四县和海陆客语的详细差异可参考黄雯君（2009）的文章。

⑥ 有两个字例应该是受国语的影响，"醋"读 [tʃʰu]（苗栗四县读 [tsʰ]、新埔海陆读 [sɿ]），"梳"读 [ʃu]（苗栗四县读 [sɿ]、新埔海陆读 [so]）。

⑦ "星"另有一读 [saŋ]（零星），新埔四县、苗栗四县同音，新埔海陆也读相同的声韵，只是声调不同。

⑧ 审稿人之一提到 [tsʰia55] 的本字也可能是"笡"。关于 [tsʰia55] 的本字问题，依寻音、探义、觅字的原则，从《广韵》可以找到三个字，首先是下平的"衺"和"斜"，意思是"不正也"，似嗟切，属邪母。还有去声的"笡"，意思是"斜逆也"，迁谢切，属清母。根据不同客语腔调的对应关系，本文倾向于认为这个发音是常用字，并且是平声字，因此使用"斜"。

⑨ 可参考严修鸿《粤东客家话原阴上、阴去调交替现象析》。

⑩ "园"在听感上有区分，发音人读"幼儿园"这个词汇的时候发音为 [ʒian]；读"花园"的时候发音为 [ʒien]。

参考文献

邓盛有（2000）《台湾四海话的研究》，新竹师范学院台湾语言与语文教育研究所硕士论文。

何纯惠（2008）《花莲玉里四海客家话研究》，中兴大学中文系硕士学位论文。

黄菊芳、郑锦全、陈秀琪 （2009） 新埔镇语言分布与三山国王庙，《98年度四溪计划期末研讨会会议论文》，交通大学，新竹，1—19页。

黄雯君 （2009） 台湾四县、海陆客家话音韵比较，李如龙、邓晓华主编《客家方言研究》，福建人民出版社，福建，261—281页。

黄怡慧 （2004） 《台湾南部四海客家话的研究》，高雄师范大学台湾语言及教学研究所硕士论文。

林柏燕 （1997） 《新埔镇志》，新埔镇公所，新竹。

罗肇锦 （1998） 台湾"漳州客"的失落与"四海话"的重构，第四届国际客家学术研讨会论文，中研院民族学研究所，台北。

—— （2000） 台湾"漳州客"的失落与"四海话"的重构，《宗教、语言与音乐》，中研院民族学研究所，台北，267—284页。

严修鸿 （2010） 粤东客家话原阴上、阴去调交替现象析，罗肇锦、陈秀琪编《客语千秋——第八届国际客家言学术研讨会论文集》，中央大学客家语文研究所、台湾客家语文学会，桃园县，44—62页。

张素玲 （2005） 《关西客家话混同关系研究》，新竹师范学院台湾语言与语文教育研究所硕士论文。

中国社会科学院语言研究所编辑 （1981） 《方言调查字表》，商务印书馆，北京。

中原周刊社客家文化学术研究会编 （1992） 《客话辞典》，中原周刊社，苗栗。

钟荣富 （2006） 四海客家话形成的规律与方向，《语言暨语言学》7.2，中研院语言学研究所，台北，523—544页。

（黄菊芳：桃园，中央大学 chufang@ncu.edu.tw；
江敏华：台北，中研院 mhchiang@gate.sinica.edu.tw；
郑锦全：台北，台湾师范大学 chengcc@sinica.edu.tw）

北方方言两字组连读变调的类型学考察*

李子鹤

提要 本文运用类型学的取样方法和统计方法,确定了北方方言连读变调在语音层面上、组合关系中的触发共性、调整共性,以及变调规则的蕴涵共性,并对其有效性进行了统计检验。发现的规律有:31调相连、53调相连、曲折调相连,容易触发变调。31调和曲折调易变为非低的升调;53调易为变非高的降调。同一个方言点中,非曲折调变调蕴涵曲折调变调;高调变调蕴涵低调变调。变调的类型与方言区域也有一定关联。

关键词 北方方言 连读变调 DV取样法 统计 类型学共性

1 缘起

连读变调是汉语方言的普遍现象。前人已有很多连读变调的研究,特别是1979年以来,方言学界持续地关注连读变调,进行过多次专题讨论。随着语言研究日益重视对语言规律的解释,变调规律的总结显现出重要的意义。哪些变调现象可以用共性去解释,哪些不可以;哪些变调可以用来检验语言(方言)之间的密切关系,哪些不可以。这些都要建立在对变调规律的总结之上。

王福堂(1999)总结了汉语方言连读变调的性质和类型,认为连读变调是一种语音现象,但可能兼有其他非语音因素的影响。连读变调的类型有(1)和字音间相互影响有关的连读变调(2)和字

---

* 本研究得到以下项目资助:教育部人文社会科学重点研究基地重大项目 #11JJD740004 "基于系统语音对应的核心词分阶及建模研究";韩国浦项制铁财团亚洲研究基金(POSCO TJ Park Foundation)项目 "The Corridor of Cultural Exchange across Asia: the Ancient Tea-horse Trail";四川凉山州民族文化研究基金资助项目"彝语文本解读和华夏文明起源研究"。

音本身有关的连读变调和（3）和构词情况有关的连读变调。第（1）类连读变调可用单纯的音理解释，王福堂先生指出了"两个降升调相连，前一个降升调往往变成单纯的升调"这一条规律。但同时也指出，不同方言里即使有同样的语音条件，变调也不一定都会发生。

李小凡（2004）进一步对汉语方言的连读变调进行了分层和分类，区分了只涉及语音层面的语音变调和同时涉及语音和语义层面的音义变调。语音变调又分为简化型、异化型和中和型。这一分类着眼于音变背后的音理。在论及官话方言时，李小凡（2004）部分给出了108个方言点的统计数据：简化型变调中，曲折调几乎全部简化，降调变调的概率约55%，升调变调的概率约30%；异化型变调中，相同平调连读有42个方言发生变调。

刘俐李（2004）也认为连调涉及语音、语法、语义三个层面，并列举了大量实例，归纳了语音层面上连调的组合规则。连调模式分为原生式、互换式、类化式、包络式、调协式；连调的位置匹配分为前变型、后变型和全变型；连调的调节方式有曲拱调节和音区调节；声调组合的规律有"低调限制律""曲拱相异律"和"高低间隔律"。

钱曾怡（2010）总结了官话方言连读变调的规律，认为官话方言多数为前字变调型，多数方言发生连调式合并，上声变调是普遍现象。变调在调值上有三条规律：两个低降调相连，前字变中升；两个低降升调相连，前字变中升或低升；两个高降调相连，前字变中降、低降、中平或低平。

上述学者都在掌握大量材料的基础上，对汉语方言的连读变调现象进行了较为全面的总结。他们都认为连读变调涉及语音、语法、语义多个层面；语音层面的规律是其他层面规律的基础，且可由音理解释；连读变调的音理有复杂调的简化和相同（相似）声调的异化。

但是，随着类型学框架下的研究逐渐深入，上述学者的研究也显露出一些局限性。首先，上述研究都没有按照类型学的取样原则选取材料。仅就官话范围来看，选点的不平衡性就很明显，如刘俐李（2004）虽然收入了多达 377 个官话方言点，但山东地区就占了 110 个，比例明显偏高。其次，准确的统计数据不足，上述研究中仅李小凡（2004）给出了部分统计数据，其他均为举例式论证，因此总结出来的规律是否具有统计学意义、是否有强弱之分、是否有一定有效范围，都没有清晰地呈现出来。

基于上述认识，我们认为有必要按照科学的取样方法和统计方法，在类型学框架内总结连读变调的规律。连读变调涉及多个层面，但语音规律是基础，因此我们首先统计语音层面的规则，寻找其规律性。北方方言变调相对简单，因此我们首先从北方方言入手。其他层面上、其他方言区的规律，有待进一步展开研究。

2 方法论

2.1 方言点选取方法

为了尽可能准确地反映连读变调的类型学特征，我们采用 DV（Diversity Value）取样法（Rijkhoff & Bakker 1998）进行严格的类型学取样。这种方法基于语言的谱系分类，其理论基础是：谱系树的结构可以较恰当地反映一个语系内部的语言多样性，较高层次（早期）的分化对语言多样性造成的影响比较低层次（晚期）的分化更大。一个语系或一个子系统的语言多样性可以根据其谱系树各个中间层次（即除去顶端那一个节点和具体语言/方言点这个层次以外的所有层次）的分支节点数来计算。在不确定所研究的语言现象是否稳定或是否容易借用的情况下，DV 取样法能最大程度地避免研究者的主观性。

设所研究语系或区域内的一个子系统中第 x 层包含的节点数为 N_x，所研究的语系或区域内的所有子系统里中间层次的最高数目为

x_{max}[①]。中间层次的第一层(紧接在最高节点的下层)对多样性的贡献等于这一层的节点数 N_1,中间层次每降低一层所多出来的节点,对该子系统多样性的贡献会降低 $1/x_{max}$。这样,该子系统中间第 x 层的 DV 值 $C_x = C_{x-1}+(N_x - N_{x-1}) \times [x_{max} - (x-1)]/x_{max}$。该子系统整体 DV 值 C 为各个中间层次 DV 值的平均值。最后根据各子系统整体 DV 值占全部子系统 DV 值之和的比例确定该子系统的应取点数量。

我们以《中国语言地图集》(中国社会科学院和澳大利亚人文科学院 1987)的北方方言谱系分类体系为工作基础。由于各次方言研究不平衡,根据经验,要保证各次方言之间的选点数量平衡,取点总数应在 80 个左右(可参考李子鹤 2008)。各次方言的 DV 值与理论应取点数量见下表。由于北京官话可用的描写材料较少,且内部差异不大,而冀鲁官话理论上应取的点数少于方言小片的数量,因此我们将北京官话中的 2 个名额调整给冀鲁官话。

表 1　北方方言各次方言取点数量计算表

次方言	方言片	方言小片	DV 值	点数	四舍五入点数	调整
北京	4	4	4	6.9189	7	5
东北	3	8	4.25	7.3614	7	7
冀鲁	3	13	5.5	9.5135	10	12
胶辽	3	3	3	5.1892	5	5
中原	9	11	9.5	16.4324	16	16
兰银	4	4	4	6.9189	7	7
西南	12	16	13	22.4865	22	22
江淮	3	3	3	5.1892	5	5
系属未定	/	/	/	1	1	1
合计			46.25		80	80

每个次方言内部,原则上每个小片取一个点。如有多出来的名额按如下原则分配:(1)一个方言片地理分布上明显分成两个或更多小块,或有方言飞地,则每片飞地或小块都分得一个名额。(2)个别方言片地理范围很大,且内部变调现象有差异,则分得两个名

额。最后的选点结果基本上是每个方言小片都有 1—2 个代表点。即使考虑到目前的方言谱系分类体系可能不够完善，本文的选点也尽可能地照顾到了北方话的内部差异。

2.2 描写材料选取方法

我们尽可能地搜集了北方方言连读变调的材料，选取材料的优先顺序如下：（1）如果一个小片的某个方言点有论及其连读变调的专著或论文，则选取这个方言点及其语料；（2）如果一个小片的某个方言点被收入《普通话基础方言基本词汇集·语音卷》，则选取这个方言点及其语料；（3）选用涉及某个小片的方言点的地方志上的相关记载。

具体的入选方言点及其材料来源，请见文末附录。

2.3 变调规律的层级性

前人的研究已经注意到了连读变调规律的层级性。如李小凡（2004）把连读变调分为语音变调和音义变调。本文只关注语音变调，但我们认为，语音变调规律仍有不同层面之分。

首先，"语音变调规律"可以进一步区分为语音层面的规律和音系层面的规律。目前方言描写中普遍使用的五度标调法是考虑具体音值的，因此是语音层面的描写。在音系学框架下，学者们提出了多种声调音系表征方案（参见 Chen 2001；Yip 2005：52—53）。但是这些方案运用到本文中有一定的困难：一是理论上的困难，同一个声调系统常有多种处理方案，特别是 214 这样的曲折调的性质存在争议，如北京话的声调系统可以用 H、L 两度标调法处理为 H、LH、L、HL，也可用 H、M、L 三度标调法处理为 H、MH、LM、HL。类似的情况很多方言都有，这会给跨方言统计带来困难。二是材料上的困难，目前有一部分描写材料没有从音系角度考察变调,如沈阳方言(陈章太、李行健 1996)的声调系统是:阴平 33,阳平 35,上声 213,去声 53,两个上声相连发生变调 213+213—24-213,没有说明是否与阳平 + 上声同音,这样就无法进行音系处理。因此,本文直接用五度值数据进行统计,也就是说只考察语音层面的变调规律,音系层面的规律留待进一步研究。

第二,我们将"邻接交替式"变调和"自身交替式"变调分开统计。这两个概念是王洪君(1999)提出的。"邻接交替式"变调是指在一个方言中,一个调类只有与特定的某些调类组合时发生特定的变调。北方话的大部分语音变调都属于这一类型。"自身交替式"变调则是一个方言中的某个调类做两字组前字或后字时,不管与之组合的另一个字是什么调类,都要发生相同的变调。例如,保定方言阳平 32 做两字组前字时,不管后字是什么调类(轻声除外),一律变为 45,与阴平同音;宜昌方言上声 42 做两字组前字时,不管后字是什么调类,一律变为 33。我们认为,自身交替式变调很可能有韵律层面或历史因素的作用,因此与邻接交替式变调可能不属于同一个层级。因此我们将自身交替式变调单独统计。

第三,我们将前字变调和后字变调分开统计。在北方方言中,两字组变调大部分为前字变调,后字变调较为少见,本文的统计中大多见于西南官话。其性质还有待进一步研究。因此本文也将后字变调单独统计。

第四,我们注意到了变调规则的蕴涵共性。前人讨论的语音变调规律,基本都是与某种单字调组合有关的规律。但是我们发现,一个方言的声调系统内部,也会有不同声调之间的相互影响,有某几类变调,一般就会有另外几类变调。本文对变调规则的蕴涵共性也将进行考察。

实际上,北方话的连读变调中还存在两种现象:后字轻声两字组的变调和连调式类化。前者的例子有辛集方言(孔祥卿 2011)、乐亭方言(艾溢芳 2011)以及山东地区的一些方言(平山久雄 1998)等,后者的例子有信阳方言(陈章太、李行健 1996)、西宁方言（张成材 1998）等。这两类变调现象都比较复杂，但描写材料的数量都较少，因此本文的统计暂不涉及这两类现象。

另外，有些方言点的变调与历史因素有关，特别是西北地区的三调方言，在连读变调中有时能恢复原调类（参见张燕来 2003）。我们的统计中不包括这些明显与历史因素有关的变调。

2.4 统计方法

自身交替式变调、后字变调相对较少，只需进行数量上的统计。聚合关系中变调的规律前人关注较少，本文也只是初步的研究，因此统计也较简单。

邻接交替式变调数量多，现象也比较复杂，因此统计上也相对复杂。我们首先统计变调的触发规则，即什么样的两个调组合在一起会发生变调。其次统计变调的调整规则，即变调的结果有何规律。我们用"触发频率"和"调整频率"来衡量上述两种规则的强弱：

设某种单字调组合在我们的统计中出现的次数为 x，发生变调的次数为 y，其中前字变为某一种调值的次数为 z，则有：

触发频率 = y/x

调整频率 = z/y

根据本文中统计的情况，我们还将进行统计检验，确定相关的规则是否具有显著的规律性。对于计算出来的触发频率，我们使用 t 检验来确定规律性是否显著。对于变调的发生是否与某一特定调类相关，我们用二项分布进行检验。聚合关系中变调的共性都是蕴涵性的，而且都是倾向性共性，有少量例外。我们用 fisher's 精确检验来检验例外的数量是否会影响规律的有效性。以上各种统计检验的原理请参考 Alder & Roessler（1975）。

我们另外标注变调的普遍程度。一种变调的分布范围越广，其普遍性就越强。北方话的 8 个次方言用字母标注如下：

A 北京官话　　　B 东北官话　　C 冀鲁官话　　D 胶辽官话
E 中原官话　　　F 兰银官话　　G 西南官话　　H 江淮官话

对于某一变调规则，综合考虑其触发/调整频率和普遍程度，我们就可衡量其是否具有共性，在什么范围内有共性，以及是否可以反映相关方言的密切关系。

3 统计结果

3.1 自身交替式变调

我们统计到 12 个自身交替式变调的实例，分布在冀鲁官话、中原官话、兰银官话、西南官话、江淮官话五个次方言，因此是比较普遍的现象。

我们发现自身交替式变调有非平调变为平调的倾向。如下表所示：

表 2　单字调是否平调与变调后是否平调的关系表

	变调后为平调	变调后为非平调
单字调为平调	1	0
单字调为非平调	7	4

在 12 个实例中，有 7 例非平调变平调：

乐亭：阴平 51 做前字一律变 44。

兰州：去声 24 做前字一律变 11。

榆中：去声 13 做前字一律变 11。

汉源：阴平上 42 做前字一律变 44。

临汾：阴平 21 做前字一律变 33。

宜昌：上声 42 做前字一律变 33。

涟水：入声 34 做前字一律变 3。

1 例平调变平调：

唐山：阳平 33 做前字一律变 55。

4 例非平调变非平调：

保定：阳平 32 做前字一律变 45。

乐亭：阳平 312 做前字一律变 24。

敦煌：平声 13 做前字一律变 21。

临汾：阳平 13 做前字一律变 35。

平调变非平调没有找到实例。理论上，四种变调情况的比例应各为 0.25，实际非平调变平调的比例为 7/12＝0.583，以 0.25 为基准进行 t 检验，显著度为 0.047＜0.05；而平调变非平调比例为 0。因此自身交替式变调中由非平调变为平调的倾向是很显著的。

前面提到，自身交替式变调的原因可能是历史因素，或者是韵律层面的因素。如果主要是历史因素起作用，非平调变为平调与平调变为非平调的实例应该数量相当。但统计结果不支持这种解释。因此我们认为这类变调主要与韵律层面有关，但也不排除个别方言点的自身交替式变调受历史因素制约。

3.2 邻接交替式变调

我们的统计中，有三调方言 10 个，四调方言 58 个，五调方言 10 个，六调方言 1 个，七调方言 1 个。由此可推算，两字组合共有 1353 种。我们统计到了 148 个发生邻接交替式变调的实例，因此一种声调组合发生邻接交替式变调的平均触发频率为 0.109。我们在接下来的统计中，计算出某种组合的触发频率后，就以 0.109 为基准（统计中的总体平均数）进行 t 检验，只有该种组合的触发频率（统计中的样本平均数）与平均触发频率 0.109 有显著差异（显著度 ＜ 0.05）的，我们才算是一条共性规律。

3.2.1 触发规则及其普遍程度

我们统计到共有 21 类声调组合发生变调的实例数大于 1，且触发频率大于 0.109。经过 t 检验后，有 10 类组合的触发频率显著高于平均水平（显著度 <0.05），如表中阴影部分所示：

表3　各类声调组合触发变调的频率、显著度及普遍程度

前字调值	后字调值	声调组合实例数	发生变调实例数	触发频率	显著度	普遍程度
13	13	15	3	0.2	0.409	CG
21	21	15	3	0.2	0.409	CE
213	21	7	3	0.43	0.165	CH
22	22	2	2	1	/	CH
31	31	27	8	0.30	0.046	CDEFHG
213	31	10	2	0.2	0.512	CE
214	31	3	3	1	/	CD
33	33	13	2	0.15	0.674	CF
213	41	2	2	1	/	CE
55	42	10	3	0.43	0.176	CEH
53	53	29	10	0.34	0.014	BCEF
13	55	9	3	0.33	0.215	G
24	55	4	3	0.75	0.083	CEG
42	55	10	2	0.2	0.512	DH
55	55	37	9	0.24	0.069	CDE
213	213	33	21	0.64	0.000	ABCDEFH
214	214	11	11	1	/	ACD
42	312	2	2	1	/	E
213	312	2	2	1	/	DE
312	312	6	3	0.5	0.141	DE
412	412	2	2	1	/	BE

有些声调组合虽然变调的触发频率高，但实例总数较少，普遍程度也不高。如213+41、213+312等。这说明这些声调组合本身就有较高的标记性，也就是说，一个方言同时有两个这样的单字调，本身就是比较少见的。

其他的声调组合，每种组合至多只有1个变调实例，明显不构成共性规律。我们认为其他的声调组合都不易触发变调。

观察构成共性规律的10类声调组合，我们可以发现，它们几乎都是相同声调相连，只有214+31、213+41、42+312这三类组合例外，而且实例数量各只有2个。调型几乎全部都是曲折调或降调，唯一的例外是22+22，不过它的实例总数也只有2个。

有几组声调组合可以进一步讨论：

（1）21+21。有学者认为21调基本都可视为一个"纯低调"（朱晓农2012）。但如果将21与22放在一起统计，则变调触发频率为5/17=0.29，t检验显著度为0.124>0.05，其触发频率与平均值仍无显著差异。这更说明了低平调并不容易触发变调。

（2）13+55与24+55。北方话有13与24对立的方言点很少（我们的统计中，永州有13与24的对立，而且24+55变调，13+55不变调），而且实际调查中常会遇到一个声调处理为13与24两可的情况。我们尝试将这两组放在一起统计，则它们的变调触发频率为6/13=0.46，t检验显著度为0.031<0.05。我们暂时认为升调+高平调的变调触发频率没有显著高于平均水平，但也有容易变调的倾向。以后随着取样量的增加，可能会得出更加确定的结论。

（3）213与214。我们没有发现任何方言存在213与214的对立。如果把213+213与214+214、213+31与214+31两两合并为一组，合并后曲折调相连的组合变调触发频率为32/44=0.73，t检验显著度为0.000<0.05。这更说明曲折调容易变调。而曲折调+31的组合变调触发频率为5/13=0.38，t检验显著度为0.073，仍未达到显著水平。

（4）55+55。有这种变调的9个点，有8个位于山东境内（新泰、寿光、日照、利津、章丘、高密、烟台、金乡），而且除烟台是去声+去声外，其他点都是上声+上声，前字全部变为阳平。平山久雄认为，这些地区的上声早期单字调值是低调，上声+上声变调的原因也是低调异化。后来调值发生环流变化，语音层面的变调动因消失，而变调规则却保留下来（平山久雄1998）。还有其他学者也指出高平调相连并不易变（路继伦2001）。因此55+55发生变调，很可能不是语音层面因素的直接作用，而是山东地区声调的历史音变造成的地域特征。

从普遍程度来看：31＋31，53＋53，213/214＋213/214 三类组合在一半以上的次方言中都有触发变调的实例，这三条规律的普遍性也最强。由此我们可以总结变调触发的共性规律：北方方言中，31 调相连、53 调相连、曲折调相连，容易触发变调。

3.2.2 调整规则及其普遍程度

我们进一步来看上述容易触发变调的组合发生变调后的调整方式，只有 2 个或 3 个实例的组合统计意义不大，因此不再列出。调整规则如下表所示：

表 4　变调的调整方式及其普遍程度表

声调组合	前字变调后调型（实例数）	前字变调后调值（实例数）	调整频率	普遍程度
31＋31	升（6）	13（1）/24（2）/35（3）	0.75	CDEFG
	平（1）	33（1）	0.13	H
	降（1）	53（1）	0.13	E
53＋53	平（2）	11（2）	0.2	F
	降（8）	21（3）/31（3）/32（1）/42（1）	0.8	BCE
213/214＋213/214	升（28）	13（1）/23（3）/24（8）/25（1）/34（2）/35（11）/45（1）335（1）	0.88	ABCDEFH
	降（2）	31（1）/53（1）	0.06	H
	平（2）	55（2）	0.06	D

调整规则规律性比较明显（阴影部分为占绝对优势的调整规则）。31＋31 的组合中绝大多数前字变中、高升调；53＋53 的组合中绝大多数变中、低降调，少部分变平调（本文的统计中限于兰银官话）；各种曲折调的组合中绝大多数前字变中、高升调。从普遍程度一栏可看出，上述规律的分布也比较广泛。

我们可以总结变调调整的共性规律：北方方言中，31 调和曲折调发生变调，前字易变非低的升调；53 调发生变调，前字易变非高的降调。

从变调触发和调整的共性可以进一步看出，变调触发时对调型更敏感，而进行具体调整时，调高的调整比调型的调整更重要。

3.3 后字变调

后字变调大多是重叠式变调，这涉及语法语义因素，本文不打算涉及。非重叠式的后字变调只有如下几例：

肇源站话：去声 53＋上声 213—53-35 或 31-35。

蚌埠：阴平 212 做后字一律变 21。

乌鲁木齐：阴平 44＋去声 213—44-13。

成都：上声相连 53＋53—53-31。

腾冲：去声 213＋阳平 21—213-44，阳平 21＋阳平 21—21-44。

丽江：阴平上 42 在古上声（今阴平上）42、阳平 31、上声 55、古浊入（今入声）13 后一律变 44。

昆明：部分后字是阳平 31 的，无论前字是什么调，后字均可改读 44。

非重叠式后字变调比较杂乱，看不出明显的规律，但肇源、成都、腾冲的例子仍然符合变调触发的共性。但是其具体变调规则多不符合调整的共性。

3.4 变调规则的蕴涵共性

以上统计都是在探索各种调值发生组合时的变调规律。前人的研究也主要集中在这一方面。实际上，一个语言或方言的声调是一个系统，各个单字调和连调式也可能会产生相互的影响。我们发现了一些连读变调的蕴涵共性，即一个方言点中有某些变调规则，一般都会有另外一些变调规则。而且这些共性都有少量例外，是倾向性共性。下面我们就尝试对其作出归纳。

3.4.1 自身交替式变调与邻接交替式变调

我们注意到，12个有自身交替式变调的方言点中，有10个点同时有邻接交替式变调，其余2个只有自身交替式变调。在我们统计的80个方言点中，自身交替式变调与邻接交替式变调的关系如下表所示：

表5 自身交替式变调与邻接交替式变调关系表

	有"邻接交替式"变调	无"邻接交替式"变调
有"自身交替式"变调	10	2
无"自身交替式"变调	41	27

两个例外分别是山西临汾（中原官话汾河片平阳小片），阴平21做前字一律变33，阳平13做前字一律变35，但没有其他变调；湖北宜昌（西南官话成渝片），上声42做前字一律变33，但没有其他变调。

由于存在例外，我们用fisher's精确检验来检验这条规律的有效性。最终计算出的显著度为0.194>0.05，因此我们不认为自身交替式变调与邻接交替式变调的关系具有显著的规律性，只有一定的倾向。

3.4.2 非曲折调变调与曲折调变调

我们在统计中发现，在单字调系统中同时具有曲折调与非曲折调的方言点中，如果有非曲折调变调，一般同时都有曲折调变调（有1个例外）；但如果有曲折调变调，则不一定有非曲折调变调。具体数据如下表所示（22个点无曲折调，与此规律无关）：

表6 非曲折调变调与曲折调变调关系表

	"非曲折调"变调	"非曲折调"不变调
"曲折调"变调	19	21
"曲折调"不变调	1	17

唯一的例外出现在河南罗山（中原官话信蚌片）。该点只有两个阴平相连31+31—53-31，去声为213调，但不发生变调。

我们同样用fisher's精确检验来检验这条规律的有效性。最终计算出的显著度为0.002<0.01，属于极显著水平。由此我们可归纳第一条蕴涵共性：北方方言同一个方言点中，非曲折调变调蕴涵曲

折调变调。

3.4.3 高调变调与低调变调

我们在统计中还发现，一个方言中如果调值较高的调发生变调，那么调值较低的调一般也要发生变调；但如果一个方言中调值较低的调发生变调，那么调值较高的调则不一定要变调。

调值的高低是就一个方言点内部具体而言的。有些声调属于高调还是低调不易判断。我们先来考察高、低调判定无疑问的68个方言点。具体数据如下表所示：

表7 高调变调与低调变调关系表

	有高调变调	无高调变调
有低调变调	12	28
无低调变调	1	27

唯一的例外是甘肃榆中（只有阳平相连53+53—11-53，但去声13不变调）。fisher's精确检验的结果是显著度为0.01，达到了极显著水平。

12个方言点有声调难以明确判定为高、低调，且这个声调发生变调（斜体加粗为判定高低有疑问的声调）：

表8 判定高低调有疑问的方言点及其声调系统

方言点	阴平	阳平	上声	去声（阴去）	其他	发生变调的调
肇源	*412*	445	213	53		53、*412*、213
唐山	55	33	214	*51*		55、*51*、214
辛集	22	452	*324*	41		452、*324*、22
衡水	*24*	*41*	55	31		55、*24*
献县	*33*	451	213	41		*33*、213
青岛	213	*42*	55	*42*		55、*42*、213
郑州	*24*	*42*	53	312		53、*42*、312
洛阳	*33*	31	53	412		53、*412*
蚌埠	212	55	*24*	53		53、*24*、212
兰州	31	53	*33*	24		53、*33*
永州	13	33	55	*24*	*324*（阳去）	*324*、*24*
青阳	*42*	55	213	33	5（入声）	55、*42*、213

这些调本身虽然不易明确判定为高调或低调，但在同一个方言点中一般都还有一个典型的高调发生变调。如黑龙江肇源，虽然412很难说是高调或低调，但53是典型的高调，而且也发生了变调。因此，就一个方言点内部而言，我们仍可以说，如果调值较高的调发生变调，那么调值较低的调一般也要发生变调。只有河北献县、湖南永州的情况比较难以定性。

由此我们可归纳第二条蕴涵共性：北方方言同一个方言点中，高调变调蕴涵低调变调。

榆中这个例外可以用前面的结论解释：发生变调的53调是组合关系变调规律中显著性很强的变调，而它的低调是组合关系中不易变调的13调。因此我们认为榆中这个例外产生的原因是：这个方言组合关系中的规律更为重要。

4 类型学共性与方言区域的关系

我们统计了连读变调的类型学共性之后可以发现，不同的次方言，其连读变调也有各自的规律性（数据可参考表3中的"普遍性"一栏）。

北京官话、东北官话、胶辽官话大多只有曲折调的变调，只有站话的变调丰富，类型多样。

西南官话语音变调很少，即使有，也主要是后字变调。

中原官话、兰银官话降调变调很普遍。53+53发生变调的10个点中，有8个属于这两个次方言（河南郑州、洛阳；安徽蚌埠；陕西灵宝、西安；甘肃敦煌、兰州、榆中）；31+31发生变调的8个点中也有4个属于这两个次方言（河南罗山；陕西白河；甘肃张掖；湖北襄樊）。

冀鲁官话、江淮官话在连读变调方面内部一致性较差。我们推测这种情况与方言之间的接触有关。冀鲁官话区在明清时期是人口流动较大的地区，其中古清入声字调类归派杂乱也说明了这一点

（刘淑学 2000；王洪君 2006）。江淮官话区与南方方言区邻接，在语音上也很容易受到影响。

5 总结

我们运用类型学的取样方法和统计方法，确定了北方方言连读变调在语音层面上、组合关系中的触发共性、调整共性，以及变调规则的蕴涵共性。这些共性规律有助于解释方言变调现象、检验方言之间的关系。

从我们的统计结果看前人的研究，可以发现前辈学者有一些很准确的观察，比如曲折调、降调容易发生变调，连调式有"高低间隔律"等。但也有一些结论是统计数据不支持的，比如升调并不容易变调，至少不是所有的升调都容易变调；低平调也并不容易发生变调；变调后调型也不一定要与单字调不同。

值得再次强调的是变调规律的层级性。目前方言声调的描写普遍运用五度标调法，而五度标调法既着眼于音位功能对立，又兼顾具体调值（王洪君 2008：233；朱晓农 2010）。从方言研究的实践来看，这种处理不会影响单点声调的描写，但在进行跨方言比较，以及解释音变规律时，可能会造成很大影响。我们根据现有材料进行统计，得出的都是语音层面上的规律。但是，这种语音描写并不是精确的实验分析，被忽略的语音特征，如曲折调音高曲线拐点的位置（朱晓农、章婷、衣莉 2012）、非普通嗓音（non-modal voice）等，会不会影响变调的触发和具体变调方式？目前的材料无法为我们提供这些信息。另一方面，严格的音系层面变调规律的研究，目前还有较大困难（如本文 2.3 节所述）。这两方面问题，是今后的声调描写和变调研究需要下大功夫的领域。其他方言区的变调规律和涉及语言其他层面的变调规律，也都有待在类型学框架内进一步研究。

附 注

① Rijkhoff & Bakker（1998）原文中为 Nmax，表达的含义相同。考虑到前面已用 x 表示层次数，本文改用 x_{max}。

参考文献

李小凡 （2004） 汉语方言连读变调的层级和类型，《方言》第 1 期，北京，16—33 页。
李子鹤 （2008） 《保定话两字组连读变调的类型学研究》，南开大学硕士学位论文。
刘俐李 （2004） 《汉语声调论》，南京师范大学出版社，南京。
刘淑学 （2000） 《中古入声字在河北方言中的读音研究》，河北大学出版社，保定。
路继伦 （2001） 高、低平调的不对称性和优选论的制约条件，蔡莲红、周同春、陶建华主编《新世纪的现代语音学——第五届全国现代语音学学术会议论文集》，清华大学出版社，北京，243—245 页。
平山久雄 （1998） 从声调调值演变史的观点论山东方言的轻声前变调，《方言》第 1 期，北京，7—13 页。
钱曾怡主编 （2010） 《汉语官话方言研究》，齐鲁书社，济南。
王福堂 （1999） 《汉语方言语音的演变和层次》，语文出版社，北京。
王洪君 （2006） 北京话清入归调的层次和阶曲线判定法，《语言学论丛》第 33 辑，商务印书馆，北京，223—245 页。
—— （1999/2008） 《汉语非线性音系学》（增订版），北京大学出版社，北京。
中国社会科学院和澳大利亚人文科学院 （1987） 《中国语言地图集》，朗文出版（远东）有限公司，香港。
朱晓农 （2010） 《语音学》，商务印书馆，北京。
—— （2012） 降调的种类，《语言研究》第 2 期，武汉，1—16 页。
朱晓农、章婷、衣莉 （2012） 凹调的种类——兼论北京话上声的音节学性质，《中国语文》第 5 期，北京，420—436 页。
Alder, H. L., & Roessler, E. B. （1975） *Introduction to Probability and Statistics*. San Francisco: W. H. Freeman.
Chen, M. Y. （2001） *Tone Sandhi: patterns across Chinese dialects*. Beijing: Foreign Language Teaching and Research Press.
Rijkhoff, J., & Bakker, D. （1998） Language Sampling. *Linguistic Typology*, 2(3), 263-314.
Yip, M. （2005） *Tone*. Beijing: Peking University Press.

方言资料

艾溢芳 （2011） 乐亭方言特殊轻声连调研究，《语言学论丛》第44辑，北京，56—78页。

鲍厚星等 （2001） 《湖南省志·方言志》，湖南人民出版社，长沙。

陈立中 （2005） 《黑龙江站话研究》，中国社会科学出版社，北京。

陈 希 （2011年调查） 《云南丽江汉语方言调查报告》，未刊。

陈 晓 （2011年调查） 《云南腾冲汉语方言调查报告》，未刊。

陈章太、李行健 （1996） 《普通话基础方言基本词汇集·语音卷》，语文出版社，北京。

崔荣昌 （2010） 《四川邛崃油榨方言记》，巴蜀书社，成都。

傅 林 （2006） 《变调的成因和变异》，北京大学硕士学位论文。

贺 巍 （1996） 《洛阳方言词典》，江苏教育出版社，南京。

侯精一、温端政主编 （1993） 《山西方言调查研究报告》，山西高校联合出版社，太原。

孔祥卿 （2011） 辛集方言两字组连读变调与轻声，《中国语文》第1期，北京，63—70页。

兰宾汉 （2011） 《西安方言语法调查研究》，中华书局，北京。

李 倩 （2001） 中宁方言两字组的两种连调模式，《语言学论丛》第24辑，北京，106—131页。

李树俨、张安生 （1996） 《银川方言词典》，江苏教育出版社，南京。

蔺相友主编 （1998） 《克拉玛依市志》，新疆人民出版社，乌鲁木齐。

刘春陶、曾晓渝 （2011） 《海南省三亚市崖城镇军话音系》，《汉藏语学报》第5辑，北京，124—142页。

刘 虹 （1986） 大连话语音差异与社会因素之间的关系，《语言研究》第2期，武汉，53—68页。

刘俐李 （1988） 焉耆音系记略，《方言》第1期，北京，31—41页。

马铁松主编 （2005） 《丰宁满族自治县志》，世界文化艺术出版社，北京。

钱秀琴 （2009） 甘肃民乐方言音系记略，《河西学院学报》第1期，张掖，16—20页。

钱曾怡主编 （2001） 《山东方言研究》，齐鲁书社，济南。

黔东南州地方志办公室编 （2007） 《黔东南方言志》，巴蜀书社，成都。

石 锋 （1987） 天津方言单字音声调分析——天津方言声调实验研究之一，《语言研究论丛》第4辑，天津，69—82页。

苏晓青、吕永卫 （1996） 《徐州方言词典》，江苏教育出版社，南京。

孙宜志 （2006） 《安徽江淮官话语音研究》，黄山书社，合肥。

汪化云 （2004） 《鄂东方言研究》，巴蜀书社，成都。

王 东 （2010） 《河南罗山方言研究》，中国社会科学出版社，北京。

王晓淮 （2010） 《蚌埠方言志》，方志出版社，北京。
吴成虎 （2007） 《维西汉语方言词典》，上海辞书出版社，上海。
吴继章主编 （2005） 《河北省志·方言志》，方志出版社，北京。
吴秀玲、刘冬冰 （2010） 山东日照方言中的连读变调，《现代语文》第1期，曲阜，106—108页。
张成材 （1998） 《西宁方言词典》，江苏教育出版社，南京。
张燕来 （2003） 《兰银官话语音研究》，北京语言大学博士学位论文。
周磊 （1995） 《乌鲁木齐方言词典》，江苏教育出版社，南京。
朱建颂 （1995） 《武汉方言词典》，江苏教育出版社，南京。

附录 80个方言点及其语料来源

次方言	方言片	方言小片	方言点	材料来源
北京	京师	/	北京	陈章太、李行健1996
	怀承	/	承德	陈章太、李行健1996
			丰宁	马铁松主编2005
	朝峰	/	赤峰	陈章太、李行健1996
	石克	/	克拉玛依	蔺相友主编1998
东北	吉沈	通溪	沈阳	陈章太、李行健1996
	哈阜	肇阜	哈尔滨	陈章太、李行健1996
		长锦	锦州	陈章太、李行健1996
	黑松	嫩克（飞地）	海拉尔	陈章太、李行健1996
		嫩克	黑河	陈章太、李行健1996
		佳富	佳木斯	陈章太、李行健1996
		站话	肇源	陈立中2005
冀鲁	保唐	定霸	保定	笔者调查
		天津	天津	石锋1987
		蓟遵	唐山	吴继章主编2005
		滦昌	乐亭	艾溢芳2008
		抚龙	抚宁	吴继章主编2005
	石济	赵深	辛集	孔祥卿2011
		邢衡	衡水	吴继章主编2005
		聊泰	新泰	钱曾怡主编2001
	沧惠	黄乐	献县	傅林2006
		阳寿	寿光	钱曾怡主编2001
		莒照	日照	吴秀玲、刘冬冰2010
		章桓	利津	钱曾怡主编2001

（续表）

胶辽	青州	/	高密	钱曾怡主编 2001
			青岛	钱曾怡主编 2001
	登连	/	烟台	钱曾怡主编 2001
			大连	刘虹 1986
	盖桓	/	丹东	陈章太、李行健 1996
中原	郑曹	/	郑州	陈章太、李行健 1996
			商丘	陈章太、李行健 1996
	蔡鲁	/	金乡	钱曾怡主编 2001
	洛徐	/	洛阳	贺巍 1996
			徐州	苏晓青、吕永卫 1996
	信蚌	/	罗山	王东 2010
			蚌埠	王晓淮 2010
	汾河	平阳	临汾	陈章太、李行健 1996
		解州	灵宝	陈章太、李行健 1996
		绛州	侯马	侯精一、温端政主编 1993
	关中	/	西安	兰宾汉 2011
	秦陇	/	汉中	陈章太、李行健 1996
			白河	陈章太、李行健 1996
		（飞地）	敦煌	陈章太、李行健 1996
	陇中	/	天水	陈章太、李行健 1996
	南疆	/	焉耆	刘俐李 1988
兰银	金城	/	兰州	陈章太、李行健 1996
			榆中	张燕来 2003
	银吴	/	银川	李树俨、张安生 1996
			中宁	李倩 2001
	河西	/	张掖	张燕来 2003
			民乐	钱秀琴 2009
	北疆	/	乌鲁木齐	周磊 1995

（续表）

西南	成渝	/	成都	陈章太、李行健 1996
			宜昌	陈章太、李行健 1996
	滇西	姚理	维西	吴成虎 2007
		保潞	腾冲	陈晓 未刊
	黔北	/	毕节	陈章太、李行健 1996
			吉首	鲍厚星等 2001
	昆贵	/	昆明	陈章太、李行健 1996
			贵阳	陈章太、李行健 1996
	灌赤	岷江	邛崃	崔荣昌 2010
		岷江（飞地）	西昌	陈章太、李行健 1996
		丽川	丽江	陈希 未刊
		仁富	自贡	陈章太、李行健 1996
		雅棉	汉源	陈章太、李行健 1996
	鄂北	/	襄樊	陈章太、李行健 1996
	武天	/	武汉	朱建颂 1995
	桂柳	/	柳州	陈章太、李行健 1996
			桂林	陈章太、李行健 1996
	黔南	/	凯里	黔东南州地方志办公室编 2007
	岑江	/	锦屏	黔东南州地方志办公室编 2007
			会同	鲍厚星等 2001
	湘南	/	永州	鲍厚星等 2001
	常鹤	/	常德	陈章太、李行健 1996
江淮	洪巢	/	南京	陈章太、李行健 1996
			涟水	陈章太、李行健 1996
		（飞地）	青阳	孙宜志 2006
	泰如	/	南通	陈章太、李行健 1996
	黄孝	/	黄州	汪化云 2004
未定	军话	/	崖城	刘春陶、曾晓渝 2011

（100089 北京，首都师范大学文学院　lizh5635@163.com）

广东省饶平话动词变形重叠式考察[*]

郑伟娜

提要 我们分析了广东省饶平话（闽南语）中的变形重叠式，从变形语素的语音规则、变形重叠式的内部结构、分布和作用等方面对其进行论述。我们认为，用音节模块说能够很好地描写变形语素的生成规则；而变形重叠式的内部结构则主要与结构类型、音节多少和音重轻有关；变形重叠式的分布和作用主要体现在对句式的要求和对句式义的贡献上。

关键词 饶平话 动词变形重叠式 结构 分布 作用

1 引言

1.1 问题的提出

饶平话动词和普通话一样，都可以重叠，表示"微量"，例如：

（1）a. 睇 [thõĩ$^{53}_{35}$] 睇 [thõĩ^{53}][①]（看一看）

b. 拍 [pa$^{2}_{5}$] 拍 [pa$^{2}_{5}$] 球 [kiu^{55}]（打打球）

与普通话不同的是，饶平话动词还可以通过变形重叠，构成"动词变形重叠式"（简称"变形重叠式"），表强调义。例如[②]：

（2）a. 开 [khui^{33}] 掉 [tiau^{11}]——□ [khiŋ^{33}] 开 [khui^{33}] 掉 [tiau^{11}]

b. 按 [aŋ$^{213}_{55}$] 掉 [tiau^{11}]——□ [iŋ^{55}] 按 [aŋ$^{213}_{55}$] 掉 [tiau^{11}]

c. 踢 [thak$^{2}_{5}$] 开 [khui^{33}]——□ [thik^{5}] 踢 [thak$^{2}_{5}$] 开 [khui^{33}]

---

[*] 本文曾在全国汉语方言学会第16届年会暨汉语方言国际学术研讨会（福州，2011年11月）报告过，与会学者对本文提出了宝贵的意见；本文写作过程中得到王洪君老师的很大帮助。谨致谢忱。

（3）a. 行 [kiã$_{21}^{55}$] 起 [khi$_{21}^{53}$] 来 [lai$_{11}^{55}$]——□ [kiŋ^{21}] 行 [kiã^{55}] 起 [khi$_{21}^{53}$] 来 [lai$_{11}^{55}$]（走上来）

b. 死 [si^{53}] 去 [khɯ$_{21}^{213}$]——□ [siŋ^{35}] 死 [si^{53}] 去 [khɯ$_{21}^{213}$]（死了）

c. 睇 [thõĩ^{53}] 下 [ɛ$_{21}^{53}$]——□ [thiŋ^{35}] 睇 [thõĩ^{53}] 下 [ɛ$_{21}^{53}$]（看一下）

原动词结构经过主要动词的变形重叠，产生一个变形语素（如（2a）中的□ [khiŋ^{33}]），并形成变形重叠式。这个变形语素在语音上与相邻的主要动词有很大关系，在语法上也不能独立存在，只能依附于所在的动词结构。动词的变形重叠式是普通话所没有的，这种结构的生成规律、分布、句法和语义上有什么特点呢？

1.2 前人的研究

对于变形重叠式，学界早有研究。李如龙（1984：17—25）指出："在汉语的闽方言和苗、壮、傣、藏诸语言中，存在着一种大同小异的单音动词的形态变化：在单音动词的前头或后头加上一个和它同声、同调而韵母有定的音节，可以按一定格式进行重叠……这是单音动词的一种特式重叠，即双声定韵的重叠式，或称准重叠式。"

陈泽平（1998：116—118）专门讨论了福州话中的三种动词的衍音式——反复貌衍音、随意衍音和简捷貌衍音。这三种衍音式也都属于动词的变形重叠，其中简捷貌衍音式的衍音规则与此文所说的类型最为接近。

另外，陈泽平（2010：248—250）分析《榕腔初学撮要》（简称《撮要》，于1871年由福州美华书局出版）的语法部分时，也说到"单音节动词衍生出前附的音节，其实也可以看成是另一种重叠形式"，并简要介绍了其语音规律。

林伦伦（1996：231）在分析澄海话时也提过"动词前面加上一个音节表强调"，并简要介绍其语音规律，但是没有做更详细的分析。

从前人的研究来看，学者们比较重视变形重叠式的语音规律和语义表达，而对于它的句法表现则少有探讨。下面我们将从变形重叠式的语音规律、分布、韵律特点等入手，考察饶平话中的这一结构。

2 变形语素的语音规律

从上面的例（2）和例（3）中我们可以对变形语素的语音规律有初步认识：声母和韵母规律比较简单，而声调规律似乎比较复杂。其实，声调的规律跟饶平话复杂的变调有一定的关系，要了解变形语素的声调规律，就要先了解一下饶平话的声调系统及其变调。

2.1 饶平话的声调系统

饶平话有八个调，分别为：阴平、阳平、阴上、阳上、阴去、阳去、阴入、阳入。列表如下（参照林伦伦1995；林伦伦、陈小枫1996）：

表1 饶平话声调系统

调号	调类	调值	例字	调号	调类	调值	例字
1	阴平	33	刚知开诗	2	阳平	55	穷陈寒迷
3	阴上	53	恐楚底死	4	阳上	35	近坐倍令
5	阴去	213	顿菜唱世	6	阳去	11	地谢事用
7	阴入	2	识竹笔急	8	阳入	5	笛杂合药

以上八个调相互组合会形成前字变调，而变成什么调要看本调调值，与后字调值无关。饶平话二字词变调规则大致如下：

表2 饶平话变调系统

	阴平	阳平	阴上	阳上	阴去	阳去	阴入	阳入
本调	33	55	53	35	213	11	2	5
变调	33	21	35	21	55	11	5	2

从表2可以看到，饶平话的变调调值与原调值之间基本维持"一对一"的格局③，所以我们很容易从语流中的变调推知字本调。一般来说，在语流中，只要一个字不是所在词组的最后一字，通常是要发生变调的。

以上介绍的是非轻声字的变调。如果后字是轻声，则前字不需要变调。饶平话中有一些字（音节）作为后字时本身调值变低，如例（3）中的"起来""去""下"等，一般把这种声调变化视作轻声。通常是后字阴平、阳平变11调；阴上变213调；阳上、阴去变21调；阳入变2调；阳去和阴入因为本来就是低调，所以不变。（参照林伦伦、陈小枫1996）

了解了饶平话的八个声调及其变调规则，我们就能很好地找出变形语素的语音规律了。

2.2 变形语素的语音规律

现在我们从例（2）（3）入手，分别找出变形语素声韵调的语音规律：

（一）声母：变形语素的声母与原音节相同。

（二）韵母：

韵腹　所有的变形语素韵腹都为 [i]；

韵尾　变形语素的韵尾根据原动词结构的首音节韵尾不同而变化。(2a) 的"开"、(3a) 的"行"、(3b) 的"死"、(3c) 的"睇"都是阴声韵，其变形语素韵尾为 [ŋ]；（2b）的"按"为阳声韵，其变形语素韵尾也是 [ŋ]；（2c）的"踢"为入声韵，其变形语素韵尾为 [k]。也就是说，原首音节为阴声韵和阳声韵的，变形语素韵尾为 [ŋ]；原首音节为入声韵的，变形语素韵尾为 [k]。为了验证我们结论的正确与否，我们再举几个例子：

（4）a. 扣 [kha$_{55}^{213}$] 掉 [tiau^{11}]——□ [khiŋ^{55}] 扣 [kha$_{55}^{213}$] 掉 [tiau^{11}]（摔碎、摔掉）

b. 砍 [kham$_{35}^{53}$] 掉 [tiau^{11}]——□ [khiŋ^{35}] 砍 [kham$_{35}^{53}$] 掉 [tiau^{11}]

c. 物 [mueʔ$_2^5$] 掉 [tiau^{11}]——□ [mik^2] 物 [mueʔ$_2^5$] 掉 [tiau^{11}]

（弄掉、弄坏）

（4a）的"扣"是阴声韵，无韵尾；（4b）的"砍"是阳声韵，收 [m] 尾，二者的变形语素韵尾均为 [ŋ]；（4c）是入声韵，收 [ʔ] 尾，变形语素韵尾为 [k]。可见，我们找到的韵尾生成规律是正确的。

（三）声调的语音规律：例（2）—（4）中的变形语素的声调都是其处于语流中、已经产生了前字变调的结果。按照我们在 2.1 中所介绍的饶平话变调规则，则这些变形语素的本字调（或称深层声调）与主要动词的声调是一样的，如（2b）"□ [iŋ^{55}] 按 [aŋ$_{55}^{213}$] 掉 [tiau^{11}]"中的"□ [iŋ^{55}]"的深层声调应该和"按 [aŋ$_{55}^{213}$]"一样，为 213 调。

同样的，当主要动词后面跟着轻声词时，此时主要动词并不发生变调，但是处于主要动词前的变形语素则要发生变调，如（3b）"□ [siŋ^{35}] 死 [si^{53}] 去 [khɯ$_{21}^{213}$]"中的"死 [si^{53}]"没有发生变调，而"□ [siŋ^{35}]"的深层声调和"死"声调一样，为 53 调，经过变调后变成 35。所以我们后文对变形语素标调时会同时将其深层调值标出。

2.3 用韵律模块说描写变形重叠式的语音规律

动词结构经过主要动词的变形重叠，形成变形重叠式，变形音节的声母、韵母、声调规律如 2.2 所述。由于主要动词和变形语素为独立的两个音节，且二者之间有衍生的关系，从韵律模块（王洪君 2008：156—160）角度来看，非常简洁明了。所以本节将运用韵律模块说来分析这一结构。若以 IMNE(T) 分别表示声母、介音、韵腹、韵尾和声调，σ 代表音节，F 代表音步，借助于 2.2 的结论，我们可以把变形重叠式表示如下：

类型 1：□ [khiŋ^{33}] 开 [khui^{33}] 掉 [tiau^{11}]，□ [iŋ$_{55}^{213}$] 按 [aŋ$_{55}^{213}$] 掉

[tiau¹¹]

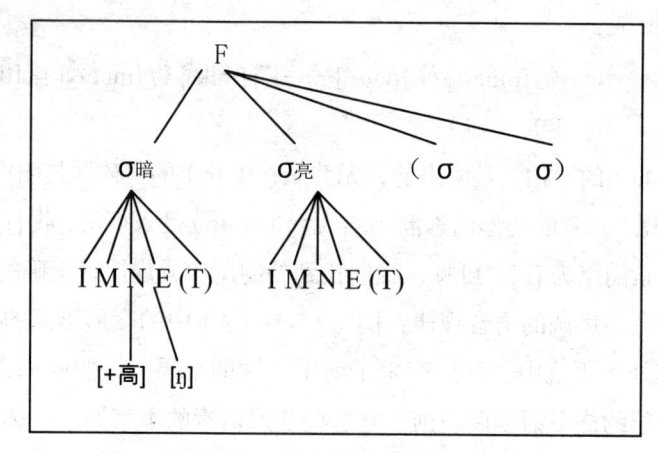

图 1 阴声韵、阳声韵动词变形重叠模块

类型 2：□ [thik²₅] 踢 [thak²₅] 开 [khui³³]

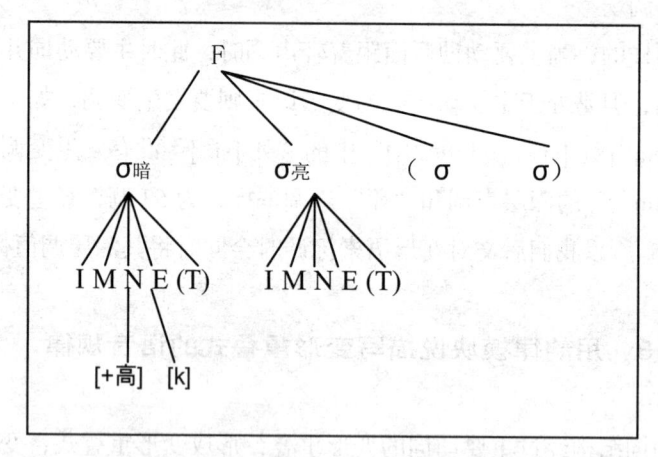

图 2 入声韵动词变形重叠模块

图 1 和图 2 表示原动词结构中的主要动词向左变韵，韵腹变为高元音 [i]，韵尾根据原音节舒展分别变为舌面后的 [-ŋ] 或 [-k]。这印证了朱德熙先生（1982）提出的假设：汉语中凡变形重叠式都或者是向前（左向）变韵，或者是向后（右向）变声。所谓向前变韵，即变韵后的语素居于原有语素之前；向后变声，即变声后的语素居于原有语素之后。例如朱先生认为，普通话中的"噼里啪啦 pi-li-pa-la"是由"啪 pa"经过向后变声成"啪啦 pa-la",再由"啪啦 pa-la"经过向前变韵成"噼里啪啦 pi-li-pa-la"。

饶平话动词变形重叠式可以纳入向前(左向)变韵中。

3 变形重叠式的内部结构

是不是所有动词结构的主要动词都能进行重叠?如果不是,有什么条件限制呢?我们发现变形重叠式存在于动结式、动趋式、"动词+体助词'去'"、"动词+动量词"等结构中。

3.1 对动词结构类型的限制

3.1.1 动结式

可以进行变形重叠的结构,最常见的是一个主要动词带上结果补语。例如:

(5)床顶个物件你开伊□物直 [mik$_2^5$ mue?$_2^5$ tik^5]。(桌上的东西你给弄整齐。)

(6)个杯□洗白 [siŋ$_{35}^{53}$ soi$_{35}^{53}$ pɛ?^{5}] 了。(杯子洗干净了。)

3.1.2 动趋式

变形重叠式也可以是动趋式,例如:

(7)个盒□合起 [hik$_2^5$ hap^5 khi$_{21}^{213}$]。(把盒子合起来。)

(8)个球一下子就给伊人□踢入来 [thik$_5^2$ thak^2 zip$_2^5$ lai$_{11}^{55}$]。(那个球一下子就被他们踢进来了。)

动趋式的补语一般是轻声,所以变形重叠式的主要动词不需要变调,如(7)(8)中的"合 [hap^5]""踢 [thak^2]"。

3.1.3 动词+体助词"去"

闽语中的"去",语法功能与"了"相同,表"已然体"(林伦伦、陈小枫 1996),有人称之为"体助词"。"动词+体助词'去'"的例子如下:

（9）昨暝许个老人给伊□死去 [$siŋ^{53}_{35}$ si^{53} $khɯ^{213}_{21}$]。（昨夜那个老人死了。）

（10）块饼你□食去 [$tsik^5_2$ $tsiaʔ^5$ $khɯ^{213}_{21}$] 阿未？（那块饼你吃了没？）

如果后面没有体助词"去"或者体助词变成"了"，就都不能进行变形重叠了。至于为何"动词+'了'"不能像"动词+'去'"一样构成变形重叠式，下文有进一步的分析。

3.1.4 动词+动量词

饶平话动量词有很多，例如"睇一目"（看一眼）中的"目"、"听一句"中的"句"都是动量词；还有泛动量词"下"，如"睇一下""听一下"等。

动词加上动量词，可以构成变形重叠式，例如：

（11）a. 伊次次来了就□睇下 [$thiŋ^{53}_{35}$ $thõĩ^{53}$ $ɛ^{35}_{21}$]，了就走。（他每次来了就看一下，然后就走了。）

b. 伊次次来了就□睇一目 [$thiŋ^{53}_{35}$ $thõĩ^{53}$ tse^5_2 mak^5_2]，了就走。（他每次来了就看一下，然后就走了。）

（12）你□坐下 [$tsiŋ^{35}_{21}$ tso^{35} $ɛ^{35}_{21}$] 正去。（你坐一下再去。）

饶平话变形重叠式就是以上几类，其中动结式和动趋式比较普遍。而其他动词结构如动宾、主谓、状中等，一般是不能构成变形重叠式的。也就是说，能变形重叠的结构，主要动词必须"打头"，而且其后还不能带宾语成分。不带任何补足成分的光杆动词也是不能构成变形重叠式的，如例（12）中的"□坐下 [$tsiŋ^{35}_{21}$ tso^{35} $ɛ^{35}_{21}$]"是一个结构，但是"□坐 [$tsiŋ^{35}_{21}$ tso^{35}]"却不能成为一个结构。

我们顺便看一下这个问题——动量词中的"量词"是宾语还是补语？在饶平话中，一般的动结式和动趋式可以构成变形重叠式，而带宾语的结构不能。从能否变形重叠的角度来说，"动词+动量补语"与动结式和动趋式的语法行为是一致的，这为把"动词+动量补语"处理为动补结构增加了例证。

3.2 对动词结构组成成分的限制

3.2.1 对主要动词的限制

无论是上述四种结构中的哪一种，我们都可以看到，主要动词只能是单音节的。从下面的对比可以看出，例如：

（13）a. 我个物件□物好 [mik$_2^5$ mue?$_2^5$ ho^{53}] 了。（我的东西弄好了。）

b. *我个物件□安排好 [iŋ^{33} uã^{33} pai$_{21}^{55}$ ho^{53}] 了。（我的东西安排好了。）

（14）a. 房间你猛猛开伊□扫白 [siŋ$_{55}^{213}$ sau$_{55}^{213}$ pɛ?^{5}]。（你快点把房间打扫干净。）

b. *房间你猛猛开伊□打扫白 [tiŋ$_{35}^{53}$ ta$_{35}^{53}$ sau$_{55}^{213}$ pɛ?^{5}]。（你快点把房间打扫干净。）

表达同样的意思，在主要动词为单音节的（13a）和（14a），变形重叠是可行的；而在主要动词为双音节的（13b）和（14b），变形重叠是不可行的。可见，能否变形重叠与主要动词是否是单音节有关。

3.2.2 对动词后接成分的限制

从上面3.1我们可以知道，主要动词后接成分有"结构补语、趋向补语、体助词、动量补语"等，这些成分多为单音节成分，构成变形重叠式之后整个结构成为一个超音步。而多音节成分一般不能进入这一结构，因为构成变形重叠式之后整个结构会成为两个音步，而多于一个音步的变形重叠式是不被允准的。例如：

（15）a. 床顶个物件你开伊□物直 [mik$_2^5$ mue?$_2^5$ tik^5]。（桌上的东西你给弄整齐。）

b. *床顶个物件你开伊□物整齐 [mik$_2^5$ mue?$_2^5$ tsĩã$_{35}^{53}$ tsoi^{55}]。（桌上的东西你给弄整齐。）

（16）a. 个杯□洗白 [siŋ$_{35}^{53}$ soi$_{35}^{53}$ pɛ?^{5}] 了。（杯子洗干净了。）

b. *个杯□洗清气 [siŋ$_{35}^{53}$ soi$_{35}^{53}$ tsheŋ^{33} khi^{213}] 了。（杯子洗干净了。）

但是我们从前面的分析中也看到了，有时候动词的后接成分也可以是双音节词，例如：

（17）你个盒□合起来 [hik$_2^5$ ham^5 khi$_{21}^{53}$ lai$_{11}^{55}$]。（你把盒子合起来吧。）

（18）个球一下子就给伊人□踢入来 [thik$_5^2$ thak^2 zip$_2^5$ lai$_{11}^{55}$]。（那个球一下子就被他们踢进来了。）

（19）你去外丬□行一下 [kiŋ$_{21}^{55}$ kĩã^{55} tsek$_2^5$ ɛ$_{21}^{35}$] 就返来。

上面三个例子的动词后接成分虽是双音节的，但是它们有一个共同的特点，那就是"起来""入来""一下"都是轻声音节。这里允准动词的后接成分为轻声双音节，是因为轻声双音节附着在主要动词的后面，变形重叠之后整个结构仍然只是一个音步。

4 变形重叠式的分布及意义

4.1 变形重叠式的分布

4.1.1 处置式、被动式、受事主语句

变形重叠式的分布，表现在对句式的要求。我们最初注意到变形重叠式大量分布在句子尾部，后面绝对不能带上宾语。动词结构分布在句子尾部的有处置式、被动式和受事主语句等。

（一）处置式

（20）我对块饼□食掉 [tsik$_5^2$ tsiaʔ$_2^5$ tiau^{11}]。（我把那块饼吃掉了。）

（21）我对个球□踢开 [thik$_5^2$ thaʔ$_5^2$ khui^{33}]。（我把球踢开。）

（二）被动式

（22）块饼给我□食掉 [tsik$_5^2$ tsiaʔ$_2^5$ tiau^{11}] 去。（那块饼被我

吃掉了。）

（23）个球给我□踢开 [thik$_5^2$ tha$ʔ_5^2$ khui^{33}] 去。（那个球被我踢开了。）

（三）受事主语句

（24）块饼□食掉 [tsik$_2^5$ tsia$ʔ_2^5$ tiau^{11}] 了。（那块饼吃掉了。）

（25）个球□踢开 [thik$_5^2$ tha$ʔ_5^2$ khui^{33}] 去。（那个球踢开了。）

变形重叠式后面不能再接宾语，（26）（27）这样的句子都不合法，例如：

（26）*我□食掉 [tsik$_2^5$ tsia$ʔ_2^5$ tiau^{11}] 许块饼了。（我吃掉那块饼了。）

（27）*我□踢开 [thik$_5^2$ tha$ʔ_5^2$ khui^{33}] 了一个球。（我踢开了一个球。）

即使是分裂式宾语，也不能出现在后面，例如：

（28）a. 块饼一半□食掉 [tsik$_2^5$ tsia$ʔ_2^5$ tiau^{11}] 了。（那块饼的一半吃掉了。）

　　　b. *块饼□食掉 [tsik$_2^5$ tsia$ʔ_2^5$ tiau^{11}] 一半了。（那块饼吃掉了一半。）

4.1.2 非宾格动词结构

除了上面提到的三类句式外，我们会自然想到，不及物动词总是用在句子末尾，但是光杆动词是不能进行变形重叠的。所以如果一个不及物动词加上一个体助词，那么是不是就可以呢？我们看看下面的例子：

（29）a. 昨暝许个老人（给伊）死去。（昨夜那个老人给死了。）

　　　b. 昨暝许个老人（给伊）□死去 [siŋ$_{35}^{53}$ si^{53} khɯ$_{21}^{213}$]。

　　　c. *昨暝许个老人（给伊）死了。

　　　d. *昨暝许个老人（给伊）□死了 [siŋ$_{35}^{53}$ si^{53} liau$_{21}^{53}$]。

（30）a. 块冰（给伊）融去。（那块冰给融化了。）

　　　b. 块冰（给伊）□融去 [iŋ$_{21}^{55}$ ĩõ^{55} kɯ$_{21}^{213}$]。

　　　c. 块冰融了。

d. *块冰□融了 [iŋ$_{21}^{55}$ ĩõ^{55} liau$_{21}^{53}$]。

（29）和（30）中的动词都是非宾格动词（unaccusative verb，参见曾立英 2007）。在饶平话中，表已然的非宾格动词后面一般加上体助词"去"，例如（29a）（30a）；而且也只有加上体助词"去"之后该动词结构才能变形重叠，例如（29b）（30b）。非宾格动词加"了"不表已然而表状态变化，所以（30c）虽然能说，其意义却和"融去"不同："块冰融去"指整块冰都融化完了，而"块冰融了"则更侧重于已经开始融化。

下面我们再看看非作格动词加体助词的情况。

（31）a. *许个奴仔一下子就哭去。（那个孩子一下子就哭了）

b. *许个奴仔一下子就□哭去 [khiŋ$_{55}^{213}$ khau^{213} kɯ$_{21}^{213}$]。

c. 许个奴仔一下子就哭了。

d. *许个奴仔一下子就□哭了 [khiŋ$_{55}^{213}$ khau^{213} liau$_{21}^{53}$]。

（31）中的动词是非作格动词（unergative verb），在饶平话中，非作格动词可以加体助词"了"，例如（31c）；不能直接加"去"，例如（31a）；而且也不能变形重叠。

所以并不是所有的"不及物动词 + 体助词"都可以变形重叠：只有"非宾格动词 + 去"才可以，而"不及物动词 + 了"则不能。

4.1.3 其他句式

我们在 3.1.4 中提到的"动词 + 动量词"分布的句式较为广泛，只要"动词 + 动量词"后面不带宾语，就可以变形重叠。如上面的例子：

（11）a. 伊次次来了就□睇下 [thiŋ$_{35}^{53}$ thõĩ^{53} ɛ$_{21}^{35}$]，了就走。（他每次来了就看一下，然后就走了。）

（12）你□坐下 [tsiŋ$_{21}^{35}$ tso^{35} ɛ$_{21}^{35}$] 正去。（你坐一下再去。）

4.2 变形重叠式的意义

4.2.1 从韵律上看

原动词结构一般都是双音节音步，也有部分含有轻声音节的三音节音步。变成变形重叠式后,整个音步增加一个音步,形成三音节或四音节超音步。相对于句子的其他成分而言,超音步是"超重"的。饶平话的自然重音与普通话一样,都是处于句子的末尾(参见冯胜利2000);而变形重叠式是"超重"的,所以它理所当然处于句子的末尾。这就解释了为什么变形重叠式后不能带宾语了:带上宾语之后,尾重原则要求宾语带自然重音,而这个"超重"音步本身又是不能轻的,这就会产生韵律上的冲突。

变形语素是主要动词的变形重叠,我们认为重叠往往有一定的语法或语义上的作用——至少"强调"的作用是有的。至于是对什么的强调,我们还应该结合句法和语义进行分析。

4.2.2 语法语义上的意义

变形重叠式出现在处置式、被动式、受事主语句和非宾格动词句中,而这些句式有一个很大的共同点,那就是其深层结构有宾语,而表层结构没有宾语。通常认为"主－谓－宾"是现代汉语的基本语序(闽南话也如此),宾语提前必定是为了某种表达上(例如强调原有宾语的蒙受义等)的需要。变形重叠式有助于加强这一句式义。

另外,能进行变形重叠的动词结构一般都能表达动作完结:动结式用结果补语表示结果;动趋式用趋向补语表示结果(实际上也有人将动趋式归为动结式的一个小类,例如玄玥2008);"动词＋动量词"用动量词表示动作的次数,也可以算是结果;"作格动词＋去",作格动词有个内在的终结点,很多语法学家都论证过这一点(参见曾立英2007)。我们认为,变形重叠式最大的作用在于强调动作的完结。

综上,变形重叠式的作用主要有两个方面:

(一)加强原有句式的句式义;

(二)强调动作完结,这是变形重叠式最主要的作用。

5 总结和余论

上面我们分析了广东省饶平话中的变形重叠式,从变形语素的语音规则、变形重叠式的内部结构、分布和作用等方面对其进行论述。我们认为,用音节模块说能够很好地描写变形语素的生成规则;而变形重叠式的内部结构则主要与结构类型、音节多少和重轻有关;变形重叠式的分布和作用主要体现在对句式的要求和对句式义的贡献上。

当然,变形重叠式还有很大的研究空间。例如,从变形重叠式的内部结构上看,为何其限于动结式、动趋式等少数结构中,为何"动词+去"能构成变形重叠式而"动词+了"却不能?从方言/语言分布上看,该变形重叠式是否存在于其他汉语方言中?李如龙(1984)所提到的其他少数民族语言的变形重叠式与本文的变形重叠式又在何种程度上相似,是否有语言接触上的影响?这些问题,我们在后续研究中将做进一步的分析。

附 注

① 文中大部分音标参考《汉语方音字汇》。
② 其中例(2)主要动词后接成分为非弱化成分,如"掉""开";例(3)主要动词后接成分为弱化成分,如"起来""去""下"。详见下文分析。
③ 这种"一对一"的关系有一个例外:阳上调和阳去调变调之后都为21。所以对于某些字的本调,有些人认为是"阳上调35",有些人则认为是"阳去调11",就连饶平话母语者也很难分辨本字调。阳上调和阳去调的字有混淆,可参见林伦伦(2001)。
④ 这个音步通常都是一个超音步。
⑤ 音节上的"亮"和"暗"是相对的概念,笼统说来,暗音节的主要元音舌位高、开口度小;亮音节的主要元音舌位低、开口度大。

参考文献

北京大学中国语言文学系语言学教研室　(2003)　《汉语方音字汇》,语文出版社,北京。

陈泽平　（1998）　《福州方言研究》，福建人民出版社，福建。
——　（2010）　《19世纪以来的福州方言》，福建人民出版社，福建。
冯胜利　（2005）　《汉语韵律句法研究》，北京大学出版社，北京。
李如龙　（1984）　闽方言和苗、壮、傣、藏诸语言的动词特色重叠，《民族语文》第1期，中国社会科学院民族研究所，北京，17—25页。
林华东　（2008）　《泉州方言研究》，厦门大学出版社，厦门。
林伦伦　（1995）　潮汕方言声调研究，《语文研究》第1期，中国社会科学出版社，北京，52—59页。
——　（1996）　《澄海方言研究》，汕头大学出版社，汕头。
——　（1997）　《潮汕方音与普通话》，汕头大学出版社，汕头。
——　（2001）　古浊声母上声、去声字汕头话今读考察，《汕头大学学报》第1期，汕头大学出版社，汕头，101—106页。
林伦伦、陈小枫　（1996）　《广东闽方音研究》，汕头大学出版社，汕头。
王洪君　（2008）　《汉语非线性音系学》，北京大学出版社，北京。
曾立英　（2007）　作格研究述评，《现代外语》第4期，广州外国语学院学报编辑部，广州，424—432页。
周长楫　（1991）　《闽南话与普通话》，语文出版社，北京。
朱德熙　（1982）　潮阳话和北京话重叠式象声词的构造，《方言》第3期，商务印书馆，北京，16—22页。

（100871 北京，北京大学中文系　1987zwn@163.com）

吴语人称代词复数标记来源的类型学考察[*]

盛益民

提要 本文主要讨论吴语人称代词复数标记来源的类型。文章首先以"拉"为例,指出部分吴语方言发生了"'家'义处所词 > '家'义关联标记 > 泛用关联标记 / 复数标记"的语义演变。根据是否发生了这一演变,可以将吴语分成两大类型:大部分北部吴语方言经历了这一演变,可称之为"处所型";而绝大部分南部吴语方言没有经历这一演变,人称代词复数标记主要来源于数量结构,可称为"数量型"。

关键词 吴语 处所后置词 人称代词 复数标记 关联标记 类型学

0 引言

0.1 吴语人称代词复数概况

关于人称代词的"复数",可以分为"连接"(conjunction)(如"第一人称 + 第二人称""第二人称 + 第三人称"等)和"复数"(plurality)(如"第二人称 + 第二人称""第三人称 + 第三人称")两类。(Bhat 2004: 95—99)代词的复数不一定是真正的复数,"你

---

[*] 本文得到了导师刘丹青先生的指导,感谢陶寰、陈振宇、郑伟、沈瑞清、王芳、金春华等师友在本文修改过程中提出的宝贵意见,感谢《语言学论丛》匿名审稿人中肯的修改意见。感谢提供语料的同行和学友:常州(上师大郑伟副教授)、宜兴张渚(北京大学博士生黄河)、苏州(复旦大学硕士生史濛辉)、上海(社科院语言所博士生朱佳蕾)、嘉定华亭(上师大陈夏青硕士)、长兴(南开大学本科生曹滢)、宁波(社科院语言所胡方副研究员)。本研究得到社科院创新工程项目"汉语方言的语音和语法"的资助,一并致谢。文中疏漏,概由笔者承担。

们""他们"有时表示复数(2+2,3+3),有时表示连接(2+3等)。本文对此不做区分,径称为"复数"。

"复数"是一个历史范畴,Corbett(2000:50—51)、Siewierska(2004:79)指出并不是所有语言的人称代词都区分"数"范畴,例如上古汉语、徽语祁门方言(刘丹青 2011)、巴西亚马逊地区 Mura Pirah 语(Siewierska 2004:79)等就没有数的区分。而且,不同方言"复数"范畴的语法化程度也可能会有不同。本文的"复数"不考虑其在吴语各方言间的语法化程度的差异。我们把标记复数的成分称为"复数标记",不管这个成分是单音节还是多音节。"复数标记"同样也存在着语法化程度的差异,本文也不予考虑。

本文一共考察了 90 个吴语方言点,具体的方言点信息及语料来源请参附录。材料所限,本文的讨论暂不涉及宣州片吴语。我们依据吴语学界的基本认识,把太湖片吴语叫作"北部吴语",台州、婺州、处衢、瓯江各片叫作"南部吴语"。

不少汉语方言中第一人称复数存在包括式和排除式的对立。在我们的考察范围中,吴语共有 24 个方言点存在包括式和排除式的对立:江阴、常州、无锡、丹阳、吴江、临海、三门、黄岩、温岭、玉环、天台、仙居、金华、汤溪、永康、云和、景宁、遂昌、乐清、温州、泰顺、上饶、广丰和玉山。从地理上看,主要分布于苏南吴语和南部吴语当中。罗仁地(LaPolla 2005)考察了藏缅语的包括式和排除式之后,指出藏缅语的包括式是后起的。根据我们的观察,这个观点也基本上适用于汉语及汉语方言。汉语方言中第一人称的排除式与第二人称、第三人称复数在复数表示法上有更大的共性。正因如此,下文的讨论将不再涉及第一人称复数的包括式。

0.2 已有研究的问题及出路

关于吴语复数标记的来源,谢自立(1988)、游汝杰(1993)、张惠英（1995）、陈忠敏、潘悟云（1999）、洪惟仁（1999）、戴昭铭（2000）、梅祖麟（2004）等著述已有较充分的研究。

但是纵观已有的研究，主要存在以下几个方面的问题：

首先，是复数标记的同一性问题。不同方言或语言的两个对应成分是否具有同源关系，这是需要证明的。但是，汉语方言语法史的研究在这方面做得还很不够，一般的研究多不考虑这个问题。例如在吴语人称代词复数标记这个问题上，洪惟仁（1999）根据语音情况，认为吴语现今所有 t/l/n 声母复数标记的语源都是"多"；再如戴昭铭（2000）根据天台话的复数标记"两个"，认为吴语所有 l/n 声母的复数标记都来自于"两"。这些研究都仅仅根据语音相同或相近判断不同方言对应语法成分的同源关系。这种做法在方法论上就有问题，语音相同或相近的形式不一定具有同源关系，同音有可能是类型学上的原因，也有可能是偶然同形所致，下面我们将会看到，南、北吴语虽然都有复数标记 la，但两者并无语源上的关系；而语音相差较远的也不一定就不具有同源关系，只要有语音对应关系即可。

我们认为判断对应方言某一语法成分是否具有同一性，主要可以依据以下几个标准：语音上是否有对应关系？是否具有相同或者相关联的一组功能？这一组功能之间是否具有符合语义演变规律的演变关系？这种语义演变是否有跨语言或跨方言的共性？本文在考察吴语人称代词复数标记的同一性上，就是根据了这些标准。

其次，没有分清复数标记的不同功能。例如戴昭铭（2000）根据天台方言第一人称复数包括式形式"我等"认为吴语的 t/tʰ/d 声母的复数标记都来自于古汉语的"等"。可是大部分吴语方言 t/tʰ/d 声母的复数标记都是用于排除式的，所以不太可能与天台的包括式有同源关系。①

最后，部分研究进行了复数标记来源的类型分类，如游汝杰（1993）指出吴语人称代词复数的表达法主要是两类，一类是单数后加复数词尾，这些复数词尾具有同源关系，都来自于 *la 的语音演变，其中最主要的是：*la → ta → toʔ；另一类是"单数 + 集合/部分量词 + 人"。游先生认为前一种表达法来自于后一种表达法的弱化。这种分类揭示了一部分事实，但是由于没有提出相应分类的标准，所以既没有可操作性，也显得较为随意。本文主要是依据是否发生了"处所后置词 > 人称代词复数标记"这个演变，给吴语人称代词复数标记的来源划分类型。

本文第一部分主要讨论"处所后置词 > 人称代词复数标记"的演变。然后根据是否发生了这一演变，将吴语复数标记分成两大类：北部吴语基本上都发生了这一演变，可称"处所型"，第二部分具体讨论；南部吴语基本上没有发生这一演变，复数标记主要用数量结构表示，可称为"数量型"，在第三部分讨论。第四部分是全文的总结。

1 从处所后置词到复数标记的演变——以"拉"为例

不少研究发现，吴语有一类复数标记的来源与处所后置词具有密切的关系。本节主要考察这种现象。

张惠英（1995）较早发现这种现象，她指出吴语的人称代词复数标记"家""俚""笃"都与处所词有关。

刘丹青（2003：291）也明确指出，吴语有一类专指家里或者住处的处所后置词，与表示复数/集群的后缀同形，例如上海话的"拉"、苏州话的"笃"、无锡话的"里"等。但是对于处所后置词与复数标记的关系，书中没有提出明确的论述。[②]

潘悟云（2010）把处所词看成是汉语方言复数标记来源最重要的两大类型之一，并以第一人称为例认为处所词变为复数标记经过了如下的语义演变过程：我这里 > 我这方 > 我们。我们基本同意潘先生总结的语义演变过程，不过，一方面，该语义演变过程并没有将演变的细节以及机制展示出来，这正是本节所要着力解决的问题。另一方面，文章似乎扩大了"处所词 > 复数标记"在汉语方言中的范围，比方说潘先生认为吴语所有 t/l- 声母的复数标记都是来源于处所词，下文我们将证明，南部吴语 l- 声母复数标记基本上都不是从处所词发展而来的；再比如说，北方话的"们"和粤语的"哋"是否来源于"门"和"地"，也是需要进一步讨论的③。我们认为"处所后置词 > 人称代词复数标记"这一语义演变很可能是北部吴语及临近方言区的创新，这一演变很有研究的必要和价值。

下面我们首先以处所后置词"拉"为例，具体考察这一语义演变。

1.1 "拉"的音变及熔合形式

1.1.1 "拉"的鼻音化和促声化

先来看"拉"la 的鼻音化。由于在吴语中，第一人称和第二人称多是自成音节的鼻音形式 n̩ 或 ŋ̍，la 在它们之后常常被同化为 na 或 ŋa。

"拉"la 的另一项音变是促声化。在余姚、宁波、奉化、定海等甬江小片或靠近甬江小片的方言点中，复数标记是促化形式 laʔ、lɤʔ。我们认为 laʔ/lɤʔ 是 la 的促化形式。宁波话的这个复数标记 lɤʔ，汤珍珠等（1997）也写作"拉"，并且认为 lɤʔ 是促声弱化形式。在奉化话中，第一人称复数标记为 la，而第二、三人称为 lʌʔ，有促化和非促化两种形式。此外，徐越（2007：127）的报道显示，杭嘉湖地区的复数标记也有 la 和 laʔ 的异读。

所以我们把这些鼻音化和促声化的形式也统一归到"拉"类当中。

1.1.2 "拉"造成的内部屈折

从共时的角度看，部分吴语方言的人称代词单复数存在系统的内部屈折。④在我们的考察范围内，一共有 10 个点人称代词是系统的内部屈折：湖州、安吉、德清、余杭、临安、绍兴、上虞、诸暨、嵊州、新昌。这种内部屈折的形式，主要集中分布于苕溪小片和临绍小片，例如⑤：

表一　吴语人称代词的内部屈折

方言点	第一人称		第二人称		第三人称	
	单数	复数	单数	复数	单数	复数
湖州	ŋ	ŋa	n̩	na	dʑi	dʑia
德清	ŋu	ŋa	n̩	na	ɦi	la
绍兴	ŋo	ŋa	noʔ	na	ɦi	ɦia
嵊州	ŋɯ	wa	ŋ̍	ŋa	ɦi	ɦia

从历史来源上看，钱乃荣（1999）认为北部吴语的这些内部屈折都来源于单数与"拉"的合音。我们认同钱先生的观点，共时的不平衡分布和历史文献材料两个角度都能证明这个观点。

在共时的不平衡分布方面，除了以上所举存在系统的内部屈折之外，还有的方言不同人称的代词之间存在不平衡，有的人称已经发生合音，而有的人称还没有合音。比如上海话的第二人称和第三人称复数分别为 na 和 ɦi la，分别是合音和未合音的形式；再如萧山话的代词系统如下（大西博子1998）：

表二　萧山话的人称代词系统

方言点	第一人称		第二人称		第三人称	
	单数	复数	单数	复数	单数	复数
萧山	ŋo²³	ŋa²³	ŋ̍²³	ŋ̍⁵⁵na³¹、na²³	ɦi³¹	i⁵⁵la³¹

第一人称已经是合音后的形式，第三人称还是未合音的形式，而第二人称则是合音的形式与未合音的形式并存。这些情况都能证明，屈折形式来源与单数与"拉"的合音。

在历史文献材料方面，清末的绍兴话著作《越谚》中，绍兴话的人称代词复数分别是"伲(额害切俹"（我们）、"悟乃"（你们）、"俠夷僻赖"（他们）这样的双音节形式，可拟音为：[*ŋa la]、[*n na] 和 [*ɦi la]。很明显，现代绍兴话的单音节形式 ŋa、na、ɦia 来源于历史上双音节形式的合音。

下文把苕溪、临绍小片这些由"拉"合音造成的内部屈折形式，也归入复数标记"拉"类中一并考察。

1.2 "拉"的各项用法

复数标记"拉"主要分布于吴语太湖片的苏沪嘉小片、苕溪小片、临绍小片和甬江小片（具体分布见 2.1 节），下面主要以上海、长兴、绍兴和宁波作为各小片的代表点进行考察。

在考察"拉"的语义演变之前，我们打算先梳理一下"拉"的基本功能。"拉"主要有如下六种功能：

第一，泛义处所后置词。刘丹青（2003：290—291）指出，吴语指人名词之后的后置词有两类：一类是泛指某人的处所，另一类是专指某人的家里与住处。我们称前一类为泛义处所后置词，后一类为"家"义处所后置词。上海、长兴的"拉"具有泛义处所后置词的用法，而绍兴、宁波的"拉"则没有这种功能。⑥例如：

（1）上海：电脑是<u>小王拉</u>拿来咯。电脑是从小王那儿(办公室)拿来的。

（2）长兴：我拉到<u>王老师拉</u>去。我们到王老师那里（办公室）去。

第二，"家"义处所后置词。"拉"及其音变形式在各方言中都有"家"义处所后置词的用法。例如：

（3）上海：我昨日辣<u>娘舅拉</u>吃饭。我昨天在舅舅家吃饭。（钱乃荣 1997：104）

（4）长兴：我辣<u>小王拉</u>。我在小王家。

（5）绍兴：电脑包<u>阿兴拉</u>摆亨。电脑包放在阿兴家。

（6）宁波：我到<u>舅舅辣</u>补课去。我到舅舅家去补课。（钱萌 2007：62）

第三，"家"义关联标记。"关联标记"（associative maker）标记一个由主要成员以及相关联成员所组成的集合。（Corbett 2000：101）根据集合是否为家庭，我们把关联标记分为"'家'义关联标记"和"泛用关联标记"两类。由"家"义关联标记"拉"所组成的"Np＋拉"是"某人所关联的一家人"的意思。"拉"

及其音变形式在各方言中都有"家"义关联标记的用法。例如：

（7）上海：辧趟聚会，<u>娘舅拉</u>是勿会去个。这次聚会，舅舅一家是不会去的。（钱乃荣 1997：103）

（8）长兴：<u>舅舅拉</u>到哪里去勒？舅舅他们一家人到哪里去了？

（9）绍兴：爸爸，<u>小爹拉</u>来来咚哝？爸爸，叔叔他们一家人在没在？

（10）宁波：<u>小王辣</u>来勒伐？小王一家来了没有？

第四，泛用关联标记。由泛用关联标记"拉"所组成的"指人名词+拉"是"某人所关联的一帮人"的意思，比方说亲朋、同学、同事等。"拉"及其音变形式在各方言中都有泛用关联标记的用法。例如：

（11）上海：侬要拿介伤心个事体告诉<u>小王拉</u>？你要把这么伤心的事情告诉小王他们？（钱乃荣 1997：103）

（12）长兴：<u>小王拉</u>旅游去勒。小王他们一帮人（指同学）去旅游了。

（13）绍兴：<u>阿兴拉</u>都到何里去哉？阿兴他们（指同事）都去哪儿了？

（14）宁波：葛就是<u>阿红辣</u>上班格地方。这就是阿红他们上班的地方。（钱萌 2007：63）

第五，复数标记。其实吴语人称代词的复数标记本质上也是一种"关联标记"。钱乃荣（1999）、刘丹青（2003：209）就已经指出，严格来说吴语人称代词的复数后缀不是真正表示复数，而是表示集体或者集合。两位先生指的表示集体或者集合的功能，也就是本文所说的"关联标记"。如果泛用关联标记从指人专有名词扩展到了人称代词之后，那么关联标记也就可以看成是复数标记了。

之前已有多位学者指出北部吴语的人称代词复数标记不能加在普通指人名词如"朋友""同学"等之后。这也主要是因为北部吴语的复数标记本质上是"关联标记"，要求以某个确切的成员作为关联的对象。

第六，准领属定语标记。"拉"可以位于指人名词和亲属称谓等之间表达领属关系，例如：

（15）上海：小毛<u>拉</u>爷死脱了。小毛他爹死了。（钱乃荣

1997:104)

（16）长兴：小王**拉**阿伯 小王他爹
（17）绍兴：阿兴**拉**爹 阿兴他爹
（18）宁波：葛是因因**辣**老师啊？ 这是宝宝的老师啊？（钱萌 2007:62）

在汉语方言中，广泛存在代词复数形式用于表达亲属领属的语法现象。吴语"拉"用作准领属定语标记的用法，也是关联标记用法和复数标记用法的扩展。准定语标记的用法下文将不再涉及。

1.3 "拉"的语义演变

我们认为，"拉"在吴语中经历了如下的语义演变：
家义处所后置词 > 家义关联标记 > 泛用关联标记/复数标记
从"家"义处所后置词到表示"一家人"的"家"义关联标记，经历了"转喻"的演变机制，也就是说用"家"这个实体（容器）来转指家中的成员（容器中的内容）。用容器转喻容器中的内容，是一种常见的转喻的意象图示。（Ungerer & Schmid 1996:116；沈家煊1999等）。世界语言中广泛存在用"家"这个处所转喻家庭成员的现象，例如德语的 Haus 既可以指"房屋"也可以指"全家人"，土耳其语的 hane 既可指"房屋"也可指"家人"。（参黄树先2012）

而从表示"一家人"的"家"义关联标记发展到表示"一帮人"的泛用关联标记，则是一种语义泛化。贝罗贝、李明（2007）指出，大部分语义演变遵循如下规律：如果新义 $M_2 \supset$ 源义 M_1，那么常常会发生 $M_1 > M_2$ 这样的语义演变。由于泛用关联标记表示的"一帮人"（M_2）也蕴含了"一家人"（M_1）的意思，因此才会发生"'家'义关联标记 > 泛用关联标记"这样的语义演变。

而"家"义处所后置词又往往是从方位词（如无锡的"里"）或者泛用处所后置词（如长兴的"拉"、苏州的"笃"、嘉定的"搭"

等发展而来的。因此，完整的语义演变链可以归纳如下：

方位词/泛用处所词 > 家义处所词 > 家义关联标记 >
泛用关联标记/复数标记

本文语义演变的构拟，主要依据以下两点：一方面，该语义演变符合从实到虚的语义演变规律。秉持"处所主义"（localism）[7]的学者相信，处所方位范畴是人类语言中最基本的关系范畴，其他许多关系范畴常常从处所范畴引申而来。从处所后置词发展为关联标记，正符合这种语言共性。另一方面，本文所构拟的语义演变也具有普遍性，不仅适用于"拉"，也适用于其他从处所后置词发展而来的复数标记如"里""笃""搭"等，这些处所词的演变将在下一节中具体讨论。

根据是否发生了这一语义演变，我们将吴语复数标记分作两类：北部吴语的"处所型"和南部吴语的"数量型"。后两节分别讨论这两种不同的类型。

2 北部吴语：处所型复数标记

2.1 北部吴语的处所型复数标记

北部吴语的复数标记基本上都兼有处所后置词的功能，我们称之为"处所型"。

北部吴语各方言点的复数标记基本上都是单音节的，唯一的例外就是吴江方言。本节根据音节数分别讨论。

2.1.1 单音节

单音节复数标记除去受北方官话影响而产生的形式"们"（江阴、杭州），其他根据语音可以分为如下几类：

（1）"家"类（ko、ka）：常州的三个人称，宜兴、溧阳等地第三人称。

"家"明显为"家"义处所后置词。在常州话中,"家"具有"家"义处所词、"家"义关联标记,但是只能加在人称代词之后表示复数,而不能加在指人名词之后表示泛用关联标记。而在宜兴张渚话中,"家"能够用在指人名词之后表示泛用关联标记,例如:

(19) 小王家马上就到咧。小王他们一帮人马上就到了。

(2)"里"类(li):无锡的三个人称,沙洲、常熟、昆山、崇明等方言的第一人称。

无锡话的"里"为方位词,但是"里"只能加在指人名词之后表示"家"义处所后置词,而不能表示泛用处所后置词,例如(刘丹青 2003:289):

(20) 老张来我里孛相。老王在我家玩儿。

(21) 物事摆勒王老师里。东西放在王老师家。

刘丹青(2003:289)同时指出,无锡话的"里"还能加在指人名词上表示关联标记,例如"小张里"可以表示"小张一家人",也可以表示"小张他们一帮人"。

(3)"笃"类(toʔ):宜兴、苏州、常熟等地的第二、第三人称。

梅祖麟(2004)认为"笃"与汉语史中的"属"同源。但是"笃"明显具有处所后置词的功能,所以不可能来源于具有数量义的"属"。

刘丹青(2003:209)指出,苏州话中"笃"有处所后置词的用法,指人名词后加"笃/朵"可以表示"某人那儿"或"某人家"的意思,例如:

(22) 今朝头还要到七老官朵去个哉今天还要到老七那儿去呢。(三笑)

(23) 姆妈勒隔壁王好婆笃讲闲话。妈妈在隔壁王奶奶家聊天。

在早期苏州话中,人称代词加"笃"也可以用作处所题元,例如:

(24) 倪明朝去吃酒,请耐六点钟到俚笃。我们明天去喝酒,请你六点到他那儿。(海天雪鸿记)

除了处所后置词的用法，"笃"还有"家"义关联标记和泛用关联标记的用法，例如：

（25）老王笃勒哪搭？老王一家人在哪儿？

（26）明朝我要帮小张笃一道出去勒。明天我要跟小张他们一起出去了。

（4）"搭"类（taʔ、tæʔ等）。"搭"主要分布在太仓、金山一带。吴语学界一般认为处所词"搭"的本字是"墶"。《集韵》"墶"："德盍切，地之区处"。处所词"搭"广泛分布于吴语当中，不过在大部分吴语中，"搭"都只有泛义处所词的用法，而无"家"义处所词的用法，如上海；有的方言已经可以用在指人名词之后表示"家"义处所词，但还不能用于代词之后，如"搭"在苏州、无锡等方言在"家"义处所词上分别与"笃""里"形成了竞争关系（刘丹青2003：209）；另外一些方言则是"搭"完全发展出了"家"义处所词，因而也发展出了复数标记的用法，如太仓、嘉定等地。

上海嘉定华亭的复数标记就是"搭"[taʔ⁴]，"搭"可单独表示处所义，"何里搭"就是"何处"的意思；同时，"搭"还有"家"义处所词和"家"义关联标记的作用，例如：

（27）到外婆搭去。到外婆家去。

（28）小王搭 aŋ（<阿曾）来？小王一家人来了吗？

不过"搭"不能加在指人名词之后表示泛用关联标记的用法，可见嘉定话的"搭"是在人称代词之后经历了"处所后置词＞'家'义关联标记＞复数后缀"的演变。

（5）"拉"类（la、laʔ、lɐʔ等）。la的读音主要在上海、嘉定、松江、嘉兴、新昌、镇海、象山等地，而laʔ或者lɐʔ主要分布于昌化、余姚、宁波、奉化、定海等地。

（6）其他：沙洲、崇明、昆山二、三人称的复数标记和桐庐的复数标记分别是 təʔ、dəʔ、dɐʔ 和 təʔ，分水的复数标记是 dɐʔ，它们可能是"笃"或"搭"的弱化形式。丹阳的复数标记为 tɕi/dʑi，吕叔湘（1980）认为本字是"家"，梅祖麟（2004）认为本字是"侪",而汪化云（2008、2011）认为本字是"几"，其来源和类型还需进一步研究。至于金坛的 fiɑ 和高淳的 tiɛ 由于材料所限，不能确定类型归属。

2.1.2 双音节

北部吴语双音节复数标记只分布在吴江方言的部分代词当中，吴江方言三身代词的内部差异可列表如下（刘丹青1999）：

表三　吴江方言人称代词的内部差异

	同里	松陵	黎里	芦墟	平望	盛泽
我们	ŋ tɛ	ŋ tɛ	ŋ tɛ	ŋ tɛ	ni tɛ	fiu li
你们	n̩ nɔ/ n nɔ tɛ	n̩ nɔ	nɔ tɛ	nɔ tɛ/n̩ nɔ tɛ	n̩ na	n̩ na
他们	ji ʔlɔ/ji ʔlɔ tɛ	ji ʔlɔ	ji ʔlɔ	i ʔlɔ	i ʔla/i ʔla tɛ	i ʔla

刘丹青（1999）指出，吴江话的"堆"[⑧]就有泛义处所词、家义处所词等用法，所以"堆"也是个处所词，下面是"堆"的处所词用法：

（29）小王**堆**_{小王那儿、小王家里}

据刘丹青先生（私人交流）告知，吴江话的"拉堆"具有泛义处所词、家义处所词、家义关联标记、泛义关联标记等用法。根据吴江话复数标记的词形，"拉"[lɔ/la] 在内层，而"堆"[tɛ] 在外层，可以推断出，"拉"[lɔ/la] 可能是吴江方言的早期形式，而"堆"[tɛ] 则可能是后起的。我们认为叠置形式"拉堆"有可能是整体发展出了复数标记的功能。

虽然现在吴江话大部分方言点第一人称只用"堆"作为复数标记，但是我们相信之前某个历史阶段"堆"之前还有"拉"或者"里"这样的形式。平望 ni tɛ 的 ni 应该来源于"吾里"的合音，这为我们的推测提供了佐证。不过这种推测还有待于更多事实和证据的进一步证明。

2.1.3 小结

我们把上两节讨论的各类复数标记及相关用法列表如下：

表四　北部吴语复数标记相关联的功能

	泛义处所后置词	"家"义处所后置词	"家"义关联标记	泛义关联标记/复数标记
拉	（+）	+	+	+
笃	−	+	+	+
搭	+	+	+	+
家	−	+	+	+
里	−	+	+	+
拉堆	+	+	+	+

从表中可以看出，"家"义处所后置词和"家"义关联标记是其中很重要的两个阶段。这些处所词都经历了"方位词/泛用处所词 > 家义处所词 > 家义关联标记 > 泛用关联标记/复数标记"的语义演变。同时这张表也表明，北部吴语主要是处所型复数标记。

2.2　处所型复数标记的下位小类

在 2.1 节中，我们根据语音将北部吴语的单音节复数标记归为五类："家"类、"里"类、"笃"类、"搭"类和"拉/辣"类。其中"家"类和"里"类的来源比较明确，而其他几类，一般认为具有相同的来源。例如陈忠敏、潘悟云（1999）主要讨论的是北部吴语复数标记的来源，他们认为北部吴语的复数标记都是同源的，最初的形式可能是 *da 或 *ta，其他形式都由其演变而来。

但是，即便属于同一个类型不代表有共同的来源，比如"里""家"和"拉"都属于处所型，但他们的来源明显不同。所以我们觉得即使在"处所型"内部，各个方言复数标记也需要论证其同一性。下文主要借助体标记等相关证据，来判断不同类别之间的分合。

2.2.1　"拉"的语音演变

我们认为复数标记 la 语音上来源于 *ta 的弱化，这一节主要从绍兴话、温州话的体标记来论证这个问题。

刘丹青（2003）的研究表明北部吴语复合进行体标记的后字主

要来源于处所词,而且他发现部分吴语体标记的后字与复数标记具有同源关系,例如苏州话的持续体标记后字"笃"与苏州第二、第三人称的复数后缀"笃"同源(刘丹青 2003:209)。

绍兴话有三个相当于"在"的进行体标记:"来带/埭近指" lɐ ta/da、"来亨远指" lɐ haŋ 和"来咚不定指" lɐ toŋ。(参陶寰 1996;王福堂 1998;刘丹青 2003)王福堂(1998)指出,近指体标记的后字最初音 ta,da 是其浊化形式。刘丹青(2003:257)根据吴语的语言事实推论"带/埭"最初也有处所后置词的用法。我们同意这种观点。虽然在绍兴话中 ta 已经没有处所词的用法了,但是它仍保留在部分临绍小片吴语当中,例如富阳话处所远指词为"尔带那里"[n³³ta⁵³],"带"[ta]就来源于处所词。

我们认为"带"与上节所述的处所后置词"拉"正是具有同源关系,只是语音发生了分化而已。据陶寰(私人交流)告知,在绍兴东头埭土话中,"来带"的"带"可进一步弱化为 la,与"拉"同音。根据潘悟云(2002),辅音的语音强度在发音(articulation)方面按以下的序列递减:塞音–塞擦音–擦音–鼻音–流音–半元音–零辅音(声母辅音失落),因此,绍兴话的复数标记"拉"很可能经历了 *ta>da>la 的语音弱化。

上海话、温州话的语言事实可为这种设想提供证据。上海话持续体体标记"垃拉"[leʔ la]在早期一百五十多年前的上海话文献中就有,体标记后字"拉"与复数标记后缀"拉"同源同形。

再来看温州话。一方面,温州话有个处所后置词"兰"la²,与太湖片的"拉"有很高的平行性,例如(引自游汝杰 1986):

(30)簿儿还在<u>先生兰</u>。_{练习本还在老师那儿/家里。}

(31)我俫走<u>先生兰</u>拜年。_{我们到老师家里拜年。}

(32)渠<u>兰</u>阿伯做生意个。_{他父亲是做生意的。}

其中例(30)的"兰"可以解释为某人那儿,也可以解释为某人家里;例(31)的"兰"只能理解为某人家里;例(32)"兰"是准定语标记。很明显,"兰"和绍兴话的"拉"是有同源关系的。潘悟云(2002)

提到这个"兰"原本音 ta，在语流中进一步弱化为了 da 和 la。这也可证明绍兴话与温州话"兰"同源的"拉"原本音 ta。另一方面，温州话也存在一个体标记 zṇ ta，在语流中还能弱化为 da、la，体标记的后字 ta 正与"来带"的后字同源、同音。

结合 1.1.2 节的论述，可以说北部吴语的复数标记"拉"语音上经历了一个 *ta＞la＞lɐʔ/laʔ 这样的演变。⑨

2.2.2 "拉""笃""搭"的关系

在 2.2.1 节中我们证明了"拉"[la] 语音上来源于 *ta 的弱化，那么"笃"和"带/拉"有没有同源关系呢？我们认为它们很可能没有同源关系，证据也主要来自于体标记后字。

刘丹青（2003：259）认为绍兴话的"来咚"对应于苏州话的"来笃 [toʔ]"，"咚"是"笃"的儿化形式。在北部吴语中，处所词的儿化是比较普遍的现象，比方绍兴话的远指代词是 haŋ，潘悟云、陶寰（1999）、盛益民（2012）指出其为"许"的儿化形式，"许"最初是处所词，其指示词用法是从处所词发展而来的。

既然"拉/带"与"咚"是不同的两个语素，而"咚"与"笃"又有同源关系，那么就可以断定"拉/带"与"笃"不具有同源关系。在没有足够的理由证明绍兴话的"带"和"咚"具有同源关系或者绍兴话的"带"或"咚"其中之一是从别的方言中借入的情况下，我们只能得出"拉"与"笃"是两类不同的复数标记。

至于"带/拉"与"搭"以及"搭"与"笃"之间的关系，则需要在更多的材料基础上做进行进一步的研究。

3 南部吴语：数量型复数标记

南部吴语的复数标记基本上没有经历"处所后置词＞复数标记"的演变，而是多具有不定量词、集体量词或者数量短语的功能，我们称之为"数量型"。

南部吴语的复数主要可以分为三类：（1）单数＋（数词）＋

量词+人/侬；（2）单数+数词+个；（3）单数+大家。下面分别讨论。

3.1 单数+（数词）+量词+人/侬

3.1.1 单数+（数词）+量词+人/侬

这一类是数量型中数量最多的。主要分布于处衢、瓯江和台州三片。

除了玉山是"数+量+人/侬"的三音节形式"一星侬"之外，其他皆为"量+人/侬"的双音节形式。

根据量词的不同，又可以分为两小类：第一类是量词为集合量词。集合量词主要有"班""等""家""帮"等，例如"我们"乐清说"我班侬" ŋ pɛ naŋ、临海为"我等人" ŋ tãŋ ȵiŋ、仙居为"我家人" ŋo ko ȵin、遂昌为"我帮侬" ȵie paŋ nəŋ。第二类是量词为不定量词。不定量词主要是"些""星""俫"等。例如"我们"松阳说"我些侬" ŋ sɛʔ nəŋ、常山为"我星侬" æʔ sin næ̃、云和是"我俫侬" ŋo lɛʔ nɛ。关于这两类的情况另可参游汝杰（1993、2005）、汪化云（2008）的讨论。

汪化云（2011）的研究表明汉语方言中的复数后缀不少是从多音节（主要是双音节）省略而来，根据省略的位置，又可以分为"省前式"和"略后式"两种。我们发现"单数+量词+人/侬"这种形式是既可以采用省前式，即省略量词，例如云和的复数标记有 nɛ 和 lɛʔ nɛ，nɛ 来自 lɛʔ nɛ 的省缩。也可以采用略后式，即省略名词"人/侬"，例如乐清的复数标记是 pɛ 和 pɛ naŋ，pɛ 来自 pɛ naŋ 的省略；再如丽水话第一、第三人称的复数标记是 lʌ nəŋ，第二人称的复数标记是 lʌ，lʌ 是 lʌ nəŋ 的省缩。

3.1.2 单数+量词

根据量词的语音，主要可以分为以下三类：

（1）tʰɛ（黄岩）、hɛ（温岭）。黄晓东（2004）认为 hɛ 是

tʰE 的音变形式，我们同意这种说法。阮咏梅（2012：176）的词汇表中，温岭的复数后缀音记为 he，同时 he 还具有不定量词的用法。根据《椒江市志·方言》（883 页），椒江的不定量词也用 tʰE。因此我们认为复数标记 tʰE、hE/he 来源于不定量词。这一类早期可能也来源于"单数 + 量词 + 人 / 侬"的省缩。

（2）l+ 高元音：温州 liɛ、乐清 li、文成 / 平阳 le。⑩游汝杰（1993，2005）指出瓯江片的这几个形式同时也可以做不定量词。这一类很可能也来源于"单数 + 量词 + 人 / 侬"的省缩。

（3）l+ 低元音：景宁、龙游 la，广丰 lɐi。游汝杰（1993）、洪惟仁（1999）、戴昭铭（2000）等文都认为其与北部吴语的 la 是同源性的成分。但是正如游汝杰（1993，2005）提到的，这些形式同时也是这些方言中的不定量词，所以笔者认为它们都来源于不定量词；同时，从附近的丽水话复数标记有 lʌ nəŋ 和 lʌ 以及龙泉话复数标记有 la 和 la nʌuŋ 两种形式来看，la 和 lɐi 等很有可能也来自于双音节形式的减缩。因此，这一类也属于"数量型"，与北部吴语的 la 只是碰巧同音而已。

3.1.3 单数 + 侬

这一类型只分布在丽水及附近地区，例如开化 ne、庆元 noŋ、泰顺 nE 等。根据曹志耘等（2000），这些 n- 声母词都有"人"的意思。

这一类可有两种可能的解释：一种是认为与闽语一样，用"侬"表示复数后缀；另一种是认为来源于"单数 + 量词 + 人 / 侬"的省缩。由于在丽水地区的云和，复数标记有 nɛ 和 lɛʔ nɛ 两种形式，nɛ 正是来源于 lɛʔ nɛ 的省缩，所以我们认为可能后一种更加符合吴语的语言事实。这一类也属于"数量型"。

3.2 单数 + 数词 + 个

这一类主要分布于婺州片及台州片靠近婺江片的天台、仙居。在吴语中，数词只能是表示虚指意义的"两"。例如天台、仙居话的复数标记正是"两个"。而武义话第一、第二人称的复数标记是"两",第三人称的复数标记是"两个"。在其他方言区中,表示虚指意义的"几"也可以出现在这种结构中构成复数标记(参汪化云 2008,2011 的讨论),是平行的演变。

我们认为金华的复数标记 laŋ、汤溪的 taŋ、武义的 liaŋ 都是"单数 + 数词 + 个"这种类型采用略后式,即省缩为"单数 + 数词"而形成的。

关于金华方言复数标记 laŋ(及其变音汤溪的 taŋ)的来源,争议颇多。游汝杰(1993)认为本字是"党";李如龙(2001)认为跟闽语一样,本字是"侬";潘悟云(2010)认为本字是"荡",也来源于处所词;而戴昭铭(2000)则认为本字是"两"。有两个证据支持 laŋ 来源于"两"的观点:第一,赵元任(1928)记载二十世纪初叶金华话复数标记的读音是"良",应该是"两"的记音。第二,金华境内还有方言用"两",如曹志耘(1998)所记金华的乡下复数标记音 liAŋ;同时,武义话的复数标记是 liaŋ,方松熹(2000:9—10)也指出义乌部分乡镇复数标记为"两(个)"。

义乌和东阳的复数标记也是 la。徐丽华(2000)指出义乌的 la 来源于"两个"。由于材料所限,具体的音变过程还有待于进一步研究。

3.3 "单数 + 大家"及其他

在我们的考察范围之内,上饶话是用加"大家"的形式表示复数,上饶的三个复数形式分别是:A dA kA、n dA kA 和 gə dA kA。根据赵元任(1928)的记载,早期温州话中,也存在加"大家人"表示复数的用法,不过这种用法已经不见于现今的温州话。

此外,南部吴语中还分布着一些"t/d+ 前元音"的复数标记,如兰溪 de、浦江 te、衢州 daʔ。这些形式分布于临近北部吴语或者受北部吴语影响较深的地区。由于材料的限制,不能确定这些标记的类型归属。

总之，南部吴语的复数标记基本上都属于"数量型"，而且很有可能都是从多音节的数量名结构发展而来的。

4 总结

本文主要考察了吴语人称代词复数标记来源的两种类型。北部吴语的复数标记发生了"处所后置词＞人称代词复数标记"的演变，属于"处所型"；而南部吴语的复数标记基本上都不来源于处所后置词，而是来源于数量结构，因此可以叫做"数量型"。

我们从语法角度，得出吴语（除去宣州片）可以分为南、北两部分，与从语音角度划分出来的结果具有高度的一致性。这项研究也提示我们，吴语的南北分区具有较重要的类型学意义。

附 注

① 黄晓东（2004）已经证明天台话的包括式"我等"来源与"我搭尔"，与古汉语的"等"没有关系。

② 书中认为无锡话的"里"是由"方位后置词经过复数后缀发展成处所后置词"（刘丹青 2003：289）。这与本文 1.3 节构拟的演变不同。

③ 张惠英（1990）、游汝杰（2005）就认为粤语人称代词复数标记的"哋"也来源于不定量词。

④ 请参看刘丹青（2009）对绍兴话代词系统的论述。

⑤ 由于代词系统是封闭词类，声调变化比较频繁，故本文依照游汝杰（1993）的做法，不考虑声调因素。

⑥ 我们怀疑绍兴和宁波早期也能用"拉"表示泛义处所后置词，只是这种功能被其他语素如"搭"等替代了。这个问题需要进一步的研究。

⑦ 关于"处所主义"，请参刘丹青（2003：82）的介绍。

⑧ 吴江话的"堆"可能本字就是"堆"，也可能是"搭"的儿化形式，因为吴江咸山摄字已经读开音节了，"丹"与"堆"同音。

⑨ 至于处所词"带 [ta]"的本字，潘悟云（2010）认为是"都"，可备一说。本文暂不细究。

⑩ 乐清和文成除了用单音节的复数标记，还分别使用双音节的复数标记 pɛ naŋ 和 pɑ naŋ。

参考文献

贝罗贝、李明 （2007） 语义演变理论与语义演变和句法演变研究，载沈阳、冯胜利主编《当代语言学理论和汉语研究》，商务印书馆。

蔡国璐 （1995） 《丹阳方言词典》，江苏教育出版社。

曹志耘 （1998） 《金华方言词典》，江苏教育出版社。

曹志耘等 （2000） 《吴语处衢方言研究》，日本好文出版。

陈忠敏、潘悟云 （1999） 论吴语的人称代词，载李如龙、张双庆主编（1999）。

大西博子 （1998） 《萧山方言研究》，日本好文出版。

戴昭铭 （2000） 历史音变和吴方言人称代词复数形式的来历，《中国语文》第3期。

方松熹 （2000） 《义乌方言研究》，浙江省新闻出版局。

傅国通、方松熹、傅佐之 （1992） 《浙江方言词》，浙江省语言学会。

洪惟仁 （1999） 汉语复数形式的类型与衍化，中国语言学会第十届学术年会暨国际中国语文研究会论文，福州师范大学。

胡松柏等 （2009） 《赣东北方言调查研究》，江西人民出版社。

黄树先 （2012） 住所名探源，《语言科学》第2期，202—221页。

黄晓东 （2004） 台州方言的代词，载曹志耘主编《北京语言大学汉语语言学文萃·方言卷》，北京语言大学出版社。

李如龙 （2001） 东南方言人称代词比较研究，载李如龙《汉语方言的比较研究》，商务印书馆。

李如龙、张双庆主编 （1999） 《代词》，暨南大学出版社。

刘丹青 （1999） 吴江方言的代词系统及内部差异，载李如龙、张双庆主编（1999）。

—— （2001） 吴语的句法类型特点，《方言》第4期。

—— （2003） 《语序类型学与介词理论》，商务印书馆。

—— （2009） 语法化理论与汉语方言语法研究，《方言》第2期，106—116页。

—— （2011） 汉语史语法类型特点在现代方言中的存废，《语言教学与研究》第4期。

吕叔湘 （1980） 丹阳方言的指代词，《方言》第4期，241—244页。

梅祖麟 （2004） 苏州话的"唔笃"（你们）和汉代的"若属"，《方言》第3期247—255。

潘悟云 （2002） 汉语否定词考源——兼论虚词考本字的基本方法，《中国语文》第4期，302—309页。

—— （2010） 汉语复数词尾考源，载徐丹主编《量与复数的研究》，商务印书馆。

潘悟云、陶寰 （1999） 吴语的指代词，载李如龙、张双庆主编（1999）。

钱　萌　（2007）　《宁波方言的语法》，上海大学硕士论文。
钱乃荣　（1992）　《当代吴语研究》，上海教育出版社。
——　（1997）　《上海话语法》，上海人民出版社。
——　（1999）　北部吴语的代词系统，载李如龙、张双庆主编（1999）。
秋谷裕幸　（2001）　《吴语江山广丰方言研究》，日本爱媛大学法文学部综合政策学科。
阮咏梅　（2012）　《吴语温岭方言研究》，苏州大学博士论文。
沈家煊　（1999）　转指和转喻，《当代语言学》第1期。
盛益民　（2012）　论指示词"许"及其来源，《语言科学》第3期，276—286页。
汤珍珠、陈忠敏、吴新贤　（1997）　《宁波方言词典》，江苏教育出版社。
陶寰　（1996）　绍兴方言的体，载张双庆主编《动词的体》，吴多泰中国语言研究中心。
汪化云　（2008）　《汉语方言代词论略》，巴蜀书社。
——　（2011）　省略构成的人称代词复数标记，《方言》第1期，20—25页。
王福堂　（1998）　绍兴方言中表处所的助词*东、*带、*亨，《语言学论丛》第21辑，商务印书馆。
谢自立　（1988）　苏州方言的代词，载复旦大学吴语研究所编《吴语论丛》，上海教育出版社，84—90页。
徐丽华　（2000）　义乌方言的人称代词，载《开篇》20期，日本好文出版。
徐越　（2007）　《浙北杭嘉湖方言语音研究》，中国社科出版社。
许宝华等　（1984）　江苏境内吴语的北部边界，《方言》第1期，1—2页。
游汝杰　（1986）　温州方言语法纲要，载《著名中年语言学家自选集·游汝杰卷》，安徽教育出版社，2003年。
——　（1993）　吴语的人称代词，《中国东南方言比较研究丛刊》第一辑，上海教育出版社，32—49页。
——　（2005）　吴语与粤语人称代词的比较研究，《吴语研究》第三辑，上海教育出版社。
张惠英　（1990）　广州方言词考释（二），《方言》第4期。
——　（1995）　复数人称代词词尾"家""们""俚"，《中国语言学报》第五期，商务印书馆。
赵元任　（1928/1956）　《现代吴语的研究》，科学出版社。
郑张尚芳　（2008）　《温州方言志》，中华书局。
Bhat　（2004）　Pronouns, Oxford: Oxford University Press.
Corbett　（2000）　Number, Cambridge University Press.
Randy, LaPolla　（2005）　The Inclusive-Exclusive Distinction in Tibeto-Burman Languages, In Filimonova eds. Clusivity: Typology and Case Studies on Inclusive/exclusive Oppositions, 291-312, John Benjamins Publishing Company.

Siewierska, Anna （2004） *Person*, Cambridge University Press.
Ungerer, F. & H. J. Schmid （1996） *An Introduction to Cognitive Linguistics*. London: Longman.

附录　90 个方言点信息及语料来源

方言区		方言点	语料来源
太湖片 50	毗陵小片	常州、江阴、沙洲、宜兴、溧阳、高淳、金坛、丹阳	许宝华等（1984）
	苏沪嘉小片	苏州、常熟、无锡、昆山、吴江、太仓、上海、嘉定、奉贤、宝山、松江、崇明	游汝杰（1993）
		嘉兴、海宁、海盐、嘉善、平湖、桐乡	傅国通等（1992）
	苕溪小片	湖州、长兴、安吉、德清、余杭	
	杭州小片	杭州	
	甬江小片	宁波、镇海、定海、奉化、象山	
	临绍小片	昌化、分水、桐庐	
		临安板桥、富阳春江、萧山城厢、绍兴、上虞百官、诸暨五泄、嵊州长乐、新昌大市聚、余姚阳明	笔者调查
台州片 7		临海、三门、黄岩、温岭、玉环、天台、仙居	黄晓东（2004）
婺江片 8		义乌、武义	傅国通等（1992）
		金华、兰溪、汤溪、永康、东阳、浦江	游汝杰（1993）
瓯江片 7		温州、乐清、平阳、文成、泰顺、瑞安、永嘉	
处衢片 18		衢州、江山、龙泉、松阳、景宁、丽水、缙云、青田、宣平	傅国通等（1992）
		开化、常山、龙游、遂昌、云和、庆元	曹志耘等（2000）
		玉山、广丰、上饶	胡松柏等（2009）

（天津，南开大学文学院　nkshengym@163.com）

鲁中莱芜方言"XX子"式子尾词[*]

吕晓玲

提要 鲁中莱芜方言"XX子"式子尾词分属于两种重叠类型——构词重叠和构形重叠。"XX子"式子尾词的第一个"X"读原调,第二个"X"和"子"都读轻声。"XX子"式子尾词具有表小称、表多量、表少量、表泛指、表特指和表描写等语法意义。在语法功能上,名词性的"XX子"式子尾词可以做主语、宾语和定语;量词性的"XX子"式子尾词只能做定语。在色彩意义上,"XX子"式子尾词一般为中性。最后文章探讨了"X子"重叠为"XX子"式子尾词的依据。

关键词 莱芜方言 "XX子"式子尾词 重叠 语法意义 语法功能 重叠依据

0

莱芜市地处鲁中山区,东邻淄博市博山区和沂源县,南邻泰安市所辖的新泰市,西邻泰安市岱岳区,北邻济南市所辖的章丘市。辖莱城、钢城二区,人口约125万,面积约2268平方千米。莱芜境内通行官话,《中国语言地图集》将其划归冀鲁官话区,钱曾怡等根据古知庄章三组字今声母的异同,将其划为西区的西齐片。本文所记为莱芜市莱城区雪野镇南圈村的方言,也就是笔者的母语。

莱芜方言中的"子"尾词很丰富,而且多音节"子"尾词占绝大多数。莱芜方言中绝大部分的"XX子"式子尾词是在名词或名词性词素基础上形成的名词,只有少数是在动词和量词等其他词类的基础上形成的名词性或其他词性的词,我们总称为"XX子"式子尾词。有一部分双音节"X子"式的子尾词可以重叠词根而形成

---

[*] 感谢匿名审稿人细致、中肯、富有建设性的修改意见。文中谬误概由本人负责。

"XX子"式子尾词。也有几个"XX子"式子尾词是在词根"X"的基础上经重叠词根又附加"子"尾而形成的。我们把词根X称为基式,"X子"为变式,"XX子"为叠式。

对"X子"式而言,"子"尾具有成词、变义、名词化和双音节化的作用,只是具体到每个词中,"子"尾的作用不尽相同:或者只具其一,或者不止其一。比如"刷"是动词,"刷子"是名词,这里"子"尾具有变义、名词化的作用;再比如"虫"是不成词词素,"虫子"是一个词,在此"子"尾具有成词和双音节化的作用。叠式"XX子"与"X子"相比,其语义、语法特征均有所变化,我们后文论述。

1 分属于两种重叠类型的"XX子"式子尾词

1.1 构词重叠形成的"XX子"式子尾词

在莱芜方言中,属于构词重叠的"NN子"式子尾词并不多,我们调查到的例子有:毛——毛毛子丝状物、水——水水子稀的汁、蛛——蛛蛛子蜘蛛、蛋——蛋蛋子泛指各种小的球形物、棵——棵棵子泛指各种野生低矮植物、道——道道子门道、呷——呷呷子一种水生小动物、咬——咬咬子泛指各种小虫子、巴——巴巴子鸭子、棒——棒子酒瓶、醋瓶之类的玻璃瓶子——棒棒子细小的木棒。这些词中只有"道道子"一词是抽象名词,其余的都是具体名词。"棵棵子"是在量词性词素的基础上重叠形成的,"呷呷子"是在动词性词素的基础上重叠形成的,"咬咬子"是在动词的基础上重叠形成的,"巴巴子"是在象声词的基础上重叠而成的,除这四个词外,剩下的词都是在名词性词素或名词的基础上重叠而成的。

1.2 构形重叠形成的"XX子"式子尾词

根据基式"X"成词不成词,我们可以把构形重叠而成的"XX子"式子尾词分为两类:

1.2.1 基式"X"成词

基式"X"可以是名词,也可以是动词或量词。根据"X"的词性不同,可以分为以下三类:

1.2.1.1 "X"是名词

A. 板——板子——板板子　　碗——碗子——碗碗子
　　盆——盆子——盆盆子　　罐——罐子——罐罐子
　　盘——盘子——盘盘子　　兜——兜子——兜兜子
　　种——种子——种种子　　汤——汤子——汤汤子
　　沫——沫子——沫沫子　　湾——湾子——湾湾子
　　坑——坑子——坑坑子　　绳——绳子——绳绳子
　　窝——窝子——窝窝子　　角——角子——角角子
　　芽——芽子——芽芽子　　带——带子——带带子
　　渣——渣子——渣渣子　　茬——茬子——茬茬子
　　瓶——瓶子——瓶瓶子　　条——条子——条条子
B. 星——星子——星星子　　碟——碟子——碟碟子
　　杈——杈子——杈杈子　　头——头子——头头子
　　牌——牌子——牌牌子　　眼——眼子——眼眼子
　　面——面子粉末——面面子粉末状物

对于 A 组中的例词,宋恩全(2005:251)认为"重叠后带子尾的词表示同类物中较小的,非重叠而直接带子尾的词则常表示同类物中中等的,而不带子尾的同词根的词却常指同类物中的通称或较大的"。除此之外,重叠后带子尾的词"NN子"一般还表示量上的"多",即"NN子"一般表小表多。比如,"板"指较宽较长的木板,在莱芜广大农村常指盖房子搭完架子后用于工作人员站立的木板；"板子"则指相对于"板"来说较小的木板，一般说来，一个男性劳动力自己一个人很难拿得动"板"，"板"一般是两个人抬，而"板子"只需要一个人便能轻松地拿起来；"板板子"指更短、更窄、更薄的木板，一般指多块小木板，例如：

> 这些板板子没用咧，敛活唠家去当柴火烧吧（这些小木板没用了，收集到家里当柴火烧吧）。

特定语境中，也可以单指一块小木板，比如：

> 这个板板子还有用来，拿起来别拽唠（这块小木板还有用，收起来别扔了）。

再比如"碗"指盛饭菜的器具，不论大小；"碗子"在莱芜方言中指茶杯；"碗碗子"不常用，指较小的盛东西的器具。"兜"指用各种材料制成的用于装东西的用具，有时特指口袋；"兜子"专指盖房子时泥瓦工用于提泥巴的工具，一般是用两根结实的绳子拴住水泥袋的四个角制作而成；"兜兜子"指儿童穿的兜肚，作用是遮住小孩的肚子以避免受凉。B组中的词，变式"N子"对于基式"N"而言，意义有很大变化，"N子"很可能已成为另外一个词。比如，"碟"指光碟；"碟子"既指光碟，也可以指小碟子；"碟碟子"则指很小的碟子。再比如，"眼"指眼睛；"眼子"指小窟窿；"眼眼子"指很小的窟窿。

1.2.1.2 "X"是动词

钩——钩子——钩钩子　　套——套子——套套子
盖——盖子——盖盖子　　刷——刷子——刷刷子
坠——坠子——坠坠子

基式"X"为动词，加"子"尾后"V子"变为名词，而且多为工具名词。叠式"VV子"与"V子"相比，意义基本没有变化。

1.2.1.3 "X"是量词

沓——沓子——沓沓子　　绺——绺子——绺绺子
把——把子——把把子　　页——页子——页页子
片——片子——片片子　　卷——卷子——卷卷子

点——点子——点点子　　本——本子——本本子
茬——茬子——茬茬子　　掐——掐子——掐掐子
截——截子——截截子

基式"X"为量词，莱芜方言也用，但更常用的是加"子"尾后变为"Q子"式的双音节量词。需要注意的是，有的"X"除做量词外，还做名词，这样"X子"和"XX子"也兼具名词和量词两种词性。比如"本"、"茬"。

在莱芜方言中，当量词前面的数词是"几/两"时，个别量词重叠后一般省略"子"尾，属于此种类型的例子有：几/两根根、几/两个个、几/两本本、几/两张张、几/两棵棵等。我们来看几个例句：

　　你就这么几根根白头发，哪尼有我的多啊（你就这么几根白头发，哪里有我的多啊）。

　　就还有这两个个包子咧，你吃唠算咧，省得占乎到个盘（就只有这两个包子了，你吃掉算了，省的包子占用着盘子）。

数词"几/两"后加量词重叠后都表示"非常少"，二者的区别仅在于数量上的细微差别。量词"两"后加量词重叠表示的数量要比数词"几"后加量词表示的数量略少。比如：说"几根根白头发"时，则白头发至少有三根；说"两根根白头发"时，则白头发至少有两根。有时候数词"几/两"加量词或量词重叠后表示的数量相当，但量词重叠后在语义上极言其少。

1.2.2　基式"X"不成词

枝——枝子——枝枝子　　叶——叶子——叶叶子
秸——秸子——秸秸子　　杆——杆子——杆杆子
穗——穗子——穗穗子　　帮——帮子——帮帮子
豆——豆子——豆豆子　　梢——梢子——梢梢子
蒿——蒿子——蒿蒿子　　瓢——瓢子——瓢瓢子
秧——秧子——秧秧子　　缨——缨子——缨缨子
珠——珠子——珠珠子　　匣——匣子——匣匣子

盒——盒子——盒盒子　虫——虫子——虫虫子
链——链子——链链子　格——格子——格格子
碴——碴子——碴碴子　粉——粉子——粉粉子
末——末子——末末子

基式"X"是名词性不成词词素，加"子"尾后构成名词，多是与植物有关的部位名词。当不成词词素重叠再加"子"构成"NN子"后，"NN子"一般表示比较小的"N子"。比如，"虫虫子"指小虫子，而非形体比较大的虫子。

2　"XX子"式子尾词的语音特征

"XX子"式子尾词的第一个"X"读原调，第二个"X"和"子"都读轻声。

3　"XX子"式子尾词的语法意义

通过以上分析可以看出，就整体情况而言，除"蛛蛛子"、"呷子"和"巴巴子"表示具体的动物外，剩下的加"子"的这些名词具有表示该事物小的意思；名词重叠后再加"子"，则表示该事物与"X子"相比之下更小。也就是说，"XX子"式子尾词的语法意义是表小。而"子"尾表小称由来已久。《说文·子部》中说"子，婴儿"，《释名·形体》中说"瞳子，子，小称也"。表小称正是词尾"子"虚化的基础。以上由构形和构词重叠构成的"XX子"式子尾词除了表示小称外，还有以下几种附加的语法意义：表泛指、表描写、表少、表多。但表小称是由构形和构词重叠构成的"XX子"式子尾词的基本语法意义。石毓智（2005：35）指出：小称标记的基本功能，是把三维物体的尺寸往小处说。这可以解释为什么具有小称标记的"子"尾一般只与代表具体事物的名词搭配，而不能跟抽象名词搭配。张则顺（2009）指出："一种语言或方言表示小称意义，既可以采取词汇手段，也可以采取语法手段。表示小称意义的最常见的词汇手段就是'小 + 名词'，表示小称意义的最常见的语法手段则是重叠、加后缀'子'和发生卷舌音变'儿'，有时这几种手段可以并用。"具体到莱芜方言，"XX子"式子尾词表示小称时同时使用了重叠和加"子"尾的语法手段。

除了表示小称外，很多"XX子"式子尾词还增加了其他的语法意义。而具体到每个词，其附加意义又不尽相同。

3.1 表多量

有些"XX子"词除了表示小以外，还增加了"多量"的语法意义。许多"NN子"式子尾词具有表小表多的语法意义，比如：杆杆子、沫沫子、汤汤子、坑坑子。例如：

这些韭菜都老咧，净也杆杆子。

这种菜炒的时候净也汤汤子，点也不好吃（这种菜炒的时候有很多汁儿，一点也不好吃）。

我还寻思到去抢点吃来，一看光也渣渣子咧（我还寻思着去抢一点吃呢，结果一看只有一些渣子了）。

3.2 表泛指

有些"NN子"词具有泛指义，比如，"蒿蒿子"泛指各种低矮丛生的植物，"秧秧子"泛指各种草本植物的茎，"虫虫子"泛指各种形体小的虫子。

3.3 表特指

有些"NN子"词具有特指义，比如，"蛋蛋子"特指比较小的瓜果，如土豆、苹果之类；"兜兜子"特指儿童穿的兜肚；"种种子"特指瓜果里的种子,如甜瓜、圣女果之类的种子。

3.4 表描写

有些"NN子"词表示对某种情状的描写。比如,"碴碴子"指很多碴状的东西;"粉粉子"指很多粉末状的东西;"末末子"指很多末子状的东西。

3.5 表增量,但主观上指少量

这种情况限于变式"X子"是量词的词形成的"XX子"式子尾词。因为这部分量词中有相当一部分兼类词,所以需要特别注意:当"Q子"是名词时,叠式"QQ子"与"Q子"相比,增加了表小表多的语法意义;而当"Q子"是量词时,"Q子"表客观小量,叠式"QQ子"与"Q子"相比,增加了小的程度。因此变式是量词的词形成的"XX子"式子尾词表增量,但主观上却指少量。叠式"QQ子"一般附在数词"一"、"两"或"几"之后表示"非常少"。比如:

就这么一把把/掐掐(子)韭菜吃不着(就这么一小把韭菜了,不够吃的)。

咱也知不道咋治地,我种的那眉豆就长唠那么两茬茬子(我也不知道怎么弄的,我种的芸豆只长了两茬)。

可以看出,有的"XX子"式子尾词除了表示小称以外,还增加了不止一种的语法意义,比如:"碴碴子"与"碴子"相比它除了表示小,还表描写、表示多。

4 "XX子"式子尾词的色彩意义

有些方言(如安康方言)同时具有"XX子"和"XX儿"两

种形式，两种形式都有小称作用，但它们存在感情色彩的对立：子尾表示厌恶、不满和不耐烦；儿化表示喜爱、亲昵。（杨静2008）莱芜方言与此不同，它没有真正的"儿"尾，所以除"毛毛子"、"碴碴子"、"虫虫子"、"末末子"等少数几个词具有厌恶的感情色彩外，"XX子"式子尾词的色彩意义一般是中性的。

5 "XX子"式子尾词的语法功能

在语法功能上，"XX子"式子尾词大多是名词性的，它可以做主语、宾语和定语。比如：

就这个眼眼子坏的事！

面尼净一些虫虫子。

那个刷刷子那毛都快掉净咧。

极少数"XX子"式子尾词是量词性的，它只能做定语，用于修饰、限定名词。比如：

就煎这么几页页子馍馍够谁吃的啊？

6 "X子"重叠为"XX子"式子尾词的依据

汉语中存在大量的重叠现象，早期的汉语研究者关注的重点主要在动词、形容词的重叠上。现代汉语普通话中，可以重叠的词中动词占绝大多数，形容词所占比例也很高，而名词重叠的情况却比较少。所以在很长一个时期内，学者们认为汉语的名词一般不能重叠，能够重叠的主要有亲属称谓类名词和一部分兼属量词的名词。例如，朱德熙（1982：26）在《语法讲义》中指出："重叠式名词主要是亲属称谓"，"亲属称谓以外的重叠式名词只有'娃娃、星星、宝宝'少数几个"。黄伯荣、廖序东（2002：12）主编的《现代汉语》也指出："名词不能用重叠式表示某种共同的语法意义。

亲属称谓以及其他少数几个词，例如'妈妈'、'哥哥'和'星星'等，这些是构词的语素重叠，不算构形的形态变化。"有的学者如张则顺（2009）认为"名词重叠后带上了'每一''全部''重复'的附加意义，具有'周遍性'、'循环性'的特征。实际上，这类重叠也可看作量词的重叠，跟量词重叠的语法意义是一致的"。

到20世纪80年代以后，人们注意到除了亲属称谓词和兼属量词的名词以外，还有一些名词也可以重叠。尤其是很多方言的名词重叠现象比较多。许多汉语方言存在"XX"式名词重叠，胡蓉（2005）曾撰文分析湖南会同方言中的"XX"重叠式名词，并指出"四川、贵阳、云南等地方言中有大量的重叠式名词"。具体到"XX子"式，很多方言存在这种子尾词，比如甘肃兰州话名词重叠表小：碗碗子、手手子、树树子、爪爪子；山东淄博话的板板子、兜兜子；陕西安康方言的盆盆子、珠珠子；陕西西安户县的边边子、尖尖子；陕西关中的桌桌子、白白子……那么这些词为什么可以重叠呢？

谢群霞（2006）认为："构词重叠产生的途径主要与人的认知心理有密切的联系，大部分靠隐喻、转喻和人的注意(attention)等方式使不同的事物或事物的不同侧面之间发生联系。隐喻强调事物之间的相似性，转喻强调事物之间的相关性，注意强调事物的特征。"莱芜方言中由构词重叠形成的"XX子"式子尾词不多，除"蛛蛛子"是受语音同化后加"子"尾形成的外，剩下的九个词与人们的认知心理有关："毛毛子"和"蛋蛋子"分别着眼于其与基式"毛"和"蛋"的外形、性状的相似性；"棵棵子"、"水水子"、"棒棒子"和"道道子"都是着眼于其与基式的相关性；"呷呷子"和"巴巴子"着眼于其叫声，"咬咬子"着眼于其咬人的特征。

"XX子"式构形重叠与人们的认知和表情达意有关，石毓智（2005：39）认为："人类语言的结构形式的形成是有理据的，这种理据多来自人类自身的认知和生活的环境。"某个词进行构形重叠后一般产生了新的语法意义，莱芜方言中的"XX子"式子尾词除了表示小称的语法意义外，还附加了表示多量、表示少量、表示泛指、表示特指、表示描写的语法意义，具体到每个词上其重叠后的语法意义又不尽相同。语言规则是现实规则通过人们的认知在语言中的投影(石毓智 2001：10)。人，还有其他生命体，在尺寸上都是由小变大。而且人作为认知活动的主体，他在观察人类包括其他生命体的成长规律时自然会以自身为中心，因此他自然会选取"小孩"的概念作为"小称"标记的语义基础。至于其他语法意义，它可以构成莱芜方言丰富的构形形态，这有利于人们的表情达意。

参考文献

葛本仪　（2001/2004）　《现代汉语词汇学》（修订本），济南，山东人民出版社。
胡　蓉　（2005）　会同方言中的重叠式名词，《民族论坛》，第 12 期。
黄伯荣　（1996）　《汉语方言语法类编》，青岛，青岛出版社。
黄伯荣、廖序东　（2002）　《现代汉语》（增订三版）下册，高等教育出版社。
石毓智　（2001）　《肯定和否定的对称与不对称》(增订本)，北京语言文化大学出版社。
——　（2005）　表现物体大小的语法形式的不对称性——小称的来源、形式和功能，《语言科学》第 4 卷第 3 期。
宋恩全　（2005）　《汶上方言志》，济南，齐鲁书社。
谢群霞　（2006）　成都方言名词重叠的类型、表义及成因，《成都大学学报》（社科版），第 3 期。
杨　静　（2008）　安康方言名词的重叠式，《安康学院学报》第 20 卷第 1 期。
张则顺　（2009）　汉语名词重叠研究的类型学视角，《湘潭师范学院学报》（社会科学版）第 31 卷第 3 期。
赵艳芳　（2001）　《认知语言学概论》，上海，上海外语教育出版社。
朱德熙　（1982）　《语法讲义》，北京，商务印书馆。

（济南，山东大学文学与新闻传播学院　taishanling1984@163.com）

论《中原音韵》东锺庚青之"两韵并收"*

张卫东

提要 所谓《中原音韵》东锺庚青之"两韵并收",指中古曾梗二摄部分唇音和牙喉音(含影母)字,既为庚青韵所收,又为东锺韵所收。这种"两韵并收"的性质如何?王力先生认为是历史音变的结果。这样看是正确的。然而由于不是系统的历史考察,他的有些说法就与实际相左。而所谓"元曲叶韵"说,其合理性虽然屡遭质疑,亦因未有缜密的历史考察,终是"质疑"而已。本文尝试利用《老乞大谚解》《伍伦全备谚解》《语言自迩集》和《国音京音对照表》等近代标音文献提供的信息和数据重构这一语音演变的历史,进而对《汉语拼音方案》eng、ing、ong、iong、ueng 这五韵的设计提出修正意见。

关键词 两韵并收 东锺韵 庚青韵 文白异读

所谓《中原音韵》(以下简称《中原》)东锺庚青之"两韵并收",指中古曾梗二摄部分唇音和牙喉音(含影母)字,既为庚青韵所收,又为东锺韵所收。一般认为这种"两韵并收",是古今语音演变现象。我们赞同这种看法。王力(2004:224)指出:有些字《中原》"同时归入庚青和东锺",而另一些字"则只归入庚青,不兼入东锺,可见在十四世纪时代,梗摄合撮字正在过渡到通摄","等到梗摄的合撮并入了通摄,于是梗摄的开齐正好和通摄的合撮(通摄没有开齐)互相补足,成为完整的、具备四呼的一个韵摄"。从古今对应的角度看,这话没错。然而,这只是通过古今对应看到的结果,

---

* 本文得到广东省《〈伍伦全备谚解〉所记音系研究》(批准号 02G90)、教育部《朝鲜文献与近代汉语音韵史研究》(批准号 01JD740004)、国家哲学社会科学基金项目《〈老乞大〉多版本语言学比较研究》(批准号 02BYY029)资助。

未能反映历史演变的过程。王先生（2004：225）也曾注意到："通摄唇音字并入梗摄，作开口呼（'风'fəŋ，'梦'məŋ），这是异化作用的结果（p, pʰ, f, m 在 u 前）。但是，这只是北京语音的特殊现象。在其他某些'官话'区里，情况正相反，不是通摄唇音并入梗摄，而是梗摄唇音并入通摄（'棚'pʰuŋ，'孟'muŋ）"。其实，自十四世纪至十九世纪中期的六百年里，在这一点上，"北京语音"跟"其他某些'官话'区"是一致的，并非"正相反"。所以，对这一历史音变作缜密的历史考察，是完全必要的。另一种是"元曲叶韵"说。例如杨耐思先生（1981：38）说："《蒙古字韵》。这些字分配在东、庚两韵部，'崩绷烹[彭]棚迸泓倾兄'等归庚部，其余的归东部，都只有一见……不难看出，当时这类字已经变得跟东锺韵部非常接近了，在曲词里容许叶韵也是很自然的。"此话落脚在"叶韵"上，"已经变得""非常接近"等说词，亦只是为支持"叶韵"之说，跟历史音变没多少关系。这种解释的合理性，已经遭到越来越多的质疑。其实，只要考察了历史，这种"两韵并收"的性质，即可一目了然。下面，我们就尝试利用《老乞大谚解》《伍伦全备谚解》《语言自迩集》和《国音京音对照表》等近代标音文献提供的信息重构这一语音演变的历史，并进而对《汉语拼音方案》中的 eng、ing、ong、iong、ueng 这五韵的设计提出修改动议。

一 《中原音韵》东锺、庚青之"两韵并收"

1.1 中古曾梗二摄部分唇音和牙喉音（含影母）字，在《中原》既为庚青韵所收，又为东锺韵所收，这种"两韵并收"的字共 29 个。相关的字还有 3 个。见表一①：

表一　《中原音韵》东锺、庚青之"两韵并收"相关字

	平陰	平陽	上聲	去聲	
東鍾韻	傾○肱觥○轟薨繃○兄○泓崩繃○烹(10)	榮○甍盲萌宏絋橫嶸弘○彭棚鵬(12)	永○猛艋蜢(4)	孟○詠瑩橫迸(5)	31
庚青韻	轟薨○傾○崩繃觥肱○兄○泓烹(10)	鵬棚○盲甍萌○橫宏絋嶸弘○榮○疼(12)	艋蜢○永(3)	詠瑩○迸○孟○橫(5)	30
比　較	涉字全同	庚青韻未收"彭"，東鍾韻未收"疼"	庚青韻未收"猛"字	涉字全同	
兩韻並收	10	11	3	5	29

1.2　此时的"两韵并收"29字，皆属曾梗二摄，且只是曾梗摄变同通摄的单向变化：

通摄：（0）

曾摄：肱薨崩｜弘鵬（5）

梗摄：傾觥轟兄泓繃烹｜榮甍盲萌宏絋橫嶸棚｜永艋蜢｜孟詠瑩橫迸（24）

1.3　这29字，属曾梗合口牙喉音的17字，由曾梗合口变东锺合口；而属曾开一梗开二重唇音的12字，由曾梗开口变为东锺合口。详见表二。

表二　《中原音韵》"两韵并收"29字的中古声韵地位

《中原音韻》			中古音
唇音	幫母	崩	曾開一
		繃迸	梗開二
	滂母	烹	梗開二
	並母	鵬	曾開一
		（彭）棚	梗開二
	明母	甍盲萌（猛）艋蜢孟	梗開二
牙音	見母	肱	曾合一
		觥	梗合二
	溪母	傾	梗合三

（续表）

喉音	曉母	薨	曾合一
		薨	梗合二
		兄	梗合三
	匣母	弘	曾合一
		宏䥪橫嶸横	梗合二
	影母	泓	梗合二
	喻母	榮永詠瑩	梗合三

由曾梗开口变为东锺合口的有 12 字，这样一个明显的事实，不知为什么被王力先生"忽略"掉了。这些"曾梗开口"，照《汉语史稿》说来，似乎一直"原地踏步"，等着"通摄唇音字并入梗摄，作开口呼"。又进而断言此乃"北京语音"的"特殊现象"。其实，北京音也不例外，同样有着"（曾）梗摄唇音并入通摄（'棚' p^huŋ，'孟' muŋ）"的经历。

1.4 与此相关的"彭猛疼"3 字：唇音"彭猛"2 字，由曾梗开口变为东锺合口，可看作"丢失"了庚青音而完全融入东锺（后来又回归庚青）。这也是被王力先生"忽略"的。疼[②]，是个反向的例子，由通摄变为庚青韵。讨论《中原》"两韵并收"的先辈前贤似乎都不理论这个字。这个反向变化的"疼"字，此时虽属"特例"，实际上却代表了中古通摄唇音和部分舌音字的演变方向。它先行一步，只是未保留通摄音。

1.5 "两韵并收"的 29 字以及"彭猛疼"3 字，揭开了汉语语音史上一种有趣的并非总是单向的交互式激荡演变的"序幕"。《中原》反映了这种现象的初期状况，是这种语音演变漫长历史的一段轨迹和印痕。

1.6 《中原》这部分字的主要特点是：中古曾梗摄部分字（重唇、牙喉音）既有了东锺韵读法，又保有庚青韵读法，从而形成"两韵并收"。曾梗唇音开口和牙喉音合口变东锺合口。除了"疼"1 字外，此时基本上是单向的"庚青"变同"东锺"。

二　《蒙古字韵》的情况

2.1　《中原》反映的是狭义北方官话"通语"，《蒙古字韵》（以下简称《蒙韵》）反映的是狭义北方官话"方言"。《蒙韵》的情况如何呢？

2.2　《蒙韵》"一东"韵收曾梗摄49字，皆不见于"二庚"韵，故不构成"两韵并收"。

2.3　《蒙韵》"二庚"韵收通摄仅"雄熊"2字。

2.4　《蒙韵》"二庚"韵"扃、倾、琼、诇、雄"5组25字，除去"雄熊"2字，都是梗摄合口三四等牙喉音字。从《蒙韵》八思巴字标音看，这25字与"一东"韵"弓、穹、穷"3组33字和"夐"组7字（通摄6字、梗摄"夐"1字），实际上或同韵或同音。据此，这25字当归"一东"韵。这25字，跟上述49字（2.2）合计74字。详见表三。

表三　《蒙古字韵》的情况（74字）

			蒙古字韵	中古音
一東	唇音	明母	盲甿䁵甍萌䛧䜊猛艋孟盟	梗开二
	牙音	见母	肱	曾合一
			觥觵礦鑛	梗合二
			扃璟	梗合三
			（二庚）扃駉坰熲	梗合四
		溪母	（二庚）傾頃𠊱頃䅯褧	梗合四
			（二庚）䪳口¹	梗开四
		羣母	（二庚）瓊煢䎣惸	梗合三
		晓母	（二庚）詗	梗合四
			薨錁諻	梗合二
			薨	曾合一
			夐²	梗合三
	喉音	匣母	横黌鐄喤宏紘³嶸翃鈜䩯闳横	梗合二
			弘	曾合一
			（二庚）榮熒螢迥泂洞	梗合四
		影母	䅅	梗合三
		喻母	榮永詠咏泳口⁴䣗	梗合三
			营莹荥瑩颖	梗合三
二庚	喉音	匣母	雄熊	通合三

1. 口，原字"氵+桼"。
2. 《广韵》休正切，依余廼永校为合口。《集韵》虚政切，合口。
3. 原书讹作絃。
4. 口，原字似"嘗"而中无"一"。下文字库无字者，径标口，不注。

2.5 变化总格局，《蒙韵》跟《中原》有同有异：（1）同者，基本上都是单向的"庚青"变同"东锺"，且都有开口而非王力先生所说的只是合口。（2）异者，《蒙韵》曾梗摄字变同"东锺"韵而未保留"庚青"韵读法，《中原》则保留"庚青"韵读法，从而形成"两韵并收"。从声母角度看，唇音《中原》涉及曾开一、梗开二帮滂并明4母，而《蒙韵》只是梗开二明母1母。

2.6 由此推测，进入近代之后，曾梗通三摄重组运动就开始了，其第一步就是曾梗二摄合二而一。这时期北方曾梗二摄开口唇音的部分字、合口牙喉音的几乎全部，合并到了通摄（从《蒙韵》八思巴字标音可知变同一东韵 ung、iung），形成单向的几乎一面倒的合并运动。如果将《蒙韵》二庚韵"扃、倾、琼、诇、雄"这5组字按《蒙韵》实际标音归到"一东"韵去，一东韵所含韵母就是 ung、iung 合口洪细二韵，"二庚"韵就是 eng、ing 开口洪细二韵 (ieng "庚、坑、脖 [脖之讹]、兄、行"等5组日后分化为 eng、ing 二韵)。《中原》这类传统韵书还不容易看清楚，通过《蒙韵》则可确认：《蒙韵》的"一东"韵跟"二庚"韵已经构成了一种互补关系，构成了 eng、ing、ung、iung 开齐合撮四呼的早期形态。

三 《洪武正韵》和《西儒耳目资》的情况

3.1 代表南方官话的《洪武正韵》（1375年。以下简称《洪武》）和《西儒耳目资》（1625年。以下简称《耳目资》），情况如何呢？

3.2 《洪武》严格地按"东""庚"（举平以赅上去）分韵，中古通摄字在"一东"，曾梗二摄字在"十八庚"，"东锺"与"庚青"划然不混。据此可知，曾梗通三摄的重组"运动"，此时在南方官话刚刚开始：中古曾梗二摄已经合二为一（"十八庚"），但与通摄无关。

3.3 250 年后，从《耳目资》看，这种"重组运动"在南方官话已有表现。《耳目资·列音韵谱》显示[③]：第 11 摄 em 和第 17 摄 im 所列（按：m=[ŋ]），大部分是中古曾梗二摄字，其中不少字冲破等呼之限：开口三四等变为洪音韵 em，合口三四等变为开口细音韵 im。《耳目资》这类字很多，例见表四：

表四 《耳目资·列音韵谱》em、im、uem 字音举例

	1. 唇音	2. 牙音	3. 喉音	中古
第11摄 em	崩朋堋鵬			曾開一
	掤			曾開三
	祊繃伻閍澎絣烹砰怦軯迸抨閛彭棚輣榜搒骍搒跰𤲞萌盲䒐㹷薨猛蜢艋孟			梗開二
	䣳娉俜盟			梗開三
	甹𥻦			梗開四
	捧菶儚㦄鱕夢㦟			通一三
第17摄 im			䇷	梗合二
	聘娉		榮营塋縈蠑嬰嚶禜濙濴鎣泳詠	梗合三
			穎潁濙螢熒榮滎	梗合四
第 47 摄 uem		肱広觥		曾合一
		觥礦礦懭獷		梗合二

值得注意的是，这种"重组运动"已经造成"两韵并收"，并且是双向的：

（一）有为数不多的通摄合口三等唇音"捧夢"等 8 字进入第 11 摄 em、又保留 um 韵读法（见表五第 26 摄，东锺韵），构成两韵并收。《耳目资》开启了"逆向流动"：通摄唇音部分字有了em 韵读法。这跟《蒙韵》和《中原》明显不同。

（二）第 47 摄 uem（跟 em、im 相承的合口韵），领曾合一、

梗合二牙音8字，它们在第26摄um重出，表明这8个字有通摄又音，构成两韵并收。

（三）表中"菩儝愣䰽夢"等通摄字，中古多有曾摄开口一等又音：《广韵》菩，目不明，莫中切，又武登切。儝、愣，惛也，谟中切，又弥登切。这种情况，对《蒙韵》和《中原》看来没有影响。《耳目资》中这些"两韵并收"，是中古韵书的反映，还是明末南方官话的演变结果？目前尚难确定。

3.4 第26摄um和第36摄ium所列，相当于《中原》东锺韵，大部分是通摄字，但也有曾梗摄70余字。所涉曾梗摄字数和声母范围远大于《蒙韵》和《中原》。见表五：

表五 《耳目资·列音韵谱》所列 um、ium 字音情况

	唇音	牙音	喉音1	喉音2	中古
第26摄 um		肱広軋	弘薨軋		曾合一
		觥礦獷䵿䍐	泓橫轟訇鍧輷洶口翃紘宏閎嶸軥鍧竑宖耾罋鐄瑝諻潢䓎		梗合二
	捧夢菩愣䰽鏺				通合三
第36摄 ium		夐矎			梗开三
		口硜			梗开四
		傾頃冏憬璟瓊檾悙口熒薏罄	兄榮永詠泳滎嫈	縈營瑩瀯頴頏	梗合三
		扃坰駉絅頯鈪褧迥炯	泂詗	螢荥熒溁	梗合四

3.5 中古曾梗通三摄字，在《耳目资》分属5摄（见表四、表五），韵母分别是：em、im、uem（庚）、um、ium（东）。对应条例大体是：

（1）曾梗开口一二等唇音、通摄三等敷母"捧"和明母"夢愣"等字，既见于em韵，又见于um韵，两韵并收；

（2）少数开三四等曾梗摄唇音字（掤堋㥽）归em韵、而牙音字（夐矎口）归ium韵；

（3）通合一重唇音（蓬蒙）、通合三轻唇音（風豐馮封峯逢）

等仍是合口 um 韵；

（4）曾梗合口一二等牙喉音变为 um 韵，即变同通摄牙喉音。只有牙音"肱广䩸觥"等 8 字两韵并收。

3.6　中古曾梗通三摄字在《蒙韵》《中原》《耳目资》三书一致的是，曾梗二摄牙喉音合口字并入通摄；不同的是，《蒙韵》和《中原》的曾梗开口一二等唇音变为合口并入通摄，而《耳目资》则相反，通摄部分唇音字变为开口 em 韵并入了曾梗摄，字数虽然不多，却代表了演变方向。只是不知道，在南方官话里，曾开一梗开二唇音（崩朋繃伻弸澎猛蜢）是否像北方官话那样先变为 um 韵、再变回 em 韵，还是一直没动？

3.7　据此我们可以进一步推测：

（1）14—17 世纪汉语官话，不论南北，曾梗通三摄先后进入重新组合的大变动过程，南北各地官话演变的方向和所涉声韵不是整齐划一的，演变进度亦不一，但最终形成 əŋ、iŋ、uŋ、yŋ 开齐合撮四呼相配的大方向是一致的。

（2）《中原》东锺庚青之"两韵并收"，如上文（1.6）所说："中古曾梗摄部分字（重唇、牙喉音）既有了东锺韵读法，又保有庚青韵读法，从而形成'两韵并收'"。《耳目资》亦如此："肱广䩸觥礦纊懬獷"、"捧萺㗸"和"禜泳榮瑩營塋縈蠑罃穎頴"等字，都既有曾梗 -em 或 -im 又有通摄 -um 或 -ium 的读法，从而构成"两韵并收"。这种"两韵并收"，是曾梗通三摄重组过程中某一实际演变阶段的真实记录。

（3）《耳目资》的两韵并收，在《洪武》时代尚未出现。换言之：这种"两韵并收"，明初的南方官话尚未出现，到了明末肯定已经存在。还可以肯定：这种"两韵并收"也是"元曲叶韵说"所不能解释的。

（4）这个重新组合的过程很长，有些变动还曾有反复。有些变化，就可能是南北官话相互影响、叠加的结果。

下面，让我们依时序继续考察这套"两韵并收"的实际发展变化在随后一些拼音文献中的反映。

四 《老乞大》、《伍伦全备》等谚解文献的情况

4.1 《老乞大》等朝鲜谚解文献，以当时的汉语官话北方通语作为教学对象。它们的记音，所反映的当属汉语官话北方通语。《伍伦全备谚解》（以下简称《伍伦》，编于 1709 年，晚于《耳目资》约 100 年）篇幅较大，所涉字较多，有利于说明问题：

表六 《伍伦全备谚解》曾梗通三摄字读音情况（58 字）

		東鍾（通攝）	庚青（曾梗攝）
1	左韻一○（uŋ）	m 蒙朦夢 d 疼（4）→	p 崩 pʰ 朋 t 登 d 騰 n 能 dz 增 x 恒（曾攝）b 棚 m 孟 l 冷 k 更 ɣ 亨（梗攝）（12）
1'	右韻一○（uŋ）	m 蒙朦夢 tʰ 疼（4）→	p 崩 pʰ 朋 t 登 tʰ 騰 n 能 ts 增 x 恒（曾攝）pʰ 棚 m 孟 l 冷 k 更 ɣ 亨（梗攝）（12）
2	左韻ㅜ○（uŋ）	b 蓬 f 風峰 v 逢縫 t 東冬 tʰ 通痛 d 同 n 農 l 籠弄 ts 總宗 ɹ 戎 x 哄 ɣ 紅（18）	x 轟 ɣ 橫横直（梗攝）（2）←
2'	右韻ㅜ○（uŋ）	pʰ 蓬 f 風峰逢縫 t 東冬 tʰ 通痛同 n 農 l 籠弄 ts 總宗 ɹ 戎 x 哄紅（18）	x 轟橫横直（梗攝）（2）←
3	左韻ㅠ○（iuŋ）	g 窮 x 匈胸胷凶吉凶兇 ɣ 熊雄 ∅ 雍噰擁容庸勇湧邕用（17）	g 瓊 x 兄 ɣ 焽 ∅ 榮永（梗攝）（5）←
3'	右韻ㅠ○（iuŋ）	kʰ 窮 x 熊雄匈胸胷凶吉凶兇 ∅ 雍噰擁容庸勇湧邕用（17）	kʰ 瓊 x 兄焽 ∅ 榮永（梗攝）（5）←
		39	19

4.2 表六显示，《伍伦》有东锺（通摄）→庚青（曾梗摄）的，也有"反方向"的：东锺（通） 庚青（曾梗）。这 58 字的左、右韵虽然没有形成"两韵并收"，可是仍然可以看到，从《中原》《蒙

韵》开始的这种演变，继续向前推进着，例如："蒙朦疼"等3个通摄字，已进入庚青韵。"疼"是参与这种演变的通摄舌头音第一字，标志着这种演变已经突破了唇音、牙喉音的限制。依表六推测，到《伍伦》（1709年）的时候，通摄明母字在北方官话已全数变为庚青韵，而梗摄合口牙喉音字亦已全数变为东锺韵。让我们再看另一组数据：谚解《老乞大》提供的情况。

4.3 《老乞大》第一个谚解本《翻译老乞大》（《老四》，1517年）用曾摄阳声韵23字，梗摄阳声韵76字，其后各版本所见皆在20、70上下。与曾梗通三摄演变相关的材料，见表七（谚文 ㅜㅇ=uŋ，ㅡㅇ=wŋ，ㅓㅇ=wiŋ，ㅔㅇ=uiŋ）：

表七 《老乞大》各谚解本记音相关材料（左韵/右韵）

	老四	老五老六	老七	老九老A
棚	ㅜㅇ/ㅜㅇ	ㅡㅇ/ㅡㅇ	ㅓㅇ/ㅡㅇ	ㅓㅇ/ㅡㅇ
朋	ㅜㅇ/ㅜㅇ	ㅡㅇ/ㅡㅇ	ㅓㅇ/ㅡㅇ	ㅓㅇ/ㅡㅇ
孟	ㅜㅇ/ㅜㅇ	ㅡㅇ/ㅡㅇ	ㅓㅇ/ㅡㅇ	ㅓㅇ/ㅡㅇ
横	ㅜㅇ/ㅜㅇ	ㅡㅇ/ㅡㅇ	ㅓㅇ/ㅜㅇ	ㅓㅇ/ㅜㅇ
风	ㅜㅇ/ㅜㅇ	ㅜㅇ/ㅜㅇ	ㅜㅇ/ㅜㅇ	ㅜㅇ/ㅜㅇ
缝	ㅜㅇ/ㅜㅇ	ㅜㅇ/ㅜㅇ	ㅜㅇ/ㅡㅇ	ㅡㅇ/ㅡㅇ*
蜂	ㅜㅇ/ㅜㅇ	ㅜㅇ/ㅜㅇ	ㅜㅇ/ㅡㅇ	ㅜㅇ/ㅡㅇ

*《老九》（即《老乞大新释谚解》）仅存上卷，"缝"在下卷，"ㅡㅇ/ㅡㅇ"只见于《老A》。

4.4 《伍伦》跟《老五》（1670年）年代相近，音系亦基本相同，在这一语音点上表现亦相同。从《老四》看，曾梗摄"棚朋孟横"4字先变为"东锺"韵，而后《老五》《老六》"棚孟朋"3字再变回"庚青"韵，到《老七》（1745年）左韵略微前移变为uiŋ；而牙喉音"横"到《老七》右音仍保持东锺合口而左韵略微前移变为uiŋ，预示将向庚青韵 əŋ 演变。通摄"风缝蜂"等轻唇字直到《老七》方有松动："缝蜂"2字右音变"庚青"而左音不变，从而构成"两韵并收"——这是《老乞大》此类字所见唯一"两韵并收"。到《老九》（1763年）和《老A》（1795年），"缝的左右音都变成了庚青韵、"蜂"的左韵仍未变，而"风"直到《老A》左右音都不变。谚解《老乞大》所见的这段演变"轨迹"，宣示了两条重要事实：

（1）在三摄重组过程中，曾梗摄唇音字（棚朋孟）先变通摄（合口），而后再变回庚青韵（开口）；而通摄唇音字（縫蜂）则是在保留合口读音的同时，先后获得庚青韵（开口）读法，然后再渐次放弃合口读音，完全归入庚青韵（开口）。"疼"字乃又一例。"疼"字不见于《老乞大》而见于《朴通事》：

《翻譯朴通事》　《朴通事谚解》　《朴通事新釋諺解》
（1517 年）　　　（1745 年）　　　（1763 年）
疼　ㄒㄛ/ㄧㄛ　　　ㄧㄛ/ㄧㄛ　　　　ㄓㄛ/ㄧㄛ

《翻译朴通事》"疼"的左韵还是合口的ㄒㄛ，到《朴通事谚解》左右韵同为开口ㄧㄛ/ㄧㄛ韵（跟1709年《伍伦》相同），到《新釋諺解》左韵略微前移变为 uiŋ，跟右韵 uŋ 也算"两韵并收"。不过不是东锺、庚青的"两韵并收"。

（2）"縫蜂"2字《老七》左右音"ㄒㄛ/ㄧㄛ"（uŋ/uŋ），是典型的"两韵并收"。左音是正音，读书音；右音是俗音，口语音。这种"两韵并收"，就是常说的"文白异读"。

五　《语言自迩集》和《国音京音对照表》的情况

5.1　这种变化，又积累了八九十年，到威妥玛《语言自迩集》（1867年。以下简称《自迩集》），就相当可观了，通摄变庚青韵已全面展开：轻唇音非敷奉三母字和喉音影母字全数变为庚青韵；舌头音也不限于"疼"一个了，泥来母和舌尖音也有一批字成了 êng、ung 两韵并收。不少字的庚青韵今音已见于彼时，然而，还不能说跟今天"差不多"，例如"傾"êng、ing、iung 三韵并收，"横弄儂農濃膿綜叢"êng、ung 两韵并收，"熒瑩螢塋"ing、iung 两韵并收。请看表八：

表八 《语言自迩集》的情况（表中*表明有异读）

威氏韻	通攝（107）	曾攝	梗攝
êng	琫琫*捧* 烹蓬篷芃捧*莑* 蒙蠓濛*曚*懵夢 風諷*楓瘋逢*鳳峯烽縫*蜂鋒馮 奉豐俸封鄘灃 疼 儂*農*濃*膿*弄*挊 綜* 叢 翁嗡螉甕雍*（47）	崩塴痭 朋鵬 騰…… 能*…… 增…… 層……	棚蚌絣迸堋繃蚌* 烹彭澎膨棚揰碰怦砰*砰 萌盟*猛孟盲*氓虻蝱 謄…… 潧…… 傾* 橫*
ing			荧*瑩*螢*穎塋 頃*傾*
ung	烘洪哄訌虹*紅汞葒鬨鴻 儂*農濃*膿*弄*挊 綜*叢*（18）	弘（1）	橫*鐄泓嶸宏閎轟（7）
yung iung	雍*壅饔罋攜庸佣甬*用廊墉俑涌 湧邕喁勇恿癰臃踊 容*溶*榕*蓉*镕*融*喁 窮*穹筇恐蛩兄雄泂*凶兇熊洶 *胸芎（42）		瑩*莹*荧*荣*荥*萤 濚*濴永泳詠 迥*傾*頃*炯絅迥*熒 瓊（19）

5.2 这个时期的通摄字变读"庚青"韵，从《自迩集》看，扩大到了：

（1）唇音的全部（帮滂并明和非敷奉，"琫奉"等 33 字）；

（2）泥来母（"儂農"等 6 字）；

（3）影母（"翁嗡"等 5 字。威氏标音 wêng）；

（4）定母及精组个别字（3 字：疼综叢）。

5.3 以上 4 项所涉，共 47 字：

（1）其中（1）、（3）两项共 38 字，与今音已相同；

（2）包括（2）、（4）两项在内的"两韵并收"：

êng/ung 8 字：儜農濃膿弄綜叢（通）横（梗）；

ing/iung 7 字：熒瑩螢瑧頃傾（梗合三四等）。

这些"两韵并收"字，日后或归庚青，或归东锺，大体仍以摄为界，曾梗归 êng、ing，通摄归 ung/iung，例外不多：除了"疼綜"之外，今北京方言仅"弄"仍有 nèng 之异读（口语音，《现代汉语词典》第 5 版已不收）；"横"放弃"东锺"而重返"庚青"，大概也是晚至二十世纪以后，今北京方言说"横是"表揣测时，仍见一些老人说"hóng•shi"。

（3）第（4）项"綜叢"2 字，情况不同：叢，一音 ts'êng^2，又音 ts'ung^3，后一音（上声），《自迩集》既无用例，又跟前一音（《广韵》徂红切，浊平）不同来源，不作"两韵并收"统计。綜，tsêng^4、tsung^4。《广韵》子宋切，织缕。今音 [tsəŋ]。在"综合"一词中，今音 [tsuŋ^1]，后起音，《正字通》音宗，变去声为平声。今台湾仍读去声 [tsuŋ^4]。"綜"作"两韵并收"计。有迹象表明，通摄舌齿音的"两韵并收"曾经普遍发生过，例如今胶东话"综（织布机上的综子）猔"二字今单音 [tsəŋ^4]，"糉"文白两读 [tsəŋ^4、tsuŋ^4]。始见于《集韵》的"熥"，他东切，以火煖物。今普通话统读 [t'əŋ^1]。

六　《国音京音对照表》的情况

6.1　《国音京音对照表》（1921，以下简称《对照表》）通摄唇音舒声字"国音（G）"和"北京读书音（B）"全数仍是通摄读法（ung），只有北京"俗音（S）"全数变同曾梗摄洪音（eng）；"国音"和"北京读书音"是所谓"正音"，为一方；北京"俗音"为另一方，构成"两韵并收"：

（1）G：bung，B：bung；S：beng 琒琫／曾摄：蹦

（2）G：pung，B：pung；S：peng 髼髼蓬芃篷熢漨捧埲埄

（3）G：mung，B：mung；S：meng 鬤鸏饛鄸蠓蒙艨曚瞢濛溕氋檬朦曚懞幪䑃夢冡霿

（4）G：fung，B：fung；S：feng 鳳馮甂飄風覂鋒賵酆豐諷蠭蜂䕺葑縫瘋㺃犎㷭灃逢㶇渢楓桻𡼙峯封豐妦奉夆俸丰

（5）G：fung，B：fung；S：fung 逢

"俗音"变为 eng 的，与《自迩集》同。少数字如第（5）项"逢"字，不仅"国音"、"北京读书音"读 fung，北京"俗音"亦仍是 fung。

6.2 由 6.1 可见，"国音"和"北京读书音"所代表的"正音"相当保守。跟《对照表》同年公布、商务印书馆印行的《校改国音字典》更显保守，其"縫蜂"二字仍只有合口一读（《对照表》北京"俗音"标 feng；其实，1745 年《老七》已是左音合口而右音开口，1867 年《自迩集》第一版只有一音 feng）。《自迩集》已经完全废弃了这套所谓"正音"而以北京"俗音"为正——正是因此，威妥玛的记音被老派汉学家讥讽为"公使馆汉语"。

6.3 通摄个别泥来母字，北京"俗音"亦曾变同曾梗摄开口：

膿 G：nung，B：nung，S：neng

弄 G：lung，B：lung，S：neng

6.4 《对照表》梗摄、通摄影喻母字有三种情况：

（1）第一部分如"蠑縈榮（梗合三四）"和"鎔鰫蓉瑢榕"（通合三）等字，"国音"是零声母撮口韵 yeng，"京音"，即"北京读书音（B）"和北京"俗音（S）"相同者之统称，是日母合口韵 rung；

（2）第二部分如"嶸（梗）鰫榕容融（通）"等字，"国音"和"北京读书音"仍是 yeng 而"俗音"才读 rung。

这两批字，在北京话彻底完成演变即读书音变为 rung，当在 1921 年《对照表》之后、1949 年《新部首索引国音字典》之前。后者这些字都记为单音 rung。

（3）第三部分字如"褮鎣嫈瑩（梗）"等，"国音"仍在通摄（yeng）

而"京音"已变读庚青韵 -ing。这部分字读 -ing 韵最早见诸反映南方官话的《耳目资》④，随后见诸《自迩集》。这第三部分，南方变得比北方快。

七　曾梗通三摄古今音变条例

7.1　综上所述——曾梗通三摄阳声韵进入近代，便开始了重组运动，经过一系列变化，三摄合一，最终合并为普通话的一套韵母：eng[əŋ]、ing[iŋ]、ung[uŋ]、üng[yŋ]。

7.2　这种"重组"，在官话区，无论南北东西，普遍发生，演变格局亦大体相同，只是演变"进度"南北略有差异：总体上北方开始在先，部分声组如通摄重唇变庚青以及 6.4（3）所讲的，都是南方走在北方的前面。

7.3　在这个"合并"、"重组"的大过程中，《中原》部分庚青字并入东锺而又保留庚青读法，表现为"两韵并收"。这种"两韵并收"并非为"元曲叶韵"所设，是实际语音的反映，体现为《老朴》、《伍伦》等朝鲜谚解文献"正音（左音）"和"俗音（右音）"的关系，即文白异读的关系。这种文白异读，基本上是音系内部分化、重组形成的文白异读。跟《中原》另两种方言叠加而成的"两韵并收"（歌戈萧豪、鱼模尤侯）不同。⑤

7.4　重组过程中，有些音变是有反复的，其正俗、文白地位亦随之改变，例如"弄"之 nung 与 neng，"横"之 heng 与 hung，孰"文"孰"白"，不能脱离具体的时地而论。历史演变有如潮流，历史音变亦不例外。当曾梗并入通摄为潮流时，"横"之 hung 音便是"文"，如《伍伦》和《老乞大》所记（左右音皆韵 ung），而当这些字又变回庚青甚至将通摄一些字"裹挟"而来成为潮流时，"横"之 heng 音亦由"俗"、"白"而变为"正"、"文"了。1921 年的《国音京音对照表》中，标为"俗音"-eng 的许多字，后来都被"扶正"由"白"而"文"了。这种文白异读，"方言叠加"论是解释不了的。

八 《汉语拼音方案》之修正动议

8.1 中古曾梗通三摄,从十四世纪开始,经一系列演变,到二十世纪中期的普通话,融合为一套四呼相承的韵母:eng[əŋ]、ing[iŋ]、ung[uŋ]、üng[yŋ]。然而,《汉语拼音方案·韵母表》(以下简称《方案》)却将这一套韵母分列为 eng、ing、ueng 和 ong、iong 两套共 5 个韵母。这样处理不妥,应予修正。王力先生为此曾多次呼吁。⑥

8.2 我们认为,《方案》在这一点上必须修正,理由如下:

(一)不能正确反映古今音变的对应关系。今音是古音演变来的。en in uen ün 这套前鼻音韵,是中古深臻二摄阳声韵重组合并而成,开齐合撮,四呼相配,十分整齐,既准确又简明,体现了古今音变规律。实际上,曾梗通三摄与此相类,《方案》却开列出四呼不能相配的两套 5 个韵母:

开	齐	合
eng	ing	ueng
ong	iong	

这样的处理,令古今演变的对应关系发生难以解说的错位:今 ong 韵字,古系合口,《方案》却排在开口;今 iong 韵字,古系合口三四等,适为今撮口,《方案》却排在齐齿呼;排在合口的 ueng 韵,只能用于古合口今读零声母的很少一部分字。

(二)《方案》设计上未能坚持内部一致的原则,采用了双重标准。"温文稳问"等 uen 韵零声母字,《方案》拼写法规定写作 wen;有辅音声母时,韵母写作 un。这一"拼写法规定"应贯彻到底:ung 韵,有辅音声母时韵母即作 ung,零声母"翁嗡蓊瓮"等字,依同一拼写法规定写作 weng,没必要为它另立韵母"ueng"而拼写时又须改写为"weng"。

（三）《方案》eng、ing、ueng、ong、iong 这两套 5 母，实际上是沿袭了民国十五年《增修国音字典》推出的"国语罗马字"[⑦]。而此 5 母"国语罗马字"并非注音字母的完全转写式：

     翰 英 松 翁 雍

注音字母 ㄥ ㄧㄥ ㄙㄨㄥ ㄨㄥ ㄩㄥ

国语罗马字 eng ing song ueng iong

"注音字母"的标音，站在音位学立场上说是准确的；而"国语罗马字"（1）于"松翁"二字同韵用了不同字母（ong/ueng）；（2）"雍"类撮口呼，用的却是齐齿 iong。"国语罗马字"的这种处理，本来就是不可取的。

（四）若再将《方案·韵母表》中的 uen 修改作 un，那么：

   en in un ün

   eng ing ung üng

这两套韵母就对应得更整齐了。

（五）若能依此而修订《汉语拼音方案》，阳声韵古今演变条例，就可以既简约又准确地表述如下：

        开 齐 合 撮

咸山二摄归并为 an ian uan üan

深臻二摄归并为 en in un ün

宕江二摄归并为 ang iang uang

曾梗通三摄归并为 eng ing ung üng

附 注

① 表一据《中原音韵》整理。《中原》东锺和庚青都收了"馮"字，但前者是通摄东韵之房戎切、与"逢缝"同音，今音 féng，后者是曾摄蒸韵之扶冰切、与"平评"同音，今音 píng；二者音义不同，不构成"两韵并收"。又，瞢，目不明，《广韵》二音：莫中切（通），莫登切（曾）。《中原》庚青韵未见收"瞢"。"馮瞢"二字表一不收。

② 疼，比较特别。首先，它是舌头音定母字，在"唇音和牙喉音"圈儿外头。其次，它是不是通摄字，可能有争议。疼，音 [tʰəŋ]，始见于《耳目资》：

t'em（[tʰəŋ]）。《广韵》："徒冬切，痛也"。《集韵》："徒冬切，《博雅》痛也。或作"。又昸，瘋，《广韵》徒登切，瘋痛。《集韵》徒登切，痛病。今《方言调查字表》列"疼（瘋）"于曾开一登定（徒登切）。然今所沿用"疼"字从冬得声，当属通摄字。《耳目资》第十一摄浊平弍恒切下瘋疼并收。"疼"之今音，源于历史上曾经发生的通摄字变读庚青韵。支持这一点的，还有"熥"字。熥，从通得声，《集韵》"他东切，以火煖物。"今音 tēng。可见"疼"并非特例。

③ 据《耳目资·列音韵谱问答》，按一定规则，元母可生子母、再传生孙母、曾孙母，如此生息出来的韵母共有 5 套：（1）oa：ua，（2）ui：uei：oei，（3）oe：ue，（4）un：uen，（5）um：uem。它们有的是互补关系，例如 oa 韵列 x、h 声母字，ua 韵列 ∅、tʂ、k、k' 声母字；有的是互补带重出，例如 ui 韵列齿音和 m 声母字，uei 韵列 k、k' 和 ∅ 声母字，oei 韵列 p、p'、m、ŋ、x 声母字，两韵 m 领字几乎完全相同，其实际发音可能有不同，比如 ui 的开口度与音长都小于 oei 从而构成对立；第（5）组 um 韵所收 k、k' 声母 8 个字，在 uem 韵重出，两韵韵腹不同，亦构成对立。

④ 《耳目资·列音韵谱》第 17 摄 im 自鸣字母（即零声母）曾梗摄字有：浊平"榮瑩营埊縈螢熒嵤榮蠑營□潒營□禜"、上声"潒瑩"、去声"詠營泳瑩□鎣"；第 36 摄 ium 自鸣字母有: 浊平"榮瑩营埊縈螢熒嵤榮"、上声"潒瑩"、去声"詠營禜泳"，其中多属 im、ium 两韵并收者，然亦不乏单音 im 韵者（例如浊平的"營□潒營□禜"、去声"□鎣"等字）。

⑤ 1.《汉语史稿》（重排本）第 224 页："-ŋ 尾的 əŋ，iŋ，uŋ，yŋ，等于 -n 尾的 ən，in，un，yn。这是《切韵要法》庚摄的来源，也是注音字母ㄥ、丨ㄥ、ㄨㄥ、ㄩㄥ的理论根据。"2.《现代汉语语音分析中的几个问题》，原载《中国语文》1979 年第 4 期，后收入山东教育出版社 1984《王力文集》第 17 卷，收入（北京）商务印书馆 2000《王力语言学论文集》。王先生历数《汉语拼音方案》那样的写法与排法，不反映历史音变，"在音韵学上是错误的"，不利于教学，不利于人们理解《字母切韵要法》、《十三辙》的"中东辙"，以致有人写现代诗韵（韵书），分 eng、ing 和 ung、üng 为两个韵。王先生多次十分无奈地说："……为了避免 u 与 n 相混，《方案》把它摆在……也只好这样摆了"。

⑥ 参见拙文《论〈中原音韵〉的萧豪歌戈"两韵并收"》，《语言学论丛》第四十一辑，商务印书馆 2010·北京。《论〈中原音韵〉的鱼模尤侯"两韵并收"》，（日）早稻田大学《开篇》VOL.31，2012 年 10 月 1 日。

⑦ 见黎锦熙 1948 年 11 月《（新部首索引）国音字典·序》："本书注音，照原定《增修国音字典》的计划，是应该'于注音符号下，增注国语罗马字'的"。

参考文献

朝鲜司译院编 （1709/1972） 《伍伦全备谚解》，奎章阁影印本，大提阁出版社，首尔。

金尼阁 （1625/1957） 《西儒耳目资》，拼音文字史料丛书之一，文字改革出版社，北京。

国语统一筹备会订正、教育部公布 （1921） 《校改国音字典》，商务印书馆印行，北京。

王 力 （2000） 《王力语言学论文集》，商务印书馆，北京。

—— （2004） 《汉语史稿》（重排本，第二版），中华书局，北京。

王朴编 （1921） 《国音京音对照表》，商务印书馆，上海。

威妥玛著[英]《语言自迩集》（第二版，上海海关总督统计署出版，1886），张卫东译（2002），北京大学出版社，北京。

谚解《老乞大》各版本，见张卫东主持研制的《老乞大多版本对勘》检索系统[国家哲学社会科学基金项目《〈老乞大〉多版本语言学比较研究》（批准号 02BYY029）资助]。

杨耐思 （1981） 《〈中原音韵〉音系》，中国社会科学出版社，北京。

余廼永 （2008） 《新校互注宋本广韵（定稿本）》，上海人民出版社，上海。

乐韶凤等（明） （1375） 《洪武正韵》，原本国语国文学丛林之一（1987），大提阁影印出版，首尔。

中国大辞典编纂处编，黎锦熙主编 （1949） 《新部首索引国音字典》，商务印书馆，北京。

周德清（元） （1324） 《中原音韵》，中国戏曲研究院编（1959）《中国古典戏曲论著集成一》，中国戏剧出版社，北京。

朱宗文（元） （1308） 《蒙古字韵》，续四库全书·经部·小学类（2002），上海古籍出版社，上海。

（深圳，深圳大学文学院 zhang4612@hotmail.com）

从敦煌吐蕃藏汉对音文献看藏语浊音清化*

李建强

提要 利用藏汉对音的方法探讨藏语浊辅音清化，首先要确定汉语对应辅音的读音。前贤多是以汉语全浊声母保持浊音为前提来展开讨论，但是晚唐五代时期，汉语全浊声母也处在清化过程中，这就无法保证结论的确定性。不过，西北音中，次浊声母是相对稳定的音。依照次浊声母的对音情况，可以把敦煌吐蕃藏汉对音文献分为两大类：一类是藏语带前置音 N 的音节只对应汉语的次浊声母字，另一类是藏语带前置音 N 的音节既对应汉语的次浊声母，也对应汉语全浊声母。后一类对音表明，藏语浊单辅音声母已经开始清化。这一变化发生的时间至晚在公元十世纪。

关键词 藏汉对音　敦煌藏文文献　浊音清化

0　引言

一般认为，藏文创制的时期，藏文字母ག、ཇ、ད、བ、ཛ表示古藏语浊的塞音或塞擦音。在现代藏语三大方言区中，这些浊音都发生了清化。康方言中，上述浊音基字不带上加字或前加字时，读成低调的同部位的清音；带有上加字或前加字时（ར、ལ除外），读成单一的浊音，一般读高调①。安多方言中，上述浊音基字不带上加字或前加字时，亦读成同部位的清音；带有上加字或前加字时，与前置辅音相配合，组成复辅音声母，读浊音；安多方言没有声调的区别②。卫藏方言中，上述浊音字母，带有上加字或前加字时，

---

* 项目资助：国家社科基金青年项目"敦煌文献中的于阗咒语对音研究"（09CYY023）。本文是在瞿霭堂先生的指导下写成的，匿名审稿人指正多处，在此一并致谢。

读不送气清音；不带上加字或前加字时，在后藏地区，一律读为送气清音，在前藏地区，有的地方读送气，有的地方读不送气；卫藏方言声调系统发达。

藏语浊音清化的过程是利用历史比较法拟测出来的。瞿霭堂先生（1979，1981）提出这个过程大致分为两个阶段：

1. 单独的浊塞音、塞擦音变成同部位的不送气清音，浊擦音变成清擦音，后来读低调。此时，带前置辅音的浊塞音、塞擦音和擦音还保持浊音音色。

2. 带前置辅音的浊塞音、塞擦音和擦音也变成清音，后来读高调。

文献考证法能对浊音清化的具体时代提供线索。黄布凡先生（1983）确定在12—13世纪，卫藏方言中，浊音清化的第一个阶段已经完成了。她分析《正字拼读宝海》等藏文正字法的文献，发现带有不同前置辅音的浊塞音声母读音相同，但是，和单独做声母的浊塞音读音不同，比方说，bsd=sd=bd=gd≠d，因此推断，古单浊塞音声母那时已经读成不送气的清塞音，古带前置辅音的浊塞音声母读成单浊音或浊复辅音。前置辅音 N（འ 表示鼻音，故转写为 N）和 m 已经读音相同，可能经过清化鼻音阶段 [n̥] 和 [m̥] 合并成一个音，最后再脱落，她指出，脱落最迟不会晚于15世纪。

敦煌吐蕃藏文文献是目前所见最早的书面藏语文献之一，在这些文献中，藏语是否已经发生了浊音清化，译经者所持藏语何种方言，这些问题目前还没有很好的回答。本文打算就此做一探讨。

本文利用的敦煌吐蕃文献指藏汉对音材料 P.t.1046/P.ch.3419《千字文》、India office C93 (ch.80, XI)《大乘中宗见解》、P.t.1262/P.t.1239《妙法莲华经》、India Office C129 (Vol,72b+Vol.73)《金刚经》、India Office C130 (ch.77, II ,3)《阿弥陀经》、P.t.1258《天地八阳神咒经》、P.t.1228《南天竺国菩提达摩禅师观门》、P.t.1253《道安法师念佛赞》、P.t.448《般若波罗蜜多心经》、P.t.1230《寒食篇》、P.t.1238《三皇五帝姓》、P.t.1256《九九表》、P.t.986《尚书》、

S.t.756/ P.t.1057/I.O.56,57/P.t.127/ P.t.1044"敦煌本吐蕃医学文献精要"、P.t.1291《春秋后语》及《唐蕃会盟碑》。材料来源是周季文、谢后芳先生编著《敦煌吐蕃汉藏对音字汇》。在这部书中，还收录S.2736/S.1000藏汉对照词表，这类文献先写出藏语义，再用藏文字母记录相应的汉语词语的音，不过由于没写出对应的汉字，到底是记录哪个汉语词，学者们存在争议，本文暂不使用。

根据周季文、谢后芳（2006）的研究，上述各种材料，年代最确定的只有《唐蕃会盟碑》，立于唐穆宗长庆三年，公元823年。《阿弥陀经》卷末有藏文题记，是河西节度押衙康某于虎年写的发愿文，可证明写于9世纪后半期归义军时期。《金刚经》背面有唐乾宁三年（公元896年）的文书，可证明此卷写于公元896年以后。《九九表》背面有于阗使臣刘再昇文书，证明此卷写于公元940年前后。其他的卷子，本身找不到时代信息，只能笼统推断为公元8世纪后半期到10世纪的文献。

1　前贤的研究

先贤类似的研究主要关注藏语单独的浊辅音字母对应汉语清声母的现象。罗常培先生（1933/1961）从声调上找规律，发现这些对藏语浊音的汉语清辅音字绝大多数是上声和去声，即都是仄声调，藏语以浊音开头的音节可能是个低调，因为二者调值类似，藏人误认为声母相同。高田时雄（1988）认为，既然承认藏语已经有声调的高低了，说明当时藏语浊音已经清化了，如果这种对音现象出现的量比较大，说明这份文献所反映的藏语浊音已经清化。他大致分了个界限，《金刚经》和《阿弥陀经》所反映的藏语浊音还没清化，其他的文献反映的藏语，浊音已经清化了。他指出，"罗常培氏的假设或许是正确的。但是仅仅用汉语方言（这里指河西方言音）和藏语语音在声调调值上的类似来加以说明是不充分的。我们认为必须要看到其中的藏语的语音变化，即浊音声母清化正在进行以及作为补偿而导致的表现在声调上的对立。如果那样考虑的话，上述资料的差异反映的就是资料的时代差别。这样，在《金刚经》和《阿弥陀经》写定的时代，藏语的浊音声母还没有发生明显的清化，因此汉语的清音声母只对藏文的清音字母。而在其他的材料所反映的语言中，藏语的浊音声母已经发生了相当程度的清化，声调的区别也随之明确起来。因此，就不时能看到汉语的上、去声字用同样为低声调的藏语浊音字母来对的现象了。也就是说，《金刚经》和《阿弥陀经》与其他材料相比要更为古老。"③

前贤的研究，存在两点不足。

第一，都把汉语的全浊声母看成不变的音，保持浊音音值。问题在于，汉语的全浊声母当时可能正在发生清化，需要首先确定汉语全浊声母的音值才方便谈论藏语的浊音清化。咱们比较几份9、10世纪前后反映西北音的文献就能发现这一问题，材料来源是刘广和先生《唐代八世纪长安音声纽》、罗常培先生《唐五代西北方音》、龚煌城先生《十二世纪末汉语的西北方音（声母部分）》，另外，周祖谟先生《宋代汴洛语音考》虽然不是研究西北音，但是描写了浊音清化的另一种方式：平送仄不送，所以也列在下边。请看表一：

表一

8世纪长安音	后唐天成四年	12世纪末西北音	11世纪汴洛音
不空译音	《开蒙要训》注音	番汉合时掌中珠	声音唱和图
並 bh	並 p	並 ph	並：平声 ph，仄声 p
定 dh	定 t	定 th	定：平声 th，仄声 t
群 gh	群 k	群 kh	群：平声 kh，仄声 k

从时代上看，处于藏汉对音材料之前的不空译音，全浊声母还读送气浊音；后唐明宗天成四年（A.D.929）注音本《开蒙要训》所反映的敦煌音浊音已经清化了，不论平仄，都归全清；西夏时期《番汉合时掌中珠》对音全浊声母不论平仄都归次清，说明清化后变为送气清音。北宋的汴洛音，全浊声母平声变送气清音，仄声变不送气清音。因此，敦煌吐蕃藏文文献所转写的汉语音全浊声母可能出现四种状态：

a 保持送气浊音

b 清化，全部变为不送气

c 清化，全部变为送气

d 清化，平声变送气，仄声变不送气

利用对音材料研究藏语语音时，要充分考虑汉语语音各种可能面貌。出发点不同，结论可能截然相反。光看藏语单独浊音字母的对音不能得出确定的结论。罗先生和高田先生的研究不足之处就在于，无法保证结论的唯一性。

汉语的全浊声母和藏语单浊音声母在晚唐五代时期都是不确定的音，研究这一时期的汉语语音，藏汉对音是重要证据，如果研究藏语的浊音清化反过来依靠汉语全浊声母的研究成果，那么就会陷入一个死循环，永远得不出确定的结论。只有跳出这个循环，扩大考察的对象，找到一个相对确定的汉语音作参照，才能得出确定的结论。藏语浊音清化问题有了确定的认识，也有利于汉语浊音清化问题的研究。

第二，从声调的角度来解释藏语浊音字母对应汉语清音的现象，暗示着当时敦煌地区的藏语已经产生声调。根据瞿霭堂先生（2009）的研究，从公元 7 世纪中叶起，吐蕃对外奉行扩张政策，西藏西部的阿里地区，曾是吐蕃王朝的一大兵源，向北折东进军甘青川地区，大多使用阿里的兵，并屯兵戍边。藏兵东进，把语言也带到了这些征服的地区，这一线的藏语都属安多方言。当时敦煌地区所通行的藏语亦应是今安多藏语的前身。藏语安多方言现代尚未产生声调的区别，如何在一千多年前的公元 8 到 10 世纪已有声调的分化？

2 统计数据

根据瞿霭堂先生的观点，藏语的前置辅音和浊音清化有密切的关系，因此，要研究藏语的浊音清化，不仅要考察藏语单浊音声母的对音，也要考察带前置辅音音节的对音。只有全面研究材料，才能找到解决问题的突破口。转写汉字的对音材料中，藏文音节所带的前置音绝大多数是ང（本文转写为 N），因此本文主要从两大方面考察：藏语单浊音声母音节的对音和带前置音 N 的音节的对音。依据对音事实，可详细分为以下几类：

一、藏语单浊音声母音节的对音

1. 对汉语的全浊声母字，包括汉语浊塞音、塞擦音声母字。

2. 对汉语的浊擦音声母字。在晚唐五代时期，汉语西北音的浊擦音已经清化④，和浊的塞音、塞擦音不同，所以分开统计。

3. 对汉语的清声母字，全清（不送气清音）和次清（送气清音）分开统计。

4. 对汉语的次浊（鼻音、边音、流音）声母字。

二、藏语带前置音 N 的音节的对音

1. 对汉语的次浊声母字。藏语带前置音 N 的音节出现以下三种情况：

（1）前置音 N 后面是浊塞音、塞擦音

（2）前置音 N 后面是鼻音和边音

（3）前置音 N 后面是清音

2. 对汉语的全浊声母字，包括汉语浊塞音、塞擦音。藏语带前置音 N 的音节出现以下两种情况：

（1）前置音 N 后面是浊塞音、塞擦音

（2）前置音 N 后面是清音

3. 对汉语的浊擦音声母字。

4. 对汉语的全清声母字。藏语带前置音 N 的音节出现以下两种情况：

（1）前置音 N 后面是清音

（2）前置音 N 后面是浊音

根据以上分类，列表统计各种情况出现的次数。为了排版方便，表格放在附录中。

表里每一个单元格中，上下列出两个数字。下行的数字表示该类现象出现的总次数。同一个汉字可能不止一次出现,把重复出现的去除掉再统计,就得出了上行的数字。比如说,《唐蕃会盟碑》当中,汉语全浊字对藏语的浊音,一共有 6 个字:杜大部仆蕃朝。其中杜出现 1 次,大出现 19 次,部出现 5 次,仆出现 1 次,蕃出现 2 次,朝出现 4 次,一共出现 32 次,所以该单元格上行写 6,下行写 32。其余类推。

先看藏语单浊音声母的对音。对应汉语全浊声母字 251 个,出现 689 次,对应汉语全清声母字 157 个,出现 438 次。高田先生依据各份文献藏语浊音对应汉语全清声母字的比例来判断藏语浊音是否清化,比例高的就说明已经发生了清化。这个标准要成立,就需要一个必备的前提:汉语的全浊声母保持浊音。而晚唐五代,汉语的全浊声母可能也在变化之中,如果全浊声母已经清化,与之对应的藏文浊音声母也应该变清音,这种统计的说服力就相对减弱。所以要判断藏语浊音清化,光看藏语浊音的对音不能得出确定的结论,还要同时看藏语带前置音 N 音节的对音。

藏语带前置音 N 音节的对音,出现频率最高的是以下三类:1. 藏语浊音带前置音 N 对应汉语的次浊声母,共 211 字,出现 686 次;2. 藏语浊音带前置音 N 对应汉语的全浊声母,共 46 字,出现 224 次;3. 藏语清音带前置音 N 对应汉语的全清声母,共 44 字,104 次。而且还有一个明显的特点,一篇文献中,如果上述第二类对音现象出现次数多,第三类对音现象出现次数也多,二者似乎成正比。比如《唐蕃会盟碑》、《千字文》中第二类对音一次也没出现,第三类对音现象也没出现;《金刚经》第二类对音现象出现了 2 个字,共 3 次,第三类对音现象出现 2 个字,共 2 次;到了《天地八阳神咒经》,第二类对音现象多了起来,出现了 20 字,109 次,第三类对音现象也相应多了起来,出现 12 个字,18 次。

从藏语带前置音 N 的音节对音情况来看,这 16 份藏汉对音文献可分为两类,一类是藏语带前置音 N 的音节只对应汉语的次浊声母字,这类文献有:《唐蕃会盟碑》、《千字文》、《妙法莲华经》、《寒食篇》、《三皇五帝姓》、《尚书》、《春秋后语》和《九九表》8份；另一类是藏语带前置音 N 的音节既对应汉语的次浊声母,也对应汉语全浊声母和清声母,这类文献有《阿弥陀经》《天地八阳神咒经》、《南天竺国菩提达摩禅师观门》、《大乘中宗见解》、《金刚经》、《道安法师念佛赞》、《心经》和《医学文献》8 份文献。在第二类文献中,对音情况出现以下特点：藏文单浊音声母音节既对汉语的全浊声母字,也对全清声母字,藏文带前置音 N 的音节既对汉语的次浊声母字,也对全浊声母字。这为藏语浊音清化问题的证明提供了线索。

3 统计数据的初步分析

3.1 藏文带有前置音 N 的音节既对汉语的次浊声母字,也对全浊声母字的分析

为了条理清晰,我们把问题分解开讨论。

在讨论这个问题之前,首先需要明确汉语次浊声母的读音和对音原理。和全浊声母不同的是,次浊声母是个相对稳定的音,这就为判断藏语的语音面貌提供了一个参照。唐宋时期的西北音,尽管一部分次浊声母字有变成零声母的趋势,但是大多数还保留着既带鼻音成分又带塞音成分的特点,从 8 世纪的不空对音,到 12 世纪末的西夏对音都具有这个特点。

不空对音,明母读 ^mb,泥母读 nd,疑母读 $^\eta g$,北宋的天息灾、施护对音也是这个结果,西夏对音明母具有 ^mb 和 m 音位变体、泥母具有 nd 和 n 音位变体,疑母具有 $^\eta g$ 和 ŋ 音位变体[⑤]。

敦煌吐蕃藏汉对音材料,从时代上看,处在唐代不空对音和北宋、西夏对音之间,而且汉语次浊声母大量还是对应藏语带前置 N 音的音节,这说明,次浊声母从主体上看还保持着本来的念法。

反映汉语次浊声母向零声母演变的材料只有少数几处，比如《南天竺国菩提达摩禅师观门》中，微母字"无"对ɦwu，"闻"对ɦwun[6]。微母字不再念 ᵐb，而向零声母转化，或许经历了开头辅音还保留了较强摩擦成分的中间阶段，故而用 ɦw 来转写，是音近替代。其他次浊声母很少发生这个现象。因此，藏汉对音材料中，次浊声母仍然是音值较为确定的音。这就为解决问题带来极大方便。

藏文 འག、འད、འབ 所代表的音亦是相对稳定的音。在安多方言和康方言中，单独的 ག、ད、བ 都已经清化，但是带上前加字 འ 之后都保留浊音。而前加字 འ 比起其他的前加字或上加字也相对稳定，康方言中，基字 ག、ད、བ 之前的前置辅音 s-、r-、b-、g- 等全都脱落了，而前加字 མ 和 འ 还保留着鼻音。由此推断，敦煌文献中的藏文 འག、འད、འབ 亦读带有同部位鼻音的浊塞音。

汉语次浊声母的藏汉对音原理如下：次浊声母是带有同部位鼻音成分的浊塞音，而藏文前置音 N 最初表示鼻音成分，发音部位和后面的辅音的发音部位一致，所以拿藏文带有前置音 N 的音节转写最合适。有时退而求其次，分别用藏文的鼻音和浊塞音来转写，这是音近替代。就像用婆罗迷（brāhmī）字转写汉语的次浊声母字，婆罗迷字当中没有类似藏文前置音 N 功能的字母，就只能分别用鼻音和浊塞音来转写[7]。

表中第二类的 8 份文献，汉语的次浊声母字用藏语带前置音 N 的浊塞音音节转写，可以用上面说的原理来解释。

汉语全浊声母字也用藏语带前置音 N 的浊塞音音节转写，与次浊声母字有相同的对音形式，这能证明汉语的全浊声母还是浊音。因为藏语前加字 འ 之后的 ག、ད、བ 保持浊音，而汉语次浊声母也包含着浊塞音成分，如果汉语全浊声母已经清化，则与汉语次浊声母及藏文 འག、འད、འབ 没有相同的音素，一般情况下不会产生这样的对音事实；只有汉语全浊声母还保持浊音，这三者之间才有共同的音素：浊塞音，所以会产生汉语全浊声母和次浊声母都对藏文 འག、འད、འབ 的现象。由此可确定汉语全浊声母依然读浊音，为藏文单浊音声母音节的对音分析打下基础。

3.2 汉语全浊声母字的对音分析

在上述文献中，汉语全浊声母字既用藏文单浊音声母音节对，也用带前置音 N 的音节对，藏文带前置音 N 的音节转写的汉字个数与单浊音声母音节转写的汉字个数的比值反映了藏语的浊音清化程度。按照比值的高低，依次排列各份文献：《南天竺国菩提达摩禅师观门》（0.5）、《阿弥陀经》（0.39）、《天地八阳神咒经》（0.32）、《道安法师念佛赞》（0.1）、《金刚经》（0.08）、《心经》（0.08）、《医学文献》出现字数太少，每一类只有 2—3 个，不统计了。汉语全浊声母字主体上还是用藏文单浊音声母音节对，这说明，藏文单浊音声母从听感上，接近汉语的浊音；但是已经开始发生清化现象，再用它表示汉语的浊音已经不太准确，必须加上前加字འ才能够表示汉语的浊音字，所以才出现用带前置音 N 的音节对汉语全浊声母字的现象。黄布凡先生（1994/2007）记录的藏语巴尔蒂话，藏文无前置辅音的浊音字母一部分读浊音，一部分读清音，瞿霭堂先生（2010）整理普里克话，从所附词表来看，也能表现出相同的规律。巴尔蒂话和普里克话都属藏语西部方言，比较接近古代藏语，或许反映了古藏语单浊音清化的现象。

3.3 藏文单浊音声母音节对汉语全浊声母字和全清声母字的分析

上述文献当中，藏文单浊音声母音节既对汉语的全浊声母字，也对汉语的全清声母字，全清声母字的个数与全浊声母字的个数的比值能够反映藏语的浊音清化程度。按照比值的高低，依次排列各份文献：《心经》（1.5）、《南天竺国菩提达摩禅师观门》（1.3）、《道安法师念佛赞》（1.2）、《天地八阳神咒经》（0.3）、《阿弥陀经》

（0.13），另外，《金刚经》和《医学文献》当中没有藏文单浊音声母音节对汉语全清声母字的情况。藏文单浊音声母处于类似吴语的"清音浊流"阶段，塞音、塞擦音的实际音值并不带音，故能够对应汉语全清声母，而整个音节附有带音的气流，故又能够对汉语的全浊声母。晚唐五代敦煌地区通行的藏语应该是安多藏语的前身，在现代安多方言中，藏文浊音单字母读成不送气清音，所以敦煌文献中，藏语单浊音声母能够对汉语全清声母而不是次清声母。

综合上述两节中的统计数据，《南天竺国菩提达摩禅师观门》、《道安法师念佛赞》在两类统计中都比较靠前，这说明，这些文献藏语单浊音清化比较典型。

3.4 藏文带前置音 N 的音节还对应汉语清声母字现象的解释

先列表考察涉及汉语哪些声母。

表二

声母	帮	非	心	敷	滂	章	昌	书	庄	初	生	精	清	端	见	溪	晓	影
字数	6	12	7	3	4	2	1	2	1	1	2	1	2	1	2	1	2	1
次数	70	62	34	7	4	2	1	2	1	2	4	1	3	6	1	3	3	5

表中"次数"指该类对音现象出现的总次数。同一个汉字可能不止一次出现，把重复出现的去除掉再统计，就得出了"字数"。

从次数看，出现最多的是对帮母、非母和心母字；其余的都不足 10 次，可算作例外。

帮母字虽然出现的次数多，但是"不"对 Nbu 就出现了 65 次，所以从字数上看，并不占优势。

综合来看，非母和心母的对音具有突出的优势。

非母字对音如下：发 Nphad、Nphwad、Nphar、Nhad；法

Nphwab、Npwab、Nbwad、Nbub；方 Npwo、Nbwaŋ；非 Nphji、Npji；诽 Nphji；分 Npun；夫 Nphu、Nbu；福 Nphug、Nbu、Nbug、Nbog；父 Nphu；富 Nphu；返 Nban；弗 Nbur。

　　非母字对 ph 的最多，其次是对 p 和 b，也有一些对过 h。非常明显，非母字开始变轻唇音了。从重唇音帮母分化之后，非母如何拟音呢？目前主要有两种看法，王力先生《汉语语音史》晚唐五代音系非敷都拟作 [f]，罗常培先生《唐五代西北方音》拟作 [pf']。从藏文对音来看，合口介音显然存在，比如发 Nphwad、Nphwad；法 Nphwab、Npwab、Nbwad；方 Nbwaŋ、Npwo。而八思巴字《蒙古字韵》中，阳韵"房防坊防"、覃韵"凡帆范犯梵泛"、寒韵"蹯繁樊烦返畈"、"翻蕃反"的八思巴字注音都没有表示合口介音的符号，这些音节的声母一般拟为 [f]。轻唇音从重唇音中分化出来，经历从 [pf'] 到 [f] 的过程，敦煌藏汉对音材料所反映的应该是比 [f] 早的语音形式，最可能的就是 [pf']。从这个角度讲，罗先生的构拟，更能解释藏汉对音的材料。

　　假定非母念唇齿塞音 [pf']，藏文与之最接近的音就是 ph 了。但 ph 是双唇塞音，二者发音部位有差别，所以加上前加字 N 表示这两个音有别。

　　敷母对音如下：妨 Nphuŋ、Nhwaŋ；覆 Nphu。从藏汉对音上看，非敷应当合并，都念唇齿塞音 [pf']。藏文前加字 N 依然表示汉语敷母读音和藏语的 ph 虽然接近，但是有区别。

　　按照藏文的拼写规律，前置音 N 不应当出现在辅音 s 前。可是在《南天竺国菩提达摩禅师观门》中，译者宁愿违背拼写规律，放着简单的 s 不用，也要把心母字转成藏语带前置音 N 的音节，而且出现 34 次之多，这里面一定有原因。汉语心母字在中古念 [s] 应该没什么问题，所以藏语转写心母的前置辅音 N 不可能念鼻音，只表示汉语的心母字和藏语的辅音 s 念法实际上不一样。因为古藏语的浊擦音 ᠌[z] 清化后，清擦音 ᠌[s] 表示与之有别而带有很强的送气成分，汉语擦音 s 送气成分不太强，对音时只好加个前加字以表示区别。现代安多方言辅音 ᶊ[s] 念送气很强的 [sʻ]，这种解释有现实的语言基础。

4 藏语单浊音声母清化大致时间探讨

前面说过，除了《阿弥陀经》、《金刚经》、《唐蕃会盟碑》之外，其他的对音文献从卷子本身很难找到明确的时代的线索了。不过，从整体上看，这些卷子应该写于 8 世纪后半到 10 世纪之间。由此看来，至晚在公元 10 世纪，藏语的方言中，单浊音声母已经开始清化了。

附　注

① 格桑居冕、格桑央京（2002：73）。
② 华侃（1980：67—74）。
③ 高田時雄（1988：59）。本段译文是请暨南大学外国语学院李香老师翻译的，匿名审稿专家作了修改。
④ 禅母、床母字大部分和审母同对藏文的 ç，邪母和心母同对藏文的 s，晓母和匣母同对藏文 h。见罗常培（1961：21—25）。
⑤ 参考刘广和（1984/2002）、张福平（1996）、储泰松（1996）、龚煌城（1981）。
⑥ 基字ཧ、下加字ྭ组成合体字母，在藏汉对音文献中，这个字母绝大多数用来对应汉语于母合口字，罗常培先生（1933/1961）转写为 ʼw，王尧（1982）、李方桂（1987）先生转写为 vw，符合对音规律。如果把基字拟音为 ɦ，则该合体字母可转写为 ɦw。高田時雄先生认为是 ཝ，转写为 w，与对音规律不符。瞿霭堂先生（2011）认为藏语的通音 wa 出现的很晚，来源于 lpa。故敦煌时期的藏语文献，不应当出现字母 wa。
⑦ Emmerick and Edwin G. Pulleyblank（1993）.

参考文献

储泰松　（1996）　施护译音研究，谢纪锋、刘广和主编《薪火编》，山西高校联合出版社，太原，340—364 页。
高田時雄　（1988）　《敦煌資料による中國語史の研究——九、十世紀河西の方言》，創文社。

格桑居冕、格桑央京 （2002） 《藏语方言概论》民族出版社，北京。

龚煌城 （1981） 十二世纪末汉语的西北方音（声母部分），《中研院史语所集刊》52.1：37—78页。

华侃 （1980） 安多藏语声母中的清浊音——兼谈它与古藏语中的强弱音字母的关系，《西北民族大学学报》第1期，67—74页。

黄布凡 （1983） 12—13世纪藏（卫藏）声母探讨，《民族语文》第3期，33—42。

—— （1994/2007） 从巴尔蒂话看古藏语语音，《中央民族大学学报》第4期，87—94页，又见《藏语·藏缅语研究论集》，中国藏学出版社，38—57页。

江荻 （2002） 《藏语语音史研究》，民族出版社，北京。

李范文 （1994） 《宋代西北方音——〈番汉合时掌中珠〉对音研究》，中国社会科学出版社，北京。

刘广和 （1984/2002） 唐代八世纪长安音声纽，《语文研究》第3期，又见刘广和《音韵比较研究》，中国广播电视出版社，6—48页。

—— （1991/2002） 唐代八世纪长安音的韵系和声调，《河北大学学报》第3期，又见刘广和《音韵比较研究》，中国广播电视出版社，49—83页。

罗常培 （1933/1961） 《唐五代西北方音》科学出版社，北京。

聂鸿音 （1985） 慧琳译音研究，《中央民族大学学报》（哲学社会科学版）第1期，64—71页。

瞿霭堂 （1979） 谈谈声母清浊对声调的影响，《民族语文》第2期，120—124页。

—— （1981） 藏语的声调及其发展，《语言研究》创刊号，177—194页。

—— （2009） 藏文的语言文字学基础《中国语言学》第三辑，北京大学出版社。

—— （2010） 普里克藏语介绍《民族语文》第1期，65—81页。

—— （2011） 《音势论》和藏文创制的原理《民族语文》第5期。

王力 （1985/2008） 《汉语语音史》，商务印书馆，北京。

王尧 （1982） 《吐蕃金石录》，文物出版社，北京。

照那斯图、杨耐思 （1987） 《蒙古字韵校本》，民族出版社，北京。

张福平 （1996） 天息灾译著的梵汉对音研究与宋初语音系统，谢纪锋、刘广和主编《薪火编》，山西高校联合出版社，太原，264—339页。

周季文、谢后芳编著 （2006） 《敦煌吐蕃汉藏对音字汇》，中央民族大学出版社，北京。

周祖谟 （1966） 《问学集》，中华书局，北京。

Fang Kui Li and W. South Coblin （1987） *A study of the Old Tibetan Inscriptions* Nankang, Taipei, Taiwan, ROC.

Ronald E. Emmerick and Edwin G. Pulleyblank（1993）*A Chinese Text in Central*

Asian Brahmi Script—New Evidenc for the Pronunciation of Late Middle Chinese and Khotanese, Roma, Istituto Italiano per il Medio ed Estremo Oriente.

附录　藏语单浊音和带前置辅音 N 的音节的对音表

藏语	单浊音				带前置音 N 的音节（以公式 N+C 表示，C 是前置音 N 后的辅音）						
					C=浊塞	C=鼻音	C=清音	C=浊音	C=清音	C=清音	C=浊音
汉语	全浊	浊擦	清音		次浊			全浊	浊擦	浊擦音	全清
			全清	次清							
				次浊							
会盟碑	6 32	4 20	3 6		1 1	10 23					
千字文	51 51		24 24			33 33					
莲华经	6 14	3 3	5 8		1 3	5 8					
寒食篇	8 9		1 1			2 2					
三皇五帝	1 1					2 2					
尚书	2 44		5 9		2 4	3 13					
春秋后语	3 28		1 1			1 32					
九九表		1 1	2 35			1 17					
阿弥陀经	23 59	1 1	3 6		1 1	22 74	1 4		9 88	1 2	6 16	2 23
天地八阳	62 181	1 1	18 47	1 2	3 3	53 177		1 1	20 109	2 4	12 18	6 11
南天竺国	18 57	3 3	24 58			11 17	5 36		9 15	2 8	13 22	22 66	6 6
金刚经	26 125		1 1			21 69	3 13		2 3		1 1	2 2	

（续表）

道安法师	20 24	9 10	24 26		14 20		2 2	1 1		1 1	
心经	12 16	6 14	18 34		7 16		1 4				
医学文献	2 2						3 3				
大乘中宗	11 55	1 1	29 182	1 1	7 97	26 183	2 2			1 1	3 69
总计	251 689	29 54	157 438	3 4	15 109	211 686	11 55	1 1	46 224	3 9	17 29	44 104	17 109

（100872　北京，中国人民大学国学院　ljq@ruc.edu.cn）

《诗词通韵》研究*

陈 宁

提要 本文对《诗词通韵》作者朴隐子生平做了考证。把《诗词通韵》的音注区分为"通音"、"中州音"和"北音"三个系统,以研究通音的音系为主,兼及中州音和北音,为声母、韵母系统做了拟音。列出了中州音和北音的语音特征,统计了每项特征的音切数。对全书的字数和小韵数做了统计。对入声舒化后的读音做了探讨。

关键词 诗词通韵 通音 中州音 北音 曲韵

《诗词通韵》一书,刊行于清康熙二十四年(1685),对后来王鵕的《中州音韵辑要》有直接的影响。赵荫棠先生在《〈中原音韵〉研究》中评价此书"分析南北之音极为清晰,也是一部好书"。赵诚先生在《中国古代韵书》中对此书做了简介,将其归为"词韵专书"的第三派,而且认为是这派韵书中,比较起来更为有价值的。后来有花登正宏先生的《〈诗词通韵〉考》和何九盈先生的《〈诗词通韵〉述评》,展开了全面而详细的研究。耿振生先生在《明清等韵学通论》中多处论及,叶宝奎先生(2001)也有一节专论。我们研读此书,受到前贤论著启发甚多,略陈一二管见。

一 作者朴隐子考证

之前人们对璞隐子(又作朴隐子)的了解,仅仅是通过《诗词通韵》书前的自序,除此之外没有其他文献,信息十分有限。根据

---

* 本文初稿是笔者博士论文《明清曲韵书研究》中的一部分,承蒙业师耿振生教授的悉心培养和指导。后续研究为国家社会科学基金青年项目"曲韵书音系比较研究"(项目批准号:13CYY043)的阶段性成果。

自序的不同，《诗词通韵》可分为两个版本，依收藏地可称为"浙图本"（在浙江省图书馆）和"社科本"（在中国社科院）。这两个版本的正文部分完全相同，是印自同一版。然而书前的自序是不同的，是两个版，字体和内容均有差异。内容差异较大的如浙图本说："余究心声韵，远历诸方，考较三十余载，斯知天下因有通音。"而社科本说："余究心韵学，远历诸方，考校二十载，详知南北中州之辨。"浙图本落款："康熙二十四年岁在乙丑三月既望朴隐子书于石公山厂。"还有"朴隐行人"和"游方之外"两方印章。社科本落款："康熙二十有四年岁在乙丑三月穀日，璞隐王山民书于石公山厂。"都是同一年写的，可一个"三十余载"，一个"二十载"，未知其故。也许是社科本自序早于浙图本自序？暂且存疑。

何九盈先生（1985/2002：237）认为"王"是其姓，"山民"不一定是真名，假定康熙二十四年朴隐子四十岁左右，推测他的生年在崇祯末年或顺治初年。还考证出清代有两个石公山，一在镇江长江南岸，一在苏州府城西南一百二十里，但不能确定哪一个才是朴隐子说的石公山。

社科本自序说："别辑《诗词韵统》，增补阙字，博集训证，兼考六书，分卷颇多，俟有成时，式出问世。"（浙图本自序未言《诗词韵统》）说明朴隐子还有一部《诗词韵统》，收字多，有释义和字形分析，卷帙庞大，还未编成，晚于《诗词通韵》问世。我们检索到清人黄中坚《蓄斋二集》卷五有一篇《〈诗词韵统〉序》，记载颇详，其中有下面两段文字，可以对朴隐子的生平和著述情况做一点补充考证。

  吾友璞隐子，天禀独绝，自幼好为诗词，觉音韵之间，颇失自然，乃于游历所至，遍访十五国方音之同异，而思所以折衷之，于是广搜秘书，究其源流，综其得失，而正字母之误，定反切之法，联缀四声，统之为二十音，析之有南、北、中州之辨，而声韵始秩然有准焉。又以字义不明，则音虽正而用之或失其宜。从来训诂之家，于苍颉六书，每详于象形、会意、谐声而略于假借、指事，至于转注，则尤属茫昧。乃取诸家之说，缺者补之，缪者正之，其有未通者，则静坐覃思时，若有鬼神之相诏，无不划然中解。盖积三十余年之功，然后可以次第成书。

今君年既七十矣，顾以字迹点画上下长短易于舛讹，不可假手于人，乃手自缮录，无间寒暑，每一卷成，辄以示余。余披而读之，虽向常侍之元悟，郭宏农之博物，不能及也。犹以卷帙浩烦，不无重复遗漏，且其解或失诸冗，或失诸略，凡三易藁，再易裘葛而其书始竣。总为字若干，增字书之未备者十之四而删其后人所造鄙俗怪僻及不典之言。若其字异而义同，与夫古字之通用者，悉分注于本字之下。颜之曰《诗词韵统》而属余为之序。君之意，盖以诗之与词，同源而异流，诗韵遵用已久，而词韵尚未有定准。自宋以来作者大抵一依诗韵，或不可叶于律吕，故其联缀四声者，特为词韵设。而于诗韵之或分或合，则仍标而出之，不敢没其旧也。

此序无年月。《蓄斋二集》刻于乾隆三十年（1765），是黄中坚的第二部文集。据刻于康熙五十年（1711）的《蓄斋集》卷八《四十有一自序》："余年三十有一而丧先君子，时康熙十八年己未十二月十九日也。"可知黄中坚生于顺治五年（1648）。黄中坚是吴县人，吴县是今苏州市旧称，则朴隐子所在的石公山更可能是苏州的，而不是镇江的。

《诗词韵统》一书至今未现，存佚未知。黄序中对《诗词韵统》的种种描述，比如"正字母之误，定反切之法，联缀四声，统之为二十音，析之有南、北、中州之辨"，都能与《诗词通韵》对上号。从"其解或失诸冗，或失诸略""若其字异而义同，与夫古字之通用者，悉分注于本字之下"来看，《诗词韵统》是有注解的，而今所传《诗词通韵》是没有注解的。又从"卷帙浩烦""增字书之未备者十之四"来看，《诗词韵统》的篇幅很大，收字不少，而《诗词通韵》的篇幅不大，收字也不算多。从黄序第一段可知，朴隐子是先考定了声韵,后着手训诂和六书的。因此《诗词通韵》应是《诗词韵统》的框架,只有声韵部类和反切注音,没有字义注解,收字也少。黄中坚是朴隐子的朋友,也是《诗词韵统》的第一读者。朴隐子每写成一卷,就拿给黄中坚看。"盖积三十余年之功,然后可以次第成书",《诗词韵统》的编纂花了三十多年,"凡三易稾,再易裘葛而其书始竣",修订花了两年才定稿。从黄序中"今君年既七十矣"可知《诗词韵统》书成作序时朴隐子已七十岁。《诗词通韵》浙图本自序称"耄年编辑",则《诗词通韵》虽早于《诗词韵统》,相差时间也不会太多。四十岁似不足以称耄年,那么假定《诗词通韵》成书时是六十岁,从康熙二十四年(1685)推六十年为明天启五年(1625),朴隐子是明清之际的人。朴隐子的真实名姓,黄序亦未透露。从"石公山厂"(厂音 hǎn,乃石室岩穴之义;厂又音 ān,为庵之通假字),以及两个印章"璞隐行人""游方之外"来看,或为隐逸之人。

二 "通音"、"中州音"和"北音"

朴隐子编的《诗词通韵》,其宗旨也是其特色便是折中古今音韵的同异,在文体上要兼顾诗、词、曲的用韵,在地域上要体现南、北、中州之别。这样的韵书自然是多重音系的综合,自序和例说中提到有"通音"、"中州音"、"北音"。在研究中要将各个音系剥离开,不致混淆,必须搞清楚到底有几个音系,其间的关系如何,差异如何。

何九盈先生(1985/2002:239)说:"这种非南非北的'正音',也就是'通音',也就是南曲所用的'中州音',而不是北方官话音。……无论是范善臻的《中州全韵》,还是王鵕的《中州音韵辑要》,都是王文璧《中州音韵》这个系统的南曲韵书,他们所说的'中州',与当时的开封、洛阳无关。朴隐子说他的《通韵》'概用中州反切',也是指中州系韵书的反切,但他又不是照抄这些韵书的反切，而是按照四呼、清浊的要求，对《中州音韵》的反切进行了重新改造。"

花登正宏先生（1988：60）说："天下通用的通音就是中州音。《通韵》这部书的分韵、反切都是根据这个中州音来编纂的。……他（朴隐子）所说的中州音有可能是洛阳一带的音。"何九盈先生认为：通音＝中州音≠洛阳音。花登先生的观点是：通音＝中州音＝洛阳音。二说不同之处在于中州音是不是当时洛阳音。在这上面我们更为认同何先生的观点。陈宁（2012）对《中州音韵》和《诗词通韵》、《反切定谱》的反切特点做了比较，证明了它们之间的一致性。但我们还认为通音不等于中州音。

浙图本自序："余究心声韵，远历诸方，考较三十余载，斯知天下固有通音。其能播达九区，象译外国者，实惟中州。"是说经过多年考察研究，知道天下本来就有通音。而能传播到全国各地，并翻译外国语言的，实际上只有中州音。这里通音和中州音，似一而实二。《例说》一："以世传诗韵，稍删僻赘，改用通音。"是说全书以诗韵（平水韵）为基础，而用通音加以修改。《例说》四："平、上、去之通音，概用中州反切。犹仍旧韵（诗韵）者，亦必附注'中州某音'。"是说通音平、上、去三声的字，一概用中州音反切。其中有因循诗韵的，也一定附注中州音。言下之意是：1. 通音有入声，入声不用中州反切。2. 通音中有的与诗韵相同，而与中州音不同。《例说》五："入声者，江淮之音。韵有四声，始能晐备，而中州无入声。词曲必从中州者，盖入为瘂音，欲调曼声，必归平、上也。"四声该备的是通音，中州音没有入声。词和曲必从中州，诗虽未言，可知必不可从中州。《诗词通韵》也要为作诗服务，所以通音要有入声。因此，有入声的通音不等于无入声的中州音。这一观点不仅可从自序和例说中得出，从韵谱和《反切定谱》中也能得到验证。韵谱五卷，入声单独一卷，入声字的反切下字也是入声字。《反切定谱》中入声也是独立的。此入声分九韵，与平水韵的入声十七韵不同，详见第四节韵母系统中的入声韵母。

《例说》六："凡中州音异者附见，北音异者旁注。"《诗词通韵》是以通音为主体的，运用多音系文献中常见的"就同注异"法，三个音系相同之处，只出一个音注；不同之处用附见和旁注的方式体现出来。

"中州音附见"比如诗韵庚韵合口洪细音字，在《诗词通韵》中是两见的，一在其老家庚韵（只不过被分出来标明"庚二"），一在东韵之末。虽然是同一批字，但两边的注音都不同，在庚韵的反切下字都是庚韵字；在东韵之末的反切下字或直音字都是东韵字或冬韵字。在东韵之末表明庚韵合口洪细音字并入了东韵，前面有"附中州音"字样，黑地白字醒目显示，这便是"中州音异者附见"。全书"附中州音"者共 127 个小韵。

"北音旁注"比如珑小韵卢东切，其中含有"珑昽胧笼栊襱聋咙𥪖䜄襱厐隆𨺚靇癃䶕"17 个字，庞与隆二字之间有一个小圈，隆字之右旁用蝇头小字注"北间邕切"。此外还有"北音某""北某声""北舌上音""北宫次浊""北入某某（部）"之类的旁注。这便是"北音异者旁注"。全书旁注北音者共 384 个小韵。

"通音"和"中州音"，二者有同有异。总的来说，通音要比中州音保守得多。通音有入声，中州音无入声。《诗词通韵》的首音反切便是通音，在平、上、去声中通音与中州音大部分是相同的，所以可以"概用中州反切"而不必出注。如翁，乌公切，《广韵》乌红切，乌公与乌红，在此没有本质的区别。二者不同之处，通音多是因仍旧韵即诗韵，在这种地方通音与诗韵相同而与中州音不同，首音反切采用的是诗韵，所以需要"附注中州某音"。如宏字，诗韵中属庚韵，在通音中宏字湖觥切，也属庚韵，但其中州音是"音洪"，洪字诗韵属东韵。这反映，在通音中庚韵合口字与东韵是不合并的，而在中州音中是合并的。把全部"附中州音"的音注汇集起来，分类考察，得出下表。

表1 《诗词通韵》中州音语音特征和相应的音切数统计表

	《诗词通韵》中州音语音特征	音切数
声调方面	1. 入声消失，派入三声	—
	2. 全浊上声变去声	83
韵母方面	3. 庚韵合口音入东韵	21
	4. 尤韵某些唇音字读 [u]	7
	5. 尤韵某些字读 [au]	2
其他零散差异		14

这就是中州音与通音的主要差异，音切数在 2 个以上的有五条语音特征。其他零散音异不列。从相关的音切数可见，通音与中州音的主要区别在于声调，声母、韵母的差异相对较少。《例说》中提出最主要的三条，《例说》五"中州无入声"，《例说》六："庚青蒸韵之'泓轟肩肱'等字，……止入东韵，中州音也。"《例说》七："上声浊音'动重技被'等字，次浊音'似是序受'等字，中州并入去声，与北音同。"入声有无虽是中州音与通音最大的不同，但入声部分没有附见中州音。其缘故见《例说》五，详见第五节"入声舒化后的读音"。

北音的音注较多，其语音特征也较多，音切数在 3 个以上的有 13 条语音特征。见下表。

表2 《诗词通韵》北音语音特征和相应的音切数统计表

	《诗词通韵》北音语音特征	音切数
声调方面	1. 入声消失，派入三声★	174
	2. 全浊上声变去声★	92
声母方面	3. 泥母细音字读舌上音★	24
	4. 微母消失，并入零声母★	16
	5. 疑母消失，并入零声母	13
	6. 全浊声母清化★	6
	7. "恁匿溺"读零声母★	3
韵母方面	8. 支韵、微韵某些唇音、唇齿音字韵母通音为 [i]，北音为 [ei] ★	18
	9. [-m] 尾韵唇音字读成 [-n] 尾	10
	10. 尤韵某些唇音字读 [u]，另一些读 [au]	9
	11. 东韵某些舌齿音三等字读细音，与一等读洪音不同音★	6
	12. 庚韵见母二等字读细音	3
	13. "孕亘肯"由 [-ŋ] 尾变读 [-n] 尾★	3

从音切数来看，北音与通音的主要区别在于声调，入声和浊上变去声的音切数占总数的69%。《例说》四："北音大概相同，惟出声加重，似无正浊。'隆春庚牟'等部有别音。'帆范'入寒山，'砭贬'入先天，泥娘等字入徵次浊，'敖昂无文'等字入宫次浊音。""大概相同"者，与中州音相比较而言。不同之处《例说》四讲了9条，大都列在上表中。首先北音没有正浊，即没有全浊声母，全浊清化后声母变为送气音，即"出声加重"，变送气的语音条件未交待。韵谱中注出的浊音清化只有6处，大多数没有注出。"隆"对应表中第11条，"庚"对应12条，"牟"对应10条，"帆范砭贬"对应9条，泥娘对应3条，"敖昂"对应5条，"无文"对应4条，"春"北音"充"，书母字读成昌母，只此一例，上表未列。

"女襻泥碾溺"等泥母细音字《诗词通韵》通音归角四（次浊），旁注"北舌上音"。《反切定谱》"四呼七音三十一等字母全图"中北音归徵四（次浊）。《反切定谱·字母说》："泥娘二母，南属牙音，北属舌音。"朴隐子之所以归角次浊，是受吴语影响。吴语这些字的声母赵元任先生（1928/1956：23）记为 [ɲ]，有的学者记作 [n̠]，发音部位上介于 [n] 和 [ŋ] 之间。

中州音与北音相比，有同有异。相同的是：没有入声、全浊上声变去声、尤韵某些唇音字读 [u]，某些读 [au]。除此之外，北音有的特征，中州音都没有。比如中州音有全浊声母，北音没有。这也证明了所谓中州音并非当时洛阳音，而是王文璧《中州音韵》系统的存浊音系。另外，入声消失后的归派，中州音和北音也有不同，详见第五节"入声舒化后的读音"。

《诗词通韵》中仅有两处注了南音。"辰，南音神"，"纯，南殊匀切"。"辰纯"为古禅母字，南音读擦音，其他音系读塞擦音。

表3　《诗词通韵》各项统计表

	平声	上声	去声	入声	全书总计
《诗词通韵》字数	3669	1595	2321	1507	9092
《诗词通韵》小韵数	740	545	677	415	2377
"附中州音"小韵数	17	8	95	7	127
注"北音"小韵数	36	139	37	172	384
注"南音"小韵数	2	0	0	0	2

三　声母系统

《诗词通韵》的声母系统，可以参考《例说》和《反切定谱·字母说》，朴隐子说得很清楚。

《例说》三：

> 韵有四呼、七音、三十一等。呼分开合，音辨宫商，等叙清浊。凡宫角徵羽之一等为正清，二等为次清，三等为正浊，四等为次浊。变徵、变商皆次浊音，商及次商之一二等与宫角同。三等为次清次音，四等为正浊，五等为次浊。次羽之一等为正清，二等为正浊，三等为次浊。循序书之，庶审音者易于辨晰。

《反切定谱·字母说》：

> 然旧传字母有方音，有重复，有疏阙。如疑通音读若移，与喻母同，俗读若泥，旧列群母下，是谓方音。照即知母，穿即彻母，床即澄母，泥即娘母，非即敷母，是谓重复。疑母既非通音，则角音次浊有阙。且是未析四呼，如"公冈居"并角正清音，见母岂能晐之？"空康区"并角次清音，溪母岂能晐之？是谓疏阙。余尝以敖字代疑母。又禅读如擅，亦读如廛，与床、澄母混，改用神字。泥娘二母南属牙音，北属舌音，未可专列定母下，改用囊字，以备七音三十一等之数，于四呼尚未晐也，因作全谱四，具列众母，庶审音选用者可循序而得。
> 四呼即开齐合撮四呼，七音指宫、商、角、徵、羽、变徵、变

商，其实还有次商、次羽，是发音部位的分类，共九类。三十一等是说有三十一个声母位。所谓正清、次清之类是发音方法的分类。《字母说》是对传统三十六字母的批评，有的是重复，如照组和知组。有的是字母代表字的语音发生了变化，不能代表原来的字母，如疑母细音，禅、泥娘母。有的是字母代表字只代表一个呼，不能兼赅其他呼，如见、溪母。根据这些话，再加上"四呼七音三十一字母全图"，可以考知《诗词通韵》的通音声母系统：

表4　《诗词通韵》的通音声母表

		正清	次清	次清次	正浊	次浊
宫	喉音	[∅]影	[x]晓		[ɦ]匣	[j]疑合齐、喻合齐撮
角	牙音	[k]见	[kʰ]溪		[g]群合齐撮	[ŋ]疑开、[ɲ]泥齐撮娘①
徵	舌头	[t]端	[tʰ]透		[d]定	[n]泥开合
变徵	半舌					[l]来
变商	半齿					[ʑ]日
商	齿头	[ts]精	[tsʰ]清	[s]心	[dz]从	[z]邪
次商	正齿、舌上	[tʂ]照知	[tʂʰ]穿彻	[ʂ]审	[dʐ]床澄	[ʐ]禅
羽开合齐	重唇	[p]帮	[pʰ]滂		[b]并	[m]明
次羽开合齐	轻唇	[f]非敷			[v]奉	[ʋ]微

这个声母表有31个声母位，32个声母，与何九盈先生（1985/2002：243）的有所不同。何九盈（1985/2002：240）认为朴隐子说的三十一等就是三十一个声母，与传统三十六声母比，少了五个声母，即知彻澄娘并于照穿床泥，敷并于非，与《洪武正韵》的声母系统相同。和我们的相比差别在于：何先生没有[j]这个声母，"影喻疑之合齐撮"是一个声母[∅]。我们的表则是影母是[∅]，疑合齐、喻合齐撮是[j]。到底应不应当把疑合齐、喻合齐撮分出来设一个[j]呢？我们认为是应该分的，根据在于：1.《例说》："凡宫角徵羽之一等为正清，二等为次清，三等为正浊，四等为次浊。"可知宫音有四个等，如果"影喻疑之合齐撮"合并为一个[∅]，则宫音只有三个等，缺少一个等。2."四呼七音三十一字母全图"中，

宫音正清之位都是影母字，次浊之位都是疑合齐、喻合齐撮字，从来不混。

但是朴隐子说有31个字母，我们多出一个来，不是弄错了吗？问题出在角次浊上，朴隐子在角次浊上安排了疑母（开口）和泥（齐齿、撮口）娘母两类字，疑母字占了开口呼，如"敖昂岸皑莪偶额"；泥（齐齿、撮口）娘母字占了齐、撮二呼，如"宁泥纫裹孃年涅钮、浓女"。这两类字虽然是互补，同居一位，却无法合为一个声母。我们不妨将朴隐子的"三十一等"视为31个声母位，其中有32个声母。叶宝奎先生（2001：207）也认为声母实为32个，有 [j] 声母。

32声母表中，照、穿、床与知、彻、澄是合并的。《反切定谱·字母说》中也说："照即知母，穿即彻母，床即澄母。"声母是合并了，可是知二庄与知三章相对立的那些字，在《诗词通韵》中还是不同音。

表5　知二庄与知三章对立例字表

[tʂ]	支	阻	榛	嘲	爪	争	邹	簪
[tɕ]	知	主	真	昭	沼	征	周	鍼
[tʂʰ]	差	㪿	趁	抄	巢	橕	篘	岑
[tɕʰ]	痴	枢	衬	超	潮	称	抽	沈
[ʂ]	事	梳	诜	梢	稍	生	搜	森
[ɕ]	誓	书	申	烧	少	声	收	深

前两列"支与知"，"阻与主"等是不同韵部的字，韵母主元音不同。而第三列"榛与真"及以后的字，都是同一韵部的字。两类字的反切上字也都在本类内部自相选用，各为一套，不相混用。是不是说明声母也是两套呢？不是的。"四呼七音三十一字母全图"中，知二庄占据开合二呼，知三章占据齐撮二呼，都属于次商音。由此可知，两类字的差别主要在介音上。在声母上，朴隐子是处理为一套的。

北音的声母系统没有全浊声母，没有疑母和微母，应与周德清《中原音韵》的19个声母（去掉疑、微母）相近。

四　韵母系统

以前对《诗词通韵》的研究，大多在"通音就是中州音"的思想指导下，把通音和中州音混在一起研究，得出的是一个用中州音校改过的通音音系，而不是一个纯粹的通音音系。比如认为通音没有入声，从而把入声舒化后的韵母与原来的舒声韵母放在一起。我们认为通音是有入声的，所以需要分别考察舒声韵母和入声韵母。

（一）舒声韵母

花登正宏先生（1988：69—71）根据《诗词通韵》韵目下的二十个影母平声字注音，认为《诗词通韵》有二十个韵部，43个韵母。

花登先生认为《诗词通韵》与《中原音韵》的不同在于：1.《诗词通韵》古陌韵（包括麦昔）二等字如"革隔格客吓"等属伊音，韵母为[ei]；《中原音韵》属皆来部，韵母为[ai]。2.《诗词通韵》鱼模分部，因此有二十部，比《中原音韵》多一部。纡音只有撮口呼，其所属字与乌音撮口呼不同。纡音撮口包括：旧舒声和旧入声质月物锡职等韵；乌音撮口包括：旧入声屋韵三等和烛韵。3.古铎觉药等入声字在《中原音韵》中两见于萧豪部和歌戈部，有[au]/[ɛu]与[o]的异读；《诗词通韵》这些字只读阿音[o]。4.《中原音韵》萧豪部唇牙喉音古二等字独立，《诗词通韵》则分别并入一等和三四等。5.《中原音韵》庚青部所属"扃、琼、兄、荣"等合口字都归入《诗词通韵》翁音撮口。（按：其实《中原音韵》庚青部合口字有些也在东钟部，"兄荣"便是如此）6.《诗词通韵》讴音合口只有唇音字，但据《诗词通韵》韵目下注，大部分"中州入虞韵之乌"。如中州音的"谋不浮"等字入乌音合口。

花登先生认为《诗词通韵》韵母系统较大的特点有：1.旧入声的塞音韵尾完全消失了。根据是旧入声音的每个韵目以舒声音注音，《例说》五："入声者江淮之音。韵有四声，始能咳备，而中州无入声。……中州凡入声之正次清音，俱转上声。正次浊音，俱转平声。" 2. [i] 音产生。3. 存在 [-m] 韵尾音。4. 开齐合撮四呼形成。

何九盈先生（1985/2002：244—248）认为"《通韵》的韵母系统跟《中原音韵》非常接近。就分部而言，它只从鱼模分出了一个居鱼"。何先生的韵母表有四十四个韵母。此外还有几点不同：

1. [-m] 尾已消失。《诗词通韵》虽然保存了 [-m] 尾，一方面是为了照顾曲韵书的传统，另外也有"土音"为据。但就当时通音来看，[-m] 尾肯定已经消失。《反切定谱》中"侵韵与真文同反，覃韵与寒删韵同反，盐韵与先韵同反，各以本韵字为切。""同反"就是同音。"字母全图"中在 [-n] 尾字旁附注相应的 [-m] 尾字，如"安"旁注"谙"、"寒"旁注"含"等。

2. 少量 [-n] 尾字读为 [-ŋ] 尾。"肯、孕、亘"等小韵，在《中原音韵》真文部，《诗词通韵》中在庚青部。（宁按：这其实是《诗词通韵》复古）

3. 四呼，（1）、《中原音韵》有三个介音：[i]，[u]，[iu]。《诗词通韵》除了这三个还有个 [y]。[iu] 和 [y] 不是平行关系，而是 [y] 在某些韵里部分地取代了 [iu]。也就是说，[iu] 与 [y] 介音正处在新旧交替的过程之中。《诗词通韵》中，东钟（仅限于牙喉音）、居鱼、真文、先天、车遮等五个韵部有 [y] 或 [iu] 介音（按：原文的表中实际有六个韵部，还有苏模部）。它们的分布是：见系为 [y]，精、照、来、日四母为 [iu]。（2）由于介音的变化以及方言的不同，《诗词通韵》某些字的归呼与《中原音韵》有别。（宁按：都是个别字音变化，详见何文）（3）《中原音韵》庚青部四呼齐全，《诗词通韵》庚青部合撮二呼并入东钟部。

4. 《中原音韵》萧豪部有 [iau] 与 [iɛu] 的对立，《诗词通韵》[iɛu] 已经变为 [iau]。

5. 《中原音韵》尤侯部只有 [əu] 和 [iəu]，《诗词通韵》多出一个 [uəu]，都是唇音字。

以上两家都是认为"通音就是中州音"，中州音没有入声，所以通音也没有入声。他们把入声韵都折为舒声韵，与本来的舒声韵母编排在一起。他们的韵母表中没有入声韵母。我们既然认为通音不等于中州音，通音是有入声的，便不宜再把舒声韵和入声韵混在一起，改为先考舒声韵母，再考入声韵母。我们的舒声韵母表中有44个韵母，见下表：

表6 《诗词通韵》通音舒声韵母表（44个）

相应韵目	《通韵》注音	开	齐	合	撮
一东钟	翁音			[uŋ]	[yŋ]
二江阳	映音	[aŋ]	[iaŋ]	[uaŋ]	
三支思	而音	[ɿ]			
四齐微	伊音		[i]	[uei]	
五苏模	乌音			[u]	
六居鱼	纡音				[y]
七皆来	欸音	[ai]	[iai]	[uai]	
八真文	恩音	[ən]	[iən]	[uən]	[yən]
九寒山	安音	[an]	[ian]	[uan]	
十桓欢	剜音			[uɔn]	
十一先天	嫣音		[iɛn]		[yɛn]
十二萧豪	鏖音	[au]	[iau]		
十三歌戈	阿音	[ɔ]		[uɔ]	
十四家麻	鸦音	[a]	[ia]	[ua]	
十五车遮	耶音		[iɛ]		[yɛ]
十六庚青	英音	[əŋ]	[iəŋ]	[uəŋ]	[yəŋ]
十七尤侯	讴音	[əu]	[iəu]	[uəu]	
十八寻侵	阴音	[əm]	[iəm]		
十九监咸	谙音	[am]	[iam]		
二十廉纤	淹音		[iɛm]		

本表与前两家不同之处在于：

1. 没有[ei]、[iɔ]（两家拟作[io]）韵母。前面说过，舒声与入声分开考察。前两家表中的[ei]、[io]韵母都是入声字变来的。我们认为通音入声没有消失，便不设这两个韵母。

2. 庚青部有合撮二呼。前两家都把庚青部合撮二呼并入东钟部。这其实是中州音，不是通音。《例说》六："庚青蒸韵之'泓轰扃肱'等字，《韵会》又入一东，孙氏②定正，止入东韵，中州音也。

词曲当从。因附东韵后。"在《诗词通韵》中庚青蒸韵各分一、二，一为开齐二呼，二为合撮二呼。合撮二呼两见，见于本韵是通音，见于东韵下是中州音。

3. 花登先生没有 [uəu] 韵母。我们同意何先生意见，认为应当设 [uəu] 韵母。尤韵开口呼、齐齿呼、合口呼并立，合口呼都是唇音字。转入乌音那是中州音。

4. 何先生把五个闭口韵母并入 [-n] 尾韵母。我们同意花登先生意见，不取消 [-m] 尾韵母。原因有二：首先，《诗词通韵》中毕竟正式设了侵、覃、盐、咸四个 [-m] 尾韵（举平赅上去）。反切中也不见相混现象。取消 [-m] 尾韵的是北音。其次，《反切定谱》说："侵韵与真文同反，覃韵与寒删韵同反，盐韵与先韵同反，各以本韵字为切。"我们认为"同反"的涵义不是同音。《反切定谱》前面说："二字相合成音，上字为反，下字为切。"这是学吕坤。《交泰韵·凡例》"辨反切"："上字属音，既审七音，又辨清浊，反复调弄于齿舌之间，故谓之翻，'翻'、'反'同。……下字属声，声须切近，不切近则非切矣。"在朴隐子的术语系统中，"反"指反切上字，"切"指反切下字。"同反"实际上指用同样的反切上字。朴隐子原意是说侵韵与真文韵、覃咸韵与寒删韵、盐韵与先韵，都是阳声韵，所以可用同样的反切上字。因为朴隐子制作反切的原则是阴阳互反，即阴声韵和入声韵用阳声韵字为反切上字，阳声韵字用阴声韵字为反切上字。"各以本韵字为切"是说反切下字还要各自选用本韵内的字，即不能打破 [-m] 尾和 [-n] 尾的界限。

5. 何先生认为《诗词通韵》的介音系统既有 [y] 又有 [iu]，[iu] 与 [y] 介音正处在新旧交替的过程之中，分布是：见系为 [y]，精照来日为 [iu]。我们认为从《诗词通韵》本身难以看到这样的现象。《诗词通韵》就是开齐合撮四呼，撮口呼拟为 [y] 或是 [iu] 都可以。何先生也说 [y] 和 [iu] 不是平行的，即非对立，而是互补的，既然这样为什么不把两者合并呢？ [yu] 和 [yɛ] 都是入声变来的，通音中不能采纳是当然的。[y], [iu]；[yən], [iuən]；[yɛn], [iuɛn] 六个韵母可以合并为三个。

（二）入声韵母

前两家都认为《诗词通韵》没有入声了，但那是中州音和北音。《诗词通韵》的通音还是有入声的。卷五完整的保存了诗韵十七个入声韵，而且入声字只用入声字作反切下字，从不杂入舒声字。《例说》五："入声者江淮之音。韵有四声，始能晐备，而中州无入声。"玩味此句，朴隐子的意思是入声虽然只见于江淮，但毕竟是四声之一，语音只有具备平上去入四声才能算是完备的，中州音没有入声，这是一个缺憾。为了弥补这个缺憾，他在通音中设立了入声。《诗词通韵》每个入声韵目下注有一个影母平声字，可整理成下表：

表7　《诗词通韵》入声韵目和注音字对应表

韵目	注音字	韵目	注音字	韵目	注音字	韵目	注音字
屋	乌音一	物三	伊音一③	屑	耶音	合一	阿音一
沃	乌音一	月一	乌音二	药	阿音二	合二	鸦音
觉	阿音二	月二	鸦音	陌	伊音二	葉	耶音
质一	伊音一	月三	耶音	锡	伊音二	洽	鸦音
质二	纡音	曷一	阿音一	锡二	纡音		
物一	乌音二	曷二	鸦音	职	伊音二		
物二	纡音	黠	鸦音	缉	伊音一		

这历来被认为是《诗词通韵》入声韵消失的铁证。赵诚先生（1979/2003：121）说："从这个注音来看，入声已经消失，和现代普通话的韵母系统非常接近。"花登先生（1988：70）说："旧入声音的每个韵目以舒声音注音，从此可见，它们已没有塞音韵尾了。"何九盈先生（1985/2002：250）说："根据《通韵》入声韵目下面的小注，我们知道，朴隐子把入声韵分别派入了齐微、居鱼、苏模、家麻、歌罗、车遮。它们的读音是：伊、纡、乌、鸦、阿、耶。朴隐子所注的这些读音与几个有关阴声韵的读音完全一样。可证在南曲中，入声不仅失去了塞音韵尾，而且也不自成调类，它的性质跟阴声韵完全相同。"

仔细观察这个表，有的入声韵目之后注有一、二、三这些数字，如月一、月二、月三，其意义是明显的，即同一个入声韵分化出两个或三个音。但是有的注音字后面也有一、二的数字，如乌音一、乌音二，其意义是什么呢？前辈学者没有解答这个问题。人们都认为后面的注音就是前面的入声韵字舒化后的读音（不包括声母和介音），这一点何先生说得很明确。这样，只要是同一个注音字，不管其后的数字，舒化后都在一个韵部。例如，屋、沃、物一、月一都是乌音，则按前人的观点，舒化后其主元音都是 [u]，应该在同一韵部。（实际上《中原音韵》和《辑要》中，这四部分字确实是在同一韵部的。只是屋、沃三等字是细音，《辑要》鱼模分韵，所以在居鱼部中，但这不影响目前讨论的问题）既然如此，则屋、沃、物一、月一这四部分入声字应该可以不分彼此，互相作反切下字。但实际情况并非如此。实际情况是分为两组，屋、沃之间可以互作反切下字，物一、月一之间可以互作反切下字，而这两组之间从不通用。看一下注音后的数字，正好屋、沃都是乌音一，物一、月一都是乌音二。再看卷内韵目，屋韵下注"古诗、词二沃通用"，沃韵下注"古诗、词一屋通用"；物一下注"古诗、词六月之忽通用"，月一下注"古诗、词五物之欻通用"，忽是月一的首字，代表月一；欻是物一的首字，代表物一。验之其他入声韵部，皆是如此。由此可以知道，注音后的数字代表着不同的类，只有相同数字的韵才能合并。那么为什么同一个乌音还要分一和二呢？介音与此是无关的，那么只剩下主元音和韵尾。乌字不可能代表韵尾，只能代表主元音，那么可以推断：乌音一和乌音二的区别在韵尾上。乌、阿、伊、纡等代表的不是入声舒化后的读音，而是代表了入声韵的主元音（耶字带介音，可能是因为单念 [ɛ] 的字不好找）。同一个注音字不同的数字代表主元音相同，韵尾不同。

我们将注音字相同，其后数字也相同的韵合并到一起，标出它们的中古韵尾，每一个韵找几个字，从现代南方有入声韵尾的方言中找出读音[④]，作为参考，就可以给乌、阿、伊、纡等代表主元音的字拟上相应的元音，配上韵尾，最终便可拟出通音的入声韵母。

表8　《诗词通韵》通音入声韵母拟测表

可以通用的诗韵韵目（注韵尾）	注音	主元音	拟音	现代方言（只注韵母）
屋 [-k]、沃 [-k]	乌音一	[u]	[uk]	屋 [uk]；曲 [iuk]
觉 [-k]、药 [-k]	阿音二	[ɔ]	[ɔk]	觉 [ɔk]；药 [iɔk]
陌 [-k]、锡一 [-k]、职 [-k]	伊音二	[ɪ]	[ɪk]	昔 [ik]；剔 [ik]；德 [ɐk]，[ik]；直 [ik]
物一 [-t]、月一 [-t]	乌音二	[u]	[ut]	勿 [ut]；忽 [ut]
曷一 [-t]、合一 [-p]	阿音一	[ɔ]	[ɔt]	活 [ɔt]；磕 [ɔt]，[ɐp]
质一 [-t]、物三 [-t]、缉 [-p]	伊音一	[ɪ]	[ɪt]	质 [ət]，[it]；乞 [it]；吸 [ip]，[it]
质二 [-t]、物二 [-t]、锡二 [-k]	纤音	[y]	[yt]	律 [ut]，[øt]，[it]；屈 [yt]⑤
月二 [-t]、曷二 [-t]、黠 [-t]、合二 [-p]、十七洽 [-p]	鸦音	[a]	[at]	发 [at]；达 [at]；八 [at] 答 [ap]，[at]；甲 [ap]，[at]
月三 [-t]、九屑 [-t]、十六叶 [-p]	耶音	[ɛ]	[ɛt]	歇 [iɛt]；舌 [ɛt]；蝶 [iɛt]

从表中可以看出，[-p] 尾和 [-t] 尾已经合并。因为一般情况下都是 [-p] 尾先消失，所以可以认为 [-p] 尾并入 [-t] 尾。纤音中，质二和物二是 [-t] 尾韵，锡二是 [-k] 尾韵，似乎是 [-k] 尾与 [-t] 尾相混了，但锡二所辖只有几个僻字，可视为特例。[-k] 尾与 [-t] 尾的界限还是非常清晰的。可见，《诗词通韵》的入声韵没有消失，虽然 [-p] 尾并入 [-t] 尾，但 [-k] 尾与 [-t] 尾还分得很清楚，而且还分九个韵。每个韵含有几个韵母可从书中开齐合撮的标注上得出来。

表9　《诗词通韵》通音入声韵母表（21个）

	开	齐	合	撮
伊音二	[ɪk]	[iɪk]	[uɪk]	
乌音一			[uk]	[yk]
阿音二	[ɔk]	[iɔk]	[uɔk]	
伊音一	[ɪt]	[iɪt]	[uɪt]	
乌音二			[ut]	
纤音				[yt]
耶音	[ɛt]	[iɛt]		[yɛt]

阿音—	[ɔt]		[uɔt]
鸦音	[at]	[iat]	[uat]

通音的入声韵母系统与平水韵相比，从十七韵分分合合成为九韵，在发展阶段上更晚近一些。与现代吴方言相比，又更古老一些。《例说》一："诗之近体分用，古体通用，词曲则循音合用。"每个韵目下又注明"古诗、词××通用"字样，因此这个入声系统当是古体诗和词的押韵系统。叶宝奎先生（2001：208—211）也认为通音有入声，并拟了13个入声韵母。但他的入声韵尾是 [-ʔ]，对带不同数字的入声注音字也未加区别，因而与我们的入声韵母表不同。

通音有44个舒声韵母，21个入声韵母，共有65个韵母。中州音在通音舒声韵母表上加 [ei]、[iɔ]，共有46个韵母。北音把5个 [-m] 尾韵母并入相应的 [-n] 尾韵母，[ɔi] 并入 [iau]，共40个韵母。

五　入声舒化后的读音

《诗词通韵》的通音有入声，其详细情况前面已经考定。中州音和北音入声消失以后在声调上是怎么归派的？在韵母上又是演变为什么情形？都是重要而有价值的问题。对此，朴隐子有一段精彩的阐述：

《例说》第五条：

> 入声者，江淮之音。韵有四声，始能晐备，而中州无入声。词曲必从中州者，盖入为痖音，欲调曼声，必归平上也。中州凡入声之正、次清音，俱转上声；正、次浊音，俱转平声。随音转叶，自然声有所归，故不逐部详注。北音则屋、沃二韵之叔、烛等字入讴音，觉、药二韵入鏖音，陌、锡二韵之客、色等字入欸音。凡次浊音，并转去声；惟二商次浊转平声。世传周德清《中原音韵》，本从《中原雅音》摘出，后人增广，改名"中州韵"者，平声可入南词，上、去、入声，但宜北曲。

这一段讲了关于入声的很多问题，此时我们关注的是入声消失后的声调归派和韵母情况。先说声调的归派。朴隐子说："中州凡入声之正、次清音，俱转上声；正、次浊音，俱转平声。"与一般通用的声母分类相比，朴隐子的正清相当于全清，次清相当于次清，正浊相当于全浊，至于次浊，比一般的次浊多了邪、禅二母。心、审二母属次清次，没有交待（也可能次清中就包括了次清次），可能随正、次清同向变化。中州音里入声的分派以声母的清浊为条件，清入字归上声，浊入字归平声。这与《中原音韵》的入派三声有同有异：相同的是清入字归上声和全浊入归平声（阳平），不同的是次浊入不归去声而归平声。与现代河南省洛阳、开封、郑州等地的归派也有同有异：相同的是全浊入和次浊入都归平声（洛阳、开封、郑州是全浊入归阳平，次浊入归阴平），不同的是清入在这些方言中归阴平。

北音的情形有所不同。"凡次浊音，并转去声；惟二商次浊转平声。"这是把北音与中州音的差异提出来说。清入归上，全浊归平，北音与中州音相同。不同在于次浊入归去声。"二商"是指商和次商，即精组和照知组，二商的次浊即邪、禅二母。因为朴隐子的"次浊"比一般的次浊多出邪、禅二母，而邪、禅二母入声字的归派是与全浊入相同的，即归入阳平，所以朴隐子要补一句"惟二商次浊转平声"。北音入声的归派与《中原音韵》相同。

再看韵母。"随音转叶，自然声有所归，故不逐部详注。"这句话有什么意义呢？看不出来先暂时放下，来看北音。"北音则屋、沃二韵之叔、烛等字入讴音，觉、药二韵入鏖音，陌、锡二韵之客、色等字入欸音。"这显然是讲北音入声韵母的读音。屋、沃为通摄入声，读 [əu]；觉、药为宕江摄入声，读 [au]；陌、锡、职（色字为职韵）为梗曾摄入声，读 [ai]。这相当于今北京话的白读音。

并非所有的入声小韵都注有北音。注有北音的小韵在大圈之下有一个小圈，不注北音的小韵则没有小圈。为什么《诗词通韵》有的注有的不注？选择的条件是什么？

仔细观察可以发现：

1. 次浊声母的小韵，即古疑、喻、泥、娘、来、日、明、微母小韵，几乎全部注了北音。有的用反切注音，有的注"北去声"，目的都是为了说明这类字在北音中读去声。

2. 有白读音的小韵注了北音。屋、沃韵的知照组小韵，觉、药韵的大部分小韵，陌、职韵的二、三等小韵，都注明了北音白读音。

3. 通摄入声精组及来母三等字舒化后注了北音。如"绿錄，北音慮；蹴，北音取；俗，北音徐"。说明三等字北音读细音，与通音、中州音读洪音不同。这与通摄舒声北音一、三等不同音，通音、中州音同音的情况是一致的。

4. 其他一些例外音变。如屐，北音忌。衄，北音歇；穴，北音恊。佛、孛，北入歌戈。毳，北音诗。触，北楚杵二音；束，北暑楚二音。

由此可知，凡是注明北音的都是北音与中州音不同的地方。次浊入，中州音归平声，北音归去声；通江宕曾梗摄入声，北音与中州音不同；通摄入声一、三等是否合并，北音与中州音不同；其他例外音变，也是北音特殊的地方。

回头再考虑"随音转叶，自然声有所归，故不逐部详注"这句话。联系前面的"正、次清音""正、次浊音"来看，"音"是指声母，"声"自然是指声调。原来是说中州音的入声舒化后与通音的入声读音相差不远，只要按照声母的清浊把声调转入相应的平声或上声即可，所以不用每个韵都详细注明中州音。而北音因为在声调上与中州音不同，在韵母上也与原来入声读音相差较远，所以需要在与中州音不同之处加以注明。

中州音的入声舒化后的读音与通音的入声读音确实相差不远，可以参考前面的通音入声韵母表，只要把塞音韵尾丢掉，便可以得到中州音的读音了。这其实就是现在讲的文读层音。北音的白读层音都是复韵母，不能简单地通过丢掉塞音韵尾获得，所以需要注明。

在入声的归派上，《诗词通韵》北音与《中原音韵》的归派基本相同，都是全浊入归阳平，次浊入归去声，清入归上声。只有影母字的归派有差异。宁继福先生（1985：171）说《中原音韵》的"影母字变同次浊。可是，'一'字上去兼收，影母字归上或归去，周氏尚把握不稳"。大部分影母字入声字还是归入去声的。而《诗词通韵》中则多归上声。

附　注

① 北音中属于徵类。

② 孙氏指明代孙吾与，洪武廿三年（1390）有《韵会定正》四卷，《韵会定正字切》一卷，书已佚。见宁忌浮先生《汉语韵书史》（明代卷）13页"大明韵书榜"。

③ 《诗词通韵》目录中"物三"下注"纡音"，而正文中是"伊音"，当作"伊音一"；目录中"物二"下注"伊音一"，正文中是"纡音"，作"纡音"正确。

④ 现代方言音主要取自《汉语方音字汇》南昌、梅县、广州等地，因为这些地方的入声主元音与《诗词通韵》注音比较符合，韵尾也相应。南昌话只有 [-k] 和 [-t] 两个塞音韵尾，[-p] 尾并入 [-t] 尾，[-k] 尾也有的并入 [-t] 尾，与《诗词通韵》的情况类似。

⑤ 锡二缺少常用字，未举例。

参考文献

北大中文系语言学教研室　（2003）　《汉语方音字汇》（第2版重排本），语文出版社，北京。

陈　宁　（2012）　《从反切看〈中州音韵〉与〈诗词通韵〉的关系》，《中国语言学》第六辑，北京大学出版社，北京，77—87页。

耿振生　（1992）　《明清等韵学通论》，语文出版社，北京。

何九盈　（1985/2002）　《〈诗词通韵〉述评》，《中国语文》第4期，又见《音韵丛稿》，商务印书馆，北京，236—256页。

花登正宏　（1988）　《〈诗词通韵〉考》，《语言学论丛》第15辑，商务印书馆，北京，55—74页。

宁忌浮　（2003）　《〈洪武正韵〉研究》，上海辞书出版社，上海。

——　（2009）　《汉语韵书史》（明代卷），上海人民出版社，上海。

宁继福　（1985）　《〈中原音韵〉表稿》，吉林文史出版社，长春。

叶宝奎　（2001）　《明清官话音系》，厦门大学出版社，厦门。

赵　诚　（1979/2003）　《中国古代韵书》，中华书局，北京。
赵荫棠　（1936/1956）　《〈中原音韵〉研究》，商务印书馆，北京。
赵元任　（1928/1956）　《现代吴语的研究》，科学出版社影印本，北京。

（430079　武汉，华中师范大学文学院　cn@mail.ccnu.edu.cn）

即：从位移到让步＊

李计伟

提要 在汉语史上，"即"从位移动词演变为让步连词有两条语法化路径：即₁：位移＞将来＞条件＞让步；即₂：位移＞语气副词＞语气系词＞让步。二者起始点相同，中间阶段不同，但是最后"殊途同归"。即₁的每一个环节的演变均可以得到跨语言语法化共性的印证，而即₂在汉语中却有诸多不同时间层次的相关词语的语法化路径可以与之互证。

关键词 即 位移 让步 语法化 路径

1 问题的提出

Heine & Kuteva（2002）指出，到达类位移动词（GO TO）在世界语言中主要有三条语法化共性路径（">"表示"语法化为"）：

　　A. 位移（GO TO） ＞ 向格介词（ALLATIVE PREPOSITION）

　　B. 位移（GO TO） ＞ 将来时标记（FUTURE MARKER）

　　C. 位移（GO TO） ＞ 目的从句标记（PURPOSE CLAUSE MARKER）

在上面的三条语法化路径中，又以 B 最为大家所熟悉，因为它有一个非常著名的例子，那就是英语的 be going to。在上古汉语中，与 GO TO 大致相当的位移动词有"徂"、"即"、"就"、"适（適）"、"之"、"赴"、"如"等几个，见黄锦章（2008）。跨语言来看，来自相同语义域的词语在语法化上往往具有某种相似性。正如 Bybee（2010：198—199）所指出的，在语法化中，有些

＊ 本文是广东高校优秀青年创新人才培养计划项目"语义演变的规律性：以同义词语演变的对比与互证为中心"（项目编号：2012WYM_0024）的成果之一。感谢匿名审稿人提出的宝贵意见，文中如有疏漏，概由笔者负责。

语法化路径就像是奇异吸子（strange attractors），具有跨语言和跨时间层次的相似性，即它们会在不同语言或同一语言的不同时间阶段上重复出现，当然会存在一些差异。在古代汉语的这些位移动词中，以"即"、"就"最为常用，并且其语法化结果也更为多样。本文主要研究"即"的如下两个较为复杂的语法化路径：

即$_1$：位移＞将来＞条件＞让步

即$_2$：位移＞语气副词＞语气系词＞让步

前文刚刚提到的位移动词（GO TO）的三条语法化共性路径均是较为简单的语法化链条，而"即"在汉语史上的这两条语法化路径均较为复杂。这两个语法化路径，起始点和终点是一样的，但是中间的阶段不同，本文分别称之为即$_1$和即$_2$。即$_1$的从"位移"到"将来"是符合根据世界语言位移动词概括出来的语法化路径B的，但由于语言类型和结构特点的不同，它在汉语中还有更进一步的连续发展。即$_1$的语法化路径发生于上古和中古汉语早期，即$_2$出现于唐五代以后的近代汉语，由于这两条语法化路径的起始点相同，在时间分布上也基本能衔接起来，并且最终"殊途同归"，所以在现有的研究中，对"即"的这两条语法化路径认识不清，甚至将二者混淆在一起；或者干脆只罗列出"即"的这些意义，而对这些意义之间的承继演变关系及其机制不加理会。本文将通过深入细致的文献考察，结合世界其他语言和汉语中相关词语的语法化共性，详细论述"即"的这两条语法化路径及其演变的动因和机制。

2 即$_1$：位移＞将来＞条件＞让步

作为位移动词，"即"的意义可以解释为"接近"、"靠近"，最初其后以跟地点宾语为常，该地点宾语表示位移的终点，如：

（1）宾即馆。卿大夫劳宾，宾不见。（《仪礼·聘礼第八》）

（2）凡王之同族有罪，不即市。（《周礼·秋官司寇第五》）

（3）主人不问，客不先举。将即席，容毋怍。（《礼记·曲礼上第一》）

（4）宋以其善于晋侯也，叛楚即晋。（《春秋左氏传·僖公二十有六年》）

（5）以令至鼓，期于泰舟之野期军士，桓公乃即坛而立，宁戚、鲍叔、隰朋、易牙、宾胥无皆差肩而立。（《管子·轻重乙第八十一》）

（6）君薨，听于冢宰，歠粥，面深墨，即位而哭。（《孟子·滕文公上》）

"即"的这一动词意义在上古汉语中较为常见，如在《仪礼》一书中，"即位"就有50见，"即席"13见，"即筵"5见，"即馆"2见，"即床"和"即陈（笔者注：陈即阵）"各1见。

我们知道，语法化是一个过程，但这一过程是发生在特定结构中的。恰如Bybee（2003：602）对"语法化"的认识："实际上，这样说可能更为精确一些：含有特殊词汇项目的一个结构，词汇项目在其中变得语法化了，而不是说一个词汇项目变得语法化了。"一般认为，be going to 等位移动词发展为将来时标记的语法化共性有其认知基础，即 MOTION = FUTURE，而 MOTION = FUTURE 又是 TIME is SPACE 这一隐喻的映射（mapping），即由"motion in space"泛化为更为抽象的"motion through time"。（Bybee et al.1994：25；Croft 2000：156；Hopper & Traugott 2003）Eckardt（2006）进一步指出，从"去做某事（moving on in order to do x）"到"将要做某事（doing x soon）"是一个不取决于任何具体文化背景的普遍默认的语用推理。除了这一认知因素，位移动词语法化为将来时标记还有一个非常重要的结构条件，即出现在动词之前。在上古汉语的"徂"、"即"、"就"、"适（適）"、"之"、"赴"、"如"等位移动词中，只有"即"和"就"能出现在动词之前，并且两者都发展出了将来时的用法。①

根据Disney（2009），be going to 可以表示近时将来（immediate/

imminent future），甚至还可以表示几乎同时（simultaneous）。与 be going to 类似，在汉语中，位移动词"即"的语法化同样发生于其后是动词的句法环境中，并且其所表示的将来也可以分为近时将来和几乎同时两种。来看：

（7）匪来贸丝，来即我谋。（《诗经·氓》）

（8）祖伊反曰："呜呼！乃罪多参在上，乃能责命于天！殷之即丧，指乃功，不无戮于尔邦。"（《尚书·西伯戡黎》）

（9）今我即命于元龟，尔之许我，我其以璧与圭，归俟尔命；尔不许我，我乃屏璧与圭。（《尚书·金縢》）

（10）郑子阳即令官遗之粟。（《庄子·杂篇》）

（11）公知之，告皇野曰："余长魋也，今将祸余，请即救。"（《春秋左氏传·哀公十四年》）

（12）置窑灶，门旁为橐，充灶伏柴艾，寇即入，下轮而塞之。（《墨子·备突第六十一》）

在例（7）中，"即"是动词，"我"是位移的对象，"即我"就是"靠近我"、"接近我"的意思。例（8）和例（12）中的"即"表示近时将来，是"即将"、"将要"的意思。例（9）—（11）中的"即"表示事情在短时间内发生，甚至与说话时间同时，可以解释为"马上"、"立即"。从位移动词演变为将来时标记，从句法上来说，那就是"即"要出现在动词之前，可以看到，上面的例（8）—（12）中的"即"后均为动词；语义上，前文提到，从"去做某事"到"将要做某事"是一个不取决于任何具体文化背景的普遍默认的语用推理，拿例（8）的"殷之即丧，指乃功"来说，"殷之即丧"就是"殷即将走向灭亡"，从"即将走向灭亡"可以自然推理出"将要灭亡"，如《尚书》孔传对"殷之即丧"的注解是"言殷之就亡"，用同样表示近时将来的"就"来解释"即"。

在特定的语境中，或者说在特定的动词小类之前，表示近时将来的"即"发展出了"如果"这个条件义。来看下面的例子：

（13）师出，百里子与蹇叔子送其子而戒之曰："尔即死，

必于殽之嶔岩，是文王之所辟风雨者也，吾将尸尔焉。"子揖师而行。(《公羊传·僖公三十三年》)

(14)卫宁殖与孙林父逐卫侯而立公孙剽，宁殖病将死，谓喜曰："黜公者，非吾意也，孙氏为之。我即死，女能固纳公乎？"(《公羊传·襄公二十七年》)

(15)庄公并将死，以病召季子，季子至而授之以国政，曰："寡人即不起此病，吾将焉致乎鲁国？"(《公羊传·庄公三十二年》)

在前文的例(8)中，"殷之即丧"的"即"可以解释为"将要"，表示近时将来。但在上面的例(13)—(15)中，"即"均为条件连词，可以解释为"如果"。"即"具备从将来到条件的语法化所需要的语义和结构条件。

语义上，从语义域的关系来看，将来和条件关系密切。Traugott(1985)指出，if A then B 的关系是相当抽象的，所牵涉的命题是关于可能和假设世界的，即条件与想象的可能世界密切相关。不难发现，在例(13)—(15)中，所说的情况都是将要发生而未发生的可能事件，"即"表示的就是一种高度的可能性。例(13)，根据历史上"蹇叔哭师"的事件，在秦穆公出师之前，蹇叔就预测了秦军"劳师袭远"必定要败北，因其子与师，一旦秦军败北，其子也将不存；这是对将来事件之结果的推断，是一个高可能性的假设。在例(14)中，前边说"宁殖病将死"，后边说"我即死"，例(15)与此同，前边说"庄公并将死"，后文说"寡人即不起此病"。语法化往往伴随着主观化。"将死"是说在不远的将来，"死"这一状态会出现，既然是在不远的将来才发生的事情，那它就是一种具有高度可能性的推测，是属于可能世界的。

结构上，"即"从近时将来演变为条件连词，还有一个条件，那就是篇章关联。Comrie(1986)指出，从逻辑的角度看，条件被定义为两个命题——即条件从句(protasis)和结论小句(apodosis)之间的关系，并且在大多数情况下，这两个命题之间是一种因果(causal)关系，即条件从句的内容必须可以被解释为是结论小句之内容的原因。在例(13)中,"尔即死"是"吾将尸尔焉"的原因,在例(14)中,"我即死"是诘问"女能固纳公乎"的原因,在例(15)中,"寡人即不起此病"是发出"吾将焉致乎鲁国"之问的原因。

在语义和结构都满足的条件下,表近时将来的"即"语法化和主观化程度逐渐增强,发展出了条件连词"如果"的用法。在上古汉语中,条件连词"即"用例不少,下面再略举数例:

(16)管仲老,不能用事,休居于家,桓公从而问之曰:"仲父家居有病,即不幸而不起此病,政安迁之?"(《韩非子·十过》)

(17)即有惊,举孔表,见寇,举牧表。(《墨子·襍守》)

(18)今陛下富於春秋,初即位,奈何与公卿廷决事?事即有误,示群臣短也。(汉司马迁《史记》卷六)

(19)祝曰:"赵宗灭乎,若号;即不灭,若无声。"及索,儿竟无声。(汉司马迁《史记》卷四十三)

(20)今能入关破秦,大善;即不能,诸侯虏吾属而东,秦又尽诛吾父母妻子。(汉班固《汉书》卷三十一)

"即"进一步语法化的历程并未停止。在条件连词的基础上,它又进一步发展出了让步(concessive)连词的用法。条件与让步,尤其是与条件让步关系密切。König(1985)曾基于50种语言的跨语言考察,认为让步连词的一个主要来源是条件连词。Heine & Kuteva(2007:93)也指出,从"条件"到"让步"是一个语法化共性路径,所举的例子就是英语的if。在一定的语境中,if可以被重新分析为让步连词,如:"This is an interesting, if complicated, solution."。König(1986)认为,条件复句的典型形式是"if p, (then) q",而让步复句的典型形式是"even though/although p, q"。后者有一个预设,那就是"if p, then normally ~q"。把让步复句的这个预设跟条件复句的典型形式相比,可以看出,就是后者是条件与结果的符合预期的顺承,而前者则是违反预期的转承。如"如果下雨,我们就不去了。"和"如果下雨,我们依然要去。"两句,在前一句中,"下雨"是"不去"的条件,二者是条件与结果的符合预期的顺承，但是在后一句中，后续小句中的"依然要去"是对"不去"的否定。可以看到，后一句中的"如果"就可以换成条件让步连词"即使"。

可以说，让步复句是综合了条件和转折两种关系的复句，但转折与否很多时候只能根据上下文来确定，甚至不同的人会有不同的解读。关于"即"在古代汉语中的让步连词用法，张双棣、陈涛主编的《古代汉语字典》、李宗江（1997）、李佐丰（2004：477）都提到了"公子即合符，而晋鄙不授公子兵而复请之，事必危矣。"（《史记》卷七十七）一例，认为该句中的"即"是个条件让步连词，可以解释为"即使"。不难看出，该句中的"即"解释为条件让步连词的一个句法环境就是后面的转折连词"而"。下面来看几个类似的例子：

（21）齐地方二千余里，带甲数十万，粟如丘山。三军之良，五家之兵，进如锋矢，战如雷霆，解如风雨。即有军役，未尝倍泰山，绝清河，涉勃海也。（汉司马迁《史记》卷六十九）

（22）鲁连笑曰："所贵於天下之士者，为人排患释难解纷乱而无取也。即有取者，是商贾之事也，而连不忍为也。"（汉司马迁《史记》卷八十三）

（23）今杀王毋寡而出善马，汉兵宜解；即不解，乃力战而死，未晚也。（汉司马迁《史记》卷一百二十三）

（24）即汉王欲挑战，慎勿与战，勿令得东而已。（汉班固《汉书》卷三十一）

（25）我死，官属即送汝财物，慎毋受。（汉班固《汉书》卷八十八）

条件和条件让步句都带有"非实然"的特征，只是条件让步还多了"违反预期"的特征。"违反预期"这一特征，可以由转折连词来表示，如例（22）中的"而"；也可以通过否定性的副词来表达，如例（21）和例（23）中的"未"、例（24）中的"勿"与例（25）中的"毋"。但"即"的这一让步连词用法并未得到充分的发展，我们调查了魏晋南北朝以迄隋唐的诸多文献，没有发现"即"的让步连词用法，而同时期的文献中，"就"却有为数不少的让步连词用法，"即"没有得到充分的发展，或许跟"就"这一功能的使用与竞争有关。[②]这与李宗江（1997）的观点是吻合的，李文通过对文献的详细考察，认为"即"与"就"在包括条件连词和让步连词在内的诸多用法上是历时互补关系。太田辰夫（1958/2003：309）也说"即"用作让步在古代汉语中似乎没有，后代文献中的这种用法可能是中古或近古产生的。《汉语大词典》所举"即"之让步连词用例出自金董解元《西厢记诸宫调》，但这是由"即"的另外一个语法化路径发展而来，与"即"的条件连词用法无关，这正是本文下一节要谈的问题。

3 即$_2$：位移＞语气副词＞语气系词＞让步

在汉语研究中，让步连词一般分为容认性让步连词（如"虽然"、"尽管"）和条件让步连词（如"即使"）。在近代汉语中，"即"同时具有这两种让步连词用法。来看：

（26）瘦即瘦，比旧时越模样儿好否？（金董解元《西厢记诸宫调》卷第三）

（27）促织儿外面斗声相聒，小即小，天生的口不曾合。（金董解元《西厢记诸宫调》卷第六）

这两例是"即"的容认性让步连词用法，它通过判断来承认实在的事实，相当于现代汉语的"虽然"、"尽管"，不过用例并不多见。另外，我们发现，这两例均为"A即A"格式，而近代汉语中的"便"和现代汉语的系词"是"也均可以用同样的格式表示让步，有"虽然"、"尽管"的意思，如："好便好，只是不当取饶。"（元马致远《青衫泪》第一折）和"他瘦是瘦，可从来不生病。"

这也表明,"即"、"便"可能跟"是"一样,是表示判断的。

再来看近代汉语中"即"的条件让步连词用法,即通过判断承认假设的事实,相当于"就是"、"即使",这一类用例较多,如:

(28)以彼其材,毋论得游圣人之门,藉令遭统一之主,深谋朝廷,矩范当世,即汉世诸儒,何多让焉。(明刊《颜氏家训》后叙)

(29)这浮浪子弟门风帮闲之事,无一般不晓,无一般不会,更无一般不爱;即如琴棋书画,无所不通,踢球打弹,品竹调丝,吹弹歌舞,自不必说。(明施耐庵《水浒传》第一回)

(30)施复即上前扯住道:"既承相爱,即小菜饭儿也是老哥的盛情,何必杀生!"(明冯梦龙《醒世恒言》第十八卷)

(31)又仰着头道:"若是如此玉成,满某即粉身碎骨,难报深恩!满某父母双亡,家无妻子,便当奉侍终身,岂再他往?"(明凌濛初《二刻拍案惊奇》卷十一)

(32)即如千丈虎狼穴,难道是一毛不拔?(明冯梦龙《警世通言》卷四十)

(33)那焦大又恃贾珍不在家,即在家亦不好怎样他,更可以任意洒落洒落。(清曹雪芹《红楼梦》第七回)

(34)论交之道,不在肥马轻裘,即黄金白璧,亦不当锱铢较量。(清曹雪芹《红楼梦》第七十九回)

本文第二节论述了"即"的"位移>将来>条件>让步"的语法化路径,但是由此一路径发展而来的让步连词用法出现于两汉时代,且后世并无使用,即它并未得到充分的发展。那么由此也就可以断定,近代汉语中"即"的让步连词用法并非是"位移>将来>条件>让步"这一语法化路径的结果,而是另有源头。那么近代汉语中"即"的让步连词用法从何而来呢?

通过对文献的考察,我们发现了下面一个有趣的现象:

X	即	就	便	即便
X+是	—	就是	便是	即便是

在上表中,X代表让步连词。在汉语史上,除了"即"以外,"就"、"便"和"即便"均可以与"是"组合,并且组合前后的功能是相同的。来看例子:

(35)孝伯曰:"岂有子弟闻其父兄而反不肯相见,此便禽兽之不若。贵土风俗,何至如此?"(北齐魏收《魏书》卷五十三)

(36)若任其生产,随其啄食,便是乌狗万物,不相有矣。(北齐魏收《魏书》卷六十八)

(37)我等因你老人家宽厚,素日忠直,即便赴汤蹈火,亦所心愿。(清醉月山人《狐狸缘全传》第六回)

(38)即便是严正的夫妇,凡是结婚离婚容易的,也和自由恋爱差不多,其中离婚的最大原因,大半是为着感情嫌恶。(《新青年》第六卷四号)

(39)你就说得再好听,我也不信。

(40)我就是再胖,也赶不上你。

上表中的这些让步连词,以"就是"的研究最为成熟。吕叔湘(1942/1982:438—439)指出,"就是"表让步,其后一般跟的都是极端性成分,它在表示让步的同时,往往仍有衬托之义,所以其后会用"也"、"亦"衬托。如在"就是婶子,见生米做成熟饭,也只得罢了"(《红楼梦》第六十四回)一句中,"就是婶子"就含有"不但老爷老太太"之义。张谊生(2002)也指出,"就是"由表示判断的短语演变为让步连词的动因是语用的需要,虚化机制是语境吸收,即当强调式判断短语"就是"后接极端性成分X而又处于"就是X,也Y"句式中时,"就是"就向让步连词转化了。那么如何解释例(39)中的"就"表示让步呢?这跟"是"的省略有关。李临定(2011:366)指出:"特别是当'是'用于某些副词的后边时,更显得是可有可无的。"如在确认某人的时候,我们可以说"就是他",也可以把"是"省略掉直接说"就他"。北京话中,"我就是一个俗人"这句话,也可以说成"我就一俗人"。

这种省略的结果就使得汉语中某些副词可以直接表示强调式判断。在汉语史上,"便"、"即便"均是如此,如:

(41)喜军中诸将,非劫便贼,唯云:"贼何须杀,但取之,必得其用。"(南朝梁沈约《宋书》卷八十三)

(42)若送吾出境,便是再生之惠,如其不尔,辄欲自裁。(北齐魏收《魏书》卷三十八)

(43)问:"如何是'佛法'两字?"云:"即便道。"(南唐静、筠禅师《祖堂集》卷第十九)

(44)或曰:"存得此心,即便是仁。"(宋朱熹《朱子语类》卷六)

例(41)中,"非劫便贼"就是"不是劫匪就是贼",该例中的"便"跟例(42)中的"便是"都是"就是"的意思。例(43)中的"即便道"的意思是"就是道",该例中的"即便"跟例(44)中的"即便是"都是"就是"的意思。

下面来看"即"。"即"表判断出现很早,其时判断系词"是"还尚未成熟。系词"是"成熟以后,它在某些副词之后可以省略掉,那么可以想见,在其成熟之前,某些副词应该也是可以不依靠系词而独立地表示判断的;这样的表示判断的副词性成分,洪诚(1957/2000)称之为语气系词。他指出,南北朝以前的系词应分为两种,一种是语气系词,一种是纯粹系词。以表肯定语气为主要作用的叫作"语气系词",如"惟"、"乃"、"则"、"即",以联系主谓语为主要作用的叫作"纯粹系词",只有一个"是"字。语气系词也能起纯粹系词的作用,纯粹系词加上强调成分就成为了语气系词。"'惟,乃,则,即'都是副词。在系词流行的时候,它们都作系词的修饰语;在系词不常用的时候,才单用它们在主谓语之间,加强语气。"下面来看"即"的语气系词用法:

(45)又曰:"我马维骐,六辔若丝,载驰载驱,周爰咨谋。"即此语也。(《墨子·尚同》)

(46)民死亡者,非其父兄,即其子弟。夫人愁痛,不知所

庇。(《左传·襄公八年》)

(47) 汉王曰:"吾与项羽俱北面受命怀王,曰'约为兄弟',吾翁<u>即</u>若翁,必欲烹而翁,则幸分我一杯羹。"(汉司马迁《史记》卷七)

(48) 吕公女<u>即</u>吕后也,生孝惠帝、鲁元公主。(汉班固《汉书》卷一)

洪诚(1957/2000)指出,"甲不是别的,就是乙,两者具有同一性,用'即'"。例(45)—(48)中的"即"均可解释为"就是",表示强调式判断。"即"的这种系词用法在汉语史上一直不曾间断,甚至在今天的书面语中也依然有使用。来看近代汉语中"即"的语气系词的一些用例:

(49) 西门庆大怒,骂道:"我把你这起光棍,他<u>即</u>是小叔,王氏也是有服之亲,莫不许上门行走?相你这起光棍,你是他什么人,如何敢越墙进去?况他家男子不在,又有幼女在房中,非奸<u>即</u>盗了。"(明兰陵笑笑生《金瓶梅》第三十四回)

(50) 吴用道:"此疾非痈<u>即</u>疽;吾看方书,豆粉可以护心,毒气不能侵犯。快觅此物,安排与哥哥吃。"(明施耐庵《水浒传》第六十四回)

(51) 且说张顺要救宋江,连夜趱行,时值冬尽,无雨<u>即</u>雪,路上好生艰难。(明施耐庵《水浒传》第六十四回)

(52) 许公一见真静,拍手道:"是了,是了!此<u>即</u>梦中之人也!煞恁奇怪!"(明凌濛初《二刻拍案惊奇》卷二十一)

(53) 紫衫人道:"某<u>即</u>晋公亲校,得出入内室,当为足下访之。"(明冯梦龙《喻世明言》卷九)

(54) 此扇<u>即</u>扇士之物。因为我力,以此相赠。(明冯梦龙《警世通言》卷第二)

在例(49)中,前边说"他即是小叔",后边说"非奸即盗",一个有"是",一个无"是",均表示强调式判断。从篇章分布来看,"即"偏向出现于较为文言的语体或对话中。

同义词语往往具有相同的语法化路径。根据李宗江（1997），"即"与"就"是历时互补关系，"即"与"便"是历时替换关系；"即便"是由"即"和"便"同义并列而成，意义为"立即"、"就"。基于"就是"与"就"、"便"与"便是"、"即便"与"即便是"的对比与互证，这些词语均由强调式判断用法发展出了让步连词的用法，我们可以由此肯定地说，近代汉语中"即"的让步连词用法，也应该是由其语气系词用法发展而来的；并且从例（28）—（34）可以看出，"即"后所跟的成分，都是极端性成分，这跟"就是"是一样的。关于例（26）、例（27）中的"即"表示容认性让步，洪诚（1957/2000）敏锐地指出，语气系词可以进一步发展为纯粹系词。这两例"A即A"格式中的"即"就已经褪去了其强调语气，不再能解释为"就是"，而应该解释为"是"，或许就体现了这一变化。

综上，近代汉语中"即₂"的语法化路径可以概括为：位移＞语气系词＞让步。但根据洪诚（1957/2000）"'惟，乃，则，即'都是副词。在系词流行的时候，它们都作系词的修饰语；在系词不常用的时候，才单用它们在主谓语之间，加强语气。"之看法，可以知道，从位移到语气系词，应该还有一个中间环节，那就是表示确认、强调的语气副词。只是在两汉时期，汉语并无纯粹的系词，所以语气副词"即"被直接用作了语气系词。即从词类上来讲，例（45）—（48）中的"即"是表示强调的语气副词，但是由于其时汉语并无纯粹之系词，故该语气副词可以被单用在主谓之间，表示判断，因其表示判断，故又称之为语气系词。如此，我们可以把"即₂"的语法化路径确定为：即₂：位移＞语气副词＞语气系词＞让步。

作为语气副词，"即"的功能是表示确认、强调。但"即"之语气副词的功能是如何从"位移"这个动词义语法化而来的呢？现有的研究并没有对这一问题做出解答。一般认为，语气副词是表达说话人情感认识的副词，是说话人主观上对命题是否真实所做出的判断，涉及可能性和必然性等；也就是说，语气副词的功能主要是表达主观性。前文提到，位移动词的"趋近"义投射到时间域，位移动词就演变出了"将来时标记"的用法。如果位移动词的"趋近"义投射到逻辑关系域，位移动词就发展出了表"前后承接"的逻辑关系意义。在这一变化过程中，"即"的主观性逐渐增强，"即"就具备了强调"时间的快"、"逻辑的前后紧承"这样的语气功能，如：

(55) 地下则平行，地高即控。（《管子·度地》）

(56) 道譬诸若水，溺者多饮之即死，渴者适饮之即生。（《韩非子·解老》）

(57) 利人乎，即为；不利人乎，即止。（《墨子·非乐上》）

(58) 至吴，吴王愠曰："天下同宗，死长安即葬长安，何必来葬为！"（汉司马迁《史记》卷一百六）

(59) 其当验者，即验问。（汉班固《汉书》卷十二）

(60) 牧、丹先至，即斩之。（南朝宋范晔《后汉书》卷十一）

如例（55）—（59）就强调一种逻辑关系，表示在某种条件或假设前提下，自然会发生某事。而例（60）则强调"时间的快"。

4 结语

在汉语史上，"即"从位移动词演变为让步连词有如下两条语法化路径：

即$_1$：位移＞将来＞条件＞让步

即$_2$：位移＞语气副词＞语气系词＞让步

即$_1$的从"位移"到"将来"是符合根据世界语言位移动词概括出来的语法化路径的，类似于英语的 be going to，但由于语言类型和结构特点的不同，它在汉语中还有更进一步的连续发展。在特定动词小类，比如"死"类动词之前，"即"从"将来"发展出了"如果"的条件义，这也符合根据世界语言概括出来的语义域之间的关联，即条件与想象的可能世界密切相关；而条件与让步，尤其是与条件让步又关系密切，跨语言来看，让步连词的一个主要来源是条件连词，在条件连词"即"后接"违反预期"的转折意义小句时，"即"就从条件连词演变为让步连词。

在汉语史上，"即"具有表示确认、强调的语气副词用法；与"即"本义基本相同的位移动词"就"也同样发展出了表示确认、强调的语气副词用法。但汉语的语气副词有一个特点，那就是在系词流行的时候，它们都作系词的修饰语；在系词不常用的时候，它们可以单用在主谓语之间，加强语气。也就是说在一些情况下，语气副词可以独立表示强调式判断，"即"、"便"、"即便"、"就"均是如此。就汉语来看，从强调式判断或者说从语气系词演变为让步连词，是一个较为普遍的语法化路径，"即"、"便（是）"、"即便（是）"、"就（是）"均具有让步连词的用法。这些词语演变为让步连词的机制主要是语境意义的吸收，当这些语气系词后接极端性成分 X 而又处于"语气系词 X，也 Y"句式中时，它们就向让步连词转化了。

附 注

① 本文主要论述位移动词"即"的语法化过程，关于位移动词"就"出现于动词之前并逐渐演变出将来时用法的例子略举几例如下，不再展开论述。
（1）有与侵<u>就</u>援橐，攻城野战死者，不可胜数。（《墨子·节用上》）
（2）欲掠问，躬仰天大谭，因僵仆。吏<u>就</u>问，云咽已绝，血从鼻耳出。（汉班固《汉书》卷四十五）
（3）或曰，卫青征匈奴，绝大莫，大克获，帝<u>就</u>拜大将军於幕中府，故曰莫府。（汉班固《汉书》卷五十四）
（4）滂曰："滂死则祸塞，何敢以罪累君，又令老母流离乎！"其母<u>就</u>与之诀。（南朝宋范晔《后汉书》卷六十七）

② 东汉以后以迄隋唐，"即"的让步连词用法近乎绝迹，但在这一段时间内，"就"却有较多的这一用法。太田辰夫（1958/2003：309）认为"就"用于让步可能是在东汉以后，我们举数例如下：
（5）<u>就</u>有人问者，犹当辞以不解。（魏嵇康《家诫》）

（6）<u>就</u>不破贼，尚当自完。奈何乘危，不以为惧？（晋陈寿《三国志》卷十四）

（7）<u>就</u>有所疑，当求其便安，岂有触冒死祸，以解细微？（南朝宋范晔《后汉书》卷四十八）

（8）为尔推迁，覆败将及，<u>就</u>无人事之愆，必有阴阳之患。（南朝梁沈约《宋书》卷四十二）

（9）颉请募壮勇出击之，<u>就</u>不能破，可以折其锐。（北齐魏收《魏书》卷三十六）

（10）敷赞圣旨，莫若注经，而马、郑诸儒，弘之已精，<u>就</u>有深解，未足立家。（南朝梁刘勰《文心雕龙·序志》）

参考文献

洪　诚　（1957/2000）　论南北朝以前汉语中的系词，《洪诚文集·雒诵庐论文集》，江苏古籍出版社，南京，1—34页。

黄锦章　（2008）　移动动词与上古汉语的类型学特征，《华东师范大学学报》（哲学社会科学版）第1期，103—108页。

李临定　（2011）　《现代汉语句型》（增订本），商务印书馆，北京。

李宗江　（1997）　"即、便、就"的历时关系，《语文研究》第1期，24—29页。

李佐丰　（2004）　《古代汉语语法学》，商务印书馆，北京。

吕叔湘　（1942/1982）　《中国文法要略》，商务印书馆，北京。

太田辰夫　（1958/2003）　《中国语历史文法》，蒋绍愚、徐昌华译，北京大学出版社，北京。

张谊生　（2002）　"就是"的篇章衔接功能及其语法化历程，《世界汉语教学》第3期，80—90页。

Bybee, J. （2003） Mechanisms of Change in Grammaticalization: The Role of Frequency. In Brian D. Joseph & Richard D. Janda ed. The Handbook of Historical Linguistics. Oxford: Blackwell Publishing Ltd, 602-623.

—— （2010） Language, Usage and Cognition. New York: Cambridge University Press.

Bybee, J., Perkins, R., & Pagliuca, W. （1994） The evolution of grammar: tense, aspect and modality in the languages of the world. Chicago: University of Chicago Press.

Comrie, B. （1986） Conditionals: a typology. In Traugott, E. C. et al. On conditionals. New York: Cambridge University press, 77-99.

Croft, W. （2000） Explaining language change: an evolutionary approach. New York: Longman.

Disney, S. J. （2009） The grammaticalization of "Be going to". Newcastle working papers in linguistics Vol. 15.

Eckardt, Regine. （2006） What is *Going to* happen. Meaning Change in Grammaticalization: An Enquiry into Semantic Reanalysis. Oxford: Oxford University Press, 127-161.

Heine, Bernd & Tania Kuteva. （2007） 语法化的世界词库（World Lexicon of Grammaticalization）, 世界图书出版公司, 北京。

Hopper, P.J., & Traugott, E. C. （2003） Grammaticalization. Cambridge: Cambridge University Press.

König, Ekkehard. （1985） Where do concessives come from? On the development of concessive Connectives. Fisiak, Jacek ed. Historical semantics, historical word formation. Berlin: Mouton de Gruyter, 263-281.

—— （1986） Conditionals, concessive conditionals, and concessives. Traugott, E. C. et al. On conditionals, New York: Cambridge University Press, 229-246.

Traugott, E. C. （1985） Conditional markers. Symposium on Iconicity in Syntax. Iconicity in syntax : proceedings of a Symposium on Iconicity in Syntax. Philadelphia: J. Benjamins, 289-307.

（广州，暨南大学华文学院／华文教育研究院　yuyantiaozao@sina.com）

汉语名词和动词的神经表征*

李平　金真　谭力海著
高诗云译　杨静校

提要　名词和动词的神经表征已成为近年来众多神经影像学和神经心理学研究的一个焦点。总体而言，这些研究发现在英语等印欧语言中，动词的神经表征位于额叶区（如左侧前额叶皮层），而名词的神经表征区域在脑后部（颞枕区）。不过越来越多的证据表明事实可能并不是那么简单。众所周知的是，汉语的语法很特别，尤其是它的名词和动词结构。本研究考察了汉语名词和动词的神经基础。在我们的脑成像（fMRI）实验中，被试看到一系列双音节的名词、动词以及词类归属有分歧的模糊词，然后进行真假词判断。实验结果发现，汉语名词和动词在左右脑半球激活的神经网络大面积重合。这一结果支持了语言类型学和语言特性会影响语法类别神经表征的假说，与近来关于特定语言经验会重塑阅读和言语神经系统的观点相一致，即，汉语语法的特殊性影响了汉语的神经表征、处理和习得。

关键词　名词　动词　汉语　脑成像

1　简介

　　认知神经语言学的一个核心问题在于，名词、动词和形容词这样的语言范畴在人脑中是如何表征的。关注脑受损病人的神经心理学研究和对正常人进行的神经成像研究都表明，特定的脑区反映了不同的语言范畴，特别是事物名称（object names）（名词）

---

*　本研究得到了香港研究资助局（主持人：谭力海，HKU 3/02C）的大力支持，及美国国家科学基金会（主持人：李平，BCS-0131829）在李平访问香港大学语言与认知神经科学实验室期间提供的研究资助。诚挚感谢 Sze Wei Kwok, Chi Ting Lau, Airy Kan 和 Jie Zhuang 在程序设计、数据分析和图表绘制领域为本文做出的贡献。

和动作名称（action names）（动词）。举例来说，布洛卡失语症（Broca's aphasics）患者很难表达动作/动词，而威尔尼克失语症（Wernicke's aphasics）患者则通常在表达名词时有困难（Bates et al. 1991；Caramazza and Hillis 1991；Miceli et al. 1988；Shapiro and Caramazza 2003）。PET 研究显示，动词和名词会引发不同脑区的反应：名词或事物名称会引起脑后部区域（posterior regions）的活跃（颞枕区，含视觉皮层），而动词或动作名称则会激活额前区（prefrontal）和额颞区（frontal-temporal regions）（参见 Damasio and Tranel 1993；Martin et al. 1995；Petersen et al. 1989；Pulvermüller 1999；Wise et al. 1991）。

在研究名词和动词的 PET 研究中，通常被试会看到或听到一系列实验刺激，如看到一支铅笔或名词"铅笔"，又或者听到"铅笔"的语音。被试需要进行刺激命名任务或者动词生成任务（verb generation task），后者指的是被试说出（有声地或者无声地）一个与刺激有关的动词（比如，"铅笔"→"写"）。通过比较实验刺激的命名、阅读和动词生成这三种条件下的脑部活动，可以识别出在某种条件下，局部脑血流量（regional cerebral blood flow）（rCBE）显著增加的区域。早在 Petersen et al.（1989）的研究中，研究者就发现，和名词条件相比，动词生成任务会增强左侧额叶皮层（the left frontal cortex）的活动。Martin et al.（1995）发现动词生成任务会引起颞中回（the middle temporal gyrus）、左侧额下皮层（the left inferior frontal lobe）（布洛卡区）和右小脑（the right cerebellum）的活跃，而生成颜色名词（名词）激活了腹侧颞叶区域（the ventral temporal lobe）。Wise et al.（1991）让被试双耳听名词和动词，他们发现对名词–名词词对和动词–名词词对进行语义判定时脑部活动不存在显著区别，但动词生成任务显著增强了布洛卡区、左侧额中回后部（the posterior part of the left middle frontal gyrus）和辅助运动区（supplementary motor area）的 rCBF 信号强度。总的来说，这些研究结果表明与名词生成任务相比，动词生成任务倾向于增强左侧额叶皮层的活跃性。

电生理学领域中也有一些研究探讨了名词－动词在脑补表征的区别。Dehaene（1995）向被试出示了名词、动词和数字词三种实验材料，他发现名词会导致双侧颞叶区（bilateral temporal regions）出现负波，而动词除了引发左侧颞叶区（left temporal）的负波，还诱发了左侧额下区（left inferior frontal）的正波，这一词类脑波区别出现在刺激呈现后的256毫秒到280毫秒之间。Preissl et al.（1995）则发现早在刺激呈现后200毫秒时，名词和动词在额叶部分的脑电信号（ERP）已经显示出差异。Preissl等人认为，运动皮层的神经活跃是由动词引起的强运动联合（motor associations）造成的，而视觉皮层的神经活跃则是由名词引起的强视觉联合（visual associations）造成的（参见Pulvermüller et al., 1996的相似论证及EEG研究结果）。最近，Federmeier et al.（2000）考察了语句情境中名词、动词和词类模糊词（比如John wanted the [目标词] but...）的区别，发现在刺激产生后的200到400毫秒间动词会在额叶区域引发一个左侧化的正波，而在名词和模糊词条件下则不然；模糊词（如"绘画"）则会导致额叶区域出现一个更大的负波，这说明和非模糊的名词、动词相比，模糊词具有截然不同的神经表征。大体而言，ERP和EEG的研究成果和PET的发现相一致，即名词和动词的差别与他们在脑前额区和脑后区的神经活动差异性有关。

然而正像Pulvermüller（1999）所指出的那样，以往这类研究（尤其是PET研究）有一个潜在的问题，即很多"动词生成任务"中产生的动词并不一定就是动词（例如描述运动或动作的名词）。Pulvermüller发现，与动作有关的名词得出的研究结果和所谓动词的研究结果其实并没有差别。此外Tyler et al.（2001）还指出了动词生成任务的其他问题，例如，大部分类似任务中，被试会在单次试验内既加工了名词也加工了动词（二者都会引发大脑活动），因而该任务可能并不仅仅测试了动词加工。Perani et al.（1999）在抛弃动词生成任务后，采用了真假词判断任务，即让被试判断呈现的刺激是否构成了该语言的一个合法词。这一研究发现，意大利语被试在判断动词时与判断名词相比，脑中大片区域有强烈的活动，但当被试判断名词时并没有显示出哪些区域比在动词条件下表现得更活跃。Perani et al.（1999）认为，造成这一结果的原因在于他们实验中使用的名词包括了部分工具名词，而工具名词具有和动词相通的某些语义特点。

Perani et al.的研究成果引起了对名、动词神经表征是否有差别的质疑，除此之外，还有其他研究也开始挑战名动分离的传统观点。Warburton et al.（1996）指出，在动词生成或动名词比较等任务中的动名词提取都会引起大范围脑区的活动：左脑中，所有和词汇提取有关的加工在名词和动词条件下都会激活颞叶、顶叶和前额叶相同区域。唯一不同在于动词总体上引发的脑活跃程度要更强一些，这同Perani et al.的研究结果相一致。Tyler et al.（2001）使用真假词判断和语义分类任务，发现当刺激词的可想象性（imageability）、频率和词长匹配时，名词和动词都能够引起左前额和颞下皮层的活动；而当刺激词的可想象性和频率显著不同时（抽象对具体、低频对高频），其神经表征却没有表现出显著差异。这些学者认为他们的结果说明，词汇知识的概念系统的神经表征是无差别地广泛分布的，在这里，语言范畴和类别结构的影响微乎其微。

上述发现重在揭示语言在脑部的表征，但这些研究主要局限于印欧语系，而汉语的结构与英语和其他西方语言大相径庭。本研究将测查这些英文研究的结果是否适用于汉语，特别是在发现英文研究中名词和动词的脑神经活动不一定不同的情况下。

不少汉语研究认为，汉语的结构特点深刻影响了汉语的神经表征、加工和习得（Chen et al. 2002；Li et al. 1993，出版中；Tan et al. 2003）。说到语法范畴问题，有语言学家甚至认为像名词和动词这样的语法类别由于缺乏语法形态的变化、又同时扮演多种语法功能（高名凯1990；另参见胡明扬1996），因此很难正确地区分。对许多印欧语言来说，名词有性别、数量和确定性的标记，而动词有语体、时态和数量的标记，而汉语的名词和动词大多不具有这些语法标记（除了语体标记）。而且很多汉语动词可以自由地充当主语，名词也可以用作谓语，都不需要发生形态变化（莫彭龄、单青1985）。汉语甚至还存在大量词类归属模糊不清的词汇，这些词汇既可以用作名词，也可以用作动词（类似英语的paint），但和英语或其他语言中对应的词不同的是，这些模糊词在句子中出现时也不需要发生任何形态上的变化。语言学家称这种词为"双隶属词"[①]（words of dual membership），其不同用法的意义相互关联，且具有读音拼写上的一致性。据统计（郭锐2001），约有17%的汉语高频词具有双隶属性。另一研究则认为，具体到名词和动词时，在不考虑频率因素的情况下大约有13%到29%（依测试文本而定）的汉语单、双音节词既可以用作名词也可以用作动词（胡明扬1996）。尽管其他语言中也可能存在这类模糊词，却不一定会出现得如此频繁，而且很可能伴随着一定的形态变化：举例来说，大部分德语名词不能用作动词，而意大利语同音的名-动词则往往以不同的形态结尾出现（如speranza，"hope"；sperare，"to hope"）。

人们自然会问，语言特性是如何影响大脑中的神经表征的呢？说两种不同类型语言的人，其名词和动词的神经表征是否不同？根据我们前面讨论的内容，有一种可能是汉语的词类并没有语法标识，又有大量的词类不明的名-动词，汉语的动词和名词可能并不像英文或其他语言那样有完全不同的神经表征。最近Fiebach et al.（2002）发现即使是在德语这样形态丰富的语言里，只要缺少语法提示，名词和动词也不会引起脑部的不同反应；而当语法提示出现时，脑活动就表现出差异性。不过也有语言学家和心理语言学家认为，单纯从语法角度考虑名词和动词的差别是不够充分的：名词和动词在词汇语义、词汇共现，以及可想象性和可翻译性等认知和概念维度都存在差异（Gentner 1981），因而汉语的名词、动词也可能在这些领域内有所区别。此外神经心理学的证据也显示，汉语布洛卡失语症和威尔尼克失语症患者和其他语言的失语症患者一样，都面临名、动词使用上的困难（Bates et al. 1991），由此也可推断，汉语名、动词也可能是有不同的神经基础。

本研究通过检验上述对立观点，将从三种途径推进学界对词汇范畴神经表征问题的认识：首先，以往名词、动词成像研究主要依赖于 PET 和 ERP 技术，而我们的研究使用 fMRI 的手段调查该问题；其次，前人研究只考察了英语等西方语言，而本文关注的是汉语，其语法特点尤其是名词、动词的结构与众不同；最后，前人大多只研究了名词和动词②，而本文则还考察了一类特殊的、既可充当名词又可充当动词的模糊词。

2 研究方法

2.1 被试

八名普通话母语者参与了此次 fMRI 研究，具体为四名男性和四名女性，他们均同意并签署了由香港大学和北京 306 医院制订的被试知情同意协议书。被试均为北京师范大学本科生，年龄从 19 到 23 岁不等。

根据 Snyder and Harris（1993）制订的惯用手量表（handedness inventory）判断，所有被试均为右利手。我们采用了量表中涉及单手任务（如仅能用一只手完成的任务）的九个考察项目，运用李克特五级量表法（Likert type scale），"1"表示高度左利手，"5"表示高度右利手。这九个考察项目分别为：写信、绘画、掷球、握筷、锤钉、刷牙、开门、擦火柴和用剪刀剪裁，计算每名被试的项目总得分：最低 9 分，表示高度左利手；最高 45 分，表示高度右利手。所有被试得分均高于 40。

2.2 实验材料

实验中，被试对呈现的 68 个词汇刺激进行真假词判断（参见附录 A 的实验词表及其英文注释）。实验用词选自《现代汉语语法信息词典》（俞士汶等 1998），每个词都标有语法特点、功能及其用例。这些词被分为三组：名词组和模糊词组各含 23 个词，动词组包括 22 个词。考虑到汉语词汇（尤其是模糊词）主要由双音节词组成（参见胡明扬 1996 的统计），所有的实验用词都采用双音节词，也就是二个汉字组成的词。根据 CMCR 语料库（现代汉语研究语料库，Corpus for Modern Chinese Research，北京语言学院，1995），实验用词都是相对高频词，平均频率是名词每 120 万出现 10952 次，动词 10693 次，模糊词 19776 次[③]。虽然汉语没有可想象性的常模，我们还是挑选了可想象性较高的单词。实验刺激的视觉复杂度（visual complexity）也通过汉语笔画数进行了控制（平均笔画数为名词 15.3，动词 15.8，模糊词 16.5）。另外一个含 66 个双音节词的非词词组作为控制材料也呈现给了被试，非词是用两个不能构成合法词的合法字并列而得，其视觉复杂度与刺激词大致相同（平均笔画数为 16.6）。

2.3 实验仪器与实验过程

本实验使用 1.9 T GE/Elscint Prestige 全身核磁共振扫描仪（GE/Elscint 有限公司，以色列海法）。在功能性核磁共振成像（functional magnetic resonance imaging，又名脑成像）前，被试都观看了解了实验的步骤和情境，以使他们尽量平稳心情，提升正式实验中的表现。实验的视觉刺激词用幻灯机投射到半透明屏幕上呈现给被试，他们能通过装置在头部线圈上的反射镜观看这些刺激词。功能性核磁共振扫描（fMRI）使用 $T2^*$ 加权梯度回波平面成像（EPI）序列，层厚为 6 毫米，平面分辨率为 2.9×2.9 毫米，而 TR/TE/ θ 分别为 2000 毫秒 /45 毫秒 /90°。视野为 373 毫米 ×210 毫米，采集矩阵为 128×72。被试进行实验时，会产生十八个平行于 AC-PC 线且覆盖了整个大脑的连续轴向层。运用 T1 加权 3D 梯度回波序列，我们获得了高分辨率（1×1×2毫米³）的大脑剖面MR结构影像。

每个实验条件包括23个双音节词（动词的是22个）和22个非词，采用区块实验设计：每种实验条件有三个组块，基线条件有九个组块。每个实验组块包含15次试验，每次试验中一个词（或非词）展示600毫秒，然后播放一个1400毫秒的空屏，被试需要判断看到的词汇刺激是否构成一个真正的汉语双字词。我们要求被试尽可能迅速而准确地做出判断；如果被试按右（利）手食指的按键，则表示正反应。我们采用了注视作为基线，在基线情境中，被试需要保持注视屏幕正中的一个交叉点16秒的时间。

2.4 数据分析

我们使用SPM99（http://www.fil.ion.ucl.ac.uk/spm/）对实验数据进行了前期处理。通过运行正弦内插算法我们纠正头动对所有图像的影响。实验的结构数据和功能数据依据ICBM152立体定位T1加权容积的平均值的方法，与ICBM152提供的立体定位空间（Cocosco et al. 1997）——即正则空间近似值（Talairach and Tourmoux 1998）——的EPI功能头像模板进行了对准和标准化。实验影像经过重新采样，被细化为2×2×2毫米³的三维立方像素，然后再用等向高斯核函数（6毫米全宽半高）进行了空间平滑处理。

实验功能影像数据被分为名词、动词、模糊词三组。为使血动力学反应的漂移效应最小化、保障功能数据的处理，我们丢弃了每个实验前6秒的影像。脑活跃性图谱根据互相关联法（Friston et al. 1995）制成，即每个像素所表示的活跃性都与boxcar取样积分器的功能相关，而这种积分器的功能则是正则血液动力学反应功能经过卷积函数计算得出的。我们把低频信号元件看作无谓变量，将实验数据按比例进行缩放，得到普通平均值，这样就修正了被试间的全局密度的可变性。我们还线性对比了基干被试的各种条件下的影响，包括（1）名词-基线，（2）动词-基线，（3）模糊词-

基线，（4）名词－动词，（5）动词－名词。这种线性对比的结果被用于第二级的组分析，即将被试作为一个随机影响，用单样本 t 分布检验法和各个像素的零值相参照。只有当 10 个以上相邻像素组成的像素群的活跃现象超过裸统计阈值 $P<0.001$ 时，这种活跃才被认为是显著的活跃。

3　实验结果

八名被试的 fMRI 平均脑活性影像如图 1 所示，分为名词对比注视、动词对比注视、模糊词对比注视三组，表 1 总结了对比之后的主要脑活跃区域。

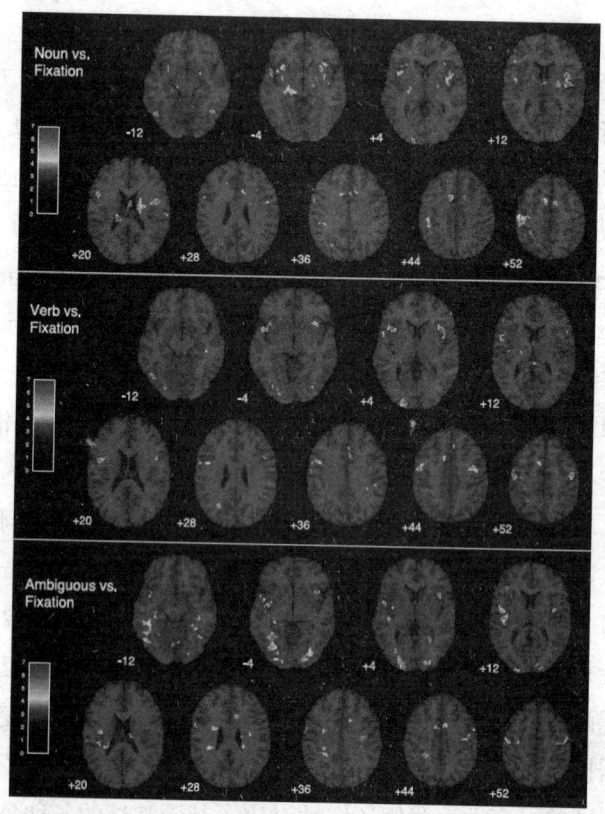

图 1　名词对比注视、动词对比注视、模糊词对比注视的平均脑活动图谱

表 1 立体定位坐标，t 值，及显著脑活动区域相应的布罗曼区（BA）

活跃区域	名词对比注视			动词对比注视		
	BA	坐标	t	BA	坐标	t
额叶						
左侧额下回	44	−50,11,20	11.58	46	−50,32,11	6.26
	46	−48,28,12	5.97			
左侧中央后回	2	−48,−23,45	9.25			
左侧中央前回	4	−36,−15,54	7.29	4	−50,−7,50	11.82
				6	−51,−10,39	8.38
左侧脑岛					−38,15,−2	7.94
左侧外侧裂						
右侧中央前回	4/6	42,−3,17	17.79	4	46,−13,56	9.83
右侧外侧裂		28,15,−4	8.72		36,15,−6	11.69
右侧额中内回				6	8,7,59	11.54
右侧额下回	45	34,25,4	6.61	44	55,16,10	7.32
				44	48,11,23	6.96
右侧中央后回	43	63,−18,19	6.58			
颞叶						
左侧上中回	22	−51,8,−2	9.72	21	−40,-5,−20	14.80
左侧颞下回						
右侧颞中回	21	44,−8,−3	7.50			
顶叶						
左侧顶下回	40	−44,−33,44	8.76			
		−32,−44,48	7.65			
右侧顶下回				40	36,−35,37	8.35
枕叶						
左侧枕中回	37	−50,−65,−9	12.85	19	−48,−66,−8	15.46
左侧枕上回				19	−26,−64,31	9.30
左侧梭状回	37	−48,−59,−14	9.95	20/37	−38,−28,−15	8.12
左侧楔叶	18	−16,−95,10	10.91	18	−18,−91,6	9.71
左侧舌回						
右侧梭状回				18	26,−82,−11	12.57
右侧楔叶						
右侧舌回						
其他						
扣带回	32	−12,10,38	8.96			
扣带回	32	14,12,38	8.39			

(续表)

丘脑	4,-7,15	14.93		-18,-15,8	8.67
壳核	24,-7,10	11.48			
海马旁回					
尾状核	16,-9,21	8.59			
海马区	-22,-28,-9	9.54			
豆状核	-30,13,-2	8.63			
小脑					
	12,-65,-20	24.45		-40,-54,-24	10.32
				26,-57,-22	11.17

活跃区域	模糊词对比注视		
	BA	坐标	t
额叶			
左侧额下回	44	-59,5,22	5.93
左侧中央后回	43	-40,-9,7	8.27
左侧中央前回	6	-28,-2,31	7.67
左侧脑岛			
左侧外侧裂		-46,-17,10	10.31
右侧中央前回	6	38,-12,34	13.02
右侧外侧裂	4	40,-13,47	9.16
右侧额中内回			
右侧额下回	44	50,11,23	9.84
右侧中央后回			
颞叶			
左侧上中回	22	-53,-26,14	7.33
左侧颞下回	37	44,-59,-9	6.52
右侧颞中回	20	40,-26,-12	9.12
顶叶			
左侧顶下回	40	-26,-37,41	12.66
右侧顶下回	40	36,-28,24	7.65
枕叶			
左侧枕中回			

（续表）

左侧枕上回			
左侧梭状回	37	−40,−24,−17	13.73
左侧楔叶	18	−16,−93,8	19.21
左侧舌回	19	−26,−57,−4	12.34
右侧梭状回			
右侧楔叶	18	18,−89,4	13.20
右侧舌回	18	2,−74,−8	8.67
其他			
扣带回	32	8,8,42	6.10
扣带回			
丘脑			
壳核			
海马旁回		30,−41,−6	7.73
尾状核			
海马区		−34,−24,−11	9.10
豆状核			
小脑			
		28,−57,−21	15.07
		18,−47,−16	10.64

三种实验条件（名词、动词和模糊词）与注视相比在双侧前额下回（bilateral inferior prefrontal gyri）(BAs 44/45/46)、双侧中央前回（bilateral precentral gyri）(BAs 4/6)、右侧外侧裂（right Sylvian fissure）（lateral sulcus，侧脑沟）、左侧颞中上回（left mid-superior temporal gyrus）(BAs 21/22)、左侧梭状回（left fusiform gyrus）(BA 37)、左侧楔叶（left cuneus）(BA 18) 和前扣带回皮层（anterior cingulate cortex）处更为活跃，而小脑（cerebellum）也都参与了这三类词汇的大脑处理。

中央后回（postcentral gyrus）（sensory cortex，感觉皮层）、左下顶皮层（left inferior parietal cortex）(BA 40)、右侧颞中回（right middle temporal gyrus）和海马区（hippocampus）是名词和模糊词条件下的主要活跃区域（和注视的情况相比），而名词和模糊词之间的对比则没有表现出显著差异。而且右枕叶皮层（right occipital cortex)(BAs 18, 19)调节了动词和模糊词的加工，而壳核（putamen）和尾状核（caudate nucleus）则负责名词的认读。不过正如图 2 所示，这三类词经过两两对比后唯一显著的差别在于尾状核，名词在这一区域的活跃性要强于动词。此外尚无其他区域显示出显著区别。

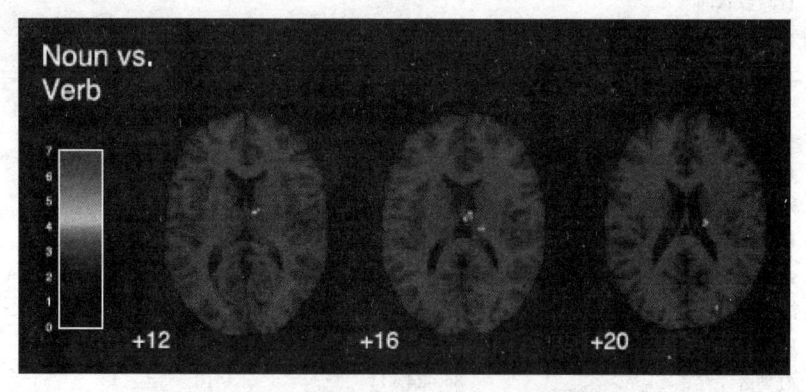

图 2　名词对比动词的平均脑活动图谱

4　讨论

本研究结果指明，加工汉语名词和动词涉及脑内广泛的区域，这些区域并不受限于特定的几个点，而是分布在额、颞、顶、枕各个地方，且左脑和右脑都有分布。模糊词总的来说会产生更强的活动（尤其是在大脑偏后位置），但与名词、动词没有明显的区别。考虑到名词和动词总体上并不存在显著差异的情况，模糊词的这一表现也在意料之内。

其他语言中，名、动词的神经表征成像存在皮质区域的差异性，而汉语的情形似乎与这一通行观点相悖（参见前文概述和 Pulvermüller 1999 的研究）。以往的脑成像研究显示，英语和其他印欧语言使用者，加工动词时额叶皮层活动增强，加工名词时颞枕区和视觉皮层神经更兴奋。这些研究与失语症研究提供的神经心理学证据相吻合——布洛卡失语症患者一般很难进行动词加工，而威尔尼克失语症患者则一般具有名词加工障碍（Caramazza and Hillis

1991；Miceli et al. 1988）。本文的实验数据与以往研究相悖，但与质疑名词－动词分离假说的研究结果一致（如 Tyler et al. 2001），并且为我们关于语言类型学和语言特殊性会影响语言范畴神经表征的观点提供了证据：不区分名词、动词的脑反应模式可能源于汉语使用者感受到的汉语特殊语法特征。

在进一步讨论汉语语法的神经基础前，需要着重强调本研究中的三个模式，这三个模式在前面研究名词、动词的神经影像学研究中并不那么明显。首先，我们的研究表明汉语的名词、动词和模糊词都激活前额区域，而以往学者认为前额区域只有动词条件下才会激活。汉语名词和模糊词在额叶皮层的活跃可能是因为许多汉语名词可以用作动词（即"名源动词"，the denominal verbs，参见 Chan and Tai 1994），而大部分模糊词的名词用法都是从其动词用法发展来的，这是现代汉语词汇用法的发展趋势（胡明扬，1996）。其次，本文研究表明，名词和动词无论在左脑还是右脑都有广泛的活跃分布，而以往观察则认为名词、动词只在左脑部分活跃（Martin et al. 1995 和 Damasio et al. 1996 的研究除外）。根据前人对汉字的脑成像研究（Scott et al. 2003；Tan et al. 2001b），右脑之所以会参与名词、动词的处理，可能是因为汉字字形对词汇识读的作用（Tan et al. 2001a），某种程度上也可能是由于声调对汉语词汇加工的影响。Pulvermüller（1999）从他的 ERP 研究数据出发，认为右脑的活跃性或许是由半球间脑沟（inter-hemispheric sulcus）位置上的左脑神经发生源（neuronal generators）引起的，因为 Martin et al.（1996）认为，加工名词会激活左脑神经发生源。最后，本研究指出小脑也参与了汉语名词、动词和模糊词的处理。小脑在词汇加工中的活跃与最近的学术观点也十分一致，这些观点认为，小脑除了传统认为的功能外也在认知和知觉活动中扮演了重要的角色，例如词汇生成中的语义联合（semantic association）（Martin et al. 1995；Petersen et al. 1989）、感觉撷取和分辨（sensory acquisition and discrimination）（Gao et al. 1996）、语义分辨（semantic discrimination）（Xiang et al. 2003）等。

尾状核是汉语名词、动词、模糊词的分布区域中唯一一处具有显著区别的地方，这一区别究竟意味着什么尚不明朗。Abdullaev et al.（1998）认为，人类尾状核和前额皮层在某些认知和语言活动（包括真假词判断、语义分类和朗读）中扮演了极其相似的角色。如果这种观点正确的话，既然汉语名词、动词都能引起前额皮层的活跃，我们就很难理解为何只有名词才在尾状核区域显著活跃。因此，尾状核对汉语名词处理的特殊作用还需要日后进行更深入的研究。

名词和动词不同的脑活动模式一般已被理解为不同语言范畴有不同的神经基础（neural substrates）。本研究则强有力的表明，不同类型的语言不存在一致的语言范畴的模块（modularity）。由于汉语缺乏屈折词变化及其他语法限定（例如名词可以自由充当谓语、动词可以自由充当主语），语言学家认为汉语名词和动词很难像英语一样划分出泾渭分明的界限（参见前文综述和胡明扬 1996 的研究）。某些情况下，要将动词变为名词（如：绘画，"draw"→绘画，"drawing"）或名词变为动词时（如：威胁，"threat"→威胁，"threaten"）汉语不像其他语言一样，它并不需要派生变化。更复杂的是，加上为数庞大的模糊词的影响，这些特性可能相当程度上模糊了汉语名词和动词的边界，以至于过去有学者认为汉语词汇不存在固定的语法类别。汉语的这些特殊性可能造成了本研究得出的脑活跃模式与以往研究的不同[④]。心理语言学领域有强有力的证据表明，汉语的语言特殊性会影响其表征、实时加工（on-line processing）和习得（参见 Li, Tan, Bates 和 Tzeng 的相关研究，出版中），另外还有越来越多的证据表明，特定的语言经历会影响阅读和言语的神经系统（Gandour et al. 2003；Tan et al. 2003）；这与在学习环境（learning environment）影响下神经结构具有终身塑造性的假设是吻合的（Bates 1999；Nelson 1999）。本研究发现与上述诸多观点和证据相一致。

然而，汉语失语症患者的确表现出了名词、动词产出时的不同语言障碍模式，要如何解释本文 fMRI 研究结果与这些神经心理学证据间的矛盾呢？Bates et al.（1991）发现，布洛卡失语症患者表达动作名称比表达事物名称时更困难，而威尔尼克失语症患者正相反。以此发现为基础，Bates et al. 考虑到汉语名词、动词的形态负载没有什么差别，反对将造成动作表达障碍的原因归结为动词形态负载过大等形态句法解释。正如我们看到的，上述失语症研究与本文的 fMRI 实验结果不相一致，不过至今为止仍不清楚为何依据汉语失语症研究数据能够直接得出名词、动词皮层表征分布截然不同的观点，因为在 Bates et al. 的研究中，威尔尼克失语症患者不论是表达动词还是表达名词都处于一个相对较低的水平（正确率大致在 30% 左右）。另外，失语症研究主要采用图片命名（the naming of pictures）的实验方法，而本研究则是用汉字进行真假词判断的任务，因而难以对二者做出直接的比较。

如前面所述，最近也有研究开始质疑英语的名词－动词分离假说。这些研究认为，当实验设计详尽控制了刺激的特征（比如词长、频率、概念复杂度等），名词－动词的分离假说将既不能从神经成像数据中得到验证（Tyler et al. 2001），也无法在行为实验中得到证实，因为相同的特征可以从不同的方面影响词汇的处理（Szekely et al. 出版中）。Szekely et al.（出版中）认为，名词－动词分离假说是人为地将许多能够用来划分词类的加工维度综合而成的，这些维度包括习得年龄（age of acquisition）（名词的习得一般早于动词）、词汇频率（高频名词的处理比高频动词要快）、概念复杂度（从动力事件映射到动词要比从事物映射到名词来的复杂）等。此外，这些性质还可能以不同的方式影响加工的通道（例如生成词汇的能力较强，而理解词汇的能力较弱）。本研究与该结论一致——我们发现，许多名词、动词神经表征存在差别（或不存在差别）都与研究的词汇类型的刺激特征和处理特征有关，各种语言皆是如此。

本文的研究尚需从多种角度进行重复验证和深入拓展。在以后的学术研究中，我们需要进一步确定语言特异性对名词、动词神经表征的影响。首先，对于被认为明显名词－动词分离的语言来说，相似的实验刺激及相同的 fMRI 方法是否会得出类似的神经格局？其次，和其他实验方法相比，本研究使用的真假词判断可能对词汇范畴信息不够敏感，若换用语法范畴判定等不同的实验方法（比如说，让被试直接判断实验刺激是名词还是动词）来检测与本文类似的材料的话，又将得出怎样的结论？参照 Bates et al.（1991）和 Szekely et al.（出版中）的研究结果，或许我们也可以采用看图说话的方法。最后，对于母语为名词－动词神经分离的语言（如英语）使用者，他们如果将汉语作为第二种语言进行学习，他们在加工相同或者类似的汉语刺激时又会怎样？这些被试可以被分为不同的熟练度来进行测试，如此一来则可以测查出第二语言习得过程中神经活动的"发展"模式。

附 注

① 除了名词和动词，双重隶属性也可以出现在其他汉语语法类中（参见胡明扬 1996）。

② 我们所知的唯一一份关于模糊词的研究是 Federmeier et al.（2000）的研究，如本文中所述，他们采用了 ERP 技术研究句子语境中的词汇范畴。

③ 模糊词组的频率较高或许只是因为模糊词既能出现在名词环境中，也能出现在动词环境中。

④ 本研究无法证明汉语词汇没有语法类别这一假说。即便汉语名词和动词在语法功能上表现出了巨大的弹性，两者依然在其他重要领域有所区别，比如语义和词汇共现分布等（郭锐 2001；Li 2002）。因此，我们不能简单地从汉语没有名词、动词差异性的神经活动模式来推导出汉语不存在名词与动词的区分。

参考文献

高名凯　（1990）　关于汉语的词类分别，《高名凯语言学论文集》，商务印书馆，北京，262—272 页。

郭　锐　（2001）　汉语词类划分的论证，《中国语文》第 6 期，北京，494—507 页。

胡明扬　（1996）　《词类问题考察》，北京语言学院出版社，北京。

莫彭龄、单青　（1985）　三大类实词句法功能的统计分析，《南京师大学报（社会科学版）》第 3 期，南京，55—61 页。

俞士汶、陆俭明、郭锐 （1998） 《现代汉语语法信息词典详解》，清华大学出版社，北京。
Abdullaev, Y., Bechtereva, N.P., Melnichuk, K.V （1998） Neuronal Activity of Human Caudate Nucleus and Prefrontal Cortex in Cognitive Tasks. *Behavioural Brain Research* 97, 159-177.
Bates, E., Chen, S., Tzeng, O., Li, P., Opie, M. （1991） The Noun-verb Problem in Chinese Aphasia. *Brain and Language* 41, 203-233.
Bates, E. （1999） *Plasticity, Localization and Language Development.* In: Broman, S., Fletcher, J.M. (Eds.) The Changing Nervous System: Neurobehavioral Consequences of Early Brain Disorders, 214-253. New York: Oxford University Press.
Caramazza, A., Hillis, A.E. （1991） Lexical Organization of Nouns and Verbs in the Brain. *Nature* 349, 788-790.
Chan, M.K.M., Tai, J.H.-Y. （1994） *From Nouns to Verbs: Verbalization in Chinese Dialects and East Asian Languages.* In: Camacho, J., Choueiri, L. (Eds.), Sixth North American Conference on Chinese Linguistics. *NACCL-6. Graduate Students in Linguistics (GSIL)*, 49-74, USC, Los Angeles.
Chen, Y., Fu, S., Iversen, S.D., Smith, S.M., Matthews, P.M. （2002） Testing for Dual Brain Processing Routes in Reading: A Direct Contrast of Chinese Character and Pinyin Reading Using fMRI. *Journal of Cognitive Neuroscience* 14, 1088-1098.
Cocosco, C.A., Kollokian, V., Kwan, R.K.S., Evans, A.C. （1997） Brainweb: Online Interface to a 3D MRI Simulated Brain Database. *Neuro- Image* 5, 425.
Damasio, A.R., Tranel, D. （1993） Nouns and Verbs Are Retrieved with Differently Distributed Neural Systems. *Proceedings of the National Academy of Sciences* 90, 4957-4960.
Damasio, H., Grabowski, T., Tranel, D., Hichwa, R., Damasio, A. （1996） A Neural Basis for Lexical Retrieval. *Nature* 380, 499-505.
Dehaene, S. （1995） Electrophysiological Evidence for Category-specific Word Processing in the Normal Human Brain. *NeuroReport* 6, 2153-2157.
Federmeier, K., Segal, J., Lombrozo, T., Kutas, M. （2000） Brain Responses to Nouns, Verbs and Class-ambiguous Words in Context. *Brain* 123, 2552-2566.
Fiebach, C., Maess, B., Friederici, A. （2002） *Neuromagnetic Evidence that Differences in Noun and Verb Processing Are Modulated by the Presence of A Syntactic Context.* In: Haueisen, J., Nowak, H., Gießler, F., Huonker, R. (Eds.), Proceedings of Thirteenth International Conference on Biomagnetism, 339-341. Jena, Germany.
Friston, K.J., Holmes, A.P., Worsley, K.J., Poline, J.P., Frith, C.D., Frackowiak, R.S.J.

(1995) Statistical Parametric Maps in Functional Imaging: A General Linear Approach. *Human Brain Mapping* 2, 189-210.

Gandour, J., Wong, D., Dzemidzic, M., Lowe, M., Tong, Y., Li, X. (2003) A Cross-linguistic fMRI Study of Perception of Intonation and Emotion in Chinese. *Human Brain Mapping* 18, 149-157.

Gao, J.H., Parsons, L.M., Bower, J.M., Xiong, J.H., Li, J.Q., Fox, P.T. (1996) Cerebellum Implicated in Sensory Acquisition and Discrimination Rather than Motor Control. *Science* 272, 545-547.

Gentner, D. (1981) Some Interesting Differences between Verbs and Nouns. *Cognitive and Brain Theory* 4, 161-178.

Li, P. (2002) Emergent Semantic Structures and Language Acquisition: A Dynamic Perspective. In: Kao, H., Leong, C.K., Guo, D.G. (Eds.), Cognitive Neuroscience Studies of the Chinese Language, 79-98. Hong Kong: Hong Kong Univ. Press.

Li, P., Bates, E., MacWhinney, B. (1993) Processing A Language without Inflections: A Reaction Time Study of Sentence Interpretation in Chinese. *Journal of Memory and Language* 32, 169-192.

Li, P., Tan, L.H., Bates, E., Tzeng, O., in press. *New Frontiers in Chinese Psycholinguistics*. In: Li, P., Tan, L.H., Bates, E., Tzeng, O.J.L. (Eds.), Handbook of East Asian Psycholinguistics. Cambridge, UK: Cambridge Univ. Press.

Martin, A., Haxby, J.V., Lalonde, F.M., Wiggs, C.L., Ungerleider, L.G. (1995) Discrete Cortical Regions Associated with Knowledge of Color and Knowledge of Action. *Science* 270, 102-105.

Martin, A., Wiggs, C.L., Ungerleider, L.G., Haxby, J.V. (1996) Neural Correlates of Category-specific Knowledge. *Nature* 379, 649-652.

Miceli, G., Silveri, C., Nocentini, U., Caramazza, A. (1988) Patterns of Dissociation in Comprehension and Production of Nouns and Verbs. *Aphasiology* 2, 351-358.

Nelson, C. (1999) Neural Plasticity and Human Development. *Current Directions in Psychological Science* 2, 42-45.

Perani, D., Cappa, S.F., Schnur, T., Tettamanti, M., Collina, S., Rosa, M.M., Fazio, F. (1999) The Neural Correlates of Verb and Noun Processing: A PET Study. *Brain* 122, 2337-2344.

Petersen, S., Fox, P., Posner, M., Mintun, M., Raichle, M. (1989) Positron Emission Tomography Studies of the Processing of Single Words. *Journal of Cognitive Neuroscience* 1, 153-170.

Preissl, H., Pulvermüller, F., Lutzenberger, W., Birbaumer, N. (1995) Evoked

Potentials Distinguish Nouns from Verbs. *Neuroscience Letters* 197, 81-83.
Pulvermüller, F. （1999） Words in the Brain's Language. *Behavioral and Brain Sciences* 22, 253-336.
Pulvermüller, F., Preissl, H., Lutzenberger, W., Birbaumer, N. （1996） Brain Rhythms of Language: Nouns versus Verbs. *European Journal of Neuroscience* 8, 937-941.
Scott, S., Rosen, S., Faulkner, A., Meng, Y., Wise, R., Warren, J., Spitsyna, G., Narain, C. （2003） Speech in the Brain: Interactions with Learning, Faces and Cultural Differences. *Paper presented at Royal Society Summer Science Exhibition*, London.
Shapiro, K., Caramazza, A. （2003） Grammatical Processing of Nouns and Verbs in the Left Frontal Cortex. *Neuropsychologia* 41, 1189-1198.
Snyder, P.J., Harris, L.J. （1993） Handedness, Sex and Familiar Sinistrality Effects on Spatial Tasks. *Cortex* 29, 115-134.
Szekely, A., D'Amico, A., Devescovi, A., Federmeier, K., Herron, D., Iyer, G., Jacobsen, T., Are'valo, A., Vargha, A., Bates, E., in press. Timed Action and Object Naming. *Cortex*.
Tan, L.H., Liu, H.L., Perfetti, C.A., Spinks, J.A., Fox, P.T., Gao, J.H. （2001a） The Neural System Underlying Chinese Logograph Reading. *NeuroImage* 13, 826-846.
Tan, L.H., Feng, C.M., Fox, P.T., Gao, J.H. （2001b） An fMRI Study with Written Chinese. *NeuroReport* 12, 83-88.
Tan, L.H., Spinks, J., Feng, C., Siok, W., Perfetti, C., Xiong, J., Fox, P., Gao, J.H. （2003） Neural Systems of Second Language Reading Are Shaped by Native Language. *Human Brain Mapping* 18, 158-166.
Talairach, J., Tourmoux, P. （1998） Co-Planar Stereotactic Atlas of the Human Brain. *Theime Medical*, New York.
Tyler, L.K., Russell, R., Fadili, J., Moss, H.E. （2001） The Neural Representation of Nouns and Verbs: PET Studies. *Brain* 124, 1619-1634.
Xiang, H., Lin, C., Ma, X., Zhang, Z., Bower, J., Weng, X., Gao, J.H. （2003） Involvement of the Cerebellum in Semantic Discrimination: An fMRI Study. *Human Brain Mapping* 18, 208-214.
Warburton, E., Wise, R., Price, C., Weiller, C., Hadar, U., Ramsay, S., Frackowiak, R. （1996） Noun and Verb Retrieval by Normal Subjects. Studies with PET. *Brain* 119, 159-179.
Wise, R., Chollet, F., Hadar, U., Fiston, K., Hoffner, E., Frackowiak, R. （1991） Distribution of Cortical Neural Networks Involved in Word Comprehension and Word Retrieval. *Brain* 114, 1803-1817.

附录　实验用名词、动词和模糊词词表

名词		动词	
产量	*chanliang* (output)	变成	*biancheng* (become)
道路	*daolu* (road)	超过	*chaoguo* (exceed)
电影	*dianying* (movie)	出来	*chulai* (come)
儿童	*ertong* (children)	担任	*danren* (assume)
方案	*fang'an* (scheme)	打破	*dapo* (break)
飞机	*feiji* (airplane)	抵达	*dida* (arrive)
工资	*gongzi* (salary)	夺得	*duode* (acquire)
广告	*guanggao* (poster)	搞好	*gaohao* (do well)
观众	*guanzhong* (audience)	告诉	*gaosu* (tell)
故事	*gushi* (story)	建成	*jiancheng* (build)
海关	*haiguan* (customs)	交换	*jiaohuan* (exchange)
合同	*hetong* (contract)	看到	*kandao* (see)
教室	*jiaoshi* (classroom)	留下	*liuxia* (leave)
节目	*jiemu* (blocks)	签订	*qianding* (sign)
旅客	*lüke* (tourist)	取消	*quxiao* (cancel)
煤炭	*meitan* (coal)	树立	*shuli* (establish)
商场	*shangchang* (market)	下降	*xiajiang* (descend)
商店	*shangdian* (shop)	遇到	*yudao* (meet)
山区	*shanqu* (hills)	知道	*zhidao* (know)
食品	*shipin* (food)	种植	*zhongzhi* (plant)
外汇	*waihui* (foreign money)	抓住	*zhuazhu* (hold)
文章	*wenzhang* (article)	做出	*zuochu* (make)
足球	*zuqiu* (soccer)		

模糊词	
变化	*bianhua* (change, change)
编辑	*bianji* (compilation, compile)
代表	*daibiao* (representative, represent)
导演	*daoyan* (director, direct)
合影	*heying* (picture, take a picture)
花费	*huafei* (expense, spend)
绘画	*huihua* (drawing, draw)
建议	*jianyi* (suggestion, suggest)
教训	*jiaoxun* (lesson, teach)
计划	*jihua* (plan, plan)
记录	*jilu* (record, record)
领导	*lingdao* (leader, lead)
命令	*mingling* (order, order)
认识	*renshi* (understanding, understand)
通知	*tongzhi* (notice, notify)
威胁	*weixie* (threat, threaten)
需要	*xuyao* (need, need)
要求	*yaoqiu* (request, require)
影响	*yingxiang* (influence, affect)
知识	*zhishi* (instruction, instruct)
主编	*zhubian* (editor, edit)
总结	*zongjie* (summary, summarize)
组织	*zuzhi* (organization, organize)

斜体字为汉语的拼音形式，括号内为英文注释。模糊词的名词义和动词义都用英文注释给出。

（李平：VA 23173 美国，里士满，里士满大学心理学系；
金真：中国，北京 306 医院医学影像中心；
谭力海：中国，香港，香港大学语言与认知神经科学实验室；
高诗云：100871 北京，北京大学中文系 conyking@sina.com；
杨静：16802 PA 美国，宾州州立大学帕克分校心理学系）

名词和动词在中英双语者大脑中的神经表征*

杨静　谭力海　李平著
关思怡译　杨静校

提要　有关英文和其他西方语言的神经心理学和脑成像研究显示，类似名词和动词这样的基本词汇范畴在大脑中是有不同生理基础的。相反，中文的研究表明，负责中文名词和动词的神经脑区是重合的。那么对于使用中文和英文这两种不同类型语言的双语者来说，他们的大脑是如何支持名词和动词的表现与组织的呢？在这篇脑功能成像研究中我们检验了晚期非熟练中英双语者处理名词和动词的脑神经机制。与以往的中文研究结果一致，我们的研究发现这些晚期的中英双语者加工中文的名词和动词时所涉及的脑区相似；但出乎意料的是，在加工英文的名词和动词时，他们也使用了相同的神经机制，这意味着对于晚期的非熟练的双语者来说，第二语言的加工依赖于第一语言加工的神经基础。

关键词　名词和动词　脑功能成像　中英双语者　词汇的神经表征

1　简介

词汇知识在大脑中是如何组织的？不同词汇范畴的单词（比如名词和动词）是由不同的，还是相同的神经基础负责加工的？大量的文献研究致力于解决这些问题（参见 Crepaldi, Berlingeri,

---

*　本研究得到了中国科技部973项目（2005CB522802，项目主持人：谭力海）和美国国家科学基金会的国际研究与教学计划（OISE-0968369，项目主持人：李平）的资助。在此也感谢中国科学院的周可博士协助本研究的数据收集。

本文的英文原版文章发表在 2011 年的 Journal of Neurolinguistics 杂志上，Elsevier Science Publisher 已授权本中文翻译出版。如需引用原文，请引用如下内容：

Yang, J., Tan, L., & Li, P. (2011). Lexical representation of nouns and verbs in the late bilingual brain. Journal of Neurolinguistics, 24, 674-682.

Paulesu & Luzzatti 2011; Vigliocco, Vinson, Druks & Cappa 2011)。早期的神经心理学研究发现，左侧颞叶（the left temporal lobe）和关联区域损伤的病人表现出对名词的理解困难，而左侧额叶（the left frontal lobe）损伤的病人在处理动词方面有缺陷（Caramazza & Hillis 1991；Damasio & Tranel 1993）。采用不同的研究方法（如 ERP，PET，fMRI）和不同的实验任务（如单词生成 word generation，语义判断 semantic judgment，图片命名 picture naming，词汇选择 lexical decision）的神经成像研究已经证实，加工英文动词时往往会观察到被试前额叶及其他额叶脑区的活动，而加工英语名词常常会在颞叶的中部和后部的区域引发较大的反应（例如，Martin, Haxby, Lalonde, Wiggs & Ungerleider 1995；Petersen, Fox, Posner, Mintun & Raichle 1989；Shapiro, Moo & Caramazza 2006）。其他的拼音文字的研究也得到了类似的结论，如德语（Koenig & Lehmann 1996），荷兰语（Kellen, Wijers, Hovius, Mulder & Mulder 2002），意大利语（Perani 等 1999）和日语（Yokoyama 等 2006）。然而，这种不同词类加工时观察到的颞叶与额叶的分离关系在中文加工时并没有发现（Li, Jin & Tan 2004），很有可能是因为中文在词汇和语法结构等方面都与上面提到的印欧语言有显著区别。

目前，我们还不清楚究竟是什么原因造成了英文等语言中的名词与动词的神经基础分离的现象。究竟是因为动词与名词作为不同语法范畴的词类拥有不同的形态 – 句法特性（morpho-syntactic properties），还是因为名词和动词联系着不同的语义 – 概念特性（semantic-conceptual properties）（参见 Vigliocco 等 2011）。同样不明确的还有，现有文献中研究结果并不完全一致，使用现有的神经成像技术能否将名词和动词在大脑中的神经基础真正的实现空间分离（参见 Crepaldi 等 2011）。不过，至少我们目前明确的是，现有研究中，不同的实验任务或者实验步骤有可能导致了相关研究的结论不统一。如 Crepaldi 等人（2011）所指出的：词汇选择，图片命名，语义判断和单词生成等使用过的实验任务探测的是不同的处理层次（词汇，句法，语义），因此也不奇怪在研究名词与动词的不同研究中观察到各种与具体任务相关的神经活动模式（task-specific patterns）。

虽然已经有大量考察单一语言中名词和动词的研究，目前只有少数的研究涉及双语者不同语言词汇类别加工的神经基础。Chan 等（2008）对香港早期熟练中英双语者进行了这方面的研究。由于中文和英文是两种不同类型的语言，中英双语者为我们提供了一个独特机会，来研究同一个大脑是如何处理加工不同的语言。例如，名词和动词在英文和其他西方语言中是用不同的语法形态标记的（数、人称、时态标记）。然而，中文没有那样的词缀标志，因此不同的词汇类别通过形态无法区分（高名凯 1990）。这种跨语言差异对于我们了解语言加工及其神经机制有重要的意义（参考 Li, Bates, Tan & Tzeng 2006）。Chan 等 (2008) 的脑功能成像（fMRI）研究发现双语者处理第一和第二语言（第一语言粤语，第二语言英语）的名词和动词有不同的神经模式：与单语者的研究结果（Li 等 2004）一致的是，早期熟练双语者加工中文的名词和动词时，他们的大脑活动对这两种词汇类别没有显著的模式差异；然而，当加工英语的名词和动词时，他们的神经反应有显著的不同：加工动词比名词在运动及感知等相关大脑皮层引发更为强烈的神经活动（例如左壳 left putamen、小脑 cerebellum 和右侧视觉皮质 right visual cortex）。这些发现表明，早期熟练双语者的大脑可能对每个目标语言的语言特性很敏感，大脑处理每种语言时的神经模式与该语言的单语者一样，受特定语言经验的影响（Li 等 2004）。

最近，Willms 等（2011）使用 fMRI 对熟练掌握西班牙语－英语的双语者进行了研究，得出了与 Chan 等（2008）不同的结果。在词形－语音交替任务（morpho-phonological alternation task）中，他们的双语者说两种语言时都在动词方面显示了比名词更强的神经反应，第一语言（西班牙语）的神经反应模式与第二语言（英语）非常相似。这个研究的发现也与 Hernández, Costa, Sebastián-Gallés, Juncadella 和 Reñé（2007）的数据一致，他们检验的是患有初级阶段失语症的加泰罗尼亚语－西班牙语双语者。这个双语者命名动词比名词更困难，这种模式对于第一语言（加泰罗尼亚语）和第二语言（西班牙语）都成立。基于这些加泰罗尼亚语－西班牙语和西班牙语－英语双语说者的研究结果，Hernandez & Li（2007）和 Willms 等（2011）提出，高度熟练的双语者的大脑存在一处跨语言的神经结构负责词汇加工（language-invariant cortical organization），而名词与动词的区分就是其中一个重要的语法组织原则。

中英双语者（Chan 等 2008）与加泰罗尼亚语－西班牙语和西班牙语－英语双语者（Hernandez & Li 2007；Willms 等 2011）在名词和动词方面的神经活动模式的差异也许是因为中文和英文有显著差异，而加泰罗尼亚语同西班牙语、西班牙语同英语在语法系统上有很大的共性。早前的研究已经指出，双语者加工两种语言时，两种特征相似的语言与两种特征不同的语言相比，加工时更为相似（Tokowicz & MacWhinney 2005）。因此，加泰罗尼亚语－西班牙语、西班牙语－英语的双语都用相同的方式区分名词和动词也就并不奇怪了，因为这两种语言都通过非常相似的语法形态来标记这两类词汇。相反地，中文完全没有语法形态变化规则，而英文有，因此早期熟练中英双语者的两种语言中的名词和动词的神经反应模式也大相径庭。

目前所有的证据表明，（1）语言的相似性很重要，（2）语言的习得年龄（age of acquisition）（AoA）也起到很大的作用。这两个因素都影响着双语者大脑中词汇表征的神经基础。在上面回顾的三个研究（Chan 等 2008；Hernandez & Li 2007；Willms 等 2011）中所有的双语者都是早期熟练双语者，他们第一语言和第二语言的名词、动词的神经活动模式与单语者一样（尽管模式不完全相同，参见 Grosjean 1989）。但是，晚期双语者加工名词和动词的神经反应模式会与早期双语者相同吗？如果第一语言和第二语言如中文和英文这样不同，第一语言的认知和神经机制会不会影响第二语言呢？还是第二语言的神经反应模式完全独立于第一语言，即使第一语言的习得远远早于第二语言？

为了解决这些问题，我们测试了一组晚期中英双语者。Chan 等（2008）观察到的不同的神经模式也许反映了双语说话人的长期语言经验。现有的行为和脑成像研究已经认定习得年龄（AoA）能有效的预测第二语言的发展能力（Hernandez & Li 2007; Wartenburger 等 2003），而语法范畴是晚期中英双语者常常较难掌握的部分（Chen, Shu, Liu, Zhao & Li 2007）。如果 AoA 影响的确存在，那么早期和晚期的双语者应显示出不同的处理模式和神经反应，即晚期双语者在加工第二语言时对第一语言的处理机制的依赖性更大（Hernandez, Li & MacWhinney 2005）。另一方面，如果对第二语言特性敏感的神经生理机制发展得很快，就如一些双语 ERP 数据显示的那样（McLaughlin, Osterhout & Kim 2004），那么另一个假设就是：早期和晚期的双语者都会显示出对语言特性的神经反应，因此晚期双语者的第一语言和第二语言加工会涉及不同的大脑活动模式。

2 研究方法

2.1 被试

中国北京的首都师范大学的 17 名大学生（8 女 9 男，平均年龄 = 21.78 岁，从 19 岁到 28 岁）参与了这项研究。他们都是以汉语为第一语言的，而且从 12 岁左右开始学习英语。我们使用一份语言熟练程度问卷（Li, Sepanski & Zhao 2008），通过自我报告来衡量他们的双语水平。他们被要求用从 1（完全不熟练）到7（非常熟练）的数字来评价自己的中文和英文听力和阅读水平。对于他们的第一语言，他们都报告了7（非常熟练）。对英文听力和阅读水平的自我报告平均值分别是4.41（SD = .80）和4.26（SD = .90）。这些被试的中文和英文水平的自我报告评分存在显著差别（所有t值大于1，P值小于.001）。根据Snyder& Harris（1993）的左右优势手的问卷调查，被试都是右利手。在研究开始前，所有被试都同意并签署了中科院和香港大学的被试知情同意协议书。

2.2 实验设计和实验过程

我们的研究使用了脑成像分组设计（block design）。中文和英文的刺激分期呈现。在每种语言刺激序列中，被试需要对呈现的名词（N），动词（V）或非词(nonword)做真假词汇判断。使用真假词汇判断任务一方面是有利于我们与以往的实验结果进行对比（Chan等2008；Li等2004），另一方面，也是因为在有关名词与动词的对比研究中这种任务有较为一致的结论（详情参见Crepaldi等2011）。在实验里，所有的中文刺激都是由两个汉字组成的双音节词。中文非词由两个不成词的合法汉字构成，而英文的非词是看起来拼写合法、可以读出但是没有意义的假词。在基线条件（A）下，被试按键选择箭头方向（左或右）。每次刺激反应试验包含一个600毫秒的刺激单词，及随后呈现的1400毫秒的刺激间隙。被试用右手大拇指按右键回答"是"（真词或右箭头），用左手大拇指按左键回答"否"（非词或左箭头）。每组刺激（N，V，或A）包含12次刺激反应试验，而这些条件序列的呈现通过拉丁方设计（Latin Square design）得到平衡。所有的语言刺激材料在视觉复杂程度和频率上都得到了匹配：中文双音词平均笔画数量为15，英文单词的平均字母数量是6，名词动词皆如此。中文真词平均出现频率根据现代汉语频率词典（王还 1986）确定的，每个词要不少于每百万词 14 次，而英文真词的平均出现频率是每百万词不少于 28 次，根据字幕词汇频率常模（subtitle lexical frequency norms）（Brysbaert 2009；http://subtlexus.lexique.org/）确定的。

2.3 MRI 的扫描参数（acquisition）

本次研究使用一台西门子 3T 核磁共振扫描仪（Siemens Magnetom Trio 3-T MRI scanner）。用 T2 比重的回波成像序列（T2-weighted gradient-echo EPI sequence）来获得 fMRI 图像，使用的参数如下：TR = 2000 ms；TE = 30 ms；FA = 90°；matrix size = 64×64。功能成像通过 32 层轴片（32 axial slices）重建，每一层的厚度是 4mm。另外通过 T1 比重的 3D 回波成像序列（T1-weighted，3D gradient-echo sequence）获得一系列高分辨率的结构图像（$1 \times 1 \times 1$ mm^3）。

2.4 fMRI 数据分析

我们使用 SPM8（http://www.fil.ion.ucl.ac.uk/spm/software/spm8/）对每位被试的功能成像数据进行了分析。每次实验运行的前三个数据点会被丢弃，以使血液动力学漂移效应的影响（the transit effects of hemodynamic responses）最小化。剩下的图像首先为了纠正头动的影响进行了重新排序（motion correction），然后根据 ICBM152 提供的功能头像模板（ICBM152 stereotactic space）（Cocosco, Kollokian, Kwan & Evan 1997）进行标准化。接着，这些图像通过高斯要点（Gaussian kernel）（6 mm full width at half-maximum [FWHM]）处理平滑，以提高信噪比。对每一个被试而言，功能成像被分成四个数据组：中文名词（CN），中文动词（CV），英文名词（EN）和英文动词（EV）。个人在实验条件（N/V）和基线条件（A）下生成的对比图像在跨语言的情况下进行了再对比，具体来说是通过方差分析的方法研究语言种类（C. vs. E）和单词类型（N vs. V）的主效应及其交互作用。方差分析（ANOVA）通过 SPM8 里的一种全因素分析（a full factorial analysis）的功能进行的，其中 2×2 设计里的四个单位（CN，CV，EN，EV）中选择的内容为在每种实验条件与基线条件（A）的对比图像。方差分析结果的阈值为 FDR，$p < .05$（Genovese, Lazar & Nichols 2002）并且激活的像素水平要等于或者大于 36 个。每种语言中名词 N 和动词 V 条件的直接对立又是通过配对样本 t 检验进行的简单效应分析，阈值也同样是 FDR，$p < .05$，并且使用了初始比较（N vs. A；V vs. A）做遮蔽。所有的功能像的统计图呈现的结构像背景都来自 SPM8 中自带的高分辨率、标准化的 T1 比重的结构模板，而报告的具体坐标参照的是 SPM8 的 MNI 坐标。

3 结果

3.1 行为数据（Behavioral data）

图 1 展示了本实验的行为数据。一名被试由于行为表现不佳（准确率低于机会水平），其数据被剔除。如图 1a 所示，被试处理第一语言（中文）显著快于处理第二语言（英文），$F(1, 15) = 7.871$，$p < .05$：中文名词和动词的平均反应时间（RT）是 606.1 ms（SD = 60.8）和 618.8 ms（SD = 65.5），而英文名词和动词分别需要 644.6 ms（SD = 78.5）和 651.18 ms（SD = 82.6）。被试在中文真假词判断任务中的准确率方面同样显著高于英文的，$F(1, 15) = 39.845$，$p < .001$：中文的平均准确率是名词 84.64%（SD = .11），动词 83.72%（SD = .12），英文名词准确率为 58.98%（SD = .16），动词 69.27%（SD = .13）。成对样本的 t 检验显示两种语

言里的名词和动词之间的 RT 没有显著区别。但是，准确率数据的 t 检验显示英文名词和动词存在显著差别，名词比动词的错误更多，t（15）= 4.762，p < .001；而中文中没有发现这种显著差异，如图 1b 所示。

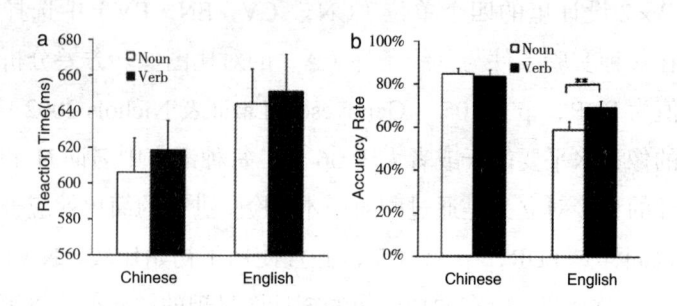

Fig.1. Behavioral performance (a: RT and b: percent accuracy) for nouns and verbs in Chinese versus English. Paired samples *t*-tests showed no significant differences in RT between nouns and verbs for either language, but showed a significant difference in accuracy rate between nouns and verbs in English ($p < .001$; see ** in 1b) though not in Chinese.

图 1 被试在中英文的名词、动词条件下的不同行为表现（a：RT；b：准确率百分比）。成对样本 t 检验显示两种语言的名词和动词的反应时都没有显著差异，但是英文名词和动词的准确率却有显著差异（p<.001；参见 1b 中的 **），而中文没有。

3.2 fMRI 数据

3.2.1 语言的效应（Effects of language）

方差分析发现了语言的主效应（中文和英文）显著，但单词类型（名词和动词）主效应不显著。加工英文单词与加工中文单词相比，在右侧额中回（gyrus）（BA 9），脑岛（insula），角回（angular gyrus）（BA 39）和双侧顶上小叶（bilateral superior parietal lobes）等区域产生的大脑活动更为显著（图 2c）。而第一语言（中文）与第二语言（英文）相比，没有显示更为强烈的神经反应。单词类型的主效应及其与语言类别之间的相互作用都没有达到统计的显著水平。表 1 总结了双语者不论是加工名词还是动词，处理第二语言与处理第一语言相比活动更显著强烈的大脑区域。

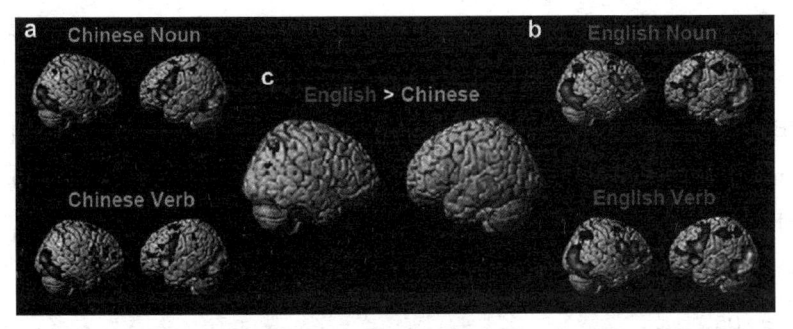

Fig. 2. Surface 3D images display brain regions that responded more strongly in the Chinese (a) and the English (b) lexical decision task compared with the arrow judgment task. Collapsing over word types (nouns and verbs), right middle frontal gyrus, insula, bilateral superior parietal lobes and right angular gyrus showed significantly greater neural responses in the English conditions than in the Chinese conditions, as seen in (c).

图 2 表面 3D 成像展示了真假词判断任务与基线任务相比时不同语言实验条件下的脑活动模式。中文（a）和英文（b）。忽略单词类型（名词和动词）的影响，右侧额中回，脑岛，双侧顶上小叶和右侧角回在英文条件中显示了比中文条件中更强烈的神经活动，具体如（c）所示。

3.2.2 单词类型的主效应（Effects of word type）

在中文的情境中，这些晚期非熟练的双语者处理名词的大脑活动模式与处理动词的非常相似（图 2a）。这两种条件引发了双侧额上回（bilateral superior frontal cortex）（BA 6）、额中回（middle frontal gyri）（BAs 9/46）和额下回（BAs 44/45/47）强烈的神经反应。双侧顶上小叶、左侧梭状回（left fusiform gyrus）（BA 19）和左侧楔状回（left cuneus gyrus）（BA 18）在两种条件下都高度活跃。如果直接比较的话，中文名词在顶叶后部（posterior parietal lobe）（BAs 7/40）和双侧小脑（bilateral cerebellum）产生更强烈的活动，而中文动词在右侧梭状回（right fusiform gyrus）活动更强烈。但是，这些条件之间的活动差别都没有达到统计显著水平（FDR, $p < .05$）。

英语名词和动词的加工涉及更广泛的大脑活动分布网络，与中文名词和动词有点类似但更对称。如图 2b 所示，英文名词和动词条件下都有显著的大脑活动（与基线任务相比），活动的区域包括双侧额上回（bilateral superior frontal gyri）（BA 6）、额中回（middle frontal gyri）（BAs 9/46）、额下回（inferior frontal cortex）（BAs 44/45/47）、脑岛（insula）、双侧顶叶后部（bilateral posterior parietal regions）（BAs 7/40）、右侧角回（right angular gyrus）（BA 39）、左侧梭状回（left fusiform gyrus）、两侧尾状核（bilateral caudate nucleus）和左丘脑（left thalamus）。对名词而言左侧颞中回（left middle temporal gyrus）更活跃，对动词而言右侧额中回（right middle frontal gyrus）更活跃，但是这种差异在统计上并不显著（FDR，p < .05）。

表1　处理英文（第二语言）和中文（第一语言）时大脑活动显著区域 a

活跃区域	BA	激活团大小（Cluster size）	MNI 坐标			T值
			x	y	z	
额叶						
右侧额中回	9	52	46	10	32	4.47
右侧脑岛	-	54	24	22	4	4.59
顶叶						
左侧顶上小叶	7	151	-22	-70	54	5.33
右侧顶上小叶	7	341	28	-68	54	6.77
右侧角回	39	170	34	-72	26	4.89

*　显著活动区域是以第二语言与第一语言在名词和动词条件下活动区域的直接比较为基础的。

4　讨论

在本研究中，我们测查了晚期中英双语者大脑加工名词和动词的神经基础。前人研究集中在印欧语系语言的大脑神经反应上，或者集中于研究单语者而非双语者（Crepaldi 等 2011；Vigliocco 等 2011）。在这些使用了真假词判断任务研究名词和动词的神经成像研究中，有部分研究发现了名词与动词的差异（例如 Fujimaki 等 1999；Perani 等 1999；Tyler, Russel, Fadili & Moss 2001），而其他一些研究没有表明差异的存在（Li 等 2004；Yokoyama 等

2006）。这种同一领域研究结果的不一致也许可以（至少是"部分可以"）用不同语言之间的跨语言差异来解释。语言神经科学研究不断显示，跨语言相似性（cross-language similarity）（或者跨语言重叠）在双语者调整认知和神经反应方面扮演着重要角色。跨语言重叠（cross-language overlap）指的是双语者使用的两种语言所共享的相同特征。跨语言重叠越大导致大脑处理区域的重叠范围越大，而重叠小会造成双语者大脑负责两种语言的神经基础界限更为分明（Li & Tokowicz 2011; Tokowicz & MacWhinney 2005）。

我们的研究通过测试第一语言（中文）和第二语言（英文）里与名词和动词相对应的神经反应模式，揭示了不同类型语言里的语言特定词汇范畴是怎样在双语者的大脑中进行组织的。我们的行为数据显示，晚期双语者在处理名词和动词方面没有显著差异（但是请参见注②里的频率影响）。我们的fMRI数据显示双语者使用了大面积的重叠神经网络来处理名词和动词，不论是第一语言还是第二语言，尽管第二语言依赖于一个比第一语言分布更广泛的神经系统，包括一些皮层之下的区域。与处理母语相比，这个更广泛的神经网络也许反映了大脑加工第二语言时需要更多资源（Perani & Abutalebi 2005）。我们的数据与现有的印欧语言研究有相左的地方，第一点是名词–动词的差异，第二点是和Chan等(2008)的研究不同，他们认为早期双语者第一语言和第二语言无论在大脑活动区域还是在活动时间过程（activation time courses）上都有显著的神经差异。

我们发现的中文名词和动词重叠的神经网络与现有的中文单语者研究结果一致（Li等2004），也与早期中英双语者中文反应模式一致（Chan等2008）。与Chan等（2008）的研究结果所不同的是，Chan和她的研究团队发现早期熟练中英双语者处理英文名词和动词存在显著差异而中文则没有，而我们的研究显示晚期双语者处理名词和动词时不论是第一语言还是第二语言都没有这种显著差异。这些研究都发现中文名词与动词没有显著差异，可能因为语言使用者的特定语言经验，即，中文缺乏语法形态变化，而存在众多可以互相替换的名词和动词，因而中文使用者对名词和动词区别不敏感，进而导致对名词和动词的神经反应没有差异（更详细的分析参见 Li 等 2004）。我们的双语者对英文也缺乏这样的名词与动词的反应差异，根据 Chan 等(2008)的结论也许可以用习得年龄(AoA)的影响来解释。换句话说，我们研究的晚期中英双语者与 Chan 等（2008）里的早期双语者相比，仍用中文（第一语言）的神经机制来处理英文（第二语言），所以对英语的名词和动词也没有神经敏感度。

  成功掌握第二种语言需要花费大量的时间和精力。但晚期双语者往往学习了很多年第二语言之后仍然在第二语言的语音、语法和词汇等方面存在困难。我们的数据是基于晚期双语者（他们的第二语言水平从一般到高度熟练），表明第一语言的语言学习经验会塑造第二语言的神经反应模式，而晚期双语者与早期双语者不同，在处理第二语言时经常需要借助第一语言的认知和神经机制。从我们的行为数据和 fMRI 数据同样可以清晰地发现，第一语言的词汇处理比第二语言更加迅速、准确。图 2 的数据突出地表明，对我们的晚期双语者来说，第二语言的加工更难，而大脑涉及的活动范围更为广泛，具体体现为右侧皮层和皮层下区域大脑活动更强烈（参见 Parker Jones 近期的研究，出版中），包括涉及语言产生和发音的认知和运动控制的脑岛（Ackermann & Riecker 2004）。另一方面，我们的数据也表明，通过更多的语言学习（linguistic exposures），晚期双语者提高语言熟练程度，也进而能够提高对第二语言中名词和动词差别的辨识，这可以从英文名词在左侧颞中回更活跃而英文动词在右侧额中回更活跃上看出（虽然统计上不显著）。另外，我们还发现双语者的英文名词和动词的反应准确率存在差异（动词比名词准确率高）。希望未来有关双语者不同词汇加工区别的研究，能够测试第二语言水平不同的晚期双语者，用低熟练程度和高熟练程度对比来进一步确定语言经验、习得年龄和熟练程度对双语者的语言加工的神经机制有怎样独特或者联合的影响。

附 注

① Willms 等人 (2011) 最近关于西班牙语–英语双语者的 fMRI 研究认为，双语者在名词与动词区分方面有"跨语言的"皮层组织（'language-invariant' cortical organization）。而他们也同意西班牙语和英语的神经网络完全相同，这些语言在语系上的关系相对接近，他们与匈牙利语、巴斯克语及汉语或斯瓦希里语等比较时在语法和语义结构上更为相似。

② 而这种差异也许是由于本研究的实验刺激中动词与名词的频率差异造成：根据 Brysbaert（2009）（http://subtlexus.lexique.org/）提供的字幕词汇频率常模的，本研究中的英文动词和名词的平均词频分别是 34.65 和 28.16。

参考文献

Ackermann, H., & Riecker, A. （2004） The contribution of the insula to motor aspects of speech production: a review and a hypothesis. Brain and Language, 89, 320-328.

Brysbaert, M. （2009） Moving beyond Kucera and Francis: a critical evaluation of current word frequency norms and the introduction of a new and improved word frequency measure for American English. Behavior Research Methods, 41, 977-990.

Caramazza, A., & Hillis, A. （1991） Lexical organization of nouns and verbs in the brain. Nature, 349, 788-790.

Chan, A. H. D., Luk, K. K., Li, P., Yip, V., Li, G., Weekes, B., et al. （2008） Neural correlates of nouns and verbs in early bilinguals. Annals of the New York Academy of Sciences, 1145, 30-40.

Chen, L., Shu, H., Liu, Y., Zhao, J., & Li, P. （2007） ERP signatures of subject-verb agreement in L2 learning. Bilingualism: Language and Cognition, 10, 161-174.

Cocosco, C. A., Kollokian, V., Kwan, R. K. S., & Evan, A. C. （1997） Brainweb: online interface to a 3D MRI simulated brain database. NeuroImage, 5, 425.

Crepaldi, D., Berlingeri, M., Paulesu, E., & Luzzatti, C. （2011） A place for nouns and a place for verbs? A critical review of neurocognitive data on grammatical-class effects. Brain and Language, 116, 33-49.

Damasio, A. R., & Tranel, D. （1993） Nouns and verbs are retrieved with differently distributed neural systems. Proceedings of National Academy of Sciences USA, 90, 4957-4960.

Fujimaki, N., Miyauchi, S., Pütz, B., Sasaki, Y., Takino, R., Sakai, K., et al. （1999） Functional magnetic resonance imaging of neural activity related to orthographic, phonological, and lexico-semantic judgments of visually presented characters and words. Human Brain Mapping, 8, 44-59.

Genovese, C. R., Lazar, N. A., & Nichols, T. E. (2002) Thresholding of statistical maps in functional neuroimaging using the false discovery rate. NeuroImage, 15, 870-878.

Grosjean, F. (1989) Neurolinguistics, beware! The bilingual is not two monolinguals in one person. Brain and Language, 36, 3-15.

Hernádez, M., Costa, A., Sebastián-Gallés, N., Juncadella, M., & Reñé, R. (2007) The organization of nouns and verbs in bilingual speakers: a case of bilingual grammatical category-specific deficit. Journal of Neurolinguistics, 20, 285-305.

Hernandez, A. E., & Li, P. (2007) Age of acquisition: its neural and computational mechanisms. Psychological Bulletin, 133, 638-650.

Hernandez, A. E., Li, P., & MacWhinney, B. (2005) The emergence of competing modules in bilingualism. Trends in Cognitive Sciences, 9, 220-225.

高名凯 (1990) 关于汉语的词类分别,《高名凯语言学论文集》,商务印书馆,北京,262—272 页。

Kellen, M. L., Wijers, A. A., Hovius, M., Mulder, J., & Mulder, G. (2002) Neural differentiation of lexico-syntactic categories orsemantic features? Event-related potential evidence for both. Journal of Cognitive Neuroscience, 14, 561-577.

Koenig, T., & Lehmann, D. (1996) Miscrostates in language-related brain potential maps show noun-verb differences. Brain and Language, 53, 169-182.

Li, P., Bates, E., Tan, L. H., & Tzeng, O. (2006) Handbook of Eastern Asian psycholinguistics. Cambridge: Cambridge University Press.

Li, P., Jin, Z., & Tan, L. H. (2004) Neural representations of nouns and verbs in Chinese: an fMRI study. NeuroImage, 21, 1533-1541.

Li, P., Sepanski, S., & Zhao, X. (2008) Language history questionnaire: a web-based interface for bilingual research. Behavioral Research Methods, 38, 202-210.

Li, P., & Tokowicz, N. (2011) The psycholinguistics of second language acquisition. In P. Robinson (Ed.), Routledge encyclopedia of second language acquisition. New York, NY: Taylor & Francis/Routledge.

Martin, A., Haxby, J. V., Lalonde, F. M., Wiggs, C. L., & Ungerleider, L. G. (1995) Discrete cortical regions associated with knowledge of color and knowledge of action. Science, 270, 102-105.

McLaughlin, J., Osterhout, L., & Kim, A. (2004) Neural correlates of second language word learning: Minimal instruction produces rapid change. Nature Neuroscience, 7, 703-704.

Parker Jones, O., Green, D.W., Grogan, A., Pliatsikas, C., Filippopolitis, K., Ali, N., et al. (in press). Where, when and why brain activation differs for bilinguals and monolinguals during picture naming and reading aloud. Cerebral Cortex, doi: 10.1093/cercor/bhr161.

Perani, D., & Abutalebi, J. (2005) The neural basis of first and second language processing. Current Opinion in Neurobiology, 15, 202-206.

Perani, D. D., Cappa, S. F., Schnur, T., Tettamanti, M., Collina, S., Rossa, M. M., et al. (1999) The neural correlates of verb and noun processing. A PET study. Brain, 122, 2337-2344.

Petersen, S., Fox, P., Posner, M., Mintun, M., & Raichle, M. (1989) Positron emission tomography studies of the processing of single words. Journal of Cognitive Neuroscience, 1, 153-170.

Shapiro, K. M., Moo, L. R., & Caramazza, A. (2006) Cortical signatures of noun and verb production. Proceedings of National Academy of Sciences USA, 103, 1644-1649.

Snyder, P. J., & Harris, L. J. (1993) Handedness, sex, and familial sinistrality effects on spatial tasks. Cortex, 2, 115-134.

Tokowicz, N., & MacWhinney, B. (2005) Implicit and explicit measures of sensitivity to violations in second language grammar: an event-related potential investigation. Studies in Second Language Acquisition, 27, 173-204.

Tyler, L. K., Russel, R., Fadili, J., & Moss, H. E. (2001) The neural representation of nouns and verbs: PET studies. Brain, 124, 1619-1634.

Vigliocco, G., Vinson, D. P., Druks, J., Barber, H., & Cappa, S. F. (2011) Nouns and verbs in the brain: a review of behavioural, electrophysiological, neuropsychological and imaging studies. Neuroscience Biobehavioral Reviews, 35, 407-426.

王还（1986）《现代汉语频率词典》，北京语言学院出版社，北京。

Wartenburger, I., Heekeren, H. R., Abutalebi, J., Cappa, S. F., Villringer, A., & Perani, D. (2003) Early setting of grammatical processing in the bilingual brain. Neuron, 37, 159-170.

Willms, J. L., Shapiro, K. A., Peelen, M. V., Pajtas, P. E., Costa, A., Moo, L. R., et al. (2011) Language-invariant verb processing regions in Spanish–English bilinguals. NeuroImage, 57, 251-261.

Yokoyama, S., Miyamoto, T., Riera, J., Kim, J., Akitsuki, Y., Iwata, K., et al. (2006) Cortical mechanisms involved in the processing of verbs: an FMRI study. Journal of Cognitive Neuroscience, 18, 1304-1313.

（杨静：16802 PA 美国宾州立大学帕克分校心理学系；
谭力海：中国，香港，香港大学语言与认知神经科学实验室；
李平：VA 23173 美国，里士满，里士满大学心理学系；
关思怡：100871 北京，北京大学中文系 guansiy@tom.com）

论清代北京话[*]

太田辰夫著　陈晓译注　远藤光晓校

清代北京话与明代北京话相比存在断层。这可能是因为清朝占领北京城以后，使得北京内城的居民搬迁至外城，而旗人进入内城，他们的语言即成为标准语。这是河北方言的汇集，似乎存在比明代北京话更古老的形式。例如，街 gāi，去 kè，巷 hàng 等，牙喉音 +i, y 在清初还不是 j, q, x。但这不能当作明代北京话的牙喉音还未发生腭化的证据。

表 1 暂列清代北京话资料候补，提出了一个选择的标准。也就是说，从北京话特有的词汇中，选择常用的 12 个词语，标示出其在各类资料中是否出现（"是"为○，"否"为×）。据此可以看出，○的数量较少的资料不适合作为北京话的资料。但是"儿"，只限于像"今儿"这样语干中的"日"变成"儿"的例子（从"这里"变成的"这儿"等的例子也是如此）。另外，过去似乎不存在"您"。

根据表 1，去除○较少的三部文献（《讲解圣谕广训》、《琉

---

[*] 原文为《清代の北京语について》《中国语学》34，1—5 页，1950 年；现据太田辰夫《中国语文论集·语学篇·元杂剧篇》（90—96 页，汲古书院，1995 年）翻译。原文没有注释，本译文的所有注释都由译者所加。由于原文是根据 1949 年 12 月 25 日的口头报告整理而成，所以多以表格形式呈现，论述内容较为简短。但文中实际上包含了极为丰富的有助于北京话研究的珍贵文献及语言现象，其中一些文献在国内已很难见到。译者本次在日本承蒙远藤光晓教授的大力帮助，搜集了大量资料，对原文中所述文献的具体信息进行了仔细核对及查阅，并将查阅所得加入注释之中。

该文得到以下三个项目支持：清末民初北京话系统研究（11JJD740006），教育部人文社科重点研究基地重大项目。晚清民国时期的北京话系统及探源研究（11WYA001），北京市哲学社会科学规划重点项目。国家建设高水平大学公派研究生项目（留金发 [2012]3013 号）。

承蒙太田辰夫先生长子太田幸生先生准予发表本译文，在此谨表谢意。

球本官话问答》、《九江书会本官话指南》），再加上其他明确为北京话的资料，包含共12种资料，制成表2。在该表中，按照王力《中国现代语法》中的顺序进行讨论。各资料中出现的助词，现在无暇论及所有，重点论述声母 l- 的部分。

表1

资料 词汇	满汉成语对待1702年①	讲解圣谕广训1730年前后②	琉球本官话问答1753年	程乙本红楼梦1792年	儿女英雄传同治时期1878年刊行	官话指南1882年	九江书会本官话指南1893年③	备注
儿 ←日 ←里	× ○？④	× ×	× ×	○ ×	○ ×	○ ×	× ×	元曲（今日箇）⑤
喒（咱）们	○	×	×	○	○	○	×	王伯良西厢记注（喒北人你我之通称）⑥ Edkins, China's Place in Philology（1871）⑦
您	×	×	×	×	×	○	○	见于元曲中。《正音撮要》⑧（1810）、《正音咀华》（1836）、《老残游记》（1906）均作"儜"
俩（仨）	×	×	×	×	○ ○	○	×	见于《儿女英雄传》"俩"、《聊斋白话韵文》"[弍兩][叁兩]"⑨、《白雪遗音》⑩。《直语补证》："北方称三作开口声"⑪（《燕说》⑫卷4亦据此）。赵元任（《东方杂志》24—14（原文如此）；HJAS）⑬
别 禁止 推测	○ 	× ×	○ ×	○ ○	○ ×	○ ×	× ×	[推测]《残雾》⑭、《牛天赐传》⑮。曹禺：《北京人》⑯。闻一多：《罪过》⑰（诗）
得（děi,须要）	○	×⑱	×	○	○	○	×	
多喒	○	×	×	○	○	○	×	见于元曲⑲。《老乞大新释》（1761）为"多站"⑳。见于《正音咀华》㉑。喒：《中原音韵》收在"监咸"。

（续表）

给（介词）	○	○	○	○	○	○	×	《朴通谚解》（1677）为"馈"㉒。《单字解》（见母上声）㉓。《醒世姻缘传》（康熙年间）为"已"㉔
[ ]的慌	○	×	×	○	○	○	×	
[ ]是（似）的	○	×	×	○	○	○	×	
来着	○	×	×	○	○	○	×	
罢咱	○	×	×	×	○㉕	×	×	元曲（"咱"㉖），宋词、话本、《水浒传》（"则个"）。周邦彦：《迎春乐》为"箇"㉗（做……吧）（轻微语气的希望）
总计	10	1	1	9	14	12	1	总数在9以上的予以采用。

表2

		文献	1 满汉成语对待 1702	2 清文启蒙 1730㉘	3 程乙本红楼梦 1792	4 初学指南 1794㉙	5 重刊老乞大 1795	6 清文指要 1809重刻㉚	7 正音撮要 1810	8 三合语录 1829	9 正音咀华 1836	10 儿女英雄传 1878刊	11 语言自迩集 1867	12 华音启蒙 1883
p	①	罢	○	○	○	○	○	○	○	○	○	○	○	○
	2	啵										○		
m	②	麽	○	○	○	○	○	○	○	○	○	○	○	○
	4	嘛										○	○	
	5	嚜							○			○		
	⑥	吗				○		○				○		
n	7	那	○㉜											
	⑧	哪				○			○㉝			○		
	⑨	呢				○			○			○		
	10	嗮						○				○		
l	⑪	了	○	○	○	○	○	○	○	○	○	○	○	○㊱
	⑫	咧		○	○							○	○	○
	13	勒						○㉟						
	14	咯							○			○		
	15	囉										○		
	16	喇										○		
	17	拉											○	
	18	啦						○						
	19	哩	○	○㉞			○						○	

（续表）

t	⑳	的	○	○[37]	○				○	○	○	○	○	○	○
	21	嗻										○			
tɕ	22	家	○[38]												
	23	价										○			
元音	24	阿	○	○[40]								○	○[42]		
	㉕	啊		○	○										
	26	呵			○										
	27	嘎[39]			○[41]										
	28	呀	○					○		○	○				
	29	哟			○	○				○					
	30	吃				○									
	31	也					○								
	32	哇										○			
	33	喂										○			
两音节	34	罢咱	○	○											
	35	罢则	○					○[43]							
	36	把咱	○												
	37	不咱	○									○			
	38	不则	○												
	39	罢了	○	○	○		○					○	○		
	40	罢哩	○					○				○			
	41	罢咧	○		○	○						○	○		
	42	罢囉	○										○			
	43	否咧													
	44	来着	○	○	○	○		○[44]	○			○	○		○[45]
总			44	17	13	18	11	9	14	12	11	17	28	15	10

（注）带"○"的数字指在王力《中国现代语法》中出现的词汇。

首先关于第12的"咧 lie"，博良勋认为是"哩"的变音[46]，王力认为是"了啊"的变体[47]。无论怎么说，"咧"与其他 l- 系助词不同，在《红楼梦》中只有在列举事物时才会用到[48]（不使用"了"）。另外在《儿女英雄传》中，在列举事物时，在9个地方使用了22个"咧"。然而除此之外《儿女英雄传》还出现85个"咧"用作列举义以外的意义，但仔细观察，使用者是固定的，安公子、安老爷这样的上层人士不使用，而开封附近的农妇张太太（28处）、山东侠客邓九公（15处）、此外的看门守卫以及打更人等才会使用。列举义以外的"咧"的用法应限于方言或俗语。博良勋曾指出，"了"的语义基本相当于文言中的"矣"[49]，但只有表示列举义的"了"

在"矣"的用法中不存在。由上所述，列举义的"了"的来源，这样理由就明确了。

接下来，关于其他的 l- 系助词，讨论一下"吃了饭了"等这种 – 了 – 了的演变历史。那么，如表 3 所示，可以明确 liao-liao > liao-liao, lo, la > liao-lo, la > la-la（或者 lo-lo）这样的演变过程。

具体说明以上使用的资料，其情况如下所示（资料的序号据表 2）。

1.《满汉成语对待》刘顺，康熙四十一（1702）听松楼刊（W. Fuchs, Beiträge zur Mandjurischen Bibliographie und Literatur⑤⁰）；《乾隆清文杂抄》（写本）1781，绍衣堂偶笔。⑤¹

2.《清文启蒙》舞格，雍正八（1730）；1：三槐堂梓行（年代未明）；2：出版署？⑤²；Wylie 英译本⑤³（1855）。

3.《红楼梦》[80 回本] 1：胡适藏本⑤⁴（《考证红楼梦的新材料》，《新月》1-1，《胡适文存三集》）；2：徐星署藏本（《跋乾隆庚辰本脂砚斋重评石头记钞本》⑤⁵，《国学季刊》3-4，《胡适论学近著》第一集）；3：有正书局石印《原本红楼梦》（小字本）；[120 回本] 1：程甲本：乾隆五十六（1791）程伟元第一次活字印本；2：程乙本：乾隆五十七（1792）程伟元第二次活字印本→亚东本（新）⑤⁶。

4.《初学指南》富俊（绍衣堂）乾隆五十九（1794）Tanggū meyen 清话百条 乾隆十五（1750）→; 富俊：《清史稿》《列传》129⑤⁷，《国朝耆献类徵》39⑤⁸,《续碑传集》2⑤⁹，（《三合便览》⑥⁰，乾隆四十五 [1780]）。

5.《重刊老乞大》乾隆六十（1795）→《重刊老乞大谚解》（年代未明）。

6.《清文指要》1：嘉庆十四（1809）夏重刻 三槐堂藏版；2：嘉庆二十三（1818）6月校正重刊 板存西安将军署内；3：？；《清话百条》→；→《语言自迩集·谈论篇》⑥¹。

7.《正音撮要》（南海）高敬亭，嘉庆十五（1810）；1：道光中原刊本（？⑥²）；2：咸丰七（1857）禅山近文堂藏版；3：咸丰十（1860）右文堂藏版，学华斋藏版；→ Edkins, *Mandarin*

Grammar[63]（1814，第 2 版）；→ R. Thom, Esq., *The Chinese Speaker*（1814）部分译[64]；→《官话指南》（旧版）第一卷《应对须知》→《四声连珠》9-25[《正音撮要》][65]。

8.《三合语录》[66] 道光九（1829）；《清话百条》→　。

9.《正音咀华》（长白）莎彝尊；1：道光十六（1836）（《国语运动史纲》[67]p.27）；2. 咸丰三（1853）西瓜园尘谈轩原本[68]；3：同治四（1865）右文堂发兑。

10.《儿女英雄传》文康，同治后期（1865-1874）?[69]；1：光绪四（1878）聚珍堂刊；2：光绪六（1880）同上（还读我书室主人评）[70]；3：光绪十四（1888）蜚英馆石印本[71]→亚东本。

11.《语言自迩集》T. Wade，同治六（1867）初版；《亚细亚言语集》明治十三（1880）广部精；→《参订汉语国字解》（同上）福岛九成；《自迩集平仄篇四声连珠》明治十九（1886）福岛安正。

12.《华音启蒙》光绪九（1883）；《华音启蒙谚解》（年代?[72]），《华音类抄》（年代?[73]）。

〔"→"表示来源〕

表3

	中国	朝鲜	欧洲
liao…liao （18世纪）	1.《满汉成语对待》[74]（1702） 2.《清文启蒙》[75]（1730） 3. 程乙本《红楼梦》[76]（1792） 4.《初学指南》[77]（1794）	5.《重刊老乞大》[78]（1795） 《朴通事新释谚解》[79]（1765） 《重刊老乞大谚解》[80]（1795）以后（1）	Prémare[81] Fourmont[82]
liao…liao lo la （至1860左右）	6.《清文指要》[83]（1809重刻） 7.《正音撮要》[84]（1810） 8.《三合语录》[85]（1829） 9.《正音咀华》[86]（1836） 10.《儿女英雄传》[87]（2）（1878刊）		R. Morrison: *Grammar of the Chinese Language*《通用汉言之法》（1815）[88] A. Rémusat: *Elements de la Grammaire chinoise*《汉文启蒙》（1822）[89] Edkins: *A Grammar of the Chinese Colloquial Language, Commonly called the Mandarin Dialect*（1857）（3）[90]
liao…lo la （1860~1880左右）			11.《语言自迩集》（1867）[91]（4） Paul Perny: *Grammaire de la langue chinoise*《西汉同文法》（1873）[92]
la…la （lo） （始于1880左右）		12.《华音启蒙》[93]（1883） 《华音启蒙谚解》[94] 《华语类抄》[95]（5）	Barfour: *Idiomatic Dialogues in the Peking Colloquial*《华英通俗编》（1883）[96]

（表3）资料的序号根据表2所示。表中的（ ）为注的序号：

（1）这是反映见母出现腭化的最早文献，因此注音应该是可靠的。（2）大部分只写作"了"的情况是用字上的现象，实际上应处于 liao, lo, la 的演变阶段。（3）liao 用于"了"，la 用于"啦"，lo 用于"咯"。（4）"了"与"咯"虽然没有文字上的区别，但在"了"的说明中说，实际读作 lo, la 的情况较多。（5）（无论是助动词还是助词）都使用"咧"，谚解标为 lio（료丨）。但是发音应为 lie。

本稿为昭和24（1949）年12月25日口头报告的记录，每张表和文献解题根据当天散发的讲义。（《中国语学》编辑者）

〔后记〕

就这个研究报告，笔者采取散发事先准备好的讲义并进行讲解的方法，并没有原稿。编辑者赖惟勤先生整理了讲义，尽力使得形式上更接近研究报告的形式。感谢赖先生的工作。（1993年9月20日）

附　注

① 《满汉成语对待》刊行于康熙四十一年（1702年），作者清·刘顺，是一部供满人学习汉语的教科书。全书编排体例为一列满文，紧接一列汉文，依次对译排列。此书反映的汉语应为当时的北京口语。译者查阅的版本为东洋文库藏本，内有"听松楼梓行"字样。

② 《讲解圣谕广训》一书，是《圣谕广训》的白话版本。《圣谕广训》刊行于雍正二（1724）年，其内容为康熙皇帝遗训。《讲解圣谕广训》大致刊行于1730年，此书由王又樸将康熙皇帝的遗训用更加通俗的口语重新阐释，使得普通民众均能理解体会康熙皇帝的意旨。见鱼返善雄编《汉文华语——康熙皇帝遗训》，大阪屋号书店，1943。此书将《讲解圣谕广训》与《圣谕广训》均收入其中。

③ 《九江书会本官话指南》由九江书会于光绪十九年（1893）年刊行。本书最大的特点在于，将原本《官话指南》中的一部分词汇用双行并列的方式进行排列，例如"我本要到府上（去请安）（请安去）。"括号中的词汇在书中以两列小字一左一右排列。这反映的应是南方话与北方话的差异（参见冰野

善宽《「官话指南」の多样性》《东アジア文化交涉研究》第 3 号，237—259 页，2010）。关西大学"近代汉语文献数据库"提供原本扫描版。

④ 这里的"？"不知具体为何意，译者仔细查阅了《满汉成语对待》（听松楼本），没有找到一例将"这里"标示为"这儿"的例子。

⑤ 例如，元杂剧《尉迟恭三夺槊杂剧》第一折："今日个人都讲，若有举鼎拔山的霸王，你怎敢正眼儿把韩侯望。"（《元刊杂剧三十种》，兰州大学出版社，1988，163 页）

⑥ 原文为"喒，北人你我之通称，犹言我和你之谓。"（清·刘世珩编《暖红室汇刻西厢记·明王伯良古本西厢记校注》影印本，江苏广陵古籍刻印社，1990，21a）

⑦ 原文为 "So in northern Chinese tsa-men, 'we,' is distinguished from wo-men, 'we,' by the circumstance that tsa-men includes the person addressed, while wo-men does not."（Joseph Edkins, B.A. China's Place in Philology, London: Trübner. 261-262,1871.）

⑧ 《正音撮要》现存好几种版本。"儜"在道光十四（1834）年学华斋刊本（清·高敬亭《正音撮要》，长泽规矩也《明清俗语辞书集成》原本影印，汲古书院，1974）中并未出现，而在光绪乙巳（1905）年麟书阁藏板中却有出现，例如"你儜怎么这么说呢。"（卷一中，23b。据关西大学"近代汉语语料库"原本扫描版）。

⑨ 《聊斋白话韵文》，清·蒲松龄著。此书语言正如书名所示，均为白话。但是否为北京话，还待研究。在译者查阅的版本中，[弍两]，[叁两]写作"[两弍]，[三弍]"（清·蒲松龄著，钱玄同校，马立勋编《聊斋白话韵文》，28 页，101 页。民国十八（1929）年，朴社出版部。）

⑩ 例如，"人人都说偺俩厚。"（《明清民歌时调集·白雪遗音》，上海古籍出版社，1987，611 页）

⑪ 原文为"萨四十 北方称三作开口声。《北史》李业兴使梁武帝问其宗门多少答曰：'萨四十家。'正与此同。"（清·梁同书《直语补证》，长泽规矩也《明清俗语辞书集成》据清嘉庆二十二（1817）年仁和陆氏刊本影印，汲古书院，1974，卷十四，13a。）

⑫ 原文为"呼三作开口声曰萨。"（清·史梦兰《燕说》，波多野太郎《中国语文资料丛刊》据同治丁卯（1867）年止园藏板影印，不二出版，1991，卷四，15b。）

⑬ 赵元任《"俩""仨""四呃""八阿"》《东方杂志》24—12，85—88 页，1927；Yuen Ren Chao, "A Note on Lia, Sa, etc." Harvard Journal of Asiatic Studies, 1-1, 33-38, 1936.

⑭ 例如，"别是吓糊涂了吧？"（老舍《老舍戏剧集·残雾》，晨光出版公司，134 页，1948。）

⑮ 例如，"天赐好象觉得这怪好玩了：'别是叫老鼠拉去了吧？'"（老

舍《牛天赐传》，人间书屋，1934，276 页。）

⑯ 例如，"皓：这究竟是什么。思：别是隔壁的——。"（曹禺《曹禺戏曲集·北京人》，137 页，文化生活出版社，1947。）

⑰ 原文为："老头儿你别是病了吧？你怎么直愣着不说话？"（《闻一多全集·诗·罪过》，159 页，湖北人民出版社，1993。）

⑱ 《讲解圣谕广训》里也出现了"得（děi 须要）"的用法，例如："打虎还得亲兄弟，上阵还须父子兵。"（鱼返善雄编《汉文华语——康熙皇帝遗训》，6 页，大阪屋号书店，1943。）

⑲ 例如，《赵氏孤儿》第一折："多嗟是人间恶煞，可什么阃外将军。"（明·臧晋叔编《元曲选》，1479 页，中华书局，1955。）在《元刊杂剧三十种》中，没有出现"多嗟"的例子。

⑳ 例如，"多站在王京起身来着。"《老乞大新释》影印版，1a，《奎章阁资料丛书·语学篇二》，首尔大学校奎章阁，2003）。

㉑ 例如，"多昝收稻子呢。"（清·莎彝尊《正音咀华》：1. 咸丰癸丑年（1853），麈谈轩校订，天平街维经堂发兑，卷二，2b。据关西大学"近代汉语文献数据库"原本扫描版。2. 同治乙丑（1865）年，右文堂发兑，卷二，2b。东京大学东洋文化研究所藏本。）

㉒ 例如，"你打馈我两张弓如何。"（《朴通事谚解》影印版，上 52b，《奎章阁资料丛书·语学篇（三）》，首尔大学校奎章阁，2004）。

㉓ 原文为："馈，遗也。字本在群母，而俗读皆从见母上声，间有从本母读者而什有一二。"（李丙畴编校《老朴集览考》影印乙亥字本《单字解》7-1，进修堂，1966；《朴通事谚解》附载《单字解》5a，《奎章阁资料丛书·语学篇三》，首尔大学校奎章阁，2004）

㉔ 在同德堂刊本《醒世姻缘传》中，"己"实写作"巳"："叫人巳他收拾去处"（明·西周生《醒世姻缘传》3a，《古本小说集成》据乾隆 46 年同德堂刊本影印，上海古籍出版社，1991），但发音应从"己"。旁证为"自己"也写作"自巳"："我自巳出去看"（同上，2b）。

㉕ 《儿女英雄传》（《古本小说集成》据山东大学图书馆所藏聚珍堂初刊本影印，上海古籍出版社，1991），似乎没有"罢咱"的例子。并且，在原文表 2 中，亦出现了"罢咱"，但在《儿女英雄传》的位置并没有"○"。有可能是印刷错误。

㉖ 例如，元杂剧《相国寺公孙汗衫记》楔子："嗏看街楼上赏雪咱。"（《元刊杂剧三十种》，兰州大学出版社，1998，扉页书影。）

㉗ 原文为："趁歌停舞罢来相就。醒醒筒、无些酒。"（唐圭璋编《全宋词》，中华书局，1965，616 页。）

㉘ 《清文启蒙》刊行于 1730 年，作者清·舞格，是一部以满汉对译形式编排的，用于给初学者学习满语的教科书。书中的汉语为浅易的白话，应为当时的北京口语。译者查阅的版本有三，一为《清文启蒙》，宏文阁藏板，早

稻田大学藏本。二为《清文启蒙》，三槐堂梓行，关西大学"近代汉语文献数据库"原本扫描。三为《兼满汉语满洲套话清文启蒙》，出版署不明，东洋文库藏本。

㉙ 《初学指南》、《清文指要》、《三合语录》三部文献分别刊行于1794年，1809年，1829年。《初》为蒙汉对译形式编排的蒙古语教科书，《清》是以满汉对译形式编排的满语教科书，《三》是满蒙汉三种语言对译的满语教科书。这三部文献的内容几乎完全相同，其原因在于，它们均依照乾隆十五年（1750年）刊行的《清话百条》所编。（参见太田辰夫《清代北京語語法研究の資料について》《神戸外国語大学論叢》2-1, 1954年，21—22頁）《三合语录·序》："乾隆年间，曾有智公讳信者，特编清语百条，言浅而明，意贯而该（原文如此），以教旗人，洵为便捷……随将前书满洲蒙古话条，赘以汉语，三合缮写成编。"译者所查阅三部文献的版本为：清·富俊《初学指南》，乾隆甲寅（1794）年，绍衣堂，东洋文库藏本。《清文指要》，嘉庆十四（1809）年夏重刻，三槐堂藏板，早稻田大学藏本。《三合语录》，道光十（1830）年新镌，五云堂，东洋文库藏本。

㉚ 见注㉙。

㉛ 见注㉙。

㉜ 《满汉成语对待》（听松楼本）似乎没有"那"的例子。

㉝ 在道光本中，"哪"并未出现，而在光绪本中，却有"哪"的用例："你听着哪，老实人忠厚人斯文人正派人体面人能干人有能耐的人，这都是夸奖人的名目咯。"（光绪乙巳年麟书阁藏板，卷一中2b—3a。）

㉞ 实际上"哩"在《清文启蒙》的三个版本中（参见注㉘），出现于两个版本中："正早哩。"（宏文阁藏板，卷三56a。）"正早哩。"（三槐堂版，卷三56a。）

㉟ 译者仔细查阅了《清文指要》，没有找到"勒"的用例，却找到了"咯"的用例："我进去咯。"（《清文指要》，嘉庆十四年三槐堂藏板，9a。）由于"咯"紧接着"勒"，这里可能出现了印刷错误。

㊱ 实际在《华音启蒙》中，存在"了"的用例："你们国王万福。仰托中国的洪福，太平无事了。"（《华音启蒙》，癸未年（1883），17b，东洋文库藏本。）

㊲ 实际"的"在《清文启蒙》三个版本中（参见注㉘）均有出现："人人看见没有不爱的。"（宏文阁藏板，卷二，10a。）"人人看见没有不爱的。"（三槐堂版，卷二，10a。）"人人看见没有不爱的。"（东洋文库版，卷一，12b。）

㊳ 《满汉成语对待》出现了一例："你当是他的本事上立起来的产业根基么？不是家。"（听松楼本，卷二39a。）

㊴ 该论文在《中国语学》（1950）的版本中，嗄写作[嗄]。后在《中国语文论集·语学篇·元杂剧篇》中，改为"嗄"。

㊵ 在《清文启蒙》三个版本中（参见注㉘），译者没有找到一处用于句末语气词“阿”的用例。“阿”多出现在“阿哥”这样的词汇中，或者对满文字母的发音进行解释时，会用到“阿”。此处可能出现了印刷错误。

㊶ 关于“嘎”的用例，在《红楼梦》中多为拟声词，其中只有一例疑似语气词的用例：“惜春道：‘阿嘎，还有一着反扑在里头呢，我倒没防备。’”（程乙本《新镌刻全部绣像红楼梦》，程伟元，高鹗，木活字印刷，乾隆五十七年（1792），广文书局原版影印，1977，2300页。）

㊷ 实际在《语言自迩集》中，出现了多处“阿”的用例，例如：“都无非是由浅以及深的这个理阿。”（Thomas Francis Wade C.B《语言自迩集》，London: Trübner & co., 1867, 74页。）

㊸ 在《正音撮要》两个版本中（参见注⑧），只有光绪本出现了“罢则”：“再其次，就是居家罢则。”（光绪乙巳年麟书阁藏板，卷一中5a。）

㊹ 在《正音撮要》两个版本中（参见注⑧），只有光绪本出现了“来着”：“何曾不收拾来着”（光绪乙巳年麟书阁藏板，卷一戊下，7a。）

㊺ 《华音启蒙》中的例子如：“你们离这里有二千多里地否咧，几天的工夫何能到得么”（同注㊱，17b）

㊻ 参见博良勋《助词的研究》：“长江左右的些个地方……把‘呢’字写成‘哩’。更有的地方，把韵母‘一’写成‘一せ’……因而也就写成‘咧’。其实都是‘呢’字的转音。”（博良勋《助词的研究》，誊写版，8—9页，1947。东京大学东洋文化研究所藏本。）

㊼ 参见王力《中国现代语法》：“‘咧’字亦写作‘啦’，是‘了啊’的合音。”（王力《中国现代文法》，商务印书馆，1985，173页。）

㊽ 实际上《红楼梦》还出现“咧”的其他用法，例如：“凤姐道：‘怎么又扯拉上什么张家李家咧呢？’”（同注㊶，1741页。）

㊾ 参见博良勋《助词的研究》：“古文助词所表的神情，很少同于现今口语的，唯独‘矣’字和‘了’字完全相同，用法也差不多一致。”（同注㊻，31页。）

㊿ 载于*Mitteilungen der Deutschen Gesellschaft für Natur- und Völkerkunde Ostasiens*, Supplement, 14, 1936。该文为德语版，是一部介绍满语文献的书籍，其中对《满汉成语对待》进行了简短说明。

(51) 该写本为太田辰夫先生私人藏书，现藏于何处暂不可考。

(52) 该“？”应指《清文启蒙》的某个不确定出版署的版本。现日本东洋文库藏有《兼滿漢語滿洲套話清文啓蒙》，并未标明出版署。

(53) 该书全名为*Translation of the Ts'ing Wan K'e Mung, A Chinese Grammar of the Manchu Tartar Language,* Shanghae: London Mission Press, 1855。全书不仅将《清文启蒙》翻译为英文，还为满语进行了标音。

(54) 该版本在胡适先生的文章《考证红楼梦的新材料》中有所提及：“去年我从海外归来，便接着一封信，说有一部抄本《脂砚斋重评石头记》愿让给我……我看了一遍，深信此本是海内最古的石头记……。"(《胡适文存三集》，卷五，亚东图书馆，1927。)现《古本小说集成·脂砚斋重评石头记（甲戌本）》影印了该藏本，上海古籍出版社，1991。

㉕ 现《古本小说集成·脂砚斋重评石头记（庚辰本）》影印了该藏本，上海古籍出版社，1991。

㉖ 关于此"亚东本（新）"，其典故可从亚东图书馆先后出版的两个版本的《红楼梦》的后记中找到。汪原放《红楼梦·校读后记》："我这一次最抱歉的是开始标点时我不曾知道胡适之先生有一部乾隆壬子的程排本……我希望将来能有机会补正这一回缺陷。"(《红楼梦》，汪原放校读，亚东图书馆，1921，10—11页。)此后，汪原放《重印乾隆壬子（一七九二）本红楼梦校读后记》提道："现在这部红楼梦是根据胡适之先生所藏乾隆五十七年壬子（一七九二）程伟元第二次排本翻印的……用道光壬辰（一八三二）刻本而以他互校成功的，做'旧本'，称我现在的标点本，用乾隆壬子（一七九二）的程排乙本作底本的，做'新本'"。(《红楼梦》，汪原放校读，亚东图书馆，1927，2页。)

㉗ 原文摘录："富俊，字松巗，卓特氏，蒙古正黄旗人。翻译进士，授礼部主事，历郎中。"（赵尔巽、柯劭忞等《清史稿》列传一百二十九·富俊，中华书局，1977，11119页。）

㉘ 原文摘录："富俊，卓特氏，蒙古正黄旗人。……赏发书籍清文条例以扩见闻。"（清·李桓《国朝耆献类徵初编》宰辅三十九，文海出版社据光绪十年——十六年（1884—1890）湘阴李氏刊本影印，14a。）

㉙ 原文摘录："富俊传：……八旗臣仆皆当以国语骑射为重……颁发书籍清文条例以扩见闻。"（清·缪荃孙《续碑传集》卷二，文海出版社，1966，12—13页。）

㉚ 《三合便览》为学习蒙古语的教科书，也由富俊所著。序中提到："首冠以国语，次汉语，次蒙古语……乾隆岁次庚子仲春穀旦，秀升富俊谨识于绍衣堂。"译者所查版本为东京大学藏本。

㉛ 《语言自迩集》中的 Colloquial Series 部分提到："那清文指要先生看见过没有……那一部书却老些儿，汉文里有好些个不顺当的。先生说得是，是因为这个，我早已请过先生从新删改了……都按着现时的说法儿改好的，改名叫《谈论篇》。"（Thomas Francis Wade C.B《语言自迩集》, London: Trübner & co., 1867, 75页）因此，《谈论篇》是根据《清文指要》编译。（参见太田辰夫《清代北京語語法研究の資料について》《神戸外国語大学論叢》2—1,1954, 22页）

㉜ 该版本的年代可能为1834年。长泽规矩也《明清俗语辞书集成》收录的影印本《正音撮要》中有"道光甲午春镌"的字样。

㉝ 该书全名为 A Grammar of the Chinese Colloquial Language, commonly called the Mandarin Dialect, 1857[1], 1864[2], Presbyterian Mission Press. 参见鳥井

克之《Edkins 著 <Mandarin Grammar>second edition について》，《関西大学中国文学紀要》9，p.1，1985。该书第二版 277 页谈及《正音撮要》："The work 正音撮要，an introduction to the Peking dialect, by a nation of Canton should be mentioned here."（277 页国立国会图书馆藏本。）Edkins 生于 1823 年，并且该书在原文中排在咸丰 10（1860）年版后面，因此这里把成书时间作 1814 年显然有误。

㉞ Thom 生于 1807 年，因此成书年 1814 年有误。该书第一版刊行于 1846 年，副标题为"Extracts from works written in the Mandarin languages, as spoken at Peking"。译者参看的是东洋文库藏 1865 年重印本。书中标音保留入声，应该是南京官话系统。

㉟ 这里的 9—25 是指《自迩集平仄篇四声连珠》第九卷第二十五章提到了《正音撮要》："有一部正音撮要的书，那里头俗话官话都有，还有把四书译成俗话的几段儿。"《福岛安正《自迩集平仄篇四声连珠》，陆军文库，明治十九年四月（1886），卷九，32 页。六角恒广《中国语教本类集成》原本影印，不二出版，1991）

㊱ 参见注㉙。

㊲ 《国语运动史纲》由黎锦熙所著，其中提道："如道光丙申（十六年，一八三六）长白莎彝尊（字秬芗）编刊之《正音咀华》，亦为功令而设。"（商务印书馆，1935，卷一，27 页。）

㊳ 该版本现藏于国家图书馆与首都图书馆。

㊴ 这里的？指的是《儿女英雄传》的成书时间向来有争议，太田先生在写此文时（1949），或许还不能确定《儿》的成书时间。但在他后来的《『儿女英雄伝』の作者と史実》（1974）认为儿女英雄传成书于同治后期。（《中国语文论集》，汲古书院，1995，496—498 页）

㊵ "还读我书室主人"为清末官员董恂。该版本现藏于东京大学东洋文化研究所与北京大学图书馆。

㊶ 该版本有评，有句读，现藏于北京图书馆。

㊷ 《华音启蒙谚解》的出版时间可能为 1883 年，韩国藏书阁所藏的《华音启蒙谚解》有"光绪九年癸未印出"的记载。（参见汪维辉《朝鲜时代汉语教科书丛刊·华音启蒙谚解解题》，中华书局，2005，卷一，465 页。）

㊸ 该书名称应为《华语类抄》，全书为汉语词汇或短语的列举，并标有谚文注音。出版年代可能为 1883 年左右。（参见伊藤英人《高宗代司訳院漢学書字音改正について－「華語類抄」の字音を通して》，《朝鲜語研究》1，2002。）

㊹ 该书的排列体例为一列满文紧接一列汉文，无从得知汉字的具体发音。但全书句末助词只有"了""哩"，例如"走到门口见没进来，说是撩了去了"，（同注①，10b）并无"拉""咯"等。由此可推测该书中只有 liao，并无 la, lo。

㉕ 在清文启蒙的三个版本中（参见注㉘），《兼满汉语满洲套话清文启蒙》有满文字母对汉字的注音，其中卷一至卷二 26b 中，"了"的标音均为 liyao，卷二 27a 至卷四中，"了"的标音均为 liyoo。且这两部分的汉字字体与满文字体也分别不同，可能出自不同人之手。

㉖ 从程乙本《红楼梦》中无从得知汉字的具体读音，但全书中句末助词只出现了"了""咧""哩"，由此推测只有 liao，并无 la，lo。

㉗ 该书为蒙汉对译的蒙古语教科书（参见注㉙），无从得知汉字的具体发音。全书句末助词有"了""咧""哩"，例如"我也灰了心了。"（卷上 2b）由此可推测该书只有 liao，并无 la，lo。

㉘ 该书没有谚文注音，无从得知汉字的具体读音，但全书句末助词只出现了"了""哩"，例如"我学了半年有余了。"（《重刊老乞大》影印版，2b，《奎章阁资料丛书·语学篇》，首尔大学校奎章阁，2003）由此推测只有 liao，并无 la，lo。

㉙ 该书中的"了"，谚文注音均作 liao（로ㅏ）："共凑钱四十五六吊，尽够使用了。"（汪维辉《朝鲜时代汉语教科书丛刊·朴通事新释谚解》原本影印，中华书局，2005，卷三，1b。）

㉚ 该书中的"了"，谚文注音均作 liao（로ㅏ）："我学了半年有余了。"（汪维辉《朝鲜时代汉语教科书丛刊·重刊老乞大谚解》原本影印，中华书局，2005，卷二，5b。）

㉛ 这里的 Prémare 是指在华的法国传教士 Joseph de Prémare（1666-1736）所著 The Notitia linguae Sinicae（1728），该书用拉丁语写成。原本藏于 Bibliothèque Nationale（法国国立图书馆）。本文据影印本《初期中国语文法学史研究资料》（何群雄编著，三元社，2002）。书中在"DE PARTICULIS 了 leaò et 过 koüō"一节中，分析了"了"的 7 种用法，均标为 leaò："我的气已经出了"；"都被拐子拐了去了。"（113 页）在"DE PARTICULIS FINALIBUS"一节中，提到了"阿、哩、呢、波、那"五种，无"了"。（88 页）

㉜ 这里的 Fourmont 是指由 Stephanus Fourmont 所著 Linguæ Sinarum Mandarinicæ hieroglyphicoe grammatica duplex. Latinè, & cum characteribus Sinensium. Item Sinicorum Regioe Bibliothecoe librorum catalogus, denuò, cum notitiis amplioribus & charactere Sinico, editus. Chez H.-L. Guerin. ex typographiâ J. Bullot,1742，国立国会图书馆藏本。全书用拉丁语写成，介绍了汉文经典及汉语语法。在扉页上有"中国官话"的字样。书中"了"字皆作 leaò："我知了"（83 页）。在介绍句末词时出现了"哩、矣、那"等（204 页）。

㉝ 该书为满汉对译的满语教科书（参见注㉙），无从得知汉字的具体读音，但书中的句末助词出现了"了""咯"，例如"阿哥骑着，我躲了你了。"（嘉庆十四年三槐堂藏板，8b。）"我进去咯。"（同上，9a。）由此推测，该书中既有 liao，也有 lo。

㉞ 该书中出现了"了"："横竖赶不上了（道光十四年学华斋版，卷二，

45a）""咯"："拿称的拿称咯。"（卷三，10b）由此推测，该书中的句末助词既有 liao，也有 lo。

㉕ 该书为满蒙汉三语对译的满语教科书（从参见注㉙），无从得知汉字的具体读音。书中句末助词只出现了"了"："我也灰了心了"（五云堂版，5b。）

㊷ 该书中出现了"了"："吾兄这样的文才很合适了。"（咸丰葵丑塵谈轩版，卷二，2b）"囉"："岂敢，一定好的囉。"（卷二，1a）"咯"："夫子答道：'不是咯'。"（续编，57b）"喇"："听说两位主考大人差不多到省喇。"（卷二，2b）由此推测，该书中的句末助词既有 liao，也有 lo 与 la。

㊸ 从《儿女英雄传》中无从得知汉字的具体读音，但是书中出现了"了""囉""啦""拉"，例如："真成了个白赶路儿的了"（同注㉕，91页）"姑娘你道如何啦阿。"（351页）"既如此，姑妄言之妄听之罢囉"（1365页）"一个曲儿你听了大半拉。"（123页）由此可推测，该书中既有 liao，也有 lo，la。

㊹ 译者认为该书所反映的汉语带有书面语色彩。在"Second Future Tense"一节中专门讨论了"了"："今岁冬季总未有，务须俟来年夏至节，那时前我想必将有过了。"（125页）在"Pluperfect Tense"一节中，提到"若他今早勤做工夫，到午时他可能办明白了。"（164页）全书"了"的标音均为 leaoù。（R. Morrison: *Grammar of the Chinese Language* 通用汉言之法，Printed at the Mission-press, 1815, 早稻田大学藏本）

㊺ 该书由法语写成，句末助词"了"均标为 liaò。（A. Rémusat: *Elements de la Grammaire chinoise* 汉文启蒙 Paris：Maisonneuve, 1857. 东京大学东洋文化研究所藏本）

㊻ 该书中提到："'Liau 了 is the sign of the preterite, and the past participle……, La 拉 and .lo 咯, are used occasionally in Peking as finals in indicative sentences .Thus 是拉 shï', la and shï' .lo, for yes, it is so."（同注㊳，217页）其中标于汉字注音四角的"，""'""""."等符号，表示该字的声调。例如"shï'"",la"分别表示去声与平声，".lo"表轻声。

㊼ 该书的字表中对"了"的注音为 liao（同注㊷，9页），"咯"也多次出现，但无注音，例如："真是玷辱了满洲咯"（同注㊷，132页）由此可推测，该书中既有 liao，也有 lo。

㊽ 该书由法语写成，在"过去之时"一节中，"了"均为 leaò："我说过了。我做完了"。在"叹词"一节中，"了"仍为 leaò："有了有了！"（Paul Perny: *Grammaire de la langue chinoise* 西汉同文法，Paris: Maisonneuve: E. Leroux, 1873, 159-160,207-208.）

㊾ 该书没有谚文注音，句末助词只出现了"了""唎"，例如："仰托中国的洪福，太平无事了。"（同注㊱，17b）"走有十来天的工夫唎"（1a）

㉔ 该书中的"了",均作 liao(료ㅑ):"仰托中国的洪福,太平无事了。"(14a)且并未出现"拉""咯"等句末助词,但出现了"唎(러)":"走一个多月才到这北京来唎。"(1b)(汪维辉《朝鲜时代汉语教科书丛刊·华音启蒙谚解》原版影印,中华书局,2005,卷四。)该书虽然年代较晚(1883),但是并未记载 la, lo。

㉕ 该书中的"了",谚文均作 liao(료ㅑ):"中了"。且并未出现"拉""咯""唎"等句末助词。(《华语类抄》,东洋文库藏本,7a。)该书的成书年代虽然在1883年左右,但是并未记载 la, lo。

㉖ 该书中出现的"了"共标有四种读音:liao:"茶太淡了"(4页)"这个人吓得没了脉了"(58页);la:"扣儿得勒死了"(104页);lᴀ:"他的手艺压倒了满京城"(101页);lo:"已经有了婆家了。"(108页)纵观全书,这四种读音似乎并没有按照了1和了2的条件进行区分。(Barfour: *Ideomatic Dialogues in the Peking Colloquial* 华英通俗编, Shanghai: North-China Herald Office, 1883.)

(陈晓:100871 北京,北京大学中文系 peggyxiao2@hotmail.com;
远藤光晓:日本青山学院大学经济学部)

ABSTRACTS

Sun Jingtao: A Discussion on Debuccalization in Chinese
Abstract: Based on dialectal and textual materials, this paper aims to reveal and account for the phenomenon of debuccalization, which commonly exists in Chinese dialects. This phonetic change is dominated by the generalization of meaning, and it is frequently found in the second or final syllable of colloquial words. Generally speaking, the occurrence of debuccalization is not phonetically conditioned, and yet, to some extent, it is in favor of aspirated initials.
Keywords: Chinese dialects, phonetic change, debuccalization, generalization of semantic meaning

Zeng Nanyi: On the Phonetic Strata of *Yu* (鱼) Rhyme in Xiamen Dialect
Abstract: On the basis of Chen Zhongmin (2003a, 2003b, 2012) & Zhu Titi (2011), this paper reanalyses the phonetic strata of *Yu* (鱼) rhyme in Xiamen, Zhangzhou, and Chaozhou dialect. Several conclusions are drawn: 1, In Xiamen dialect, the pronunciations of those *Yu* rhyme characters with Zhuang initial can be divided into three strata: -ue (first strata), -o (second strata), -ɔ (third strata). The pronunciations of *Yu* rhyme characters with other initials can also be divided into three strata: -ue (first strata), -i/-u (second strata), -u (third strata). 2, In Zhangzhou dialect, the pronunciations of those *Yu* rhyme characters whith Zhuang initial can be divided into two strata: -ue (first strata), -ɔ (second strata). The pronunciations of *Yu* rhyme characters with other initials can be divided into three strata: -e (first strata), -i (second strata), -u (third strata). 3, In Chaozhou dialect, the pronunciations of

those *Yu* rhyme characters with Zhuang initial can be divided into two strata: -ue (first strata), -o (second strata). The pronunciations of *Yu* rhyme characters with other initials can be divided into three strata: -ou (first strata), -ɯ/ -ɯŋ / -ŋ̍ (second strata), -u and -i (third strata).

Keywords: Xiamen dialect, Zhangzhou dialect, Chaozhou dialect, Quanzhou dialect, *Yu* (鱼) rhyme, phonetic strata

Li Rong: The Thematic Third Person Anaphora in Chinese Texts

Abstract: This paper analyzed newspaper fragments in which *ta* (he) is preceded by a sentence presenting two male singular participants. We analyzed three factors which are grammatical role (subject, object or others), expression type of the antecedent (NP or pronoun) and Backward-looking Center status. The grammatical role (being a subject), and Backward-looking Center status appear to increase the chance that a referent is the intended one for a potentially ambiguous pronoun, while Expression Type makes no difference. However, it adds weight to mark the prominence of non-subject referents. The results indicate that the crucial factor of the third person anaphora is Backward-looking Center provided by Centering Theory. Then we purposed a referent-tracking model of third person anaphora which will benefit computational discourse processing.

Keywords: the third person anaphora, grammatical role, expression type of the antecedent, Backward-looking Center

Wei Xue, Yuan Yulin: On the Semantic Interpretation Rules and Paraphrasing Templates of the Chinese Noun Compounds

Abstract: This paper focus on the semantic interpretation rules and paraphrasing templates of Chinese noun compounds which often constitute of two or more nouns, and our data mainly come from the key words which Web users use in online searching. Our working procedures are: (1) Basing on the semantic classification system of nouns from the Semantic Knowledge-base of Mandarin Chinese, we establish the combination models of semantic class for Chinese noun compounds. (2) Under the direction of the idea of Qualia Structure which comes from the "Generative Lexicon Theory", we take the Agentive Role or Telic Role of the noun which is the constitute of noun compounds as paraphrasing verb to reveal the semantic relation between the nouns of noun compounds. (3) Finally, we build an interpretation template database which contains the message of the Paraphrasing Verbs for the Chinese noun compounds. We have used this database to propose a program which could generate the interpretation of the Chinese noun compounds automatically.

Keywords: Chinese noun compounds, semantic interpretation, paraphrasing templates, semantic classes, qualia role (agentive role / telic role)

Yue Yao: The Chinese Epistemic Modal Verb *Yinggai*（应该）Can be Used as an Evidential Strategy

Abstract: This paper argues that epistemic modal verb *yinggai*（应该）can be used to express evidentiality in Chinese, because epistemic modal verbs and evidentiality have a high degree of similarity both in semantics and syntax. From the semantic point of view, evidentiality and epistemic modality are related to the evidence. The former emphasizes that the speaker makes clear the evidence of the information; the latter emphasizes the reliability of the information on the basis of the evaluation of certain types of evidence. From the syntactic point of view, epistemic modal verb *yinggai* which has the meaning of speculation is consistent with evidentiality in its negative domain and stressed domain. In addition, epistemic modal verb *yinggai* expresses the meaning of evidentiality in combination with such related linguistic categories as aspect and person. The aspect marker *le* (了), which is co-occurred with epistemic modal verb *yinggai,* is attached to a verb or verbal phrase, and it supplies a necessary meaning to help *yinggai* express evidential meaning, that is to speculate on the completion of the action. The first-person information concerned with the speaker can be accommodated with non-firsthand evidentias, which is due to the nonvolitionality of the event.

Keywords: epistemic modality, evidentiality, *yinggai* (应该) , negation, emphasis, person, aspect

Chu-Fang Huang, Min-Hua Chiang, Chin-Chuan Cheng: The Emergence of Palato-alveolar Consonants in Sixian Hakka in Xinpu Township of Xinzhu County

Abstract: Among various Hakka dialects in Taiwan, Sixian and Hailu speakers are most numerous. Acording to our recent survey of languages in Xinpu Township of Xinzhu County, the majority of people there speak Hailu. Sixian is used by a small number of speakers. Sixian Hakka in other localities normally does not have the palato-alveolar consonants [ʧ, ʧʰ, ʃ, ʒ] , but here in Xinpu Township these consonants have emerged. By comparing the sibilant consonants of Sixian Hakka in Xinpu Township and those of Sixian Hakka in Miaoli County, we have proposed that the emergence of these palato-alveolar sibilants was caused by language contact with dominant Hailu Hakka and not an internally induced change.

Keywords: Hakka, palato-alveolar, dialect contact, phonological variation, language geographic information system

Li Zihe: A Typological Study of Disyllabic Tone Sandhi in Mandarin Chinese Dialects

Abstract: This paper, based on the DV sampling method and statistical method, generalizes universals of triggering and adjustment, and some implicational universals of disyllabic tone sandhi in Mandarin Chinese dialects. Statistical tests are employed to verify these generalizations. The universals include: adjacent two tone 31s, two tone 53s, and two dipping tones are likely to trigger disyllabic tone sandhi; after tone sandhi, tone 31s and dipping tones often change to non-low rising tones, and tone 53s often change to non-high falling tones. Within a particular dialect, sandhi of non-dipping tones implies sandhi of dipping tones; sandhi of high tones implies sandhi of low tones. Different sub-branches of Mandarin Chinese have different major types of tone sandhi.

Keywords: Mandarin Chinese, tone sandhi, DV sampling method, statistics, typological universals

Zheng Weina: A Study of the Partial Reduplicative Verb Form in Raoping Dialect

Abstract: In Raoping dialect, as in Mandarin, certain verbs may be reduplicated to express the general meaning of 'Verb-a-little'. In addition, Raoping dialect also employs a partial (or 'deformed') reduplicative prefix before the full reduplicated copy. This paper analyzes the partial reduplicative verb form of Raoping dialect, including its phonetic rule, its structure, its distribution, and its functions. We regard prosodic templates as a good way to explain its phonetic rule. As for its structure, it can be shown that the relevant generalizations are related to syllable number, and the location of its accent. Finally, the distribution and the function of the partial reduplicative verb form are related to sentence types.

Keywords: Raoping dialect, partial reduplication verb form, structure, distribution, function

Sheng Yimin: On the Source of Plural Markers in Wu Dialects from a Typological Perspective

Abstract: This paper mainly discussed the source of the plural markers in Wu dialects from a typological perspective. We claimed that Wu dialects can be divided into two types, according to the different sources of the plural markers. The plural markers in the northern Wu dialects underwent the following grammaticalization path: locational postposition > associative maker > plural marker, and thus they are called 'locational plural marker', while those in the southern Wu dialects only have plural markers which were derived from the numeral-classifier phrase.

Keywords: Wu dialects, locational postposition, personal pronouns, plural markers, associative maker, typology

Lü Xiaoling: Words with the Form of "XX 子" in Laiwu Dialect

Abstract: Words with the form of "XX 子" in Laiwu (Shandong) dialect belong to two types - inflectional reduplication and derivational reduplication. Words in the form of "XX 子" have the grammatical meaning of expressing diminutive、augmentative、general reference、specific reference、description etc. The first "X" in this type of words has the original tone, while the second "X" and "子" are unstressed. The words in the form of "XX 子" and the noun suffix have the same grammatical function, and they can be used as subject, object and attribute. The connotation of this type of words is generally neutral. Finally this paper discusses the basis of this kind of reduplication.

Keywords: Laiwu dialect, reduplication, grammatical meaning, grammatical function; reduplication basis

Zhang Weidong: A Study of "the Same Characters belonging to Two Rhyme Groups" of *Dongzhong* (东锺) and *Gengqing* (庚青) of *Zhongyuan Yinyun* (《中原音韵》)

Abstract: The so-called "the same characters belonging to two rhyme groups" of dongzhong (东锺) and gengqing (庚青) of *Zhongyuan Yinyun* (《中原音韵》) means that the same characters in the groups of zeng (曾) and geng (梗) with labial initial or dental guttural initial have been put in both rhyme groups of gengqing and dongzhong. What is the nature of such a phenomenon? Mr. Wang Li considered it to be the result of historical sound changes. This view is correct. However, due to the absence of a systematical historical investigation, some of his arguments are not tenable. The so-called "Yuanqu Xieyun (元曲叶韵)" is also been repeatedly questioned because of the absence of carful investigation. This paper attempts to reconstruct the history of this phonetic change, based on the data from modern phonetic literatures, such as *Laoqida Yanjie* (《老乞大谚解》), *Wulun Quanbei Yanjie* (《伍伦全备谚解》), *Yuyan Zi'erji* (《语言自迩集》), and *Guoyin Jingyin Duizhaobiao* (《国音京音对照表》) etc., then amendments to the design for the rhymes of eng, ing, ong, iong, ueng in *Hanyu Pinyin Fang'an* (《汉语拼音方案》) is proposed.

Keywords: the same characters belonging to two rhyme groups, dongzhong (东锺) rhyme, gengqing (庚青) rhyme, literal/colloquial readings

Li Jianqiang: A study of Devoicing of Tibetan Voiced Consonants

Based on Dunhuang Tibetan Transcription Documents

Abstract: In the study of the devoicing of Tibetan voiced consonants based on the transliteration between Tibetan and Chinese, the first step is to make sure how the corresponding consonants of Middle Chinese pronounced. Luo Changpei (1961) and Takata Tokio (1988) supposed that the Quanzhuo initials in Middle Chinese maintained their voicedness. However, in 9-10th century AD the Quanzhuo initials in Middle Chinese were devoicing. Consequently, Luo's and Takata's conclusions are lack of authenticity. In the Northwest dialect of Middle Chinese, the Cizhuo initials were comparatively stabilized. The transliteration documents can be divided into two types according to the transliteration of Cizhuo initials. One is that the Tibetan syllables with prefix consonant N only parallel to Cizhuo initials in Middle Chinese; and the other is that the Tibetan syllables with prefix consonant N parallel both to Quanzhuo and to Cizhuo initials in Middle Chinese. In the latter type, the Tibetan voiced consonants could begin devoicing. This change happened no later than in 10th century AD.

Keywords: Tibetan transcription of the middle Chinese words, Dunhuang Tibetan Documents, Devoicing

Chen Ning: A Phonological Study on *Shici Tongyun* (《诗词通韵》)

Abstract: *Shici Tongyun* (《诗词通韵》) is an important rhyme dictionary for poetry and Qu poetry, whose author is Pu Yinzi. The paper studied his life. There are three phonological systems in this dictionary. They are Tongyin (common sounds), Zhongzhouyin (Central Chinese sounds) and Beiyin (Northern Chinese sounds). The three phonological systems were studied and initials and finals have been reconstructed. We listed phonetic features of Zhongzhouyin and Beiyin, counted examples of these phonetic features, and summed up characters and syllables of this dictionary. Finally, pronunciation of entering tone was discussed.

Keywords: *Shici Tongyun*（《诗词通韵》）, Tongyin (common sounds), Zhongzhouyin (Central Chinese sounds), Beiyin (Northern Chinese sounds), rhyming system of Qu poetry

Li Jiwei: ***Ji*（即）: From Motion to Concession**
Abstract: *Ji*（即）has two grammaticalization paths from motion verb to concessive connective in the history of Chinese language. ji_1: motion verb > future marker > conditional connective > concessive connective. ji_2: motion verb > affirmative adverb > affirmative copula > concessive connective. These two grammaticalization paths have the same start and the same end, but their intermediate stages are different. Every grammaticalization stage of ji_1 can be confirmed by cross-linguistic universals. We can find several words that have the same grammaticalization path with that of ji_2 in the history of Chinese language, which can confirm the existence of that grammaticalization path.
Keywords: *Ji*（即）, motion, concession, grammaticalization path

Li Ping, Jin Zhen and Tan Lihai: Neural Representations of Nouns and Verbs in Chinese: An fMRI Study
Abstract: The neural representation of nouns and verbs has been a focus of many recent neuroimaging and neuropsychological studies. These studies have in general found that in English and other Indo-European languages, verbs are represented in the frontal region (e.g., the left prefrontal cortex) while nouns in the posterior regions (the temporal– occipital regions). There is accumulating evidence, however, that the picture may have been overly simplified. In the present study,

we examine the representations of nouns and verbs in Chinese, a language that has unique properties in its grammar and particularly in the structure of nouns and verbs. In an fMRI experiment, subjects viewed a list of disyllabic nouns, verbs, and class-ambiguous words and performed a lexical decision on the target. Results from the experiment indicate that nouns and verbs in Chinese activate a wide range of overlapping brain areas in distributed networks, in both the left and the right hemispheres. The results provide support for the prediction regarding the impact of linguistic typology and language-specific influences on the neural representation of grammatical categories. They are consistent with recent proposals that specific linguistic experience shapes neural systems of reading and speaking and that the language-specific properties of the Chinese grammar affect the representation, processing, and acquisition in this language.

Keywords: noun, verb, Chinese, fMRI

Yang Jing, Tan Lihai and Li Ping: Lexical Representation of Nouns and Verbs in the Late Bilingual Brain

Abstract: Neuropsychological and neuroimaging studies of English and other Western languages suggest that basic lexical categories such as nouns and verbs are represented in different brain circuits. By contrast, research from Chinese indicates overlapping brain regions for nouns and verbs. How does a bilingual brain support the representation and organization of nouns and verbs from typologically distinct languages such as Chinese and English? In this fMRI study we examined the neural representations of nouns and verbs in late Chinese-English bilinguals. Results indicate that the late bilinguals, not surprisingly, showed no significant differences in brain activation for nouns versus verbs in Chinese. Surprisingly, they also showed little neural differentiation of nouns and verbs in English, suggesting the use of native language mechanisms for the processing of second language stimuli.

Keywords: nouns and verbs, fMRI, Chinese-English bilinguals, neural representation of lexicon

图书在版编目（CIP）数据

语言学论丛. 第 48 辑 / 北京大学中国语言学研究中心
《语言学论丛》编委会编. —北京：商务印书馆，2013
ISBN 978-7-100-10342-8

Ⅰ.①语… Ⅱ.①北… Ⅲ.①语言学—丛刊 Ⅳ.①H0-55

中国版本图书馆 CIP 数据核字（2013）第 035044 号

所有权利保留。
未经许可，不得以任何方式使用。

语 言 学 论 丛
ESSAYS ON LINGUISTICS
（第四十八辑）
北京大学中国语言学研究中心
《语言学论丛》编委会编

商 务 印 书 馆 出 版
（北京王府井大街36号 邮政编码100710）
商 务 印 书 馆 发 行
北京市白帆印务有限公司印刷
ISBN 978-7-100-10342-8

2013年12月第1版　　开本 787×960　1/16
2013年12月北京第1次印刷　印张 24¼
定价：49.00元